Corso di diritto processuale civile

I

IUSTITIAM COLIMUS

Crisanto Mandrioli - Antonio Carratta

Corso di diritto processuale civile

I – NOZIONI INTRODUTTIVE E DISPOSIZIONI GENERALI

Editio minor

DICIOTTESIMA EDIZIONE

Giappichelli

VIA PO, 21 - TEL. 011-81.53.111 - FAX 011-81.25.100
http://www.giappichelli.it

ISBN/EAN 978-88-921-3989-3

G. Giappichelli Editore

MARCHIO STORICO

Questo libro è stato stampato su
carta certificata, riciclabile al 100%

Stampa: Stampatre s.r.l. - Torino

INDICE

pag.

CAPITOLO III

L'AZIONE

CAPITOLO IV

IL DOVERE DECISORIO DEL GIUDICE E I SUOI LIMITI

CAPITOLO V

LE ATTIVITÀ DIFENSIVE DEL CONVENUTO

Capitolo VI

OGGETTO DEL PROCESSO E LIMITI DEL GIUDICATO. CONNESSIONE E CONCORSO DI AZIONI

Capitolo VII

IL GIUDICE, I SUOI AUSILIARI E GLI UFFICI COMPLEMENTARI

Sezione prima

LA GIURISDIZIONE

Sezione seconda

LA COMPETENZA

pag.

Capitolo XI

IL CODICE VIGENTE ED I PRINCIPI AI QUALI È ISPIRATO

PREMESSA ALLA DICIOTTESIMA EDIZIONE

Oltre al consueto aggiornamento giurisprudenziale e bibliografico dell'opera, in questa nuova edizione si è provveduto a recepire alcune modifiche normative intervenute in conseguenza della legislazione emergenziale determinata dalla pandemia da Covid-19, che ha ovviamente riguardato anche il processo civile. E si è provveduto a recepire anche l'entrata in vigore, il 19 maggio 2021 e dopo diversi rinvii, della nuova disciplina sui procedimenti collettivi introdotta dalla L. 12 aprile 2021, n. 31, mediante l'inserimento degli artt. 840 bis-840 sexiesdecies nel codice di procedura civile.

Infine, si è tenuto conto del reclutamento straordinario, disposto con il D.L. 9 giugno 2021, n. 80, di nuovo personale da destinare al potenziamento delle strutture organizzative dell'«ufficio per il processo», già istituite nel 2014 presso i Tribunali e le Corti d'appello ed ora estese anche alla Corte di cassazione.

ANTONIO CARRATTA

Roma, giugno 2021

PREMESSA ALLA PRIMA EDIZIONE

Le dimensioni raggiunte dall'edizione maggiore, specialmente nel suo apparato di note, hanno suggerito la predisposizione di questa edizione abbreviata dedicata agli studenti, in particolare nelle sintesi a margine.

L'inevitabile snellimento ha però lasciato in buona parte integro il testo base dell'opera che era nata per gli studenti e che qui recupera la sua originaria funzione di guida nel primo approccio con la «procedura civile».

CRISANTO MANDRIOLI

Milano, maggio 2000

CAPITOLO I
L'ATTIVITÀ GIURISDIZIONALE

SOMMARIO: 1. Il diritto processuale civile e la definizione dell'attività giurisdizionale: criterio della funzione e criterio della struttura. – 2. La nozione della giurisdizione dal punto di vista della funzione. Il normale presupposto della lesione e l'attuazione dei diritti in via secondaria e sostitutiva. – 3. Segue. I casi di attività giurisdizionale senza previa lesione: giurisdizione costitutiva necessaria e accertamento mero. – 4. L'attività giurisdizionale dal punto di vista della struttura. A) La cognizione e i suoi caratteri strutturali: l'attitudine al giudicato sostanziale; l'imparzialità del giudice e l'uguaglianza tra le parti. – 5. Segue. B) L'esecuzione forzata. C) L'attività cautelare. D) La giurisdizione volontaria. – 6. Rapporti tra i diversi tipi di attività giurisdizionale. – 7. L'ambito della giurisdizione e i suoi rapporti con le altre fondamentali attività dello Stato.

1. *Il diritto processuale civile e la definizione dell'attività giurisdizionale: criterio della funzione e criterio della struttura.*

L'art. 24, 1° comma, della Costituzione.

L'art. 24, 1° comma, della Costituzione repubblicana enuncia che «*tutti possono agire in giudizio per la tutela dei propri diritti e interessi legittimi*», e pertanto prospetta subito un «giudizio», messo in moto da una certa iniziativa (l'«agire»), configurata per «tutti», e destinata alla «tutela» dei diritti e degli interessi. Questo «giudizio» appare dunque – sotto questo primo profilo generalissimo – come un'attività che procede verso la tutela dei diritti e degli interessi e sul presupposto della obbiettiva *meritevolezza* di tale tutela.

Il processo civile.

Quando parliamo di «processo» ci riferiamo precisamente a questo figurato «procedere», che, qualificato con l'attributo «civile», ci conduce subito alle due espressioni con le quali, da un lato, è designato il «codice di procedura civile» e, dall'altro, è denominata la disciplina della quale incominciamo ad occuparci, ossia il «diritto processuale civile».

Il codice di procedura civile ...

Da un primo punto di vista puramente empirico, il codice di procedura civile è quell'insieme di norme nelle quali è descritta e disciplinata la suddetta attività del «procedere» – ossia il processo civile – tradizionalmente chiamata «giurisdizione civile». «Diritto processuale civile» è la branca della scienza giuridica che studia la disciplina del processo civile, contenuta in quel gruppo di norme giuridiche che, nell'ordinamento italiano vigente, sono, nella loro maggior parte contenute nel codice di procedura civile (che, d'altra parte, è spesso richiamato come prototipo, anche in altri settori del diritto).

... e la giuridicità delle sue regole.

Si tratta di norme giuridiche: ed è noto che le norme giuridiche sono giuridiche in quanto, oltre a descrivere, disciplinano determinati comportamenti umani, ossia li «valutano» in base ai fondamentali criteri (c.d. «valori») che sono la *doverosità*, la *liceità* e l'*idoneità a produrre effetti giuridici*. In altri termini, le norme giuridiche descrivono determinati comportamenti umani qualificandoli e così configurando, in capo ai soggetti di tali comportamenti, le c.d. «situazioni» di *dovere*, *facoltà* o *potere*. Quando parliamo di «struttura» delle norme o degli istituti giuridici, ci riferiamo per l'appunto *al modo* col quale l'ordinamento, operando con quelle qualificazioni, vuol raggiungere i suoi «fini». E se ci riferiamo ad un'attività – qui, l'attività giurisdizionale – possiamo riscontrare che essa può essere conosciuta e definita, oltre che sotto il profilo della sua *funzione* (a che cosa serve?), anche sotto il profilo della sua *struttura* (come opera? con che caratteristiche intrinseche? che effetti produce?).

La funzione e la struttura delle norme giuridiche ...

Naturalmente, i due criteri debbono coordinarsi tra di loro, perché il legislatore, se ha agito secondo logica, non può non aver scelto, nel dettare le norme, quelle caratteristiche strutturali che sono le più idonee per il conseguimento della funzione che vuole sia conseguita. Il criterio della funzione e quello della struttura, in altri termini, debbono offrirsi, nella logica dell'ordinamento, una reciproca conferma.

... e la loro correlazione.

Questa correlazione tra struttura e funzione ispira e qualifica la disciplina di ciascuno dei comportamenti di quei soggetti che, come stiamo per vedere, operano nel processo come protagonisti o soggetti del processo; i quali comportamenti, nel loro complesso, costituiscono l'attività giurisdizionale.

Il diritto processuale civile.

Con l'espressione «diritto processuale civile» si suole per l'appunto accentuare l'aspetto sistematico della disciplina dell'attività processuale o del processo civile, che costituisce l'oggetto del nostro studio.

2. *La nozione della giurisdizione dal punto di vista della funzione. Il normale presupposto della lesione e l'attuazione dei diritti in via secondaria e sostitutiva.*

L'attività giurisdizionale e la sua funzione ...

La nozione dell'attività giurisdizionale, dal punto di vista funzionale, deve riferirsi a quella funzione che ispira la disciplina dell'*intera serie* dei comportamenti nei quali si concreta il «procedere» di cui ci occupiamo. E pertanto se – come esige la correttezza del metodo – dobbiamo cercarne il fondamento in una o più norme, è chiaro che dovremo risalire a quelle norme che prendono in considerazione l'attività in discorso nella sua globalità, ossia con riguardo allo scopo e al risultato al quale essa tende; in altri termini, a quelle norme che possano offrire una risposta sintetica alla prima domanda che ci siamo posti: a che serve l'attività giurisdizionale?

A questa domanda abbiamo, in realtà, già potuto dare una prima approssimativa risposta proprio con le parole – richiamate all'inizio – dell'art. 24, 1° comma, della Costituzione, nella quale norma abbiamo visto la prima configurazione dell'agire in giudizio *per la tutela dei diritti* e degli interessi legittimi. L'attività giurisdizionale civile serve dunque (lasciando per il momento da parte il più complesso discorso che concerne gli interessi legittimi, per il quale v. oltre, § 32 *sub* b) alla tutela dei diritti.

... sul fondamento dell'art. 24, 1° comma, Cost. ...

In perfetta correlazione con questa norma costituzionale sta, d'altra parte, un'altra norma che pure si riferisce all'attività giurisdizionale nel suo complesso e con riguardo al suo scopo globale; una norma opportunamente collocata nel codice civile, nel quale l'attività giurisdizionale viene in rilievo solo sotto un profilo *sintetico*: quello dell'assicurare ai diritti la caratteristica per la quale possono dirsi diritti, ossia precisamente la loro tutelabilità. Dice, infatti, l'art. 2907 c.c. che «*alla tutela giurisdizionale dei diritti* provvede l'autorità giudiziaria ordinaria». Dal che si desume, con assoluta chiarezza, che il risultato, o funzione globale, che ispira l'attività giurisdizionale, considerata globalmente, è *la tutela dei diritti*. E non – si noti – una particolare categoria di diritti, ma *i diritti* (naturalmente, diritti soggettivi) in genere.

... e dell'art. 2907 c.c. ...

... come tutela giurisdizionale dei diritti ...

Che cosa vuol dire, precisamente, tutela dei diritti? Tutela, nel linguaggio comune, significa protezione, nel senso di reazione ad un pericolo o ad un attacco. E poiché in generale il tipo di tutela o protezione deve determinarsi in relazione al tipo di pericolo o attacco, è chiaro che i caratteri della *tutela dei diritti* si determinano in relazione ai caratteri di ciò che può compromettere o pregiudicare i diritti in quanto è loro proprio. Se allora si tiene presente che ciò che è proprio dei diritti è l'imposizione o il divieto o la permissione di determinati comportamenti, ne risulta che ciò che pregiudica i diritti consiste nel non fare ciò che si doveva fare o nel fare ciò che non si poteva o doveva fare; in altri termini, in quel fenomeno che si chiama *lesione* o *violazione del diritto*. Da tutto ciò emerge chiaramente che la tutela giurisdizionale dei diritti consiste, almeno in linea di massima, in una reazione alla loro violazione; reazione nel senso di impedirla o di eliminarne gli effetti nei limiti del possibile.

... e reazione alla loro lesione o violazione ...

Si vengono così illuminando le due caratteristiche fondamentali dell'attività giurisdizionale: la sua *strumentalità* e la sua *sostitutività*.

L'attività giurisdizionale è *strumentale* rispetto ai diritti che vuol tutelare, poiché costituisce appunto lo strumento per la loro attuazione, nell'ipotesi che tale attuazione non si verifichi spontaneamente. E

... e perciò strumentale rispetto ai diritti da tutelare.

Il diritto sostanziale offre la tutela (primaria) degli interessi, ...

poiché i diritti da attuare costituiscono la *materia* o *sostanza* dell'attività giurisdizionale, si delinea la contrapposizione tra *diritto* (o sistema di norme) *materiale* o *sostanziale* e *diritto* (o sistema di norme) *strumentale o formale*, cioè *processuale*.

Questi due sistemi di norme sono strettamente coordinati tra loro. Le norme sostanziali disciplinano direttamente – ossia in via *primaria* – determinati comportamenti umani che il legislatore ha considerato idonei a soddisfare determinati interessi ritenuti meritevoli di protezione. In altri termini, dettando le norme sostanziali, il legislatore ha configurato i diritti soggettivi sostanziali, i quali già implicano una prima tutela di determinati interessi, cioè la tutela semplicemente giuridica. Ma se questa tutela primaria non si rivela sufficiente, se cioè la norma sostanziale viene violata ed il diritto soggettivo sostanziale viene leso, ecco che l'ordinamento ricorre allo strumento del processo, ossia ricorre alle norme strumentali o processuali, che, disciplinando l'attività di determinati soggetti (i c.d. soggetti del processo) apprestano i mezzi per l'attuazione della tutela *secondaria* o tutela, appunto, *giurisdizionale*.

... mentre l'attività giurisdizionale ne offre l'eventuale tutela secondaria ...

L'altra caratteristica propria dell'attività giurisdizionale, ossia la sua *natura sostitutiva*, va individuata nel fatto che gli organi giurisdizionali si sostituiscono a coloro che avrebbero dovuto tenere il comportamento previsto dalle norme sostanziali *in via primaria*, per attuare *in via secondaria* quella medesima protezione di interessi che stava alla base della norma sostanziale. In questo modo il diritto processuale realizza indirettamente ed in via sostitutiva quella medesima protezione di interessi che sta alla base del diritto sostanziale.

... in via sostitutiva nell'ipotesi della lesione ...

Questa «sostituzione» non è imposta dalla logica né dalla natura delle cose, ma piuttosto da quel postulato fondamentale di ogni forma di vita socialmente organizzata, che va sotto il nome di *divieto dell'autodifesa*. In sostanza, l'ordinamento giuridico, nel momento in cui vieta al singolo di farsi giustizia da solo (eccezion fatta soltanto per taluni casi particolarissimi, come la legittima difesa, lo stato di necessità, ecc.), gli offre una protezione sostitutiva, che è precisamente la tutela giurisdizionale.

... in conseguenza del divieto dell'autodifesa.

In conclusione, i rilievi compiuti portano a definire l'attività giurisdizionale, sotto il profilo funzionale, come attività *normalmente di attuazione in via secondaria e sostitutiva dei diritti sostanziali*. E diciamo «normalmente» poiché – come vedremo tra poco (al § 3) – vi sono dei casi in cui l'attività giurisdizionale è prevista più o meno indipendentemente dalla lesione di norme primarie.

Perciò la giurisdizione è attuazione in via normalmente sostitutiva dei diritti sostanziali ...

Questa definizione funzionale della giurisdizione non diverge gran che da altre definizioni proposte da autorevoli giuristi. Così, ad es., la famosa definizione del Redenti che considera la giurisdizione come «attuazione delle sanzioni» esprime in definitiva i medesimi concetti, solo che si tenga presente che per «sanzione» si intende quello

... o attuazione delle sanzioni (Redenti) ...

che qualcuno chiama il «precetto secondario» contenuto nelle norme sostanziali.

Così la non meno famosa definizione del Carnelutti che vede nella giurisdizione l'attività di «composizione delle liti». Se si tiene presente che la «lite» nel senso tecnico carneluttiano non è altro che la posizione di contrasto che due o più soggetti assumono rispetto ad un diritto, appare evidente che tale posizione di contrasto in tanto sussiste in quanto si postula da uno o più di quei soggetti la lesione di una norma sostanziale ad opera degli altri. Senza dimenticare, d'altro canto, che alla composizione della lite si può pervenire anche attraverso la via alternativa della *conciliazione* e dell'*arbitrato* (come meglio vedremo nel vol. III, parte terza).

... o composizione delle liti (Carnelutti).

3. *Segue. I casi di attività giurisdizionale senza previa lesione: giurisdizione costitutiva necessaria e accertamento mero.*

La veduta nozione funzionale della giurisdizione va ora integrata con riguardo ai casi – ai quali si è fatto cenno poc'anzi – in cui la legge configura l'attività dell'organo giurisdizionale indipendentemente dal fatto che si sia o meno verificata, in precedenza, una violazione di norme.

In taluni casi l'attività giurisdizionale non presuppone la lesione del diritto sostanziale.

Questo fenomeno si verifica, in primo luogo, in certi casi nei quali l'ordinamento ritiene di dover sottrarre all'autonomia dei singoli la piena disponibilità di determinate situazioni giuridiche, stabilendo che la costituzione, la modificazione o l'estinzione (ossia gli effetti che si chiamano «costitutivi» in senso ampio) di quelle situazioni giuridiche, non può avvenire che attraverso l'opera dell'organo giurisdizionale. Si tratta di eccezioni alla normale disponibilità negoziale dei diritti. Si può vendere o dare in locazione la cosa propria, o costituire una servitù, o concludere un contratto di lavoro, o fare testamento, o, insomma, compiere ogni genere di negozî o atti giuridici, senza bisogno dell'intervento dell'organo giurisdizionale. Ma questa generale autonomia negoziale ha il suo limite là dove si tratterebbe di influire su certe situazioni che investono interessi non esclusivi del singolo, in quanto in qualche modo toccano la collettività: così non si può disporre negozialmente del rapporto di filiazione, né si può rinunciare alla propria capacità di agire; si potrà solo, *nel concorrere di determinate circostanze espressamente previste dalla legge* (ad es., l'impotenza, l'infermità di mente, ecc.), ottenere il disconoscimento di paternità, l'inabilitazione o l'interdizione, tutte modificazioni, o effetti «costitutivi» (nel senso ampio visto sopra), che l'ordinamento contempla come realizzabili esclusivamente ad opera dell'organo giurisdizionale. Al quale organo l'ordinamento affida il previo compito di riscontrare l'esistenza di quelle circostanze dalle quali l'ordinamento stesso vuole che dipenda il realizzarsi di quegli effetti. Circostanze che non implicano violazione di alcuna norma, ma che semplicemente sono contemplate da certe norme come condizione *necessaria* per la determinazione di certi effetti, non realizzabili altrimenti che attraverso l'opera, che per ciò si dice necessaria, dell'organo giurisdizionale. Questo tipo di attività giurisdizionale, che ha dunque per oggetto i diritti sostanziali alle modificazioni giuridiche non attuabili se non dal giudice, si chiama perciò *giurisdizione costitutiva* (nel senso ampio già visto) *necessaria* o *a necessario esercizio giudiziale*. Quella parte della dottrina che chiama diritti potestativi i diritti alla modificazione giuridica, indica questo tipo di giurisdizione come quello che ha per oggetto i *diritti potestativi necessari*.

Ciò accade nei casi di tutela costitutiva necessaria.

È bene sottolineare che proprio quest'elemento della necessarietà (riferito all'attività giurisdizionale) sta in relazione con la caratteristica per la quale quest'attività giurisdizionale non presuppone alcuna violazione. Va, infatti, tenuto presente fin da ora che, accanto all'attività giurisdizionale costitutiva necessaria – e nel quadro della più ampia nozione di *attività giurisdizionale costitutiva*, che il nostro ordinamento contempla espressamente all'art. 2908 c.c. – esiste un'*attività giurisdizionale costitutiva non necessaria*, nel senso che gli effetti costitutivi (nel consueto senso ampio), attuabili da essa, avrebbero potuto essere attuati anche indipendentemente dall'opera dell'organo giurisdizionale; con la conseguenza che l'attività di quest'ultimo soccorre solo quando è mancata l'attuazione spontanea o primaria, ossia si è verificata la violazione di un preesistente diritto alla modificazione giuridica o diritto potestativo (non necessario). Si pensi al caso dell'obbligo di contrarre, assunto con un contratto preliminare, rimasto ineseguito (qui sta la violazione) ed attuabile con sentenza costitutiva ai termini dell'art. 2932 c.c.; o alla costituzione della servitù coattiva di cui all'art. 1032 c.c. È chiaro che, in questi casi, la non necessarietà dell'attività giurisdizionale ci riconduce alla normalità del fenomeno per il quale l'attività giurisdizionale ha funzione sostitutiva e secondaria, in quanto presuppone una violazione, ossia ci riconduce al fenomeno per cui appunto nella violazione di un preesistente precetto normativo sta l'*esigenza* o *bisogno* della tutela giurisdizionale. Mentre, quando l'attività giurisdizionale costitutiva è necessaria, tale esigenza o bisogno è, come si suol dire, *in re ipsa*, ossia nel fatto stesso che si sono verificate quelle circostanze che introducono la possibilità della modificazione giuridica attraverso l'insostituibile opera dell'organo giurisdizionale.

Si ritiene che ciò accada anche quando vi sia solo la contestazione del diritto (*accertamento mero*).

L'altro tipo di attività giurisdizionale, che spesso viene accostata a quella costitutiva necessaria come attività che prescinde dalla violazione, è quello di «*accertamento mero*». Qui, in realtà, l'esigenza di tutela o di attività giurisdizionale è determinata da un fenomeno che può essere assimilato alla violazione, e cioè la *contestazione* del diritto, nel doppio senso di contestazione di un altrui diritto che il titolare considera esistente o di *vanto* di un proprio diritto nei confronti di un soggetto che lo ritiene inesistente. Si pensi al soggetto che, pur senza ledere l'altrui diritto di proprietà, lo contesta nel senso che si vanta proprietario esso stesso; o al soggetto che, ancor prima della scadenza del suo debito, nega di essere debitore o, infine, al soggetto che si vanta creditore. Quando si verifica questo fenomeno, si determina una situazione che determina l'incertezza obbiettiva circa l'esistenza di un diritto. Ed è logico che un ordinamento giuridico evoluto offra lo strumento per eliminare questa situazione, ossia lo strumento per sostituire l'incertezza obbiettiva con la certezza obbiettiva. Questo strumento è l'attività giurisdizionale detta di *accertamento mero*, nella quale espressione l'attributo «mero» sta in relazione col fatto che la funzione dell'accertamento soltanto qui si presenta per così dire allo stato *puro*, ossia senza la sovrapposizione di altre funzioni.

Chi, a questo punto, volesse riassumere in una formula unitaria la nozione della giurisdizione dal punto di vista della sua funzione, dovrebbe riferirsi soltanto all'*attuazione del diritto sostanziale*, avendo cura di precisare che *tale attuazione avviene per lo più in via secondaria e sostitutiva* (= *sanzionatoria*), *ma talvolta in via primaria.*

La nozione funzionale della giurisdizione.

4. *L'attività giurisdizionale dal punto di vista della struttura. A) La cognizione e i suoi caratteri strutturali: l'attitudine al giudicato sostanziale; l'imparzialità del giudice e l'uguaglianza tra le parti.*

Riferendoci, come abbiamo fatto finora, alla funzione dell'attività giurisdizionale, abbiamo messo in risalto *a che cosa essa serve*; passando a riferirci alla struttura, cerchiamo di illuminarne, invece, le caratteristiche intrinseche; di stabilire, cioè, *che cosa essa è*, in se stessa.

Al riguardo, dobbiamo incominciare col constatare che il codice di procedura civile disciplina diversi tipi di attività, con caratteristiche strutturali diverse, a ciascuna delle quali – per quella interdipendenza tra funzione e struttura che abbiamo già posto in rilievo al § 1 –, d'altra parte, corrisponde una funzione particolare, inserita nell'ampia funzione giurisdizionale civile.

Sotto il profilo della struttura, esistono diversi tipi di giurisdizione.

Il primo, e di gran lunga il più importante, di questi tipi di attività, è quello detto di *cognizione*. La disciplina di quest'attività è prevalentemente contenuta nel libro secondo del codice (intitolato, appunto: «del processo di cognizione»). Ad essa si riferisce anche la disciplina del libro primo (intitolato alle «disposizioni generali», e perciò contenente norme tendenzialmente applicabili ad ogni tipo di attività disciplinata dal codice, ma in realtà dettate con particolare riferimento alla cognizione). Alcuni aspetti particolari dell'attività di cognizione sono inoltre disciplinati nel libro quarto (intitolato ai «pro-

Il primo è la *cognizione*, ...

cedimenti speciali») ed anche nel libro terzo (che contiene la disciplina di quel diverso tipo di attività che si realizza nel «processo di esecuzione forzata»), oltre che in numerose leggi speciali.

… la cui struttura va individuata come quella più idonea a conseguire l'accertamento.

Quali sono le caratteristiche strutturali proprie della cognizione? La logica del sistema – ossia la già vista necessaria coordinazione tra struttura e funzione – vuole che queste caratteristiche siano esattamente quelle che consentono all'attività di cui trattasi di meglio conseguire la sua propria funzione o scopo. Si tratta allora di individuare, in primo luogo, la funzione specificamente propria della cognizione.

Ricordiamo che i diritti (soggettivi) null'altro sono che quelle posizioni giuridiche dei soggetti che emergono dalle norme sostanziali, le quali, nel compiere la valutazione di determinati comportamenti umani dettano delle regole astratte, ossia *enunciano delle volontà astratte di legge*; ricordiamo, infine, che tali regole astratte divengono concrete nel momento in cui si verifica, nel singolo caso concreto, uno di quei comportamenti presi in considerazione e valutati in astratto dalle norme stesse (c.d. fattispecie concrete); nel momento, insomma, in cui si verifica uno di quei fatti che, in quanto presi in considerazione come idonei a concretare o costituire i diritti, sono chiamati «*fatti costitutivi dei diritti*». Da tutto ciò è logico dedurre che attuazione dei diritti null'altro significa che attuazione di regole concrete di diritto sostanziale o *volontà concrete di legge*.

Orbene: per attuare una regola concreta di legge, occorre innanzi tutto *formulare* quella regola, ossia enunciarla, appunto, nella sua concretezza. Vale a dire, dopo aver interpretato la volontà legislativa espressa in astratto, *riscontrare ed enunciare che, essendosi verificati quei determinati «fatti costitutivi» ipotizzati come fattispecie astratta nella norma stessa, da quella norma è scaturita una regola concreta* che, per essere attuata, deve prima di tutto essere enunciata. È pertanto chiaro che, proprio *enunciando la regola concreta, si afferma o si nega l'esistenza di un diritto*. D'altra parte, è pure evidente che quest'enunciazione o pronuncia circa l'esistenza di un diritto, in tanto può assolvere alla sua funzione in quanto su di essa sussista un determinato grado di certezza.

A questo punto, la funzione propria dell'attività di cognizione (ossia del «conoscere» una regola concreta o l'esistenza di un diritto) emerge come una funzione di *accertamento*. Più precisamente, la funzione di determinare la certezza sull'esistenza o non esistenza di un diritto. Ma quale certezza? Poiché l'assoluto non è di questo mondo, occorrerà accontentarsi di una certezza relativa, dotata cioè di certe caratteristiche, vale a dire quelle che la rendono idonea ad assolvere alla sua funzione di consentire l'attuazione del diritto. Questo significa che dovrà trattarsi della certezza *obbiettiva*, ossia *fatta propria dall'ordinamento e tale da permettere che la regola possa essere imposta all'osservanza di tutti*.

Naturalmente la certezza non nasce già obbiettiva, perché non può formarsi altrimenti che come convincimento di uno o più soggetti. Ed appunto perciò assume particolare importanza il meccanismo – ossia la struttura – di quell'attività per mezzo della quale la certezza di uno o più soggetti diviene certezza obbiettiva. È chiaro, infatti, che proprio in questi caratteri strutturali sta quell'elemento strutturale proprio della cognizione, che appunto stiamo cercando.

Anzitutto: chi è il soggetto il cui convincimento può divenire certezza obbiettiva dell'ordinamento? Ovviamente l'organo che è al centro dell'attività giurisdizionale di cognizione, ossia il giudice.

Già sul piano logico, il convincimento è il risultato di un giudizio, e perciò è chiaro che il giudice dovrà per l'appunto (come è detto anche dal suo nome) rendere *un giudizio*: giudizio sull'esistenza di un diritto, attraverso l'interpretazione della norma astratta e il riscontro circa l'accadimento dei fatti costitutivi del diritto.

Sul piano soggettivo, la trasformazione del convincimento in certezza si verifica con la cessazione di ogni effettiva contestazione interna. Un soggetto, nel suo interno, si considera certo, solo quando cessa di avere dei dubbi e non si pone più il problema. Allo stesso modo, l'ordinamento potrà dirsi certo, quando sarà cessata, nel suo ambito, ogni effettiva possibilità di contestazione, ossia quando sulla pronuncia del giudice si sarà verificata una situazione di incontestabilità, quando cioè su di essa non si potrà più controvertere con possibili effetti pratici.

La struttura più idonea al conseguimento della funzione della cognizione è quella che realizza la suddetta incontrovertibilità ...

In ipotesi, questo risultato potrebbe essere conseguito, da un ipotetico ordinamento, anche con una sola norma, che ad es. stabilisse che la pronuncia del giudice è, appunto, incontrovertibile nel senso che non può costituire oggetto di un riesame utile sul piano pratico; che cioè, appena compiuta, essa esprime la certezza definitiva e immutabile dell'ordinamento, sempre sotto il profilo pratico. Come, d'altra parte, un altro ipotetico ordinamento potrebbe, invece, non accontentarsi di un solo giudizio, ma contemplare una possibilità di suo riesame attraverso un altro giudizio, ad opera di un altro giudice, attribuendo poi l'incontrovertibilità a questa seconda pronuncia. In realtà, se si ha riguardo alla fallibilità di ogni giudizio umano, neppure una lunga serie di giudizi di riesame potrebbe assicurare il giudizio perfetto, tale cioè da esprimere una certezza assoluta. Perciò il numero delle possibilità di riesame (c.d. gradi di giurisdizione, attraverso l'esercizio di quel potere che vedremo chiamarsi «di impugnazione») deve essere convenzionalmente limitato. Nel nostro ordinamento, come in quasi tutti gli ordinamenti, i gradi di giurisdizione sono due (giudizio di primo grado e giudizio di appello o di secondo grado), oltre ad un ulteriore riesame di solo diritto (giudizio di cassazione). Potrebbero essere di più o di meno. Ma ciò che importa è che essi siano in numero limitato e che al loro esaurimento l'ordinamento faccia conseguire l'incontrovertibilità.

... che si ottiene con l'assoggettamento delle pronunce a un numero limitato di mezzi di impugnazione, elencati nell'art. 324 c.p.c. ...

Occorre, a questo punto, precisare che quest'incontrovertibilità è tradizionalmente designata come «*cosa giudicata*», la quale può pertanto essere definita come *la situazione in forza della quale nessun giudice può pronunciarsi su quel diritto sul quale è già intervenuta una pronuncia che abbia esaurito la serie dei possibili riesami*. Ed è appena il caso di precisare che questo esaurimento si verifica sia nel caso in cui i diversi gradi di giurisdizione si siano effettivamente svolti, e sia nel caso in cui si sia rinunciato ad essi. Appare allora evidente come i caratteri strutturali che esprimono il *proprium* della cognizione debbano ravvisarsi precisamente nell'attitudine a dar luogo alla cosa giudicata. In altri termini, *la caratteristica strutturale dell'attività giurisdizionale di cognizione consiste in ciò che essa è strutturata in modo tale da concludersi in una pronuncia assoggettata (almeno potenzialmente) ad una serie limitata di mezzi di impugnazione, il cui esaurimento (o la rinuncia ad esercitarli) dà luogo all'incontrovertibilità propria della cosa giudicata.*

... e il cui esaurimento dà luogo alla incontrovertibilità, detta «*cosa giudicata formale*», ...

Nel nostro codice di procedura civile, questa caratteristica fondamentale è espressa da una norma – l'art. 324 –, che per l'appunto contiene la regola del passaggio in giudicato della pronuncia. Questa norma è rubricata «*cosa giudicata formale*», ove l'attributo «formale» si contrappone a «sostanziale» ed equivale a «processuale». Si tratta di un fenomeno processuale, poiché è appunto una regola di diritto strumentale o processuale quella che stabilisce quando – ossia, dopo l'esaurimento di quale serie di possibili gradi di giurisdizione – nessun giudice può ulteriormente giudicare.

... che si coordina con la «*cosa giudicata sostanziale*» che ne costituisce il risultato.

Naturalmente questa disciplina dello strumento per mezzo del quale la giurisdizione di cognizione consegue il suo risultato o funzione (*accertamento incontrovertibile del diritto sostanziale*) sta in relazione con il risultato o funzione sostanziale della cognizione. Questo fenomeno è chiamato, appunto, «*cosa giudicata sostanziale*» e la sua disciplina, logicamente contenuta nel codice civile, è sintetizzata nell'art. 2909, il quale enuncia che l'accertamento passato in giudicato (formale o processuale) «*fa stato a ogni effetto*» tra le *parti* (vedremo poi – al § 44 – il significato di questo termine), loro eredi ed aventi causa. Ed è chiaro che «fare stato a ogni effetto» qui significa rendere il diritto oggetto dell'accertamento definitivamente conforme a quello che è stato il risultato dell'accertamento *incontrovertibile*, salve, naturalmente, le conseguenze di eventuali fatti successivi (c.d. *jus superveniens*). Con che il cerchio si chiude: dal diritto sostanziale nasce l'esigenza di tutela giurisdizionale mediante cognizione (perché, ad es., viene contestato un debito); il diritto processuale (processo di cognizione) viene incontro a quell'esigenza, pervenendo all'accertamento incontrovertibile (cosa giudicata formale o processuale) ossia alla definitiva formulazione della regola concreta (ad es.: quel debito esiste in quella determinata misura), che già appartiene al diritto sostanziale. Dalla funzione-esigenza, attraverso la struttura, si torna alla *funzione-risultato*.

Ma, tornando alla struttura tipica della cognizione, possiamo concludere che *la sua caratteristica fondamentale è quella di pervenire ad un accertamento idoneo ad assumere l'incontrovertibilità propria della cosa giudicata formale*.

In correlazione con questa caratteristica strutturale sta poi il rilievo della posizione di *imparzialità* o *terzietà* del giudice, che è ora enunciata nel 2° comma dell'art. 111 Cost. Imparzialità nel senso di assoluta equidistanza dagli interessi che concretamente perseguono i soggetti che operano nel processo e che sono detti «parti». Il giudice non può e non deve fare altro che formulare concretamente la volontà della legge, alla quale soltanto è soggetto: così enuncia la nostra Carta costituzionale nell'art. 101, 2° comma. Ed in correlazione a ciò, d'altro canto, le parti debbono poter contare sulla precostituzione del giudice e su una reciproca parità di trattamento, con la concreta possibilità di svolgere un ruolo attivo per influire sull'esito del giudizio; ciò in ossequio a taluni altri princìpî costituzionali sui quali ci intratterremo ampiamente in seguito (v. oltre, § 22 e §§ 77 e 78).

5. *Segue. B) L'esecuzione forzata. C) L'attività cautelare. D) La giurisdizione volontaria.*

Il secondo tipo di giurisdizione è *l'esecuzione forzata* ...

Il secondo – in ordine di importanza, come anche in ordine di disciplina – tipo di attività giurisdizionale civile disciplinato dal codice di procedura civile, è quello detto di *esecuzione forzata*. Alla disciplina di questo tipo di attività è dedicato il libro terzo del codice; nel quale, peraltro, è contenuta anche la disciplina di qualche procedimento di cognizione (le c.d. opposizioni nel processo esecutivo); inoltre, e come abbiamo già visto, anche le disposizioni generali contenute nel libro primo, sono, almeno tendenzialmente, applicabili anche a questo tipo di attività; infine, numerose leggi speciali disciplinano procedimenti essenzialmente o prevalentemente esecutivi: tra queste, la c.d. legge fallimentare, destinata ad essere sostituita, nel prossimo futuro, dal codice della crisi d'impresa e dell'insolvenza.

Naturalmente, anche rispetto a questo tipo di attività vale il rilievo che, nella logica del sistema, i caratteri strutturali debbono essere i più idonei al conseguimento della funzione specificamente propria di questa attività nell'ambito della veduta funzione globale della giurisdizione civile. Più precisamente, mentre la cognizione vuol conseguire, come abbiamo visto, l'accertamento incontrovertibile dell'esistenza del diritto, *l'esecuzione forzata vuol conseguire l'attuazione pratica, materiale, del diritto accertato, in via coattiva o forzata*, ossia attraverso l'impiego effettivo o potenziale della forza da parte dell'ordinamento.

... la cui funzione è l'attuazione materiale della volontà concreta di legge.

In questo caso non si tratta di giudicare, ma di portare ad esecuzione quanto accertato, sempre che non vi sia l'adempimento spontaneo da parte di colui che è tenuto a farlo. E poiché l'esecuzione ha per oggetto i diritti, la multiformità di questi esige che l'attività di cui trattasi assuma caratteri strutturali diversi che possono essere accomunati solo su un dato molto generale: quello del *possibile impiego della forza* per superare eventuali resistenze del soggetto che subisce l'esecuzione: «possibile» nel senso che proprio tale possibilità ne rende il più delle volte inutile l'impiego effettivo. Va, d'altra parte, tenuto presente che anche l'attività dell'organo esecutivo è *imparziale*; e dunque, anche l'organo esecutivo è chiamato ad attuare obbiettivamente il diritto senza essere mosso da alcun altro interesse.

Il terzo tipo di attività giurisdizionale è l'*attività cautelare* ...

Un terzo tipo di attività giurisdizionale è disciplinata dal codice con disposizioni sparse qua e là nei diversi libri, ma prevalentemente nel quarto libro, dedicato genericamente (e con scarso ordine sistematico) ai «procedimenti speciali»: come anche (ed a parte la generica applicabilità delle «disposizioni generali» di cui al primo libro del codice di procedura civile) in altri codici ed in numerose leggi speciali: è la cosiddetta attività *cautelare*.

Di questo tipo di attività va detto subito che, pur essendo anch'essa qualificata da una funzione sua propria nell'ambito della giurisdizione civile, tuttavia tale funzione non è autonoma, ma strumentale rispetto a quella della cognizione o dell'esecuzione o di entrambe.

... la cui funzione è quella di ovviare ai pericoli che, durante il tempo occorrente per la tutela giurisdizionale dei diritti, possono comprometterne il risultato.

La funzione propria di questo tipo di attività consiste nell'*ovviare ai pericoli che, durante il tempo occorrente per ottenere la tutela giurisdizionale, possono comprometterne il risultato* o, come si suol dire, la fruttuosità del risultato: si pensi al pericolo che Caio, mentre Tizio rivendica o sta per rivendicare nei suoi confronti la proprietà di un determinato bene, lo alieni ad un terzo o semplicemente lo lasci andare in rovina o lo danneggi; o al pericolo che Caio, mentre Tizio chiede l'accertamento di un credito nei suoi confronti, alieni l'intero suo patrimonio, così sottraendolo alla funzione di garanzia che compete a tutti i beni del debitore per l'adempimento dei suoi debiti, ai termini degli artt. 2740 e 2741 c.c. È facile intendere come queste eventualità possano compromettere il risultato della tutela giurisdizionale, la quale resterebbe una tutela puramente nominale e illusoria se Tizio non potesse più entrare in possesso del bene sul quale nel frattempo il giudice ha riconosciuto il suo diritto di proprietà, o non potesse, per la sopravvenuta nullatenenza del debitore, soddisfare il credito che il giudice gli ha riconosciuto. L'attività di tutela giurisdizionale cautelare tende appunto ad ovviare a questi pericoli per mezzo di determinate misure (sequestri, provvedimenti d'urgenza, ecc.) che possono ovviare ai diversi pericoli che potrebbero minacciare in concreto la *fruttuosità* – o l'*effettività* – della tutela giurisdizionale, sia essa di cognizione o di esecuzione: il che rende evidente la strumentalità funzionale – rispetto a questi due tipi di tutela giurisdizionale – della tutela cautelare.

D'altra parte, è pure evidente la mancanza di autonomi caratteri strutturali in questo tipo di attività: da un lato, si tratterà di riscontrare l'esistenza dell'esigenza di tutela e dei pericoli che la minacciano; mentre, dall'altro lato si tratterà di attuare sul piano materiale o concreto le misure di cautela. Nel primo caso, attraverso un'attività assimilabile a quella della cognizione; e nell'altro, attraverso un'attività analoga a quella dell'esecuzione.

Un quarto tipo di attività – la *giurisdizione volontaria* – è, infine, disciplinato, nelle sue grandi linee, in alcune norme che sono contenute nel codice di procedura civile con funzione paradigmatica (e precisamente ancora in quel quarto libro che, come abbiamo già visto, è dedicato genericamente ai procedimenti speciali, di tipo assai diverso), sotto il titolo «*disposizioni comuni ai procedimenti in camera di consiglio*» (artt. 737-742 bis), nonché nelle norme dedicate direttamente alla disciplina specifica di alcuni singoli procedimenti, e che sono contenute non soltanto nel libro quarto, ma anche negli altri libri del codice di procedura ed anche nel codice civile ed in numerose leggi speciali.

Un quarto tipo di attività giurisdizionale è la *giurisdizione volontaria*; ...

Questo tipo di attività – la cui tradizionale denominazione esprime la normale assenza di contestazione su diritti (*jurisdictio inter volentes*) e che è stata autorevolmente definita come «amministrazione pubblica del diritto privato esercitata da organi giudiziarî» (Calamandrei) – ha, in realtà, una funzione ben diversa da quella della tutela giurisdizionale, ed in certo senso prossima a quella dell'attività amministrativa. Essa, infatti, *non tende ad attuare diritti, ma semplicemente a realizzare o ad integrare la fattispecie costitutiva di uno stato personale o familiare* (si pensi all'adozione di persone maggiori di età che, ai termini dell'art. 313 c.c., si attua con sentenza del tribunale in camera di consiglio; o alla separazione consensuale dei coniugi, che deve essere omologata dal tribunale: art. 711, 4° comma, c.p.c.) o *di un determinato potere* (si pensi all'autorizzazione da parte del giudice tutelare che, ai termini dell'art. 320, 3° comma, c.c., consente l'alienazione di beni appartenenti al minore) *o di una persona giuridica* (si pensi alle verifiche che possono condizionare l'iscrizione nel registro delle imprese delle modifiche allo statuto della società per azioni: art. 2436, 4° comma, c.c.) *o di altre situazioni simili*. D'altra parte, a differenza dell'attività amministrativa, la giurisdizione volontaria non tutela interessi immediati dello Stato (o di altre Amministrazioni pubbliche), ma *interessi dei privati*, ritenuti dal legislatore di rilevanza generale.

... ha la funzione di tutelare e gestire interessi privati di rilevanza generale.

A queste caratteristiche funzionali – che evidenziano la tutela di interessi privati nell'ambito del generale interesse dello Stato alla migliore attuazione dell'ordinamento obbiettivo – corrispondono due *caratteristiche strutturali* tra loro in certo senso contrastanti, nel senso che l'una accomuna la giurisdizione volontaria all'attività giurisdizionale civile, mentre l'altra la distingue nettamente da essa.

La prima consiste nel dato di natura soggettiva che anche *la giurisdizione volontaria è attività svolta dagli organi giurisdizionali* in una posizione che è quella dell'*imparzialità* propria dell'attività di quegli organi (ed a questa posizione corrisponde l'attribuzione ai soggetti interessati di un ruolo che consente loro di influire sul contenuto del provvedimento in conformità ai princìpî costituzionali del contraddittorio e della difesa; sui quali princìpî, v. oltre, §§ 22 e 77). La seconda caratteristica consiste, invece, nel fatto che la giurisdizione volontaria si svolge con forme procedimentali che presentano l'elemento tipico del concludersi con provvedimenti caratterizzati dalla revocabilità e modificabilità (art. 742 c.p.c.; v. vol. III, § 63), con la conseguente *inidoneità alla cosa giudicata*. Ed è appunto a questa caratteristica strutturale che si riconduce la tipica caratteristica funzionale per la quale la giurisdizione volontaria non attua diritti, ma interessi o comunque situazioni più sfumate.

6. *Rapporti tra i diversi tipi di attività giurisdizionale.*

Individuati i diversi tipi di attività giurisdizionale, si tratta ora di vedere in che rapporto stiano tra di loro, ossia come la funzione propria di ciascuno di essi si inserisca nella funzione generale dell'attività giurisdizionale civile.

Abbiamo già visto quali sono, nell'ambito di questa funzione generale, i rapporti tra la cognizione e l'esecuzione forzata: l'una accerta il diritto, formulandolo in una regola concreta idonea a divenire incontrovertibile, l'altra attua materialmente questa regola così formulata e accertata; l'una viene incontro all'esigenza di certezza, l'altra all'esigenza di attuazione pratica. Queste due esigenze costituiscono il duplice aspetto dell'unica esigenza di tutela giurisdizionale: perché l'ordinamento possa attuare il diritto di Tizio alla consegna di una certa cosa da parte di Caio, il quale nega di dovere quella consegna, occorre che prima esso ordinamento acquisisca la certezza obbiettiva circa l'esistenza di quel diritto, e che poi lo attui. Questo significa che, almeno tendenzialmente, cognizione ed esecuzione si pongono sulla medesima linea, l'una di seguito all'altra, nel conseguimento della funzione della tutela del diritto. Ed è bene dire subito che, quando ciò accade, *quando cioè la cognizione si svolge in funzione della successiva esecuzione* (anche se poi questa dovesse non essere effettuata perché, ad es., il debitore ha adempiuto spontaneamente); quando, dunque, la cognizione ha funzione preparatoria rispetto al-

Il più delle volte, la cognizione si svolge in funzione dell'esecuzione, ...

l'esecuzione, *il provvedimento che la conclude prende il nome di condanna*, nome che si riflette su questo tipo di attività di cognizione e sulla stessa domanda introduttiva di essa, come vedremo ampiamente più avanti (v. oltre, § 15).

... nel qual caso il provvedimento che la conclude si chiama *condanna*.

In questa linea unitaria trova posto anche l'attività cautelare – naturalmente, soltanto eventuale – in quanto tende ad assicurare la fruttuosità dell'una o dell'altra attività, o di entrambe.

Tuttavia, non sempre l'esigenza di tutela giurisdizionale si manifesta nel veduto duplice aspetto, sì da richiedere lo svolgimento di entrambe le attività, di cognizione e di esecuzione (quella cautelare costituisce sempre una semplice eventualità). Non ci riferiamo – così dicendo – ai casi, accennati poc'anzi, nei quali, dopo la condanna, l'esecuzione può risultare superflua; ciò, infatti, non impedisce che la cognizione si sia svolta in funzione dell'esecuzione. Ci riferiamo, invece, ai casi in cui l'esigenza di tutela o di attività giurisdizionale è, *già per se stessa*, di sola cognizione o di sola esecuzione.

Ma talvolta l'esigenza di tutela è di sola cognizione ...

La prima di queste due eventualità – *esigenza di tutela o di attività giurisdizionale di sola cognizione* – si verifica in tutti i casi in cui l'esigenza stessa non tocca il mondo materiale; il che accade o perché non si è verificata alcuna violazione o perché si tratta di una violazione le cui conseguenze possono essere eliminate senza operare sul mondo materiale. La prima ipotesi si verifica nei casi presi in esame al § 3 (*cognizione costitutiva necessaria*, che realizza la tutela con la modificazione giuridica, la quale è attuabile soltanto e direttamente dal giudice; e *cognizione di accertamento mero*, che realizza la tutela con la sola determinazione della certezza obbiettiva, in quanto l'esigenza di tutela era determinata dalla sola contestazione o vanto). La seconda ipotesi si verifica nei casi di *cognizione costitutiva non necessaria*, pure presi in esame al § 3, e nei quali, come si vide, la violazione consiste nella mancata attuazione di una modificazione giuridica (come, ad es., la mancata conclusione di un contratto definitivo dopo la stipula di un preliminare) che, appunto perché tale, può essere attuata senz'altro dal giudice della cognizione, senza necessità di operare nel mondo materiale.

... come nell'accertamento mero e nell'attività costitutiva necessaria e anche non necessaria.

La seconda delle suddette due eventualità – *esigenza di tutela di sola esecuzione forzata* – si verifica nei casi in cui l'ordinamento, per ragioni di opportunità, ritiene di poter consentire l'esecuzione forzata prescindendo da quel massimo grado di certezza obbiettiva che è costituito dall'incontrovertibilità propria del giudicato, accontentandosi di un minor grado di *certezza*, che considera *sufficiente* ai fini dell'esecuzione forzata. Sono i casi in cui l'esecuzione che, come si vedrà, presuppone sempre un «*titolo esecutivo*» (inteso come il documento che attesta l'esistenza del diritto in modo sufficientemente certo per poter essere eseguito e che, nelle situazioni finora viste, è di origine giudiziale, e precisamente una con-

Altre volte l'esigenza di tutela è di sola esecuzione forzata; ...

... ciò accade nei casi in cui la certezza sull'esistenza ...

... del diritto per l'esecuzione si fonda sui titoli esecutivi stragiudiziali.

danna; v. oltre, § 16), si fonda *su titoli esecutivi c.d. stragiudiziali*, ossia di formazione non giudiziale, come sono, ad es., le cambiali, gli assegni, gli atti pubblici, le scritture private autenticate: art. 474, 2° comma, n. 2 e n. 3) (v. vol. III, § 9).

Naturalmente, questa possibilità di far luogo all'esecuzione forzata senza la previa determinazione dell'incontrovertibilità propria del giudicato, lascia aperta la possibilità di un giudizio di cognizione inteso ad accertare l'inesistenza del diritto, giudizio che può svolgersi ad iniziativa di chi subisce l'esecuzione forzata. E questo anche laddove si tratti di far valere eventuali fatti sopravvenuti allo stesso giudicato (si pensi, ad es., al caso dell'avvenuto pagamento dopo la formazione del giudicato). In questi casi, il giudizio di cognizione prende il nome di «opposizione all'esecuzione» (v. vol. III, § 36) e costituisce (così come le altre opposizioni proponibili nell'ambito del processo esecutivo) una parentesi di cognizione nel corso del processo di esecuzione, ossia un processo di cognizione che può anche, eventualmente, svolgersi contemporaneamente al processo di esecuzione (v. vol. III, cap. 5°).

Questo fenomeno del possibile contemporaneo svolgimento della cognizione e dell'esecuzione può verificarsi anche in un'altra ipotesi, riconducibile anch'essa al già compiuto rilievo che l'ordinamento concede talora l'accesso all'esecuzione forzata accontentandosi di *un grado di certezza che reputa sufficiente*, pur non essendo ancora incontrovertibile. Sono i casi in cui il giudizio di cognizione ha già condotto ad una condanna, sulla quale però non è ancora sceso il giudicato, perché è in corso, o può ancora essere proposto, il secondo grado di giudizio (appello) o il giudizio di cassazione.

Il codice attribuisce alle sentenze di condanna di primo grado un livello di certezza sufficiente per fondare l'esecuzione forzata.

L'art. 282 c.p.c. enuncia che «*la sentenza di primo grado è provvisoriamente esecutiva tra le parti*» (v. vol. II, § 58); il che significa attribuzione generalizzata dell'efficacia esecutiva provvisoria a tutte le sentenze di condanna di primo grado. Per parte sua, l'art. 283 prevede la possibilità della sospensione dell'esecutività della sentenza (o della sua esecuzione) da parte del giudice dell'appello: «*Il giudice d'appello, su istanza di parte, ... quando sussistono gravi e fondati motivi anche in relazione alla possibilità di insolvenza di una delle parti, sospende in tutto o in parte l'efficacia esecutiva o l'esecuzione della sentenza impugnata con o senza cauzione*». Ed un'identica previsione troviamo nell'art. 373 con riferimento all'eventuale giudizio di cassazione.

È appena il caso di aggiungere che chi intraprende l'esecuzione (come anche chi esegue un provvedimento cautelare) senza che ancora sussista il massimo grado di certezza dato dal giudicato o comunque senza che questa certezza corrisponda alla realtà, lo fa a suo rischio, nel senso che un'eventuale pronuncia definitiva in senso contrario all'esistenza del diritto fonda l'obbligo di rimessione in pristino e/o di risarcire all'altra parte i danni e di rifondere le spese (v. oltre, § 53).

Per completare il quadro dei rapporti tra i diversi tipi di attività giurisdizionale, rimane da prendere atto della completa estraneità a questo quadro dell'attività di volontaria giurisdizione. Essa è, infatti, estranea alla funzione dell'attuazione dei diritti poiché, come si è visto, non attua diritti ma semplici situazioni di aspettativa o di interesse; mentre, d'altra parte, anche le sue caratteristiche strutturali sono diverse da quelle degli altri tipi di attività giurisdizionale.

7. *L'ambito della giurisdizione e i suoi rapporti con le altre fondamentali attività dello Stato.*

L'attività che abbiamo finora esaminato nei suoi diversi tipi è l'attività giurisdizionale o, più semplicemente, la giurisdizione; quella giurisdizione che, accanto alla legislazione e all'amministrazione, è, come è noto, una delle tre fondamentali attività dello Stato. Anche se occorre tener presente che vi sono altri tipi di attività giurisdizionale, che, rispondendo a funzioni diverse da quelle proprie della giurisdizione civile, sono disciplinati fuori del codice di procedura civile: come, ad es., la giurisdizione penale (che ha caratteristiche funzionali analoghe a quella della giurisdizione civile e strutturali pure ad essa comuni, nei suoi due momenti della cognizione di condanna e dell'esecuzione) e la giurisdizione amministrativa, che ha anch'essa analoghi caratteri funzionali ed anche strutturali (attitudine al giudicato).

Solo sotto il profilo funzionale la giurisdizione può essere affiancata e contrapposta alle altre due attività fondamentali dello Stato (legislazione e amministrazione).

La contrapposizione della giurisdizione alle due altre fondamentali attività statali non è scevra da elementi di convenzionalità. Se ci si vuol riferire all'intera linea dell'attività giurisdizionale, che comprende cognizione, esecuzione e cautela, si deve aver riguardo essenzialmente agli aspetti funzionali, limitando quelli strutturali a quei pochi elementi che sono comuni alla cognizione e all'esecuzione, e cioè, soprattutto, alla posizione di imparzialità dell'organo, nel senso proprio e specifico dell'organo che attua il diritto, senza esser mosso da altro interesse che quello dell'assolvimento di questa funzione obbiettiva (c.d. «terzietà»), nonché, e correlativamente, al riconoscimento alle parti di un ruolo attivo che possa in qualche modo influire sull'esito del processo.

Ciò premesso, si può dire che l'attività giurisdizionale si distingue dall'attività legislativa per il fatto che quest'ultima detta regole generali ed astratte quali sono le norme giuridiche, mentre la giurisdizione opera sempre con riferimento concreto ai casi singoli, o formulando una regola concreta o dandole esecuzione. Si distingue poi dall'attività amministrativa per il fatto che quest'ultima, che pure opera con riferimento concreto ai casi singoli, è svolta dallo Stato (o, più in generale, da altri enti pubblici) e per esso dai suoi organi, in posizione che non è imparziale – come quella dell'organo giurisdizionale – perché, dal punto di vista funzionale, è orientata ad attuare gli interessi dello Stato stesso (o dei suddetti altri enti), ossia il buon funzionamento dell'amministrazione (art. 97 Cost.). Ed in relazione a ciò sta la caratteristica strutturale della modificabilità e revocabilità che, come si è visto, distingue l'attività amministrativa da quella giurisdizionale.

A parte va considerata la c.d. giurisdizione volontaria.

Quanto alla giurisdizione volontaria, se, da un lato, va considerata a parte, in quanto compie modificazioni giuridiche senza attuare diritti e partecipa dei caratteri strutturali proprî degli atti amministrativi (revocabilità e modificabilità), dall'altro lato, in quanto è svolta da organi giurisdizionali e partecipa di talune caratteristiche fondamentali proprie dell'attività di questi organi (imparzialità del giudice ed attribuzione di un ruolo attivo alle parti), può essere inclusa in un'ampia nozione della giurisdizione. Il che ha rilievo non per l'attribuzione di questa vaga etichetta, ma perché con essa si può convenzionalmente esprimere l'operare, sia pure limitato, di taluni di quei principî fondamentali ai quali si è or ora accennato e sui quali ci intratterremo più avanti (v. oltre, § 22 e §§ 77 e 78).

Bibliografia di orientamento

F. CARNELUTTI, *Diritto e processo*, Napoli, 1958; L. MONTESANO, *La tutela giurisdizionale dei diritti*, Torino, 1985; C. MANDRIOLI, *Giurisdizione (in generale)*, in *Dig. disc. priv.*, *sez. civ.*, IX, Torino, 1993; E. ALLORIO, *L'ordinamento giuridico nel prisma dell'accertamento giudiziale*, Milano, 1957; E.F. RICCI, *Accertamento giudiziale*, in *Dig. disc. priv.*, *sez. civ.*, I, Torino, 1987; C. MANDRIOLI, *L'azione esecutiva*, Milano, 1955; M. FORNACIARI, *Lineamenti di una teoria generale dell'accertamento giuridico*, Torino, 2002; A.A. ROMANO, *L'azione di accertamento negativo*, Napoli, 2006; E. ZUCCONI GALLI FONSECA, *Pregiudizialità e rinvio*, Bologna, 2011; N. PICARDI, *La giurisdizione all'alba del terzo millennio*, Milano, 2007; R. ORIANI, *Il principio di effettività della tutela giurisdizionale*, in *Studi in onore di V. Colesanti*, II, Napoli, 2009; A. MOTTO, *Poteri sostanziali e tutela giurisdizionale*, Torino, 2012; E. D'ALESSANDRO, *L'oggetto del giudizio di cognizione*, Torino, 2016; A. PROTO PISANI, *Il principio di effettività nel processo civile italiano*, in *Giusto proc. civ.*, 2014; A. PANZAROLA, *Alla ricerca dei* substantialia processus, in *Riv. dir. proc.*, 2015; A. CARRATTA, *Libertà fondamentali del Trattato dell'Unione europea e processo civile*, *ibidem*; F. CARPI, *La metamorfosi del monopolio statale sulla giurisdizione*, in *Riv. trim. dir. e proc. civ.*, 2016; A.D. DE SANTIS, *Contributo allo studio della funzione deterrente del processo civile*, Napoli, 2018; A. CHIZZINI, *La tutela giurisdizionale dei diritti*, in *Il Codice Civile. Commentario*, diretto da F.D. BUSNELLI, Milano, 2018; G. BALENA, *Alla ricerca del processo ideale, fra regole e discrezionalità*, in *Giusto proc. civ.*, 2018; A. CARRATTA, *Tecniche di attuazione dei diritti e principio di effettività*, in *Riv. trim. dir. e proc. civ.*, 2019; N. TROCKER, *Costituzione e processo civile: dall'accesso al giudice all'effettività della tutela giurisdizionale*, in *Giusto proc. civ.*, 2019; C. CAVALLINI, *Riflessioni sulla giustizia civile*, Milano, 2019; A. PROTO PISANI, *Dieci studi sul processo in ricordo di Virgilio Andrioli*, Napoli, 2019; M. TARUFFO, *Verso la decisione giusta*, Torino, 2020; A. CARRATTA, *Cognizione sommaria e semplificazione processuale*, in *Riv. trim. dir. e proc. civ.*, 2020; M.F. GHIRGA, *La giustizia «piovuta» dal cielo*, Torino, 2021.

CAPITOLO II
IL PROCESSO E I SUOI REQUISITI

8. *Il processo come fenomeno giuridico. Le situazioni giuridiche processuali.*

Il processo è un figurato «procedere» nel senso dell'alternarsi di poteri e di atti, ...

Abbiamo visto fin dal primo § che il processo non è altro che lo svolgimento dell'attività giurisdizionale. Ci proponiamo ora di portare un esame più ravvicinato sull'essenza intrinseca del «processo», di questo «procedere», che, come detto, si svolge sul fondamento di norme giuridiche.

... tenendo presente che *i poteri* sono (insieme con le facoltà e i doveri) le situazioni giuridiche processuali.

Le norme giuridiche pongono automaticamente certi soggetti (le parti, il giudice) in una certa *situazione* (giuridica) che – a seconda del tipo di valutazione contenuto nella norma – può essere di *dovere* tenere un certo comportamento oppure di *potere* tenerlo. In quest'ultimo caso, ciò può accadere nel doppio senso per cui, da un lato, per quel soggetto è *lecito* quel comportamento e, dall'altro lato, nel senso che, se quel soggetto tiene quel comportamento, ciò produce determinati effetti giuridici.

Soffermiamoci su quest'ultima situazione, che è quella propria del *potere*. Gli effetti giuridici prodotti dal comportamento, nel quale si estrinseca il potere, non sono altro che determinazioni di *nuove situazioni giuridiche*: di liceità, di dovere e soprattutto di *potere*, nel senso della possibilità di produrre ancora nuove situazioni giuridiche. Ed allora, se chiamiamo *atti giuridici* (*processuali*) le attuazioni dei comportamenti astrattamente previsti come poteri, possiamo dire che *il procedere giuridico in cui consiste il processo si realizza attraverso una successione alternata di poteri e di atti processuali.* I poteri introducono gli atti che danno luogo a nuove situazioni di dovere, di liceità, di potere: e così via fino all'atto conclusivo, che, nel processo di cognizione, è l'atto di accertamento definitivo (sentenza) e, nel processo di esecuzione, è l'atto realizzativo del diritto del creditore.

Volendo esprimerci con un esempio, potremmo rilevare che, se un soggetto predispone l'atto introduttivo del processo di cognizione, che l'art. 163 chiama «atto di citazione», e lo consegna all'ufficiale giudiziario per la notificazione, l'ufficiale giudiziario viene a trovarsi nella situazione di *potere* compiere la notificazione ai sensi degli artt. 137 e ss., ma anche di *dovere*, in attuazione dei suoi compiti istituzionali. A seguito di ciò il soggetto richiedente che, come vedremo, ha in questo modo assunto il ruolo di «attore», viene, in forza dell'art. 165, a trovarsi nella situazione di *potere*, entro i dieci giorni successivi alla notificazione, tenere il comportamento che è descritto nella suddetta norma, così compiendo l'atto che si chiama «costituzione in giudizio», ed il cui compimento introduce altre situazioni. A sua volta, anche il soggetto che ha ricevuto la notificazione – e che vedremo chiamarsi il «convenuto» – viene posto nella situazione di *potere* anch'egli compiere l'atto della costituzione in giudizio, così come previsto dall'art. 166. Ciascun atto introduce, insomma, situazioni giuridiche che introducono altri atti, in una serie alternata di atti e poteri (nella quale si inseriscono anche doveri e facoltà) fino all'assolvimento da parte del giudice del dovere di pronunciare la sentenza (art. 277).

In questa serie alternata di situazioni giuridiche (processuali), che introducono atti (processuali), e di altri atti che danno luogo ad altre situazioni, si realizza, dunque, quella dinamica giuridica che è l'essenza propria del processo come procedere giuridico.

Vediamo ora più da vicino queste situazioni, che sono come il nucleo della giuridicità del processo.

Le *facoltà* non contribuiscono, in quanto tali, alla dinamica del processo ...

Le facoltà sono figure piuttosto rare nel processo e non contribuiscono alla sua dinamica poiché si esauriscono in se stesse senza dar luogo a modificazioni giuridiche (si pensi alla facoltà del ritiro del fascicolo di parte, di cui all'art. 169 c.p.c.).

... e così pure i *doveri*, ...

Neppure i *doveri* contribuiscono, per se stessi, alla dinamica del processo che, come si è visto, è affidata interamente ai poteri. Tuttavia, molti atti che adempiono doveri contribuiscono alla dinamica processuale in quanto sono valutati *anche* come poteri. Questa doppia valutazione è tipica delle situazioni degli organi del processo: si pensi al già accennato esempio dell'ufficiale giudiziario, chiamato a notificare l'atto di citazione. Tra questi atti degli organi giurisdizionali e dei loro ausiliari, particolare rilievo assume la sentenza, ossia l'atto conclusivo del processo di cognizione, l'atto col quale il giudice rende il proprio giudizio, così assolvendo al fondamentale dovere decisorio di cui all'art. 112.

Per lo più i doveri concernono soltanto gli organi del processo. Quanto alle parti (per la nozione di parte, v. oltre, il § 44), gli autentici doveri, che gravano su di esse, si riducono ad alcune limitatissime e generiche figure (v., ad es., l'art. 88, a proposito del c.d. dovere di lealtà e probità). Nei moltissimi altri casi in cui il codice dice che la parte «deve» tenere questo o quel comportamento (v., ad es., gli artt. 99, 165, 166, 167), si tratta di dovere solo apparente, mentre, in realtà, si tratta di oneri che incombono sulle parti se con il loro comportamento intendono conseguire un determinato risultato (ad es., per l'art. 99: *se vuoi* far valere un diritto in giudizio, *devi*, ossia hai l'*onere* di proporre domanda al giudice competente). Gli *oneri*, perciò, non costituiscono altro che un particolare aspetto di taluni poteri.

... mentre gli *oneri* sono poteri formulati come doveri ipotetici.

Sono dunque *i poteri* – in conclusione – le situazioni che, attuandosi (e cioè attraverso i corrispondenti *atti*), assolvono alla funzione essenziale nel progredire del processo.

Le situazioni giuridiche soggettive processuali, che abbiamo visto fino ad ora, possono esser dette *semplici* poiché corrispondono ciascuna ad un singolo specifico comportamento, che si realizza con un singolo atto, così come preso in considerazione da una singola norma. Il processo, come fenomeno giuridico unitario, è una serie di situazioni semplici che si svolgono nel tempo.

Accanto a queste situazioni processuali semplici, si possono tuttavia individuare talune situazioni che, anziché riferirsi ai singoli atti del processo, concernono l'intera serie di quegli atti, considerata globalmente; che cioè si riferiscono al risultato unitario del processo, sia esso di cognizione o di esecuzione (*situazioni processuali globali o composite*). In questo senso, ci si può riferire ad un generico e globale dovere decisorio del giudice (art. 112), che si realizza attraverso l'intera serie degli atti processuali del giudice in funzione di quel dovere, e non soltanto con l'ultimo atto della serie, quale, ad es., la pronuncia della sentenza (su ciò v. oltre, § 17). In questo medesimo senso si parla di un generico e globale *diritto alla tutela giurisdizionale* (di cognizione o di esecuzione), nella quale espressione è palese il riferimento globale all'intera serie delle situazioni semplici che fanno capo al soggetto che chiede la tutela giurisdizionale, e dei relativi atti che realizzano l'intero processo (*diritto al processo*).

Da una visione più sintetica delle norme processuali emergono anche situazioni processuali globali o composite.

A proposito di quest'ultima situazione (diritto alla tutela giurisdizionale o al processo) – nella quale, come si vedrà (§§ 12, 13, 14), si risolve quella fondamentale figura del processo che è l'*azione* – è opportuno mettere in rilievo fin d'ora che essa può essere inclusa nella figura generale del diritto soggettivo in senso tecnico.

9. *Il cosiddetto rapporto giuridico processuale.*

Il complesso fenomeno di reciproca introduzione di situazioni e di atti facenti capo ai diversi soggetti del processo ed intersecantisi a vicenda, realizza il processo come fenomeno giuridico dinamico. Un fenomeno giuridico strumentale, fondato sulle norme giuridiche che

Il processo è un fenomeno giuridico autonomo ...

... dal diritto sostanziale che ne costituisce l'oggetto ...

disciplinano il processo, e palesemente autonomo dalle situazioni giuridiche o diritti sostanziali per la cui attuazione si svolge il processo. Da quest'analisi emerge evidente l'autonomia del fenomeno giuridico processuale dal diritto sostanziale.

... e questa autonomia viene evidenziata con l'espressione «*rapporto giuridico processuale*».

Occorre, tuttavia, tener presente che la constatazione della complessità e della dinamicità del fenomeno giuridico processuale sono risultati acquisiti solo dalla dottrina più recente. Lo strumento concettuale del quale giurisprudenza e dottrina si erano serviti unanimemente in precedenza, e di cui tuttora in gran parte si servono, è in realtà uno strumento apparentemente più semplice, e cioè la figura del c.d. «*rapporto giuridico processuale*».

Si tratta di una figura elaborata dai giuristi tedeschi nella seconda metà del XIX secolo, nel loro sforzo, meritorio e fecondo, di trapiantare nella teoria del processo, che stavano costruendo, quei concetti giuridici generali che altri giuristi tedeschi di qualche decennio prima avevano elaborato nel costruire la teoria generale del *negozio giuridico*. In questo caso si volle utilizzare nella teoria del processo la figura del *rapporto giuridico*. Più precisamente, si volle vedere nel processo un rapporto giuridico, *autonomo da quello sostanziale*, che si instaura quando un soggetto propone all'organo giurisdizionale una domanda di tutela (e naturalmente di tutela nei confronti di almeno un altro soggetto); un rapporto tra questi due soggetti e l'organo giurisdizionale, e quindi trilaterale, che si sostanzia contemporaneamente nel diritto del primo soggetto alla tutela giurisdizionale, nel dovere dell'organo di prestarla, e nella soggezione del terzo soggetto all'esercizio di tale tutela.

Nel momento in cui venne elaborata, questa figura costituì indubbiamente un progresso poiché, attraverso l'acquisizione di una chiara base concettuale per l'autonomia giuridica del processo, consentì di conseguire importanti risultati pratici. Così, ad es., la possibilità di ammettere la successione nel processo, considerato per se stesso (v. oltre, § 59), e così la rappresentanza nel processo (v. oltre, §§ 46, 47); e, ancora, la possibilità di considerare il momento dell'instaurazione del rapporto processuale come il momento al quale va ricondotto il risultato della prestazione della tutela; la possibilità di vedere nel rapporto processuale il punto di riferimento giuridico della qualità di parte (v. oltre, § 44); e tante altre utilizzazioni.

Sennonché, la dottrina moderna non soltanto ha acquisito, ormai da tempo, l'autonomia del processo come fenomeno giuridico, ma è andata assai oltre. Ha approfondito il carattere dinamico di quel fenomeno e messo in rilievo che il processo è ben di più che un rapporto giuridico – figura statica e perciò inidonea ad esprimere quel movimento giuridico in cui si è visto consistere la vera realtà del processo. Esso è costituito, in realtà, da una serie di rapporti in continua trasformazione nell'evolversi delle situazioni attraverso l'esercizio dei poteri. Perciò la figura del rapporto giuridico processuale unico può essere considerata ormai insufficiente ad esprimere il fenomeno giuridico processuale nella sua complessità. Mentre, d'altra parte – e come vedremo più avanti –, tutte le utilizzazioni pratiche di quel concetto possono benissimo considerarsi acquisite con riferimento senz'altro al *processo*, come fenomeno giuridico in evoluzione (v. oltre, §§ 77 e 78).

10. *I presupposti processuali.*

La nozione del rapporto giuridico processuale, per quanto in certo senso superata, non può, tuttavia, essere senz'altro messa da parte, sia perché parte della dottrina e soprattutto i giudici sono soliti servirsi ancora di questo strumento concettuale; e sia anche perché, proprio con riferimento ad essa è stata elaborata un'altra nozione, tuttora non priva di utilità, ossia la nozione dei *presupposti processuali.*

Dobbiamo, anzitutto, premettere che per questa, come per la maggior parte delle altre nozioni generali che costituiscono l'oggetto attuale del nostro studio, il nostro discorso sarà prevalentemente riferito al processo di cognizione, pur potendosi riferire anche, con qualche adattamento, al processo di esecuzione e a quello cautelare. Ciò, sia perché tutte le nozioni generali del processo sono state elaborate dalla dottrina con riferimento, appunto, al processo di cognizione; e sia perché anche il codice, pur intitolando il primo libro del codice alle «disposizioni generali», teoricamente applicabili all'intera disciplina contenuta nel codice, ha in realtà tenuto presente, nel dettare le norme di questo primo libro, quasi unicamente il processo di cognizione.

Presupposti sono i requisiti che debbono sussistere *prima* di un determinato atto affinché da esso discendano determinate conseguenze.

«Presupposto» significa requisito che deve esistere *prima* del compimento di un determinato atto affinché da quell'atto discendano determinate conseguenze. Riferendosi al rapporto giuridico processuale, la dottrina configurò i presupposti processuali (o presupposti del rapporto processuale) come quei requisiti che debbono esistere prima dell'atto col quale si chiede la tutela giurisdizionale, che, come vedremo ampiamente, è la domanda. Quanto poi alle conseguenze condizionate dai presupposti, si incominciò a introdurre una distinzione, in quanto, da un lato, ci si riferì allo stesso venire in essere del rapporto processuale (c.d. *presupposti di esistenza del rapporto processuale*) e, dall'altro lato, ci si riferì all'attitudine del rapporto processuale a consentire il suo normale svolgimento fino al conseguimento del risultato del processo (c.d. *presupposti di validità del rapporto processuale*). Distinzione, questa, che, palesemente fondata sulla dinamica giuridica del processo, mette in evidenza, una volta di più, come il riferirsi senz'altro al processo sia più calzante del riferirsi allo statico rapporto processuale. Si potrà, perciò, più utilmente distinguere tra *presupposti di esistenza del processo* (che sono i *requisiti che debbono sussistere prima della proposizione della domanda perché possa venire in essere un processo*, anche se, in ipotesi, destinato ad arrestarsi subito) *e presupposti di validità* o *procedibilità del processo* (che sono i *requisiti che debbono esistere prima della proposizione della domanda perché il processo possa, anziché arrestarsi subito, procedere fino al conseguimento del suo scopo normale*, che, nel processo di cognizione è la *pronuncia sul merito*).

Non ci soffermiamo sui presupposti di esistenza del processo, la cui portata è quasi soltanto teorica, in quanto si sostanziano nell'esistenza di un giudice (ossia di un organo investito di potere giurisdizionale e dunque munito di *giurisdizione* in senso ampio), mentre un ulteriore requisito (ossia un atto che contenga la domanda di tutela giurisdizionale) non è propriamente un presupposto, ma un requisito intrinseco della domanda.

Conviene, invece, soffermarsi *sui presupposti di validità o proseguibilità del processo*, ossia sui presupposti ai quali comunemente ci si riferisce quando si parla di presupposti processuali.

Quali requisiti, dunque, debbono esistere prima della proposizione della domanda, affinché, una volta proposta quella domanda, il giudice sia tenuto a rendere una pronuncia che, *anziché restare sul processo per dare atto di un ostacolo, giunga fino al merito?* Evidentemente quei medesimi requisiti, la cui mancanza dà luogo ai suddetti ostacoli: con riguardo al giudice, il suo effettivo potere di decidere *quella controversia* (la c.d. *competenza*, della quale studieremo le regole al cap. 7°, sezione seconda); con riguardo al soggetto che chiederà la tutela giurisdizionale e a quello nei cui confronti la domanda verrà proposta, il potere – o, meglio, la serie dei poteri – di compiere gli atti del processo; quella serie dei poteri alla quale, come vedremo, il codice si riferisce con un accenno diretto alla *capacità processuale*, come vedremo al cap. 8°. Se manca uno di questi requisiti, il giudice si deve fermare al rilievo di quella mancanza, con una pronuncia «sul processo»; se invece questi requisiti sussistono, il giudice può e deve andare avanti; il processo prosegue nel suo iter (perciò si parla di presupposti di *procedibilità*) secondo la sua dinamica, fino alla pronuncia sul merito.

A questa categoria dei presupposti di procedibilità vanno ricondotti tutti quei diversi requisiti dai quali la legge fa dipendere, con disposizioni specifiche, la proponibilità della domanda; come, ad es., l'espletamento preventivo della procedura di mediazione o di negoziazione assistita, ove previsto (v. cap. 16° del vol. III).

La possibilità del processo di pervenire ad una pronuncia sul merito dipende, oltre che dai presupposti processuali, …

Si deve tener presente, d'altro canto, che accanto a questi presupposti processuali esiste un altro ordine di requisiti che pure condizionano l'attitudine del processo a pervenire ad una pronuncia sul merito. Ma si deve rilevare che non sono presupposti perché la loro esistenza non è richiesta prima della proposizione della domanda, ma della domanda stessa costituiscono requisiti intrinseci con riguardo al suo contenuto; di tali requisiti, che sono *le condizioni dell'azione*, ci occuperemo nel prossimo capitolo. Per il momento è sufficiente aver posto in rilievo che, accanto ai presupposti processuali – e che possono essere definiti come *i requisiti che debbono esistere prima della proposizione della domanda, perché la domanda stessa dia luogo ad un processo idoneo a pervenire ad una pronuncia sul merito* –, esistono altri requisiti (le *condizioni dell'azione*), che pure condizionano l'attitudine del processo a pervenire ad una pronuncia sul merito, ma che, a differenza dei presupposti processuali, sono *requisiti intrinseci della domanda.*

... dalle *condizioni dell'azione.*

Bibliografia di orientamento

E. FAZZALARI, *Processo (diritto vigente)*, in *Enciclopedia del diritto*, XXXVI, Milano, 1987; E. FAZZALARI, *Note in tema di diritto e processo*, Milano, 1957; C. MANDRIOLI, *Presupposti processuali*, in *Novissimo Dig. it.*, XIII, Torino, 1966; C. VOCINO, *Presupposti processuali*, in *Enc. Giur. Treccani*, XXVI, Roma, 1991; S. LA CHINA, *Presupposti processuali*, in *Dig. disc. priv.*, *sez. civ.*, XIV, Torino, 1996; M. FORNACIARI, *Presupposti processuali e giudizio di merito*, Torino, 1996; D. TURRONI, *La sentenza civile sul processo*, Torino, 2006; A. GIUSSANI, *Autonomia privata e presupposti processuali: note per un inventario*, in *Riv. trim. dir. e proc. civ.*, 2010; M. TARUFFO, *L'onere come figura processuale*, *ivi*, 2012; A. PROTO PISANI, *Introduzione sulla atipicità dell'azione e la strumentalità del processo*, in *Foro it.*, 2012, V; S. CHIARLONI, *Ragionevolezza costituzionale e garanzie del processo*, in *Riv. dir. proc.*, 2013; G. COSTANTINO, *Tutela dei diritti e regole del processo*, *ivi*, 2017; J. GOLDSCHMIDT, *Il processo come situazione giuridica*, trad. it. di M. MARINELLI, Torino, 2019.

CAPITOLO III
L'AZIONE

SOMMARIO: 11. La domanda e il potere di proporla. – 12. L'azione e le condizioni dell'azione. – 13. Le singole condizioni dell'azione: possibilità giuridica; interesse ad agire; legittimazione ad agire. – 14. L'azione come diritto ad un provvedimento sul merito. Autonomia e astrattezza. – 15. Le azioni di cognizione: mero accertamento, condanna e costitutiva. – 16. L'azione esecutiva e l'azione cautelare.

11. *La domanda e il potere di proporla.*

Il potere di proporre la domanda, il cui esercizio dà l'avvio al processo ...

Abbiamo già avuto occasione di mettere in rilievo che quella serie di situazioni e di atti in evoluzione, che è il processo, si mette in moto a seguito del compimento di un atto ben definito, la *domanda*. Col quale atto il soggetto che lo compie esercita un ben definito potere, ossia una situazione processuale *semplice: il potere di proporre la domanda.* Incominciamo col vedere a chi spetta e in che cosa intrinsecamente consiste questo potere.

... spetta, per l'art. 24, 1° comma, Cost., a tutti ...

A chi spetta il potere di proporre la domanda? A questo interrogativo, il nostro ordinamento offre una risposta precisa e categorica in una norma che, considerata l'importanza civile e sociale del tema (poiché si tratta di garantire la possibilità pratica di chiedere la tutela dei diritti) è giustamente collocata nella Carta costituzionale. Ci riferiamo all'art. 24, 1° comma, della Costituzione, che abbiamo già preso in esame e che, come ricordiamo, stabilisce che *tutti possono agire in giudizio* per la tutela dei proprî diritti o interessi legittimi. Premesso che «agire in giudizio» qui ha sicuramente il significato del primo rivolgersi al giudice e cioè del proporre la domanda, la risposta al nostro interrogativo di poc'anzi sta chiaramente nella parola «tutti», con la quale la norma costituzionale designa i soggetti che hanno il potere di agire nel senso già visto. E li designa in una maniera che più chiara e categorica non potrebbe essere, stabilendo che «tutti», cioè sia i cittadini che gli stranieri o gli apolidi (v. oltre, § 32) hanno il potere di proporre la domanda.

... salve solo le disposizioni in tema di capacità.

La sola limitazione che può essere considerata compatibile con un'affermazione così categorica è pertanto quella che ha riguardo alle norme generali in tema di capacità, quelle norme, cioè, che in sostanza sottraggono agli incapaci i poteri relativi all'esercizio dei loro diritti, per attribuire tali poteri ai loro rappresentanti legali. Dunque, tutti hanno il potere di proporre la domanda, eccettuati solo gli incapaci, in sostituzione dei quali il potere di proporre le domande relative ai loro diritti spetta ai loro rappresentanti legali (in argomento, v. oltre, cap. 8°, sezione prima).

Passiamo ora a domandarci qual è il contenuto intrinseco della domanda (sempre con riferimento al processo di cognizione). Nella disciplina del codice l'atto col quale si propone la domanda può assumere (come vedremo) le forme dell'*atto di citazione* oppure quelle del *ricorso*; per ciascuno dei quali atti la legge pone determinati requisiti sia di forma che di contenuto, che studieremo a suo tempo. Qui interessa osservare che, perché la domanda possa assolvere alla sua fondamentale funzione di introdurre un processo (ossia *un processo pur che sia tale*, vale a dire anche indipendentemente dalla sua attitudine a pervenire ad una pronuncia sul merito), non occorre altro requisito, con riguardo alla forma ed al contenuto della domanda, se non quello che *essa possa obbiettivamente considerarsi tale*, che cioè consista in una domanda di tutela e non, ad es., in una richiesta di solidarietà o in un'espressione di disappunto o in un'invettiva.

12. *L'azione e le condizioni dell'azione.*

Sull'unico requisito intrinseco accennato al termine del § precedente, ci eravamo già soffermati al § 10 quando, con riferimento alla sola attitudine a porre in essere *un* processo, ossia all'esistenza di *un* processo, avevamo affiancato al presupposto di esistenza del processo (giurisdizione), il suddetto solo requisito intrinseco alla domanda. Avevamo, in quell'occasione, messo in rilievo che l'uno e l'altro requisito condizionano il venire in essere di un processo purché sia tale; di un processo, cioè, che potrebbe anche chiudersi senza giungere ad una pronuncia sul merito per arrestarsi ad una pronuncia «sul processo» e cioè ad una pronuncia che si limitasse a dare atto della mancanza di uno o più dei requisiti per la pronuncia sul merito. I quali requisiti per la pronuncia sul merito sono, dunque, *requisiti ulteriori*, in quanto, anziché condizionare il solo venire in essere di un processo qualsiasi, condizionano l'attitudine di questo processo a pervenire alla pronuncia sul merito. Ed anch'essi possono essere o presupposti o requisiti intrinseci: da un lato, i presupposti processuali e, dall'altro quegli ulteriori requisiti intrinseci alla domanda che si chiamano *condizioni dell'azione.*

Si tratta ora di vedere quali sono questi *ulteriori* requisiti intrinseci alla domanda, questi modi di essere della domanda, con riguardo al suo contenuto *sotto il profilo sostanziale* la cui mancanza fa sì – al pari della mancanza di un presupposto processuale in senso proprio – che il processo non possa proseguire fino alla pronuncia sul merito, ma debba arrestarsi subito per dare atto, con una pronuncia «sul processo», di quella mancanza.

Dalle condizioni dell'azione dipende l'esame nel merito della domanda.

Prima di esaminare singolarmente questi requisiti o «condizioni dell'azione», giova incominciare col rilevare che essi possono essere considerati, tutti insieme, come aspetti di un unico requisito o modo di essere della domanda e cioè di quella che potremmo chiamare la sua *ipotetica accoglibilità.*

In realtà, e come appare già evidente al solo lume del buon senso, se la domanda vuol aspirare ad essere accolta, deve presentarsi come accoglibile; il che non si verificherebbe se la domanda non contenesse la rappresentazione o esposizione o affermazione che un diritto sostanziale esiste; che esso appartiene a colui che chiede la tutela, e che è bisognevole di tutela. Solo a tali condizioni, infatti, avrebbe senso, per il giudice, incominciare a svolgere quell'attività che dovrebbe condurlo alla pronuncia sul merito della domanda, attraverso un esame della verità di quanto affermato (più precisamente: dei fatti costitutivi affermati) nella domanda stessa. In caso contrario (se cioè la domanda non contenesse l'affermazione che esiste un diritto o contenesse l'affermazione che questo diritto non appartiene a colui che chiede la tutela, o che questo diritto non ha bisogno di tutela perché nessuno l'ha violato) il giudice non avrebbe alcun motivo di riscontrare la verità di quanto esposto, e cioè di proseguire nel processo, perché – veri o non veri i fatti affermati –, la domanda stessa non potrebbe comunque essere accolta.

Solo in presenza di questi requisiti l'esercizio del potere di proporre la domanda – che spetta a «tutti» – può, anziché esaurirsi in un'immediata e sterile pronuncia «sul processo», introdurre l'ulteriore serie processuale di situazioni e di atti fino alla pronuncia «sul merito» e cioè – con particolare riguardo a colui che ha proposto la domanda – introdurre quella ulteriore serie di suoi poteri col cui esercizio si attua, fino alla pronuncia sul merito, l'«agire» di chi ha proposto la domanda, o, in altri termini, la sua «*azione*».

L'«azione» si viene così delineando in quella sua essenza di situazione soggettiva processuale composita alla quale abbiamo già fatto cenno al termine del § 8, e che non è altro che la serie dei poteri – che si introducono a vicenda – facenti capo a colui che ha esercitato il potere di proporre la domanda; quella serie che, dunque, può svolgersi soltanto in quanto la domanda possiede i veduti requisiti che la rendono ipoteticamente accoglibile. In altri termini, quando la domanda possiede quei requisiti, essa, oltre a costituire esercizio di quel potere di proporre la domanda che l'art. 24 Cost. conferisce a «tutti», costituisce al tempo stesso il primo atto di esercizio dell'azione, intesa come quella situazione giuridica composita o sequenza di situazioni che ricomprende in sé l'intera posizione giuridica dell'attore, ossia del soggetto che chiede la tutela giurisdizionale.

13. *Le singole condizioni dell'azione: possibilità giuridica; interesse ad agire; legittimazione ad agire.*

Le singole condizioni dell'azione sono:

Non resta ora che esaminare più da vicino i suddetti requisiti nei quali si articola quella che abbiamo chiamato «*ipotetica accoglibilità*» della domanda, e rispetto ai quali la denominazione di *condizioni dell'azione* emerge in tutto il suo significato.

Si diceva poc'anzi che la domanda non è accoglibile, neppure ipoteticamente, se non contiene l'affermazione che esiste un diritto, e che questo diritto è bisognevole di tutela. Sappiamo, d'altra parte (retro, § 4) che, per affermare un diritto, *occorre affermare*, ossia esporre, o narrare, certi fatti concreti che si chiamano *fatti costitutivi di quel diritto* in quanto, contemplati in astratto da una determinata norma, rendono concreta, nel momento in cui si verificano, la volontà astratta contenuta in quella norma. In altri termini, non si può affermare un diritto se non c'è almeno una norma che preveda in astratto quel diritto; e se, d'altra parte, non si afferma l'*accadimento concreto* dei fatti previsti in astratto da quella norma.

1. la *possibilità giuridica*;

Ciò premesso, possiamo incominciare col ravvisare una prima condizione dell'azione nell'*esistenza di una norma che contempli in astratto il diritto* che si vuol far valere. Questa prima condizione si chiama *possibilità giuridica*. Sarebbe, ad es., priva di questo requisito la domanda di chi chiedesse la risoluzione di un contratto perché non lo reputa più conveniente; o di chi chiedesse il divorzio puramente consensuale, tuttora estraneo al nostro ordinamento; o, ancora, di chi, al di fuori dei casi di responsabilità obbiettiva, chiedesse il risarcimento del danno causato da un comportamento che egli stesso riconosce incolpevole.

Naturalmente, questa «possibilità giuridica» è una condizione-limite e, come tale, ha una portata prevalentemente teorica.

2. l'*interesse ad agire* di cui all'art. 100 c.p.c.;

Ben altra importanza, anche sul piano pratico, ha invece la seconda condizione dell'azione, che pure emerge dai rilievi di poc'anzi. Più precisamente dal rilievo che, da un lato, per affermare un diritto bisogna *affermare* anche l'accadimento concreto di *uno o più fatti costitutivi* previsti in astratto da una norma (Tizio dovrà, ad es., affermare e narrare, nella sua domanda, che Caio ha comprato da lui una cosa per il prezzo di 100, così rendendo concreta la volontà astratta della norma che dispone che il compratore deve pagare il prezzo); mentre, dall'altro lato, non basta affermare il diritto, occorrendo inoltre che tale diritto sia affermato *come bisognevole di tutela* (Tizio dovrà, nella sua domanda, perché essa sia accoglibile, affermare anche che Caio non ha pagato il prezzo così violando il suddetto suo diritto).

In questo *bisogno di tutela giurisdizionale che emerge dall'affermazione dei fatti costitutivi e dei fatti lesivi del diritto*, sta quella condizione dell'azione che si chiama *interesse ad agire* e che è espressamente enunciata dal fondamentale art. 100 c.p.c. («*per proporre una domanda o per contraddire alla stessa, è necessario avervi interesse*»).

«Interesse» non nel senso economico, e tanto meno nel senso di quella generica convenienza che è implicita in ogni atto umano consapevole, per il solo fatto che lo si compie. Bensì «interesse» nel significato specifico che questo termine assume quando lo si riferisce alla tutela giurisdizionale. Quell'esigenza di tutela, insomma, che consegue alla lesione del diritto sostanziale (e sempre che questa sia ancora attuale).

Ma – si noti bene – *lesione* (o fatto lesivo) *soltanto affermata* o narrata nella domanda, così come soltanto affermato o narrato nella domanda deve essere il fatto costitutivo del diritto. Soltanto affermato, perché l'interesse ad agire, come le altre condizioni dell'azione di cui ci occupiamo, non è altro che una modalità della domanda, ossia un contenuto della domanda; mentre la verifica dell'effettiva esistenza dei fatti costitutivi e lesivi costituisce già il risultato del processo di cognizione.

L'interesse ad agire sta, dunque, nell'affermazione (allegazione), contenuta nella domanda, dei fatti costitutivi e dei fatti lesivi di un diritto. Peraltro, esso assume caratteristiche particolari nel caso di azione di mero accertamento o costitutiva necessaria. Infatti, nel caso dell'accertamento mero, l'affermazione del fatto lesivo sarà sostituita dall'affermazione della *contestazione* o del *vanto*, mentre nel caso della giurisdizione costitutiva necessaria l'interesse ad agire è, come si suol dire, *in re ipsa*, ossia nell'affermazione del semplice fatto costitutivo del diritto alla modificazione giuridica o diritto potestativo necessario (v. retro, al § 3).

Mancando l'interesse ad agire, il giudice non avrà motivo di portare il suo esame sul merito, ma dovrà arrestarsi al rilievo di tale difetto: difetto di interesse e, quindi, difetto di azione.

Ancora in chiave di affermazione va, infine, riscontrata l'esistenza della terza condizione dell'azione, vale a dire la *legittimazione ad agire*. Qui l'ipotetica accoglibilità viene in rilievo sotto il profilo soggettivo: la domanda non è accoglibile, neppure ipoteticamente, *se il diritto affermato nella domanda stessa non è affermato come diritto di colui che propone la domanda e contro colui nei cui confronti si propone la domanda.* Se così non fosse, se cioè mancasse questa coincidenza soggettiva (nel suo duplice aspetto: *attivo*, come coin-

3. la *legittimazione ad agire*.

cidenza tra chi propone la domanda e colui che nella domanda stessa è affermato titolare del diritto; e *passivo*, come coincidenza tra colui contro il quale la domanda è proposta e colui che nella domanda è affermato soggetto passivo del diritto o comunque violatore di quel diritto); se, dunque, mancasse questa coincidenza in uno dei suoi due aspetti, il giudice avrebbe già elementi per rilevare che – veri o non veri i fatti affermati – in ogni caso l'ipotetico diritto che si fa valere non apparterrebbe a colui che agisce (o non sarebbe violato o pregiudicato da colui contro il quale si agisce). E a questo punto, delle due l'una: o la legge consente di far valere i diritti altrui (o di agire contro persona diversa dal soggetto passivo del diritto), oppure – se la legge non consente ciò – si è già di fronte ad un dato che in ogni caso renderebbe non accoglibile la domanda. E allora tanto varrebbe prenderne atto subito, imponendo al giudice di evitare l'inutile esame del merito, e di arrestarsi al rilievo del difetto della coincidenza in discorso, o legittimazione ad agire (sotto il profilo attivo o passivo), e così pronunciare il *difetto di azione per difetto di legittimazione* o – ciò che è lo stesso – difetto di titolarità attiva o passiva dell'azione.

Il nostro ordinamento, che riconosce i diritti dei singoli, annovera tra i suoi principi la disponibilità della loro tutela («tutti – recita il più volte visto art. 24 Cost. – possono agire in giudizio per la tutela dei *proprî* diritti e interessi legittimi»). E pertanto coerentemente impone, con tutte le sue conseguenze, la coincidenza di cui trattasi o regola della legittimazione ad agire, che può enunciarsi così: *si possono far valere soltanto quei diritti che si affermano come diritti proprî e la cui titolarità passiva si afferma in capo a colui contro il quale si propone la domanda*. Questa regola è espressa, sia pure in termini rovesciati, in una precisa norma del codice di procedura civile, l'art. 81, secondo cui «*fuori dei casi espressamente previsti dalla legge, nessuno può far valere nel processo in nome proprio un diritto altrui*». Con le parole «in nome proprio» si fa salva l'ipotesi del rappresentante che, come vedremo al § 46 e al § 47, può far valere i diritti altrui *in nome altrui*.

Ma particolarmente importante è la premessa, con la quale, nel far salvi i casi espressamente previsti dalla legge, la norma in discorso implicitamente enuncia che in quei determinati casi è consentito far valere in nome proprio diritti altrui o non esclusivamente proprî (o nei confronti di soggetti diversi dal loro soggetto passivo). In questi casi, si parla di *legittimazione straordinaria* o *sostituzione processuale* (quest'ultimo è appunto il titolo sotto il quale è rubricato l'art. 81). Naturalmente, l'attribuzione espressa (in ciascun singolo caso) della legittimazione in via straordinaria costituisce anch'essa l'effetto di una valutazione politico-legislativa, in certo senso contrastante con quella che suggerisce la disponibilità esclusiva della tutela giurisdizionale al titolare del diritto.

I casi di legittimazione straordinaria ad agire o sostituzione processuale.

Essa si riconduce talora a ragioni di opportunità, tradizionalmente acquisite dagli ordinamenti (si pensi al caso dell'azione surrogatoria, prevista dall'art. 2900 c.c. a favore del creditore nel caso che il debitore trascuri di far valere i proprî diritti) o emerse più recentemente (si pensi, sotto il profilo passivo, al caso dell'azione diretta del danneggiato contro l'impresa assicuratrice della responsabilità civile, prevista dall'art. 144 D.Lgs. 209/2005, c.d. codice delle assicurazioni private; all'azione diretta sempre contro l'impresa assicuratrice della responsabilità per l'attività sanitaria, prevista dalla L. 24/2017; o, ancora, alla c.d. «azione popolare», di cui all'art. 70 D.Lgs. 267/2000, c.d. testo unico delle leggi sull'ordinamento degli enti locali). Ma non mancano casi nei quali la scelta legislativa in discorso appare determinata da esigenze di natura sociale tradottesi anch'esse in orientamenti costituzionali; tra questi fa spicco il diritto di associazione (art. 18 Cost.), al quale è facilmente riconducibile la tendenza a riconoscere la legittimazione a determinati «gruppi» per far valere diritti dei singoli (o anche dei singoli) che vi appartengono, in quanto tali gruppi appaiono, più del singolo, sensibili alle esigenze di tutela e soprattutto più in grado di far valere le situazioni in argomento e che si suole indicare come *interessi collettivi* o *diffusi*. Un tipico esempio di questa tendenza si può ravvisare nel c.d. «statuto dei diritti dei lavoratori» (L. 300/1970), e in particolare nei suoi artt. 18, 11° comma, e 28. Va fatta menzione anche dell'art. 37 D.Lgs. 206/2005 (c.d. codice del consumo), con la tutela, contro le clausole vessatorie o abusive nei contratti, degli interessi collettivi dei consumatori.

La legittimazione a far valere i c.d. interessi collettivi o diffusi.

Ma soprattutto fanno spicco – proprio con riferimento alla tutela collettiva – gli artt. 840 bis-840 sexiesdecies c.p.c., che la L. 12 aprile 2019 n. 31, entrata in vigore il 19 maggio 2021, ha introdotto nel codice, disponendo l'abrogazione dei previgenti artt. 139, 140 e 140 bis del codice del consumo.

Le nuove disposizioni, che hanno generalizzato i procedimenti collettivi in precedenza previsti solo nell'ambito della tutela dei consumatori, disciplinano sia l'azione di classe, sia l'azione inibitoria collettiva e si applicano alle sole condotte illecite poste in essere successivamente alla data dell'entrata in vigore della citata legge.

Quanto all'*azione di classe risarcitoria* (art. 840 bis), essa può essere utilizzata – in alternativa alla tutela individuale dei singoli danneggiati – per tutelare diritti risarcitori individuali omogenei di qualsiasi natura. A tal fine la legittimazione ad agire spetta a qualsiasi organizzazione o associazione senza scopo di lucro, i cui obiettivi statutari comprendano la tutela dei diritti in questione e sia iscritta in un apposito elenco istituito presso il Ministero della giustizia, oppure a ciascun componente della classe. Essa, d'altra parte, può avere ad oggetto sia l'accertamento della responsabilità dell'autore della condotta lesiva, sia la condanna al risarcimento del danno e alle restituzioni e può essere esperita nei confronti di imprese o di enti gestori di servizi pubblici o di pubblica utilità.

La relativa domanda si propone con ricorso davanti alla sezione specializzata in materia di impresa del luogo in cui ha sede il convenuto ed il procedimento, che ha le forme del procedimento sommario di cognizione, di cui agli artt. 702 bis-702 quater (v. vol. III, cap. 10°), si conclude con sentenza. Una volta che la domanda di classe proposta sia stata dichiarata ammissibile con ordinanza, gli altri appartenenti alla stessa classe possono aderire sia durante il procedimento, sia a seguito della pronuncia della sentenza di accoglimento. L'adesione consente loro di subire gli effetti (sia positivi che negativi) della sentenza pronunciata all'esito del procedimento collettivo.

Per quanto riguarda, invece, l'*azione inibitoria collettiva* (art. 840 sexiesdecies), essa è esperibile da chiunque abbia interesse alla pronuncia in questione o dalle organizzazioni o associazioni senza scopo di lucro, i cui obiettivi statutari comprendano la tutela degli interessi pregiudicati, per ottenere l'ordine di cessazione o il divieto di reiterazione della condotta omissiva o commissiva, posta in essere in pregiudizio di una pluralità di individui o enti. In tal caso la domanda si propone con le forme del procedimento camerale, di cui agli artt. 737 e ss. (v. vol. III, cap. 11°) sempre davanti alla sezione specializzata in materia di impresa del luogo in cui ha sede il convenuto, ed il ricorso va notificato anche al P.M.

La legittimazione ad agire coincide con la titolarità dell'azione.

Poiché la legittimazione ad agire è condizione dell'azione sotto il suo profilo soggettivo, è chiaro che chi dice che un soggetto è legittimato ad agire non dice nulla di diverso da chi dice che un soggetto è titolare di un'azione.

Naturalmente, anche il difetto di una o più delle condizioni dell'azione, col conseguente difetto dell'azione, sarà oggetto di una pronuncia «sul processo», che si ferma al rilievo dell'ostacolo che impedisce la pronuncia sul merito (per le modalità di questa pronuncia, v. vol. II, §§ 20 e 56), ovviamente impedendo anche il formarsi del giudicato sostanziale.

14. *L'azione come diritto ad un provvedimento sul merito. Autonomia e astrattezza.*

Se, dunque, nella domanda sussistono le tre condizioni dell'azione che abbiamo singolarmente esaminato nel § precedente, colui che ha proposto la domanda è titolare dell'azione, ossia di quella situazione composita che abbiamo visto articolarsi nella serie dei poteri con i quali il suo titolare agisce nel processo.

Di questa situazione composita si può dire – se si ricorda quanto dicemmo al termine del § 8 – che è un diritto. Un diritto alla cui base sta l'interesse alla tutela giurisdizionale e che non è altro che l'interesse ad agire; un diritto che si articola nella serie dei poteri con i quali colui che ha proposto la domanda agisce nel processo. Un diritto ben distinto – ossia *autonomo* – dal diritto sostanziale che con esso si fa valere, anche se *strumentale* rispetto a quest'ultimo.

L'azione di cognizione è un diritto *autonomo dal diritto sostanziale ...*

In realtà, l'azione è diritto che spetta al titolare (o meglio, a colui che tale si afferma nella domanda) del diritto sostanziale, nei confronti del soggetto passivo dello stesso diritto sostanziale (o meglio, di colui che tale è affermato nella domanda); e soprattutto è un diritto che, a differenza dal diritto sostanziale, non ha, come suo contenuto, una prestazione del titolare passivo dello stesso diritto sostanziale, bensì la prestazione di un altro ed autonomo soggetto: il giudice (o, più in generale, l'organo giurisdizionale), che nel processo opera come organo dello Stato. Ed anche la prestazione dell'organo giurisdizionale, come contenuto del diritto di azione, è ben diversa ed autonoma dalla prestazione che costituisce il contenuto del diritto sostanziale, anche se strumentale rispetto ad essa; è la prestazione della tutela giurisdizionale, o, più precisamente, quell'attività che non si arresta ad una pronuncia sul processo, ma – in quanto sussistano le condizioni dell'azione – giunge fino alla pronuncia sul merito. Si dice, infatti, con esattezza, che *l'azione è diritto verso il giudice* (*come organo dello Stato*) *ad un provvedimento sul merito della domanda avanzata.*

Ferma, dunque, l'autonomia dell'azione dal diritto sostanziale, rimane da domandarsi in che rapporti stanno l'uno con l'altra. Con questo interrogativo si tocca uno dei problemi più tormentati della dottrina del processo nella seconda metà del XIX secolo e nella prima metà del XX, e che soltanto di recente si è sopito con l'acquisizione di alcuni punti ormai fermi.

... che si concretizza nel diritto ad un provvedimento sul merito.

Questo problema vedeva contrapposti i sostenitori dell'azione *in senso concreto*, che configuravano l'azione come condizionata dall'esistenza del diritto sostanziale e quindi come diritto *ad un provvedimento favorevole*, e i sostenitori dell'azione *in senso astratto*, secondo i quali per l'esistenza dell'azione si deve prescindere o astrarre dall'esistenza del diritto sostanziale, poiché di tale esistenza non si può aver certezza che alla fine del processo, sicché per essi l'azione è diritto *ad un provvedimento sul merito* che, solo nell'aspirazione di chi agisce, vuol essere favorevole.

In realtà, la chiave della soluzione sta proprio nella necessità di tener conto che il processo è un fenomeno dinamico, che al suo inizio presenta determinati problemi i quali sono viceversa già risolti al suo termine, sicché occorre previamente stabilire in quale momento ci si pone il quesito se esiste l'azione. Al che è facile rispondere che quel quesito è certamente più utile e più aderente alle norme di legge se vien posto con riguardo al momento in cui è stata proposta la domanda. È, infatti, questo il momento in cui il giudice si deve domandare – come gli impone il codice: artt. 100, 81, 163 e 187, 3° comma (v. vol. II, §§ 3 e 20) – se esistono quei requisiti (o condizioni dell'azione) in assenza dei quali egli dovrà arrestarsi alla pronuncia di difetto di azione, ed in presenza dei quali soltanto egli sarà tenuto a giungere fino alla pronuncia sul merito.

La conclusione è allora già implicita in quanto illustrato nei paragrafi precedenti ed è nel senso che l'esistenza del diritto di azione non può affatto dipendere dall'*esistenza* del diritto sostanziale, dalla quale esistenza si deve sicuramente «astrarre»; ma, d'altra parte, l'esistenza dell'azione neppure può prescindere totalmente dal diritto sostanziale, poiché dipende dall'*affermazione* dell'esistenza di un diritto sostanziale da tutelare.

L'azione è, dunque, un diritto parzialmente astratto, in quanto postula un aggancio al diritto sostanziale: l'aggancio consistente nell'affermazione, nel senso che *l'esistenza dell'azione è condizionata dal fatto che un diritto sostanziale sia affermato nella domanda*, e naturalmente affermato come esistente, come bisognevole di tutela e come spettante a colui che propone la domanda e nei confronti di colui contro cui la domanda è proposta. In questo senso, l'azione è *diritto ad un provvedimento sul merito*; più precisamente, ad un provvedimento sul merito che, solo nell'aspirazione di chi agisce (attore), si presenta come favorevole.

15. *Le azioni di cognizione: mero accertamento, condanna e costitutiva.*

I diversi tipi di azione ...

Se l'azione è diritto alla tutela giurisdizionale nel merito, è chiaro che esisteranno tanti tipi di azione quanti sono i tipi di tutela giurisdizionale, che danno vita a diversi tipi di processo.

In particolare, si parla di *azione di cognizione*, di *azione esecutiva*, di *azione cautelare*, come diritti, rispettivamente, al provvedimento di merito, all'esecuzione forzata, al provvedimento cautelare.

... ed in particolare dell'*azione di cognizione*:

Circa l'*azione di cognizione*, soltanto poche osservazioni debbono essere aggiunte a quanto abbiamo detto finora, dato che il nostro discorso sull'azione si è svolto proprio con riferimento specifico alla cognizione. A questo riguardo, conviene intanto rilevare che si distingue tra *azione di mero accertamento* (che introduce un processo di cognizione destinato a chiudersi con una sentenza di mero accertamento), *azione di condanna* (che introduce un processo di cognizione destinato a chiudersi con una sentenza di condanna) e *azione costitutiva* (che introduce un processo di cognizione destinato a chiudersi con una sentenza costitutiva).

A) l'azione di *mero accertamento*;

A) Per quanto riguarda l'*azione di mero accertamento* basterà richiamare qui quanto abbiamo già detto in generale al § 3 e al § 13 circa il modo particolare col quale, rispetto a questo tipo di azione, si presenta l'interesse ad agire, in quanto determinato non dalla (affermazione della) violazione, ma dalla (affermazione della) *contestazione* (nel senso ampio comprensivo del *vanto*), che deve assumere un sufficiente grado di consistenza e serietà. Nel caso che si tratti di una contestazione in senso affermativo (c.d. «vanto» o «jattanza» di un diritto, che colui che agisce in giudizio afferma, invece, inesistente), si parla di azione di *mero accertamento negativo* del diritto vantato dalla controparte, in contrapposizione al *mero accertamento positivo* del diritto dell'attore oggetto di contestazione ad opera della controparte.

B) l'azione di condanna.

B) Venendo all'*azione di condanna*, va anzitutto ricordato quanto dicemmo al § 6 nel senso che la cognizione si chiama condanna quando si svolge in funzione ed in preparazione dell'esecuzione forzata. Questo già significa che con l'azione di condanna si chiede, *oltre all'accertamento* del diritto che si vuol far valere (che è elemento proprio e comune di ogni azione di cognizione), quel *quid* in più che serve ad aprire la via all'esecuzione forzata, che cioè fa sì che la condanna costituisca titolo esecutivo (v. retro, § 6).

La richiesta di questo qualcosa in più, di questo *quid pluris*, è dunque ciò che distingue l'azione di condanna dall'azione di accertamento mero: più precisamente e più a monte, quella più ampia esigenza di tutela che sta alla base dell'azione di condanna. Se, insomma, l'esigenza di tutela emerge, nella domanda, come conseguente all'affermazione di un diritto semplicemente contestato (o vantato) e perciò bisognevole solo di certezza obbiettiva, l'azione è di accertamento mero (positivo o negativo); se, invece, la domanda contiene l'affermazione di un diritto violato e di un conseguente bisogno di restaurazione sul piano materiale, l'azione è di condanna, non essendo più sufficiente il mero accertamento.

Questo criterio distintivo assume notevole importanza sul piano pratico, anche perché dall'individuazione del tipo di azione concretamente esercitata dipende l'individuazione del tipo di processo, che è stato introdotto col suo esercizio, fino alla pronuncia della sentenza, e che sta in stretta correlazione col contenuto della domanda. In altri termini, il criterio distintivo tra azione di accertamento mero e azione di condanna è il solo al quale si può utilmente risalire per stabilire se una sentenza è di accertamento mero o di condanna e cioè, in pratica, per stabilire se tale sentenza è idonea a fondare l'esecuzione forzata. Il *proprium* della sentenza di condanna, infatti, si rinviene nell'accertamento dell'esigenza di ulteriore tutela mediante esecuzione forzata e dei presupposti per far luogo a tale esecuzione. D'altro canto, il passaggio in giudicato di quest'accertamento fonda la c.d. *actio judicati*, rompendo il collegamento con la ragione sostanziale del diritto di credito. Con la conseguenza, tra l'altro, della trasformazione della prescrizione breve in quella ordinaria decennale (art. 2953 c.c.).

L'ordinamento contempla alcune *figure speciali di condanna*:

Sempre con riguardo alla tutela di condanna, giova soffermarsi brevemente su alcuni tipi di azione (e delle relative pronunce) che, per le loro particolarità, vengono dette *condanne speciali*.

a) *la condanna generica*;

a) Una di queste figure è la c.d. *condanna generica*, prevista dall'art. 278 c.p.c. e che contempla la possibilità di scindere la pronuncia sul «se» (o sull'*an*) di una certa prestazione, dalla pronuncia sul *quantum*. La norma in discorso prevede tale possibilità per l'ipotesi in cui, durante lo svolgimento di un giudizio instaurato per ottenere la pronuncia di condanna ad una determinata prestazione, si delinei già la certezza sull'*an* e non ancora sul *quantum*. In tal caso – dispone l'art. 278 – il giudice può, appunto, pronunciare la condanna generica, con una sentenza che vedremo chiamarsi «non definitiva» (v. vol. II, § 56), salva la prosecuzione del giudizio per il *quantum*, rispetto al quale può intanto riconoscere una provvisionale o acconto (art. 278, 2° comma), con riferimento al *quantum* per il quale si ritiene già raggiunta la prova, immediatamente eseguibile. Va, d'altra parte, tenuto presente che la giurisprudenza suole ammettere l'azione di condanna generica anche in via autonoma, nel senso proprio di una domanda proposta solo con riguardo all'*an*, lasciando il *quantum* ad un altro eventuale, successivo processo, o, come si suol dire, a una «separata sede».

Gli aspetti più specifici dell'orientamento giurisprudenziale in discorso sono i seguenti: a) la limitazione del giudizio all'*an* è possibile soltanto quando sia stata esplicitamente richiesta; b) la pronuncia affermativa sull'*an* è possibile solo se risulti accertato un fatto almeno potenzialmente idoneo a produrre un danno; c) per la pronuncia sul *quantum* non occorre che quella sull'*an* sia passata in giudicato; d) se in primo grado è stata chiesta la sola pronuncia sull'*an*, non è possibile chiedere in appello la pronuncia anche sul *quantum*; e) il passaggio in giudicato della condanna generica fa sì che l'azione di liquidazione del danno sia assoggettata alla prescrizione decennale, ai sensi dell'art. 2953 c.c.

La sentenza che in questo modo si può ottenere, se, da un lato, è una condanna, perché consegue ad un'esigenza di tutela determinata da violazione, dall'altro lato, è una condanna che non è idonea a fondare un'esecuzione forzata, fino a quando non sarà integrata la determinazione del *quantum*. Essa, tuttavia, *è considerata* già condanna dall'ordinamento ad altri effetti, tra i quali soprattutto quello di costituire titolo per iscrivere ipoteca giudiziale sui beni del debitore (art. 2818 c.c.).

Altre figure di condanna speciale sono:

b) *la condanna condizionale*;

b) la c.d. *condanna condizionale*, che si ha sia quando il giudice fa dipendere l'eseguibilità della condanna dal verificarsi di una certa condizione e sia quando la condizione appartenga già al diritto sostanziale accertato ed il giudice si limiti a recepirla nella sentenza (ad es., il diritto di Tizio al pagamento di 100 da parte di Caio, se si verificherà un certo evento, previsto dal contratto stipulato fra i due);

c) *la condanna in futuro*;

c) la c.d. *condanna in futuro*, nel senso di azione rivolta ad ottenere la condanna attuale ad una prestazione soggetta ad un termine e perciò eseguibile solo dopo il decorso di tale termine. Anche questo tipo di condanna non può, in linea generale, essere riconosciuta ammissibile se non come accertamento mero, poiché prima della scadenza del termine per adempiere non può esserci violazione, e dunque manca l'interesse ad agire per la condanna. Vi sono, tuttavia, dei casi in cui *la legge stessa eccezionalmente configura delle autentiche condanne in futuro*; il principale esempio è costituito dall'istituto or ora menzionato, ossia dalla *convalida della licenza per finita locazione prima della scadenza*, prevista dall'art. 657, 1° comma, e sulla quale ci intratterremo meglio nello studio del relativo procedimento speciale (v. vol. III, § 49).

Poiché non c'è dubbio che, in questo caso, l'ordinamento consente la pronuncia di una condanna prima e indipendentemente dalla violazione, si deve ritenere che nel suddetto caso l'ordinamento ha eccezionalmente allargato l'ambito dell'interesse ad agire per la condanna fino a ricomprendervi la semplice probabilità (valutata e presunta dal legislatore in via generale) che alla scadenza del termine si verifichi la violazione; ed appunto in relazione a tale probabilità, consente al locatore di ottenere subito il titolo esecutivo, da portare ad esecuzione forzata se alla scadenza del termine non avverrà il rilascio spontaneo dell'immobile locato. In questa categoria vanno probabilmente incluse anche le *condanne a prestazioni alimentari o di mantenimento* che la giurisprudenza tende ad ammettere pur nella mancanza di una loro espressa previsione legislativa e che, secondo quanto si ritiene, sono eseguibili via via che maturano i periodi di riferimento; e in questa cornice ci sembra che debbano essere visti alcuni titoli esecutivi riferiti a prestazioni periodiche, introdotti dal legislatore in occasione della riforma del diritto di famiglia, nonché, più in generale, gli accertamenti di facoltà o obblighi relativi a situazioni giuridiche ad effetti durevoli nel tempo, come, ad es., nelle *inibitorie*;

d) gli *accertamenti con prevalente funzione esecutiva*.

d) i c.d. *accertamenti con prevalente funzione esecutiva*. Si tratta di procedimenti di cognizione, la cui specialità consiste in ciò che, per conseguire il più rapidamente possibile l'accesso all'esecuzione forzata, si svolgono in maniera accelerata, ossia con una cognizione sommaria e non piena. In taluni casi, la cognizione è *sommaria perché superficiale.* Esempio tipico: il procedimento ingiuntivo disciplinato dagli artt. 633 e ss. fra i procedimenti speciali (v. vol. III, § 42) e che è caratterizzato dalla possibilità di una pronuncia senza neppure sentire l'altra parte, salvo però, a quest'ultima, il potere di contestare quel provvedimento introducendo un giudizio ordinario (v. vol. III, cap. 8°, sezione prima). Tra i procedimenti di questo tipo possono essere incluse anche alcune pronunce caratterizzate dal fatto che l'accertamento sommario è fondato su una sorta di acquiescenza, come accade, ad es., nell'ordinanza di convalida dello sfratto ai termini dell'art. 663 (v. vol. III, § 50) e nell'ordinanza di pagamento delle somme non contestate di cui agli artt. 186 bis e 423, 1° comma (v. vol. II, § 22, e vol. III, § 85).

In altri casi, la cognizione è *sommaria perché incompleta* (esempio tipico: le c.d. *condanne con riserva delle eccezioni*), in quanto vengono pronunciati provvedimenti a contenuto di condanna, nonostante che il convenuto abbia avanzato delle eccezioni di merito, il cui esame, di conseguenza, viene accantonato per essere compiuto in seguito. Figure concrete sono l'ordinanza di provvisoria esecutività del decreto ingiuntivo di cui all'art. 648 (v. vol. III, § 45), quella di rilascio di cui all'art. 665 (v. vol. III, § 50) e quella prevista dall'art. 65, 2° comma, della legge cambiaria (R.D. 14 dicembre 1933 n. 1669) e dall'art. 57 della legge sugli assegni (R.D. 21 dicembre 1933 n. 1736).

C) *l'azione costitutiva.*

C) Infine, per quanto concerne l'*azione costitutiva*, occorre anzitutto integrare quanto già si vide (retro, § 3) con riguardo a questo tipo di attività, con le osservazioni, pure già compiute (retro, § 13) circa il modo col quale, in questo tipo di azione, si configura l'interesse ad agire. Più precisamente, mentre nel caso della *giurisdizione costitutiva non necessaria*, l'interesse ad agire è determinato, come nella condanna, dalla violazione, nel caso della *giurisdizione costitutiva necessaria*, l'interesse ad agire è – come si è visto – *in re ipsa*, ossia nello stesso fatto costitutivo del diritto alla modificazione giuridica.

Ricordato tutto ciò, rimane da vedere in che consiste il *proprium* dell'azione (e della conseguente sentenza) costitutiva. In quanto si tratta di cognizione, non c'è dubbio che anche quest'azione tende in primo luogo all'accertamento del diritto che si fa valere. Ma poiché, in questo caso, il diritto che si fa valere è *diritto ad una modificazione giuridica* (o, come molti lo chiamano, diritto potestativo alla costituzione, modificazione o estinzione di un rapporto giuridico o di uno *status* personale), l'accertamento del diritto non basta ancora per soddisfare l'esigenza di ottenere quella modificazione, la quale postula un *quid pluris.* La situazione è paragonabile a quanto accade nella condanna, ove pure, si è visto, l'accertamento non basta per attuare la tutela, ma costituisce la premessa logica e giuridica per quell'ulteriore attività tutelatrice che è l'esecuzione forzata.

Ma la differenza profonda tra la sentenza di condanna e la sentenza costitutiva sta in ciò che, mentre con la condanna il giudice non può che rimandare l'attuazione effettiva del diritto all'esecuzione forzata, da compiersi – in quanto destinata ad operare nel mondo materiale – dall'organo esecutivo, nel caso della sentenza costitutiva, l'ulteriore attuazione del diritto alla modificazione accertato può compiersi subito e direttamente dal giudice, dal momento che, per attuarla, non occorre operare nel mondo materiale, ma solo nel mondo degli effetti giuridici. Ecco, dunque, il giudice (della cognizione) far luogo alla modificazione giuridica (o, per meglio dire, alla costituzione, modificazione o estinzione di un rapporto giuridico o di uno *status* personale) subito dopo l'accertamento del diritto a tale modificazione. Sebbene, poi, il momento in cui questi effetti concretamente si verificano venga individuato, tradizionalmente, nel momento del passaggio in giudicato della sentenza.

Non sembra configurabile un autonomo tipo di *azione preventiva*.

D) Infine, taluni individuano, come ulteriore tipo di azione di cognizione, l'*azione preventiva*, intesa come azione diretta a prevenire, anziché reprimere, la violazione del diritto. Ma tale configurazione non sembra corretta, in considerazione del fatto che, in realtà, una funzione preventiva può essere assolta in taluni casi da forme di tutela giurisdizionale strutturalmente assai diverse tra loro, come, ad es., le azioni di accertamento mero, le azioni cautelari, le condanne in futuro, le condanne a contenuto inibitorio. Questo spiega l'orientamento quasi unanime della dottrina che nega autonomia all'azione preventiva e preferisce parlare di *tutela preventiva*, come caratteristica funzionale comune a diversi tipi di tutela in talune ipotesi, senza che ciò consenta anche di configurare la stessa tutela preventiva in via generalizzata ed atipica.

Possiamo, dunque, concludere questa rassegna dei diversi tipi di azione (e dei relativi provvedimenti) di cognizione, osservando che l'accertamento è l'elemento costante e comune a ciascuno di essi; ma, mentre in un caso (accertamento mero), tale accertamento esaurisce la funzione di tutela, negli altri due casi, ad esso si aggiunge un elemento in più: nella condanna, tale elemento in più non è che un ulteriore contenuto dell'accertamento in quanto con esso si accerta l'ulteriore esigenza di tutela mediante esecuzione forzata, che verrà poi attuata nel processo esecutivo; nella sentenza costitutiva, invece, tale elemento in più è già insito nella sentenza, che dà diretta attuazione della modificazione giuridica (intesa come costituzione, modificazione o estinzione di un rapporto giuridico o di uno *status* personale), oggetto del diritto accertato.

16. *L'azione esecutiva e l'azione cautelare.*

Se ora si esce dal campo del processo di cognizione per riferirsi alle azioni che introducono i processi di tipo diverso, e cioè rispettivamente *quello di esecuzione forzata* e *quello cautelare*, si deve subito rilevare che la nozione dell'azione, elaborata al § 14 con riferimento al processo di cognizione – «diritto ad un provvedimento sul merito» – non può essere utilizzata con riguardo all'azione che introduce questi processi. O meglio, essa può essere utilizzata soltanto per il suo riferimento generico alla tutela giurisdizionale, e previa sostituzione dei riferimenti specifici all'attività di cognizione con i diversi riferimenti specifici all'esecuzione o alla cautela. Più precisamente: in quanto ci si riferisca genericamente all'attività di tutela giurisdizionale, ben si può dire che non solo l'azione di cognizione, ma anche l'azione esecutiva e l'azione cautelare sono «diritto alla tutela giurisdizionale» o diritto all'attività processuale o, più semplicemente, al processo. Ma in quanto si voglia specificare il tipo di attività giurisdizionale al quale ci si riferisce, la definizione di «diritto ad un provvedimento sul merito» rimarrà propria dell'azione di cognizione, mentre per gli altri tipi di azione ci si dovrà riferire al contenuto più specificamente proprio dei rispettivi tipi di attività.

Nell'*azione esecutiva*, l'accertamento ...

Incominciando con l'*azione esecutiva*, o diritto alla tutela giurisdizionale mediante esecuzione forzata, occorrerà tener presente che, come si è visto ampiamente, il processo da essa introdotto tende all'esecuzione materiale di un diritto già accertato; la quale esecuzione va compiuta da un organo idoneo ad operare nel campo materiale, ossia l'organo esecutivo. In altri termini, l'accertamento del diritto, che nella cognizione è il punto di arrivo dell'attività del giudice, che parte dall'affermazione di quel diritto, *nell'esecuzione, quell'accertamento* (compiuto dal giudice o anche altrimenti, e che comunque deve sempre concretarsi in un documento – *titolo esecutivo* – sulla cui base l'organo esecutivo possa tranquillamente operare) *costituisce, invece, il punto di partenza, assimilabile a ciò che, rispetto alla cognizione, è l'affermazione* (sull'argomento, v., ampiamente, vol. III, § 5).

... costituisce il punto di partenza.

Da ciò deriva che *le condizioni dell'azione*, che in sede di cognizione sono espresse tutte in chiave di affermazione, *in sede di esecuzione saranno espresse in chiave di accertamento; e cioè, in pratica, si risolveranno tutte nel titolo esecutivo*, che assurge così al ruolo di unica condizione, necessaria e sufficiente, dell'azione esecutiva. Ed in realtà, mentre l'interesse ad agire e la possibilità giuridica emergono implicitamente dal fatto che il diritto è, nel titolo esecutivo, accertato (ancorché non sempre attraverso un giudizio) come eseguibile, la legittimazione ad agire è implicita nella coincidenza tra i soggetti dell'azione esecutiva e quelli risultanti dal titolo esecutivo come creditore e debitore.

Perciò il titolo esecutivo è, di regola, l'unica condizione, necessaria e sufficiente, dell'azione esecutiva.

Anche l'azione esecutiva è, come l'azione di cognizione e per le medesime ragioni, *diritto autonomo* dal diritto sostanziale. Ed è pure un *diritto astratto* dal diritto sostanziale, sebbene il suo aggancio a quest'ultimo – quell'aggancio che nell'azione di cognizione si riduce all'affermazione – qui sia più intenso, dovendo esprimersi nell'accertamento. Certamente, se dire «diritto accertato» equivalesse a dire «diritto esistente», l'azione esecutiva non potrebbe più dirsi diritto astratto. Ma si è già visto che diritto accertato nel titolo esecutivo non significa necessariamente diritto esistente, o ancora esistente, poiché, da un lato, la legge attribuisce talora l'efficacia di titolo esecutivo ad accertamenti non definitivi (ad es., la sentenza di condanna di primo grado: v. retro, § 6), mentre, dall'altro lato, la realtà giuridica può mutare a seguito di eventi successivi all'accertamento (si pensi al pagamento dopo la condanna); i quali eventi (come si è già accennato al § 6 e come si vedrà ampiamente più avanti: vol. III, § 5) non tolgono al titolo la sua efficacia propria se non attraverso un altro apposito giudizio di cognizione (opposizione all'esecuzione), in mancanza del quale il titolo resta insensibile ai mutamenti della realtà, ossia continua a fondare l'esecuzione. È questa la c.d. *efficacia incondizionata* del titolo esecutivo, della quale efficacia il titolare può avvalersi sotto la sua responsabilità (v. oltre, § 53).

Infine, come l'azione di cognizione non è diritto al provvedimento favorevole, ma solo al provvedimento sul merito, anche l'azione esecutiva non è diritto al risultato utile dell'attività esecutiva, ma solo *diritto a quest'attività,* ossia *diritto a che l'organo esecutivo faccia tutto quanto è possibile, secondo legge, per ottenere il risultato utile*: il quale risultato potrà anche, in concreto, venire a mancare perché, ad es., il debitore è risultato nullatenente o la cosa da consegnare è andata distrutta.

L'*azione cautelare*, funzionalmente finalizzata ad ovviare ai pericoli che minacciano la fruttuosità della tutela giurisdizionale, …

Quanto, invece, all'*azione cautelare* o diritto alla tutela giurisdizionale mediante cautela, occorrerà tener presente, da un lato, la funzione strumentale della cautela rispetto agli altri due tipi di attività giurisdizionale, e, dall'altro, e in correlazione a ciò, la presenza in essa degli elementi funzionali e strutturali proprî della cognizione o dell'esecuzione (v. retro, § 5).

In sostanza, poiché l'attività cautelare è destinata ad ovviare ai pericoli che minacciano la fruttuosità della tutela giurisdizionale (di cognizione o di esecuzione forzata) di un diritto, essa si attua in concreto – in una prima fase – con la determinazione di una certezza (nella misura che l'ordinamento ritiene sufficiente) circa le ragioni per cui è necessario ed opportuno l'intervento cautelare. Tali ragioni sono: a) il pericolo al quale il ritardo della tutela giurisdizionale può esporre il diritto (*periculum in mora*); b) almeno una probabile sussistenza del diritto stesso (*fumus boni juris*). È facile comprendere il motivo per il quale in questa sede l'ordinamento si riferisca alla probabilità di sussistenza del diritto, che è, si noti, qualcosa di più della

… è condizionata dal *periculum in mora* e dal *fumus boni juris*.

semplice affermazione e qualcosa di meno dell'accertamento vero e proprio. Tale motivo sta nel fatto che, nel processo cautelare, per la logica stessa della sua funzione, il momento della proposizione della domanda (cautelare) è estremamente ravvicinato a quello dell'*autorizzazione della misura cautelare* (ossia della pronuncia del provvedimento cautelare), giacché, se così non fosse, tanto varrebbe attendere l'esito del giudizio di cognizione. Sennonché, è chiaro che, proprio perché può e deve avvenire subito, questo primo riscontro (in funzione soltanto della misura cautelare), da un lato, non può fondarsi sulla mera affermazione e, dall'altro lato, non può neppure riguardare l'accertamento pieno del diritto (che presuppone quell'attività di cognizione che dà luogo al ritardo, ai cui pericoli si vuole ovviare), ma soltanto, appunto, la sua probabile sussistenza, che ben può essere riscontrata subito, insieme al pericolo nel ritardo. *Periculum in mora* e *fumus boni juris* sono, dunque, le condizioni (non in chiave di affermazione, ma da riscontrarsi subito) specificamente proprie dell'azione cautelare nella sua prima fase; la quale prima fase conduce ad un provvedimento del giudice che autorizza la misura cautelare, ossia introduce (in un modo vagamente paragonabile a quello col quale il titolo esecutivo introduce l'esecuzione forzata) la seconda fase del processo cautelare. Questa seconda fase consiste nell'*attuazione della misura cautelare* e si effettua, generalmente, con forme analoghe a quelle dell'esecuzione forzata. Naturalmente, in questa seconda fase, le condizioni dell'azione sono espresse tutte nel provvedimento cautelare autorizzativo, così come quelle dell'azione esecutiva sono espresse nel titolo esecutivo.

È appena il caso di osservare – nel chiudere questa sintetica rassegna dei diversi tipi di azione – che, con riguardo alle forme di *giurisdizione volontaria* (sulla quale ci soffermeremo ampiamente nel cap. 11° del vol. III), non si può neanche configurare una vera e propria azione, poiché, con essa, non si fanno valere diritti e si è, quindi, al di fuori di quell'attività tutelatrice dei diritti, che sta in correlazione con l'azione come diritto alla tutela giurisdizionale dei diritti stessi.

Bibliografia di orientamento

A. Cerino Canova, *La domanda giudiziale ed il suo contenuto*, in *Commentario del cod. di proc. civ., diretto da E. Allorio*, II, I, Torino, 1980; C. Consolo, *Domanda giudiziale (dir. proc. civ.)*, in *Dig. disc. priv., sez. civ.*, VII, Torino, 1991; G. Chiovenda, *L'azione nel sistema dei diritti*, in *Saggi di diritto processuale civile*, I, Bologna, 1904; E.T. Liebman, *L'azione nella teoria del processo civile*, in *Riv. trim. dir. e proc. civ.*, 1950; E. Fazzalari, *Azione civile*, in *Dig. disc. priv., sez. civ.*, II, Torino, 1988; A. Attardi, *Interesse ad agire*, in *Dig. disc. priv., sez. civ.*, IX, Torino, 1993; M.F. Ghirga,

La meritevolezza della tutela richiesta, Milano, 2004; M. Marinelli, *La clausola generale dell'art. 100 c.p.c. Origini, metamorfosi e nuovi ruoli*, Trento, 2005; M.F. Ghirga, *Interesse ad agire (dir. proc. civ.)*, in *Diritto on line Treccani*, 2014; M.F. Ghirga, *Principi processuali e meritevolezza della tutela*, in *Riv. dir. proc.*, 2020; E. Garbagnati, *La sostituzione processuale*, Milano, 1942; A. Attardi, *Legittimazione ad agire*, in *Dig. disc. priv., sez. civ.*, X, Torino, 1993; L.P. Comoglio-A. Stesuri, *Sub art. 81*, in AA.VV., *Comm. c.p.c.*, I, Torino, 2012; G. Tarzia, *La tutela cautelare*, in AA.VV., *Il processo cautelare*, a cura di G. Tarzia e A. Saletti, 5ª ed., Padova, 2015; A. Carratta, *Profili sistematici della tutela cautelare*, in *I procedimenti cautelari*, a cura dello stesso, Bologna, 2013; V. Tavormina, *Diritto e processo (uno schema di teoria generale)*, in *Studi in onore di V. Colesanti*, II, Napoli, 2009; A. Carratta, *Art. 112*, in *Comm. del c.p.c.*, diretto da S. Chiarloni, Bologna, 2011; A. Giussani, *Azione collettiva*, in *Enciclopedia del diritto, Annali I*, Milano, 2007; R. Donzelli, *La tutela giurisdizionale degli interessi collettivi*, Napoli, 2008; A.D. De Santis, *La tutela giurisdizionale collettiva*, Napoli, 2013; D. Amadei, *L'azione collettiva inibitoria*, Torino, 2018; AA.VV., *La tutela collettiva riformata*, a cura di A. Carratta, in *Giur. it.*, 2019; G. Basilico, *La tutela civile preventiva*, Milano, 2013; G.N. Nardo, *Riflessioni sulla azione inibitoria*, in *Riv. trim. dir. e proc. civ.*, 2016; A. Motto, *Azione costitutiva (dir. proc. civ.)*, in *Diritto on line Treccani*, 2013; A. Motto, *Azione di condanna (dir. proc. civ.)*, *ivi*, 2015; G. Basilico, *Condanna in futuro*, *ivi*, 2017; S. Dalla Bontà, *L'introduzione della causa tra sostanziazione e individuazione. Premesse teorico-ricostruttive*, Napoli, 2018; M.L. Serra, *«Valori funzionali» del processo e domanda giudiziale*, Napoli, 2018; A. Chizzini, *La tutela giurisdizionale dei diritti*, in *Il Codice Civile. Commentario*, diretto da F.D. Busnelli, Milano, 2018; D. Buoncristiani, *Potere e atto. Tutela civile dell'incertezza oppositoria*, Torino, 2020.

CAPITOLO IV

IL DOVERE DECISORIO DEL GIUDICE E I SUOI LIMITI

17. *Il contenuto del dovere decisorio del giudice: il giudizio.*

Proseguendo nel programma (tracciato all'inizio del § 11) di esame della situazione giuridica nella quale si trovano i tre fondamentali protagonisti del processo con riferimento globale all'intero iter processuale, passiamo ora, dopo l'esame della posizione di colui che chiede la tutela, all'esame della posizione dell'organo giurisdizionale.

Questa posizione si riconduce al rilievo fondamentale che l'organo giurisdizionale è, per la sua funzione istituzionale, tenuto a prestare la tutela, nel senso che al generico diritto alla tutela giurisdizionale che è l'azione corrisponde un generico dovere dello Stato, impersonato nell'organo giurisdizionale, di prestare la tutela. Naturalmente, a tale dovere l'organo giurisdizionale assolve con modalità e comportamenti diversi a seconda del tipo di tutela che è tenuto a prestare: nel processo di cognizione, decidendo sull'esistenza o meno di un diritto, ed eventualmente attuando una modificazione giuridica; nel processo esecutivo, svolgendo tutte quelle attività che sono preordinate dalla legge all'attuazione effettiva del diritto; nel processo cautelare, compiendo l'una e l'altra cosa, in via provvisoria.

Se, premesso tutto ciò, vogliamo ora limitare il nostro discorso al processo di cognizione (in conformità al programma postoci e all'orientamento seguito, come si è visto, anche dal legislatore quando ha dettato le «disposizioni generali» contenute nel primo libro del codice) possiamo configurare, di fronte al diritto di azione come diritto ad un provvedimento sul merito, *il dovere dell'organo giurisdi-*

zionale, che qui è il giudice, di compiere tutti quegli atti che, coordinandosi a vicenda (ed in correlazione anche con gli atti degli altri soggetti del processo) conducono alla pronuncia, da parte sua, del provvedimento sul merito, ossia della decisione. Dunque, dovere – che è anche esercizio di *potere* – di decidere; non nel solo senso di pronunciare la decisione finale, bensì nel senso più ampio di rendere funzionale il suo comportamento all'atto finale che assolve alla funzione decisoria. Ed appunto con questo significato, globalmente riferito all'intero arco di attività da compiersi nel corso del processo di cognizione, va intesa la fondamentale norma dell'art. 112 c.p.c., secondo la quale «*il giudice deve decidere su tutta la domanda e non oltre i limiti di essa*», e nella quale va vista, dunque, l'enunciazione del *dovere decisorio del giudice* in questo senso globale.

L'art. 112 c.p.c. impone al giudice di decidere su tutta la domanda e non oltre i limiti di essa (c.d. *corrispondenza tra il chiesto e il pronunciato*) ...

Nel compiere tale enunciazione, la norma in discorso: a) anzitutto, dice che il giudice *deve decidere*, ossia enuncia il dovere decisorio in se stesso; b) in secondo luogo, effettua un preciso riferimento del dovere decisorio del giudice alla domanda, nel senso che tale dovere è condizionato e determinato appunto, dalla domanda; c) in terzo luogo ed infine, precisa l'oggetto e l'ambito del dovere decisorio, stabilendo che i limiti della decisione debbono coincidere con quelli della domanda.

... sicché l'ambito del dovere decisorio è determinato dalla domanda.

Incominciando ad esaminare la prima di queste enunciazioni, occorre osservare che la correlazione tra domanda e pronuncia investe, in primo luogo, l'attitudine della domanda a fondare il diritto ad una pronuncia *sul merito piuttosto che sul processo.* Se, infatti, da un lato, solo la domanda qualificata dalle condizioni dell'azione può fondare il dovere del giudice di pronunciarsi *sul merito*, dall'altro lato, anche una domanda priva di una o più condizioni dell'azione, o addirittura una domanda invalida, fonda il più generico dovere del giudice di emettere comunque una pronuncia, ancorché non sul merito, ma *sul processo.* In quest'ultima ipotesi, la correlazione tra domanda e pronuncia non può non arrestarsi agli effetti formali della domanda; mentre è chiaro che, quando l'esame della suddetta correlazione viene invece riferito al contenuto sostanziale della domanda, si dà già per scontato che la domanda sia idonea a fondare un processo che perviene alla pronuncia sul diritto sostanziale, ossia *sul merito*; si presuppone, insomma, che la domanda costituisca esercizio dell'azione: con che la decisione del giudice appare come quel provvedimento sul merito al quale l'azione dà diritto.

Il contenuto del dovere decisorio del giudice è la decisione o *giudizio.*

Chiarito ciò, occorre ora vedere, più da vicino, in che consiste questa pronuncia con la quale il giudice assolve al suo dovere decisorio *sul merito.* Se si tiene presente che decidere significa giudicare sul merito, cioè sul diritto sostanziale, oggetto della domanda, appare evidente che l'attività decisoria di cui trattasi è precisamente un giudizio destinato ad accertare l'esistenza o la non esistenza di quel diritto che è affermato nella domanda, ossia di quel diritto la cui affermazione, insieme con l'affermazione della sua esigenza di tutela, qualifica la domanda come atto di esercizio dell'azione. E se, a questo punto, si ricorda (retro, § 4) che accertare l'esistenza di un diritto – o, il che è lo stesso, enunciare una regola concreta di legge – è un'operazione logica che si sostanzia nel riscontro che i fatti previsti in astratto dalla norma come fatti costitutivi del diritto si sono verificati nel caso concreto, così rendendo concreta la volontà di legge; se si ricorda tutto ciò, appare evidente che l'operazione del giudizio è la sintesi di due distinti momenti logici: 1) l'enunciazione in astratto della portata attuale della norma sia con riguardo alla precisa determinazione della sua volontà astratta e sia con riguardo all'individuazione degli schemi astratti dei fatti in essa previsti come fatti costitutivi (c.d. *giudizio di diritto*); 2) il riscontro che in quel determinato caso concreto si sono (o non si sono) effettivamente verificati i fatti previsti in astratto dalla norma e affermati in concreto nella domanda, oltre agli eventuali fatti lesivi (c.d. *giudizio di fatto*). E la sintesi di questi due momenti (nei quali è facile ravvisare la premessa maggiore e la premessa minore di un sillogismo) è precisamente il *c.d. sillogismo del giudice* o *giudizio*, vale a dire l'enunciazione che in quel determinato caso la volontà astratta di legge è (oppure non è) divenuta concreta così come enunciata dalla norma. Il tutto a conferma (oppure a smentita) di quanto l'attore ha affermato nella domanda.

In altri termini, la premessa maggiore di questo sillogismo sarebbe il c.d. *giudizio di diritto*, ossia quel momento logico nel quale il giudice ragiona su un piano astratto e teorico, come puro giurista. Ad es., nell'ambito della responsabilità c.d. contrattuale, configurata dall'art. 1218 c.c., si tratta di stabilire se, risultando nella specie la stipulazione di una clausola limitativa della responsabilità con riguardo ai fatti affermati, tale clausola è operante oppure no; più precisamente: quando l'art. 1341, 2° comma, c.c. enuncia che la clausola limitativa della responsabilità, predisposta da uno dei contraenti, non ha effetto se non è stata «specificamente approvata per iscritto», richiede la trascrizione integrale dell'intera clausola ad opera dell'altro contraente, oppure si accontenta di un richiamo ad essa? E questo richiamo postula una nuova sottoscrizione o può essere contenuto nel testo del contratto sottoscritto una sola volta?

La premessa minore sarebbe, invece, il c.d. *giudizio di fatto*, che il giudice compie, esattamente come uno storico, salvo solo il rilievo che (come si vedrà più avanti) non sempre il giudice può operare con quella totale assenza di vincoli, che è propria dello storico. Ad es.: supposto (in conformità a quanto ritiene la prevalente giurisprudenza) che il giudizio di diritto si sia concluso nel senso che è necessaria la menzione della clausola in questione, appositamente sottoscritta dal contraente: nel caso concretamente esaminato, venne effettivamente compiuto un apposito richiamo seguito da apposita nuova sottoscrizione? Ed ecco la sintesi: vi fu effettivamente una seconda apposita sottoscrizione, dunque la clausola limitativa ha effetto, e perciò il giudice deve respingere la domanda di risarcimento in quanto fondata su fatti per i quali la clausola in discorso escludeva la responsabilità; oppure: l'apposita sottoscrizione non vi fu, ed il giudice deve accogliere la domanda.

Il c.d. sillogismo del giudice.

Naturalmente, il c.d. sillogismo del giudice non è che uno schema, una semplificazione di comodo di una serie di operazioni mentali ben più complesse. Per rendersene conto, basterà tener presente che ciascuna delle due premesse costituisce a sua volta il risultato di un giudizio, almeno in senso logico, sicché il compito del giudice sta più nell'elaborazione di quelle premesse che non nello svolgimento del sillogismo. D'altra parte, i suddetti due giudizi (di diritto e di fatto) non possono mai compiersi del tutto indipendentemente l'uno dall'altro, perché il giudizio di diritto presuppone, nella sua stessa impostazione, un primo orientamento che non può esser dato che dai fatti, mentre il giudizio di fatto presuppone la cernita e la messa a fuoco degli elementi rilevanti, la quale presuppone a sua volta il riferimento alla portata della norma.

In pratica, le due valutazioni finiscono, specialmente nell'ambito della premessa minore, col fondersi e coordinarsi a vicenda.

D'altra parte, l'impiego, nella norma, di concetti indeterminati (ad es. «giusta causa») rende talora impossibile la distinzione tra le due valutazioni. Né va dimenticato che talora è la stessa legge che lascia al giudice un margine di scelta tra diverse soluzioni e la determinazione della concreta misura di determinate pronunce (ad es., «*equa indennità*») e, d'altro canto, il giudizio storico (ma anche quello giuridico) si risolve sempre in una scelta di maggior congruenza logica tra le contrapposte ipotesi prospettate delle parti perché la verità certa e assoluta non è di questo mondo.

18. *La correlazione con la domanda e i confini del dovere decisorio del giudice. Il principio della disponibilità dell'oggetto del processo.*

Così precisata l'essenza del giudizio, occorre – passando ora agli altri due aspetti della riferita proposizione dell'art. 112 – determinarne ulteriormente, da un lato, la sua correlazione con la domanda e, dall'altro lato, i suoi confini. La ragione di questa necessità sta ancora una volta nel fatto che il giudizio è un'attività *dovuta* in correlazione col diritto di azione. È chiaro, infatti, che per la stessa ragione per la quale quest'attività è dovuta solo in quanto è richiesta da chi esercita l'azione, essa è *dovuta nei limiti in cui è richiesta*; ossia: poiché questa prestazione è la pronuncia sul diritto che è affermato nella domanda, essa dovrà effettuarsi *precisamente su quel diritto, e non su un altro*; su *tutto* l'ambito del diritto o dei diritti affermati (poiché se restasse un margine di diritto affermato su cui non si compie la pronuncia, per quel margine il giudice mancherebbe al suo dovere: c.d. *omissione di pronuncia*), ma *non oltre* l'ambito del diritto o dei diritti affermati (perché, se così facesse, il giudice svolgerebbe un'attività non solo non dovuta, ma non richiesta e la sua pronuncia sarebbe affetta dal c.d. *vizio di ultrapetizione*). Ed a questo punto ben si comprende l'estrema esattezza della sintetica formula con la quale l'art. 112, nel momento stesso in cui enuncia la correlazione tra il dovere decisorio e la domanda, enuncia anche che i confini di questa debbono essere i confini di quello.

Se il giudice non decide su tutta la domanda può verificarsi una *omissione di pronuncia*, ...

... mentre se la decisione eccede i limiti della domanda, si verifica il vizio di *ultrapetizione*.

Occorre ora approfondire ulteriormente ciascuno dei rimanenti due aspetti del condizionamento del dovere decisorio rispetto alla domanda, nel senso che quel dovere decisorio sorge: b) solo *se* c'è la domanda e c) con la stessa *estensione* della domanda.

La correlazione tra il dovere decisorio e la domanda della parte è espressione del *principio della disponibilità della tutela giurisdizionale* (art. 2907 c.c.).

Che il dovere decisorio venga in essere solo in quanto sia proposta una domanda, risulta già dalla norma fondamentale, ampiamente esaminata a suo tempo, che concerne la tutela giurisdizionale considerata nella sua funzione globale. L'art. 2907 c.c. enuncia, infatti, che la tutela giurisdizionale dei diritti è prestata «*su domanda di parte* e, quando la legge lo dispone, anche su istanza del Pubblico Ministero o d'ufficio». Trascurando le ipotesi eccezionalissime della tutela prestata d'ufficio e quelle della tutela chiesta dal Pubblico Ministero (sulle quali ultime ci intratterremo più avanti – § 21 – e che, d'altra parte sono eccezioni solo in parte, poiché si riconducono pur sempre ad una richiesta della tutela), si può constatare come questa norma sia ispirata ad un fondamentale principio. È il c.d. *principio della disponibilità della tutela giurisdizionale* (v. retro, §§ 2 e 3), per il quale il titolare (affermato) del diritto sostanziale è libero di chiedere oppure non chiedere tale tutela, come anche di rinunciare ad essa una volta chiesta. Ed è evidente che tale disponibilità sta a sua volta in correlazione con la *disponibilità del diritto sostanziale*, poiché il chiedere o il non chiedere la tutela di quel diritto è un modo di disporre di esso. Il che è confermato dal rilievo che, come si vedrà a suo tempo, i casi in cui la tutela può essere eccezionalmente chiesta dal Pubblico Ministero sono proprio i casi in cui si opera su diritti sostanziali indisponibili. D'altra parte, nei casi nei quali l'iniziativa per la tutela giurisdizionale può occasionalmente spettare a soggetti diversi dal titolare affermato del diritto (casi di legittimazione straordinaria o sostituzione processuale: v. retro, § 13), si può ravvisare un fenomeno di disponibilità allargata del diritto con conseguente limitazione della esclusività nel disporre della relativa tutela.

Il principio della disponibilità della tutela giurisdizionale trova immediata correlazione in un altro principio, che invece appartiene già alla disciplina del processo e che può essere anzi considerata, in un certo senso, l'espressione in termini processuali del medesimo principio sia pure in un'ottica e con funzione diverse. Questo principio è enunciato dal già visto art. 99 c.p.c. sotto la rubrica «*principio della domanda*»: «*chi vuol far valere un diritto in giudizio deve proporre domanda al giudice competente*». Lasciando da parte, per ora, l'accenno alla competenza del giudice, qui interessa intanto mettere in risalto, come questa norma, in evidente correlazione con l'art. 112, si riferisce alla dipendenza del dovere decisorio del giudice dall'iniziativa di chi propone la domanda. Il che significa che colui che propone la domanda e che, come si è visto, per questo solo fatto, acquista un «diritto al processo», ha *una sorta di esclusiva su questo «diritto al processo»*, e sul conseguente dovere decisorio del giudice, in quanto questo dovere viene in essere solo *se* c'è la domanda, ed è la domanda che vincola il giudice al dovere di giudicare.

Si delinea così una sorta di esclusiva di chi propone la domanda sull'oggetto del processo ...

D'altra parte, come abbiamo già visto, e come risulta dall'art. 112, il dovere decisorio del giudice dipende dalla domanda anche con riguardo alla sua estensione, ossia ai suoi limiti. Questo significa che chi propone la domanda vincola il giudice non solo al dovere di pronunciarsi, ma più precisamente al *dovere di pronunciarsi su tutta l'estensione della domanda*. In altri termini, l'«esclusiva» di chi propone la domanda sul dovere decisorio del giudice, è, in quanto concerne anche i confini di tale dovere, una vera e propria esclusiva sull'ambito del giudizio o, come si suol dire, sull'oggetto del processo. È appunto in questo senso che si suole parlare di *disponibilità dell'oggetto del processo*, in capo a colui che propone la domanda, nel senso che questi, con la sua domanda, *vincola e limita* il giudice nell'oggetto del suo giudizio (salvi, naturalmente, gli effetti delle domande delle altre parti, che, in quanto tali, sono destinate ad allargare l'oggetto del processo, come vedremo oltre, ai §§ 23 e ss., §§ 54 e ss.).

... o *disponibilità dell'oggetto sostanziale del processo*, che vincola il giudice ...

Si tratta ora di vedere più da vicino come opera questo vincolo per il giudice.

... con riguardo sia al tipo di azione esercitata ...

In primo luogo, tale vincolo si manifesta *con riguardo al tipo di azione di cognizione esercitata*: di accertamento mero, di condanna oppure costitutiva. Al riguardo, abbiamo già avuto occasione (retro, § 15) di anticipare il rilievo della necessaria correlazione tra tipo di azione esercitato e tipo di sentenza che il giudice è tenuto a pronunciare. Possiamo ora precisare ulteriormente che se, ad es., il giudice, al quale fosse stata chiesta una condanna, pronunciasse una sentenza di accertamento mero, incorrerebbe nel vizio di parziale *omissione di pronuncia*, mentre, se accadesse il contrario, il vizio sarebbe di *ultrapetizione*.

In secondo luogo, il vincolo in argomento va esaminato più da vicino anche con riguardo al contenuto del giudizio. Più precisamente: se si tiene presente che, come si è visto, il giudizio si articola nei suoi due momenti del giudizio di diritto e di fatto, appare logico domandarsi se la domanda vincola il giudice con riguardo ad entrambi i momenti del giudizio oppure con riguardo ad uno solo di essi.

... e sia all'ambito del giudizio.

Per rispondere a questa domanda, occorre contrapporre la generalità della volontà astratta di legge alla specificità dei fatti costitutivi. Da un lato, infatti, la volontà astratta di legge, appunto per la sua astrattezza e generalità, non può costituire, per se stessa, oggetto di un'esclusiva. Dall'altro lato, la stessa cosa non può invece dirsi dell'allegazione dei fatti costitutivi, che, appunto perché assolvono a codesta funzione costitutiva o *concretante* della volontà di legge, vanno allegati nella loro individualità, sicché è *proprio nei loro riguardi e soltanto nei loro riguardi che si manifesta l'esclusiva dell'attore nella determinazione del contenuto del dovere decisorio del giudice e quindi, dell'oggetto del processo.* In questi fondamentali rilievi sta la base del diverso trattamento al quale la legge assoggetta l'iniziativa del giudice rispetto all'affermazione delle norme di diritto e all'allegazione dei fatti costitutivi da parte dell'attore.

Per quanto concerne il diritto *il giudice è libero di applicare le norme di diritto che meglio ritiene adattabili al caso concreto*, ossia di mutare la qualificazione giuridica, o *nomen juris*, della fattispecie storica indicata dall'attore nella sua domanda. Questo principio risulta, sia pure indirettamente, dall'art. 113 in quanto questa norma, nell'enunciare che il giudice deve «seguire le norme del diritto» si riferisce *genericamente a tutte le norme del diritto* e non a quelle indicate dall'attore nella sua domanda. Il principio in discorso viene enunciato col brocardo *jura novit Curia*, con il quale si evidenzia che, appunto, *il giudice è libero di scegliere la norma da applicare*, del tutto indipendentemente dal fatto che sia stata o non sia stata invocata dalla parte.

Il principio *jura novit Curia*.

Un problema di conoscenza in senso proprio può porsi soltanto con riguardo al *diritto straniero* nei casi in cui il giudice italiano sia chiamato ad applicarlo. Al riguardo, l'art. 14 della L. 31 maggio 1995 n. 218 dispone che il giudice è tenuto ad accertarlo d'ufficio e che, allo scopo, può avvalersi di informazioni tramite il Ministero della Giustizia, mentre, in caso di impossibilità, può applicarsi la legge italiana.

Naturalmente, la scelta e l'applicazione della norma presuppone la sua interpretazione, ossia – come si è già accennato sopra (§ 17) – l'espressione in termini attuali, e riferibili al caso concreto, di quella che fu l'espressione della volontà legislativa con quelle determinate parole. Operazione, questa, che può talora presupporre un delicato adattamento alle condizioni sociali, etiche ed economiche del momento e che contiene sempre qualche elemento di creatività, non foss'altro perché implica delle scelte, ma che non può, d'altra parte, superare mai il limite di quello che può essere considerato il contenuto obbiettivo della norma. Va, d'altra parte, tenuto presente che nel nostro ordinamento, come nella maggior parte degli ordinamenti di *civil law*, ed a differenza di quelli di *common law* (dove vige il c.d. principio dello *stare decisis*), il giudice non è in alcun modo tenuto ad uniformare la sua interpretazione della norma a quella di precedenti pronunce ancorché al più alto livello, quali quelle della Corte di cassazione (v. vol. II, § 80).

Peraltro, non si può affatto escludere che il giudice, dopo aver interpretato la norma (comunque in senso conforme alla Costituzione e alla legislazione sovranazionale europea) possa, *anche d'ufficio* (e quindi *deve*, in tutti i casi in cui può prospettarsi il c.d. *dubbio di costituzionalità*, anche indipendentemente dall'iniziativa di parte), assoggettare la norma così interpretata al controllo di conformità ai principi della Costituzione, disponendo – ove il dubbio non risultasse manifestamente infondato – l'avvio dell'*iter*, che, previa sospensione del giudizio, conduce alla pronuncia della Corte costituzionale (L. 11 marzo 1953 n. 87, art. 23; v. vol. II, § 62). Ugualmente, qualora sorga una questione interpretativa del diritto dell'Unione europea, il giudice può (e addirittura *deve*, se giudice di ultima istanza) rimettere la questione alla Corte di giustizia dell'Unione europea, che si pronuncia esclusivamente sulla questione pregiudiziale suddetta (v. vol. II, § 62).

Per quanto concerne i fatti, il codice non contiene un'enunciazione esplicita dell'esclusiva della parte nell'allegare i fatti costitutivi. Tuttavia, quest'esclusiva risulta implicitamente dall'art. 112, poiché essa, riferendosi ai limiti della domanda, implica necessariamente l'esclusiva dell'allegazione dei fatti in capo a colui che formula tale domanda. E, naturalmente, non soltanto dei fatti costitutivi, ma anche dei fatti lesivi del diritto di cui si chiede la tutela.

In conclusione, la regola fondamentale enunciata dall'art. 112 – la si chiami, in conformità alla rubrica di quest'articolo, della *corrispondenza tra il chiesto e il pronunciato* o la si chiami della *disponibilità dell'oggetto del processo* – si sostanzia in ciò che, in via esclusiva, *il potere di determinare l'ambito dell'oggetto del processo, in modo vincolante per il giudice, spetta alle parti che propongono le domande mediante l'allegazione dei fatti costitutivi e dei fatti lesivi.*

Tutto questo significa, in pratica, che il giudice deve giudicare su tutti i fatti che sono allegati nella domanda, e soltanto su quelli (*judex secundum alligata judicare debet*); ma a quei fatti può applicare le norme di diritto che ritiene più adeguate, siano o non siano indicate nella domanda (ad es., anche se nella domanda si dice che i fatti allegati concretano il diritto al rilascio configurato dalle norme che disciplinano la locazione, il giudice rimane libero di ritenere che a quei fatti vadano invece applicate le norme che disciplinano il comodato, e, con riferimento a queste norme, accogliere oppure respingere la domanda). E naturalmente – a maggior ragione – il giudice è libero di interpretare le norme giuridiche, nel modo che ritenga più corretto, sia o non sia stata, quella interpretazione, prospettata dalle parti. Così vincolato rispetto ai fatti allegati e, viceversa, libero rispetto alle norme e alla loro interpretazione, il giudice può accogliere o non accogliere la domanda o accoglierla in parte.

Con riguardo alla libertà del giudice nella qualificazione giuridica, è opportuno rilevare fin d'ora – salvo ritornare sul discorso in sede di esame delle impugnazioni (v. vol. II, § 71) e dei limiti al rilievo dei vizi e degli errori del giudice (qui oltre, § 74) nonché in sede di esame dei limiti del giudicato (qui oltre, §§ 28 e 29) – che la suddetta libertà permane, almeno in linea di principio, lungo tutto l'arco del giudizio, e quindi anche in quella fase del giudizio di primo grado oltre la quale non è più possibile modificare o integrare le allegazioni dei fatti, nonché nelle fasi di impugnazione, salvo solo, a quest'ultimo riguardo, il contemperamento con gli effetti dell'acquiescenza che può conseguire al mancato esercizio del potere di impugnazione proprio sulla qualificazione giuridica.

Va, infine, tenuto presente che la suddetta libertà del giudice nella qualificazione giuridica, rientrando fra i poteri ufficiosi del giudice, va coordinata col dovere dello stesso giudice di assicurare alle parti il pieno rispetto del contraddittorio (su cui v. vol. II, § 19) sulle questioni rilevabili d'ufficio, secondo il disposto dell'art. 101, 2° comma, e dell'art. 183, 4° comma.

19. *La pronuncia secondo equità.*

La pronuncia secondo equità costituisce un'eccezione alla regola di cui all'art. 113 c.p.c.

Si è accennato, poc'anzi, alla regola generale enunciata dall'art. 113 e secondo la quale il giudice deve, nel giudicare, «seguire le norme del diritto». Prima di completare il discorso che concerne i limiti della pronuncia del giudice, occorre aprire una breve parentesi per prendere in esame le eccezioni alla suddetta regola, quali risultano dallo stesso art. 113 e dall'art. 114, ossia i casi nei quali il giudice può decidere, anziché secondo diritto, «*secondo equità*».

È appena il caso di ricordare che la regola generale della pronuncia secondo diritto trova il suo fondamento nella funzione stessa della tutela giurisdizionale e nel suo oggetto: la tutela dei diritti soggettivi e degli *status*. I diritti e gli *status* sono appunto tali in quanto determinati fatti hanno reso concrete le volontà astratte di legge, che disciplinano gli uni e gli altri.

Va tenuto presente che la controversia, o lite, pur avendo sempre, nel suo sfondo, il riferimento ad una o più norme del diritto, sorge, in concreto, non già con riferimento diretto alle norme, bensì con riferimento a determinati beni della vita sulla cui attribuzione dispongono le norme. La lite, in altri termini, è un conflitto di aspirazioni su tali beni della vita; un conflitto che può e normalmente deve essere risolto in base alle norme, ma che può anche, una volta sorto, prescindere dalle norme stesse ed essere preso in considerazione nella sua realtà puramente sociale ed economica di conflitto di aspirazioni su determinati beni.

Certo, quel conflitto non potrà essere risolto – ove si voglia, come si deve, evitare il mero arbitrio – che con riferimento ed in applicazione di una regola: ma nessuna necessità logica impone che quella regola abbia ad essere sempre la regola astratta o norma di diritto. Che ciò accada normalmente, è cosa sommamente opportuna, poiché è appunto in grazia dell'astrattezza o della generalità propria della norma di diritto che ciascuno di noi può orientare il proprio comportamento, già sapendo (sia pure con un margine di inevitabile opinabilità) che appunto in base a quella regola il futuro giudice di un'eventuale controversia risolverà la controversia stessa. In questo senso si parla di quel sommo bene che è la «certezza del diritto». Tuttavia, ciò non impedisce che in determinati particolari casi, possa risultare più opportuno che il giudice lasci da parte la regola generale ed astratta quale risulta dalle norme, per cercare, formulare ed applicare una regola particolare e propria per quel determinato caso; regola che il giudice dovrà, in tal caso, elaborare nella propria coscienza in base a determinati orientamenti sociali e morali del tutto analoghi a quelli che ispirano il legislatore quando detta la regola astratta o norma di legge.

In realtà, in questi casi – che sono appunto i casi nei quali la legge eccezionalmente attribuisce al giudice il potere di decidere *secondo equità* –, il giudice opera come legislatore e giudice insieme: legislatore e giudice per il caso singolo. *Questa è appunto l'equità: giustizia (o regola di giudizio) del caso singolo*, che si sovrappone, eventualmente derogandovi (in questo senso viene detta equità *sostitutiva*), alla giustizia (o regola di giudizio) generale ed astratta che risulta dalla norma: una giustizia certamente inferiore in termini di certezza del diritto e di uniformità di trattamento dei casi analoghi, ma forse superiore in termini di adattamento alle particolarità del caso concreto. Ed è logico che, in tali condizioni, il ricorso all'equità sia consentito solo in via assolutamente eccezionale entro precisi limiti che, nel nostro ordinamento, emergono dalla stessa Costituzione e che escludono la legittimità costituzionale di un giudizio totalmente di equità *imposto* alle parti.

Il giudizio necessario di equità.

In effetti, nel nostro ordinamento, il giudizio di equità imposto o necessario riguarda solo il giudizio innanzi al giudice delle cause minori o giudice di pace (sul quale, v. oltre, § 35), ossia un giudice che è inserito in un ruolo diverso da quello dei giudici c.d. «togati», ed entro un limite di valore (euro 1.100) della controversia inferiore al limite di competenza di questo giudice (limite che è, di regola, di euro 5.000). Quando viceversa il giudizio di equità riguarda i giudici c.d. «togati» e senza limiti di valore, esso non è imposto, ma è facoltativo o concordato.

La prima ipotesi è configurata dall'art. 113, 2° comma, secondo cui «*il giudice di pace decide secondo equità le cause il cui valore non eccede millecento euro, salvo quelle derivanti da rapporti giuridici relativi a contratti conclusi secondo le modalità di cui all'art. 1342 del codice civile*». Va anche rilevato che l'esigenza di conciliare con i dettami costituzionali la natura necessaria del giudizio di equità ha indotto la Corte costituzionale a pretendere che esso sia comunque conforme ai «*principi informatori*» della materia oggetto della decisione giudiziale (C. Cost. 6 luglio 2004 n. 206).

Il limite di valore di 1.100 euro, previsto dall'art. 113, 2° comma, sarà elevato a 2.500 euro a decorrere dal 31 ottobre 2025, per effetto di quanto previsto dall'art. 27, 1° comma, lett. a, n. 3, D.Lgs. 114/2017 («*Riforma organica della magistratura onoraria*»).

L'equità può essere applicata anche sull'accordo delle parti in tutte le cause su diritti disponibili.

La seconda ipotesi di giudizio di equità è prevista dall'art. 114 c.p.c. e si concretizza quando entrambe le parti siano concordi nell'attribuire al giudice il potere di giudicare secondo equità una controversia su diritti disponibili (essendo chiaro che, svincolando il giudice dal dovere di applicare le norme, è come se si disponesse, sia pure indirettamente, dei diritti stessi).

20. *Il principio della disponibilità delle prove. Sistema inquisitorio e sistema dispositivo. Il principio della libera valutazione delle prove.*

Fermo, dunque, che il vincolo di corrispondenza tra il chiesto e il pronunciato opera, in concreto, soltanto con riguardo ai fatti allegati, ci si deve domandare ancora se il suddetto vincolo concerne soltanto l'*allegazione* del fatto (ossia: la circostanza che un fatto sia stato o meno allegato e, quindi, il *se* il giudice deve giudicare su di esso) oppure anche il *modo* col quale in concreto si svolge il giudizio su quel fatto. Più precisamente, se tale vincolo investe anche gli strumenti dei quali il giudice si serve per compiere la sua operazione di giudizio sui fatti, che, come si ricorderà, consiste nel riscontro se i fatti allegati siano o non siano veri.

Vedremo ampiamente più avanti che questi strumenti o mezzi di convincimento sulla verità dei fatti allegati sono le *prove* (vol. II, cap. 4°). Ma è facile comprendere fin d'ora come di tali strumenti colui che, nel proporre la domanda, afferma dei fatti, cerchi di corredare la domanda stessa, poiché egli appunto si propone di convincere il giudice sulla verità dei fatti che allega. Ad es., esibirà documenti comprovanti tali fatti, affermerà che certe persone potranno confermare quei fatti in qualità di testimoni. E naturalmente si comprende pure come questa offerta di strumenti di prova sia di solito compiuta anche dal soggetto nei cui confronti la domanda è proposta (il «convenuto»), il quale – come vedremo ampiamente nel capitolo successivo – può anch'egli proporre una domanda e allegare fatti o quanto meno negare la verità di quelli allegati dall'attore. Orbene: è appunto con riguardo a queste «offerte di prova» dell'una o dell'altra parte, che ci domandiamo se il giudice è vincolato ad esse. In altri termini: il giudice, nel formare il suo convincimento circa la verità dei fatti allegati dall'attore o dal convenuto, è tenuto a servirsi soltanto delle prove che gli sono offerte dall'una o dall'altra parte, oppure può, di sua stessa iniziativa («d'ufficio», come si suol dire) adoperarsi o comunque disporre per l'acquisizione delle prove che gli sembrano utili per il giudizio?

L'art. 115 c.p.c. enuncia il vincolo del giudice alle prove indicate dalle parti, ma «salvi i casi previsti dalla legge» ...

A questo interrogativo risponde esplicitamente l'art. 115 nel senso che tale ulteriore e diverso vincolo per il giudice esiste, sia pure con delle eccezioni: «*salvi i casi previsti dalla legge, il giudice deve porre a fondamento della decisione le prove proposte dalle parti o dal Pubblico Ministero*», oltre che i fatti non specificamente contestati dalla controparte costituita. E pertanto, riservandoci di tornare tra poco (§ 21) sia sulla prosecuzione della norma con riguardo ai fatti specificatamente non contestati dalla parte costituita e sia sull'accenno all'iniziativa del Pubblico Ministero, possiamo incominciare col prendere atto che, nel nostro sistema, il giudice è, almeno di regola, vincolato, oltre che dall'allegazione dei fatti compiuta esclusivamente dalle parti, dalle offerte di prove delle stesse parti sui fatti allegati.

Questo doppio vincolo viene spesso espresso con un brocardo del quale abbiamo già visto (al § 18) la sua prima parte: *judex secundum alligata et probata judicare debet.* Ma questo aggruppamento in un unico enunciato di due vincoli diversi è tutt'altro che felice. In primo luogo, è inesatto parlare di «*probata*» (termine che parrebbe implicare il già avvenuto esperimento positivo del mezzo di prova) per riferirsi a quelle che, come abbiamo visto, sono invece le «*circostanze che le parti hanno offerto di provare*». In secondo luogo, enunciando i due suddetti vincoli in un'unica proposizione si può determinare l'errato convincimento che essi abbiano il medesimo fondamento logico. Il che non è assolutamente vero, poiché mentre, come abbiamo visto (al § 18), il primo vincolo – quello che vincola il giudice *secundum alligata* e che si esprime nella regola o principio della corrispondenza tra il chiesto e il pronunciato o della disponibilità dell'oggetto del processo – discende, come conseguenza logica necessaria, dal principio della domanda e da quello della disponibilità della tutela giurisdizionale e, in definitiva, dalla disponibilità dei diritti, la stessa cosa non può esser detta del secondo vincolo, quello che riguarda le *offerte di prove* compiute dalle parti.

In realtà, questo secondo vincolo – per il quale si suole parlare di *principio della disponibilità delle prove* (o, più semplicemente, di *principio dispositivo*) – non sta, come l'altro, in correlazione con la necessità di lasciare libero il titolare del diritto di scegliere se ed in che limiti chiederne la tutela, ma, presupponendo già compiuta la richiesta di tutela, riguarda solo un limite, per il giudice, nel servirsi di quegli strumenti tecnici di convincimento che sono le prove. Si tratta insomma di un vincolo che concerne il modo tecnico col quale il giudice svolge la sua attività decisoria. E pertanto non si potrebbe tacciare di incoerenza quell'ipotetico legislatore che, pur nell'ambito di un sistema ispirato alla disponibilità dei diritti, da un lato, rispettasse la regola della corrispondenza tra il chiesto e il pronunciato, ma al tempo stesso consentisse, dall'altro lato, al giudice di avvalersi di ogni mezzo di prova da esperirsi anche d'ufficio; ciò sarebbe, infatti, in funzione della bontà tecnica del giudizio. Anzi, una volta che il titolare del diritto ne ha chiesto la tutela, stabilendo, con l'allegazione dei fatti, i confini della sua richiesta, è interesse dello Stato che quella tutela sia prestata nel modo tecnicamente migliore; ed infatti, se la richiesta di tutela con i suoi limiti è affare privato, tale non è più il modo col quale la tutela è prestata dal giudice. L'orientamento in un senso piuttosto che in un altro dipende, dunque, essenzialmente da una scelta tecnica in base ad una valutazione di opportunità.

... il che significa che la disponibilità in capo alle parti si estende anche alle prove (*principio di disponibilità delle prove*).

Alcuni tra gli ordinamenti processuali moderni si sono orientati nella direzione accennata da ultimo, nel senso cioè di lasciare al giudice un'ampia facoltà di iniziativa nell'avvalersi dei mezzi di prova, e si sono così orientati verso il c.d. *sistema inquisitorio*. In realtà, questo sistema, sebbene più valido e più funzionale ai fini dell'accertamento il più possibile veritiero dei fatti, potrebbe incrinare, specialmente nei suoi presupposti psicologici, la posizione di imparzialità del giudice. Altri ordinamenti sono, invece, rimasti più o meno strettamente legati al sistema opposto, ossia al c.d. *sistema dispositivo*.

Il nostro ordinamento – salvo quanto rileveremo tra poco con riguardo al processo del lavoro ed al processo di divorzio – si ispira ad un sistema che potrebbe dirsi «*dispositivo attenuato*», poiché, come abbiamo visto, pur affermando genericamente il vincolo del giudice alle offerte di prova delle parti, non manca di far salvi i «*casi previsti dalla legge*», che costituiscono delle eccezioni di importanza tutt'altro che trascurabile.

Una di tali eccezioni è già contemplata nel medesimo art. 115 e, più precisamente, nel suo 2° comma, ove si dice che il giudice «*può tuttavia, senza bisogno di prova, porre a fondamento della decisione le nozioni di fatto che rientrano nella comune esperienza*». Disposizione, questa, che parrebbe di contenuto ovvio, ma la cui introduzione nel codice del 1940 ha, in realtà, rappresentato una svolta importante: ciò che dà la misura del rigore formalistico con cui in precedenza si applicava il sistema dispositivo puro, tanto che ancora appariva attuale il detto, coniato nel periodo intermedio, secondo cui «*quod non est in actis non est in mundo*».

Altre ipotesi di possibilità, per il giudice, di fondare il suo convincimento intorno ai fatti su prove non proposte dalle parti, si rinvengono negli artt. 117, 118, 213, con la previsione della possibilità per il giudice di *disporre d'ufficio*, rispettivamente, l'*interrogatorio libero delle parti* (v. vol. II, § 47), l'*ispezione di persone o cose* (v. vol. II, § 52) e la *richiesta di informazioni scritte alla Pubblica Amministrazione* (v. vol. II, § 45 in fine).

Ancor più accentuati risultano i poteri istruttori ufficiosi del giudice nell'ambito del processo del lavoro, che esamineremo nel vol. III. Qui ci limitiamo ad osservare che questo rilievo si fonda, oltre che sulla norma che, in quel processo, configura come obbligatorio l'interrogatorio libero delle parti (art. 420, 1° comma), soprattutto sull'art. 421, 2° comma, ove si enuncia che «il giudice può altresì disporre *d'ufficio in qualsiasi momento l'ammissione di ogni mezzo di prova, anche fuori dei limiti stabiliti dal codice civile* ...».

In analoga direzione il legislatore si è orientato, del resto, anche nel disciplinare il processo di divorzio, col disporre (art. 4, 8° comma, L. 1° dicembre 1970 n. 898) la possibilità per il giudice di disporre indagini sui redditi e sul tenore di vita dei coniugi nel caso che su questo emergessero contestazioni (art. 5, 9° comma).

In questo quadro si inserisce anche il disposto dell'art. 281 ter c.p.c., che attribuisce al giudice del tribunale in composizione monocratica (e indirettamente anche al giudice di pace) il potere di disporre d'ufficio la prova testimoniale, quando le parti si siano riferite a persone che appaiano in grado di conoscere la verità dei fatti di causa (v. vol. II, § 30).

Il c.d. principio di non contestazione (art. 115, 1° comma).

Ma soprattutto importanti, a proposito dell'acquisizione della prova dei fatti, sono le poche parole che la L. 69/2009 ha aggiunto al 1° comma dell'art. 115, ossia l'aggiunta della previsione che il giudice è vincolato a porre a fondamento della decisione, oltre che le prove proposte dalle parti o dal Pubblico Ministero, «*i fatti non specificatamente contestati dalla parte costituita*».

Si tratta dell'accoglimento del c.d. *principio della non contestazione*, in forza del quale, nei processi su diritti disponibili, la mancata *esplicita* e *specifica* contestazione dei fatti di causa ad opera della controparte solleva la parte che li ha allegati dall'onere della prova. È d'altra parte evidente che questa *relevatio ab oneri probandi* operi solo nei confronti della parte che, essendosi costituita, ha assunto un ruolo attivo, nel quale l'esplicita contestazione avrebbe potuto e dovuto trovare posto, e non anche nei confronti della parte che, non essendosi costituita, è stata dichiarata contumace.

Il 1° comma dell'art. 116 contiene, per parte sua, l'enunciazione di una regola assai importante, con la quale l'ordinamento risponde ad un ulteriore interrogativo, *ancora intorno al modo* col quale il giudice compie la sua *verificazione* dei fatti allegati. E cioè: fermo il vincolo assoluto a conoscere dei soli fatti allegati, ed il vincolo, assai più attenuato, di servirsi, nel riscontrare la verità di quei fatti, delle sole prove offerte dalle parti e dal Pubblico Ministero, è libero oppure vincolato il giudice nell'apprezzare e valutare l'esito delle prove? È vincolato cioè, da predeterminate regole legali che in ipotesi gli vietino di valutare i fatti in modo diverso, anche se il giudice abbia dei dubbi al riguardo?

L'art. 116, 1° comma, c.p.c. enuncia *il principio della libera valutazione da parte del giudice*, secondo il suo prudente apprezzamento.

A questi interrogativi l'art. 116 risponde con l'attribuzione al giudice, in linea di principio, del potere di valutare le prove «*secondo il suo prudente apprezzamento*», ossia liberamente, con l'adozione, cioè, del c.d. *principio della libera valutazione delle prove.* Ciò che costituisce un ulteriore progresso nell'accentuazione dell'autonomia del giudice in ciò che concerne la tecnica del giudizio, in contrasto con la (ritenuta) tendenza, tipicamente medioevale, a legare il giudice ad una valutazione automatica delle prove. Va però aggiunto che l'adozione del suddetto principio di libera valutazione è compiuta, nel nostro sistema, in via soltanto tendenziale, poiché lo stesso art. 116 fa comunque salvi i «*casi in cui la legge dispone altrimenti*», ossia i casi, legislativamente previsti, di prove che non sono sottoposte alla libera valutazione del giudice, ma che lo vincolano pienamente nella formazione del suo convincimento e che, come vedremo (vol. II, § 34), si chiamano «*prove legali*».

Dalle regole or ora esaminate e che concernono, da un lato, l'introduzione delle prove nel processo e, dall'altro lato, la valutazione delle stesse, va tenuta ben distinta un'altra e fondamentale regola in tema di prove, ossia la regola detta *dell'onere della prova* e che concerne la preventiva determinazione delle conseguenze dell'eventuale mancata prova dei fatti allegati in giudizio. Questa regola fondamentale, contenuta nel codice civile (art. 2697) e secondo la quale l'onere della prova dei fatti è a carico di colui che li afferma (e dunque, la prova dei fatti costitutivi a carico dell'attore; quella dei fatti modificativi, impeditivi o estintivi a carico del convenuto) – nel senso che, se questi fatti non sono provati, il giudice deve considerarli come non avvenuti e le conseguenze di ciò gravano a carico della parte che aveva l'onere di provarli –, investe il merito del giudizio, e perciò verrà esaminata in sede di esame del processo di cognizione (vol. II, § 33).

Estranea all'attuale argomento, perché concerne il merito del giudizio, è la regola dell'onere della prova di cui all'art. 2697 c.c.

21. *Impulso di parte e impulso d'ufficio. La funzione del Pubblico Ministero nell'ambito del sistema.*

Con riguardo all'iniziativa nella richiesta della tutela giurisdizionale, è configurabile, accanto alla contrapposizione tra sistema dispositivo e sistema inquisitorio, una contrapposizione tra *processo a iniziativa o impulso di parte* e *processo a iniziativa o impulso d'ufficio?*

Se, da un lato, tale generica contrapposizione è certamente configurabile in astratto ed in certa misura (e come stiamo per vedere) presente in concreto nel nostro sistema, dall'altro lato, occorre precisare che le cose non stanno nei semplici e simmetrici termini poc'anzi prospettati perché, per le ragioni ampiamente viste nei paragrafi precedenti, solo la disponibilità delle prove, ma non anche la disponibilità dell'oggetto del processo, può essere sottratta all'iniziativa delle parti senza contrastare con la disponibilità della tutela giurisdizionale, che a sua volta discende dalla disponibilità dei diritti sostanziali. Con la conseguenza che, almeno *nei limiti in cui si tratta di far valere diritti disponibili*, la scelta per il sistema ad impulso di parte non ha alternativa, se non con riguardo a situazioni particolari o marginali, quali debbono considerarsi quelle di cui alla riserva per la prestazione della tutela giurisdizionale «d'ufficio» prevista dall'art. 2907 c.c., o con riguardo a talune iniziative interne al processo che sono pronunce d'ufficio solo in senso indiretto. Ed in effetti, e salve soltanto queste eccezioni, *tutto il nostro sistema è palesemente ispirato al principio dell'impulso di parte* in tutte le iniziative sia per l'introduzione (principio della domanda) e sia per la progressione del processo; e *su questo sistema è interamente basata la tecnica del nostro processo civile.*

La portata determinante della disponibilità della tutela giurisdizionale e dell'oggetto del processo come conseguenza della disponibilità dei diritti.

Quando i diritti oggetto del processo *sono indisponibili, ...*

Si è detto poc'anzi che tutto ciò vale nei limiti in cui si tratta «di far valere diritti disponibili», stante la più volte affermata correlazione tra disponibilità dei diritti e disponibilità della tutela giurisdizionale. *Che accade, allora, quando si tratta di far valere diritti che, in misura più o meno intensa, sono indisponibili?* Teoricamente, nulla avrebbe impedito al legislatore di configurare, per far valere questi diritti (e solo questi), un tipo di processo fondato, in misura più o meno intensa, sull'impulso d'ufficio. Ma in questo caso, di fronte al fatto che, come osservato poc'anzi, l'intera tecnica del nostro processo è imperniata sul sistema a impulso di parte, a cominciare dal principio della domanda, avrebbe dovuto costruire un tipo di processo interamente diverso, per far valere i soli diritti indisponibili. Non volendo giungere a tanto, non restava altra alternativa che quella di *adattare le diverse esigenze inerenti alla tutela dei diritti indisponibili alla tecnica dell'iniziativa di parte.* In questo senso si è orientata la scelta del nostro, come della maggior parte degli ordinamenti: nel senso dell'impiego di un espediente per tale adattamento, un espediente che in sostanza consiste nello sganciamento della proposizione della domanda giudiziale dalla titolarità del diritto sostanziale indisponibile, che si fa valere; sganciamento che, quando non si limita al semplice allargamento della sfera dei legittimati, si estrinseca nella configurazione di un soggetto appositamente creato per operare nel processo come parte, cioè fruendo di tutte le iniziative che la tecnica del processo affida alle parti, ma con la specifica funzione di perseguire la tutela di quegli interessi pubblici che sono correlati all'indisponibilità di determinati diritti.

... il mantenimento dell'impulso di parte postula la configurazione di un soggetto che eserciti tale impulso nell'interesse pubblico.

Tale soggetto nel nostro ordinamento è il *Pubblico Ministero*. Di esso ci occuperemo più avanti (cap. 9°); per ora, basterà sciogliere talune riserve che avevamo compiuto con riguardo agli accenni a quest'organo contenuti nelle concrete formulazioni legislative sia del principio della disponibilità della tutela giurisdizionale (art. 2907 c.c.; v. retro, § 18) e sia del principio della disponibilità delle prove (art. 115; v. retro, § 20). Tali accenni sono ora ben chiari nel senso che, quando si tratta di far valere diritti indisponibili, la legge attribuisce al Pubblico Ministero – in una misura che varia e seconda del grado di indisponibilità dei diritti – *poteri tecnicamente analoghi a quelli proprî dei soggetti che operano nel processo come parti*, così sottraendo a questi ultimi l'esclusiva sul «come» ed eventualmente sul «se» far valere quei diritti in giudizio.

Tale soggetto è il Pubblico Ministero.

Ciò consente anche di mettere in risalto come, con l'espediente del Pubblico Ministero, il legislatore abbia conseguito il fine della sottrazione ai privati della suddetta esclusiva nel far valere i diritti là dove tale esclusiva sarebbe stata in contrasto con l'indisponibilità dei diritti stessi; senza peraltro rinnegare – anzi riaffermando con l'adeguarsi alle esigenze della relativa tecnica – la scelta di fondo per il sistema imperniato sull'impulso di parte e per il sistema dispositivo. Sicché lo strumento del Pubblico Ministero se, *dal punto di vista della sua funzione*, può essere ricondotto alle finalità proprie di un processo ad impulso d'ufficio, *dal punto di vista tecnico*, si inquadra invece interamente negli schemi del processo ad impulso di parte.

22. *Il principio del contraddittorio e il c.d. diritto costituzionale alla difesa.*

Per completare l'esame delle regole e dei principî che concernono genericamente l'attività decisoria del giudice considerata globalmente, rimane ora da soffermarsi su una fondamentale regola che riguarda ancora il giudice, nel senso che pone una condizione essenziale all'esercizio del suo potere e dovere di giudicare. L'avveramento di questa condizione dipende dall'instaurazione di una certa situazione tra

L'art. 101 c.p.c. enuncia che il giudice non può pronunciare su alcuna domanda se la parte contro la quale è proposta non è stata regolarmente citata e non è comparsa.

gli altri due protagonisti del processo, vale a dire le due parti: colui che chiede la tutela e colui nei cui confronti la tutela è richiesta. Si tratta della regola codificata dall'art. 101 sotto la rubrica «principio del contraddittorio», e per la quale «*il giudice, salvo che la legge disponga altrimenti, non può statuire sopra alcuna domanda, se la parte contro la quale è proposta non è stata regolarmente citata e non è comparsa*».

Questa norma va esaminata, anzitutto, nella sua portata diretta ed esplicita, ed in secondo luogo nella sua portata più ampia che si riconduce alla palese volontà del legislatore (espressa anche nella rubrica) di compiere, con essa, l'enunciazione di un principio generale.

Con riguardo alla portata esplicita della norma, occorre domandarsi chi sia la «*parte contro la quale la domanda è proposta*». Premesso che le parti – come abbiamo già avuto occasione di accennare e come vedremo meglio e ampiamente al cap. 8° – sono i soggetti attivo e passivo della domanda, è chiaro che dicendo «parte contro la quale la domanda è proposta» s'intende il soggetto passivo della domanda, ossia il convenuto. Ed a questo punto, per rendersi ben conto di chi è il soggetto passivo della domanda, basterà tenere presente che la domanda consiste nella richiesta al giudice di un provvedimento sul merito: da ciò, infatti, appare evidente che *soggetto passivo della domanda è colui che, secondo quanto è affermato e chiesto nella domanda stessa, dovrà subire le conseguenze del richiesto provvedimento del giudice*; quel soggetto, insomma, che l'autore della domanda chiede che *venga condannato* a pagare 100, oppure che *venga dichiarato* non proprietario, oppure che *subisca* gli effetti dell'annullamento di un contratto o comunque della pronuncia.

Di questo soggetto passivo della domanda, così individuato, noi avevamo già visto – parlando della legittimazione ad agire (retro, § 13) – che esso deve, di regola, coincidere con il soggetto indicato nella domanda come soggetto passivo del rapporto sostanziale (ad es., debitore di 100), così come il soggetto attivo deve coincidere col soggetto che nella domanda è affermato come soggetto attivo di quel rapporto (ad es., creditore di 100).

Orbene: dopo che la regola della legittimazione ad agire (nel suo aspetto passivo) ha detto in sostanza che il convenuto deve coincidere col soggetto che nella domanda è affermato debitore inadempiente, ecco che la regola del contraddittorio impone, sotto pena di divieto al giudice di pronunciarsi, un preciso adempimento che implica un'altra coincidenza soggettiva; dice cioè che egli deve essere stato «*regolarmente citato*», ossia deve essere stato fatto destinatario della citazione davanti al giudice.

Si vedrà in seguito (vol. II, § 3) come in concreto avvenga questa «regolare citazione». Qui interessa solo precisare che essa consiste in una *vocatio* davanti al giudice, con l'indicazione delle relative modalità di tempo e di luogo dell'udienza che si svolgerà davanti al giudice: *vocatio* da portarsi a conoscenza del suo destinatario in modo che si possa essere certi di tale conoscenza (a mezzo notificazione – v. oltre, § 70 – ossia consegna ufficiale di copia autentica dell'atto contenente tale *vocatio* insieme con la domanda, ossia l'atto di citazione). Si tratta insomma di un meccanismo che consente al soggetto passivo della domanda di comparire davanti al giudice – se lo vuole – e di contrastare la richiesta rivolta al giudice contro di lui, eventualmente con la proposizione di una controdomanda.

Abbiamo detto che ciò è intuitivo; potremmo dire, più esattamente, che ciò è imposto da un postulato profondamente radicato nella nostra coscienza sociale al punto da apparire, nella sua essenzialità, come un'esigenza intuitiva di ogni processo. Ci riferiamo al postulato per il quale non soltanto le parti vanno poste in una posizione di uguaglianza formale (c.d. principio di *uguaglianza delle parti*), ma che di tale uguaglianza formale esige un'estrinsecazione concreta, col *consentire a coloro che del processo dovranno subire gli effetti, di svolgere in esso un ruolo attivo, che possa in qualche modo influire sul suo esito.* Il postulato, insomma, che fa del processo non uno strumento di sopraffazione dell'una parte sull'altra e tanto meno dell'organo giurisdizionale su di una o entrambe le parti, ma una civile contesa nella quale ciascuna parte possa esporre e far valere le proprie ragioni al giudice, conoscendo le ragioni dell'altra parte in modo da potervi controbattere, così influendo sull'esito del giudizio, sempre che lo voglia. E poiché, come vedremo (cap. 8°, sez. seconda), lo strumento tecnico per svolgere concretamente il comportamento attivo in discorso è la *difesa*, la nostra Carta costituzionale ha recepito e fatto proprio il postulato in discorso con riferimento alla difesa (art. 24, 2° comma: «*la difesa è diritto inviolabile in ogni stato e grado del processo*»), ma in realtà con una portata che va ben oltre la disponibilità dello strumento della difesa, per investire senz'altro il postulato in discorso e che potremmo chiamare del *diritto di tutte le parti alla possibilità di svolgere un ruolo attivo nel processo di cui dovranno subire gli effetti.*

A ciò è finalizzato il diritto costituzionale alla difesa.

Diritto, questo, elevato anch'esso al rango costituzionale dal 2° comma dell'art. 111 Cost., secondo cui «*ogni processo si svolge nel contraddittorio tra le parti, in condizioni di parità, davanti a giudice terzo e imparziale*».

La regola del contraddittorio va inserita nel quadro di questo principio costituzionale (per il quale v. oltre, § 77). Poiché colui contro il quale la domanda è proposta deve essere posto, oltreché in condizione di uguaglianza formale rispetto a colui che propone la domanda, anche in condizione di difendersi, purché lo voglia; e poiché per difendersi occorre che egli sappia che cosa si chiede contro di lui e quando e come il giudice (e quale giudice) inizierà l'esame della domanda e che cosa egli deve fare per contrastare quella domanda, ecco che l'art. 101 c.p.c. subordina l'esercizio del potere-dovere del giudice di giudicare, alla «regolare citazione» del soggetto passivo della domanda, ossia all'attuazione di una serie di comportamenti che, come vedremo, sono preordinati precisamente a conseguire tutte le suddette finalità.

La norma in esame – dopo aver previsto la necessità della regolare citazione della controparte – prosegue poi dicendo «... *e non è comparsa*». Al lume della già vista *ratio* della norma, appare chiaro che la comparizione del convenuto è considerata come un sintomo del fatto che quel soggetto sia stato in concreto posto in condizioni di conoscere le modalità della sua chiamata davanti al giudice; tanto è stato posto in tali condizioni, che è comparso al momento stabilito, così rivelando di essere stato posto, effettivamente, in condizioni di difendersi. Ciò implica che la comparizione del convenuto davanti al giudice è considerata dalla legge come un requisito sostitutivo, e non aggiuntivo, rispetto alla regolare citazione o, per essere più esatti, alla regolarità della citazione. Sicché la congiunzione «e» (ove non la si voglia intendere come un *lapsus* del legislatore col significato di «o») dovrebbe essere intesa come riferita alla sola ipotesi dell'irregolarità della citazione e, con riguardo alla funzione di sanare tale irregolarità, come alternativa alla regolarità stessa. In sostanza, il codice, pur non rinunciando a postulare che una citazione sia in qualche modo avvenuta (poiché la citazione attua, almeno di regola, precisamente quella proposizione della domanda da cui dipende la stessa esistenza del processo: retro, § 10), rinuncia alla «regolarità» di codesta citazione: insomma, la comparizione del soggetto passivo della domanda toglie rilievo ad ogni eventuale vizio della citazione (così l'art. 164, 3° e 5° comma; v. vol. II, § 6).

L'eventuale rilievo d'ufficio di una questione da parte del giudice, gli impone di provocare il contraddittorio su di essa.

Va, d'altra parte, tenuto presente che – sempre nell'ottica di assicurare il pieno contraddittorio alle parti – il 2° comma dell'art. 101 impone al giudice, quando ritenga di porre a fondamento della decisione una questione rilevata d'ufficio, di provocare il contraddittorio su tale questione, assegnando alle parti termini (non minori di venti e non superiori a quaranta giorni) per memorie sulla questione stessa. E questo a pena di nullità della decisione.

Audiatur et altera pars (volgarmente: si senta anche l'altra campana); questo è il nucleo del principio, che costituisce uno dei cardini del processo di cognizione, di esecuzione, cautelare e perfino di giurisdizione volontaria e quindi uno dei principali orientamenti interpretativi dell'intera disciplina processuale (v. oltre, § 77).

Questo principio – appunto perché tale – non tollera eccezioni; così come non tollera eccezioni la fondamentale garanzia del cittadino che con esso si tutela e che è la medesima che sta alla base del già visto principio costituzionale dell'inviolabilità del diritto alla difesa.

Ciò, peraltro, non impedisce che eccezioni a questa regola possano sussistere, purché naturalmente il legislatore faccia salvo in altro modo il fondamentale postulato dell'uguaglianza delle parti e della possibilità di difendersi. Questo accade, ad es., in quei casi – tipico il caso del procedimento ingiuntivo di cui agli artt. 633 e ss. e di cui abbiamo già fatto cenno al § 15 – nei quali la legge consente addirittura una pronuncia *inaudita altera parte*: contro la quale pronuncia l'altra parte può, peraltro, assumere un'iniziativa atta ad instaurare il contraddittorio in funzione di una nuova pronuncia destinata a sostituirsi alla prima come pronuncia di primo grado (v. vol. III, § 42).

È appena il caso di rilevare – a conclusione di queste considerazioni sul principio del contraddittorio – che, mentre la regola codificata nell'art. 101 è dettata con specifico riferimento al processo civile, il principio costituzionale, al quale tale regola si ispira, investe invece ogni tipo di processo civile diverso da quello di cognizione (esecutivo, cautelare e di giurisdizione volontaria) e anche ogni tipo di processo diverso da quello civile (come, ad es., quello penale, quello amministrativo o quello tributario).

Bibliografia di orientamento

E. Grasso, *Dei poteri del giudice*, in *Commentario del cod. di proc. civ., diretto da E. Allorio*, I, Torino, 1973; P. Calamandrei, *Il giudice e lo storico*, in *Riv. dir. proc. civ.*, 1939; T. Carnacini, *Tutela giurisdizionale e tecnica del processo*, in *Studi in onore di E. Redenti*, II, Milano, 1951; E. Grasso, *La pronuncia d'ufficio*, Milano, 1967; L.P. Comoglio, *Allegazione*, in *Dig. disc. priv., sez. civ.*, I, Torino, 1987; C.M. De Marini, *Il giudizio di equità nel processo civile*, Padova, 1959; B. Cavallone, *Il giudice e la prova nel processo civile*, Padova, 1991; E. Allorio, *Il Pubblico Ministero nel nuovo processo civile*, in *Riv. dir. proc. civ.*, 1941; M. Vellani, *Del Pubblico Ministero*, in *Commentario del cod. di proc. civ., diretto da E. Allorio*, I, Torino, 1973; F. Tommaseo, *I processi a contenuto oggettivo*, in *Riv. dir. civ.*, 1988; L.P. Comoglio, *Contradditorio*, in *Dig. disc. priv., sez. civ.*, IV, Torino, 1989; L.P. Comoglio, *Etica e tecnica del giusto processo*, Torino, 2004; L. Lanfranchi, *Giusto processo: I) Processo civile*, in *Enc. Giur. Treccani*, Roma, 2000; N. Picardi, *«Audiatur et altera pars». Le matrici storico-culturali del contraddittorio*, in *Riv. trim. dir. proc. civ.*, 2003; A. Chizzini, *Oralità e retorica nella genesi del processo civile*, in *Studi in onore di M. Acone*, I, Napoli, 2010; A. Carratta, *Il principio della non contestazione nel processo civile*, Milano, 1995; A. Carratta, *Principio della non contestazione e art. 115 c.p.c.*, in *Il libro dell'anno del diritto Treccani*, Roma, 2012; L.P. Comoglio, *Fatti non contestati e poteri del giudice*, in *Riv. dir. proc.*, 2014; A. Carratta, *Sub artt. 112 e 113-114*, in *Comm. del c.p.c.*, a cura di S. Chiarloni, Bologna, 2011; G. Finocchiaro-E. Poli, *Sub art. 112*, in AA.VV., *Comm. c.p.c.*, II, Torino, 2012; G. Finocchiaro, *Sub art. 113-114*, *ibidem*;

V. COLESANTI, Papillons *(in tema di giustizia della decisione e poteri delle parti e del giudice)*, in *Riv. dir. proc.*, 2017; A. CHIZZINI, *Equità quale paradigma di giustizia*, in *Giusto proc. civ.*, 2015; M. TARUFFO, *Sub artt. 115 e 116*, in *Comm. del c.p.c.*, a cura di S. CHIARLONI, Bologna, 2011; L.P. COMOGLIO, *Sub artt. 115 e 116*, in AA.VV., *Comm. c.p.c.*, II, Torino, 2012; A. PANZAROLA, *A proposito di un antico brocardo e di una recente interpretazione*, in *Riv. dir. proc.*, 2019; F.P. LUISO, *Poteri d'ufficio del giudice e contraddittorio*, in *Quaderni della Riv. trim. dir. e proc. civ.*, Milano, 2011; A. CHIZZINI, Legitimation durch Verfahren. *Il nuovo secondo comma dell'art. 101 c.p.c.*, in *Giusto proc. civ.*, 2011; C. CONSOLO-F. GODIO, *Sub art. 101*, in AA.VV., *Comm. c.p.c.*, II, Torino, 2012; C. GAMBA, *Contraddittorio (principio del) (dir. proc. civ.)*, in *Enciclopedia del diritto, Annali IX*, Milano, 2016; R. MARTINO, *Il giudice e l'equità*, Bari, 2017; A. CHIZZINI, *La tutela giurisdizionale dei diritti*, in *Il Codice Civile. Commentario*, diretto da F.D. BUSNELLI, Milano, 2018; L. PASSANANTE, *Il precedente «impossibile»*, Torino, 2018; A. VILLA, Overruling *processuale e tutela delle parti*, Torino, 2018; A. CARRATTA, *Il giudice e l'interpretazione della norma processuale*, in *Riv. trim. dir. e proc. civ.*, 2020.

Capitolo V
LE ATTIVITÀ DIFENSIVE DEL CONVENUTO

23. *Particolarità del diritto alla tutela del convenuto. a) L'inerzia del convenuto e sue conseguenze.*

Il soggetto «citato» o «convenuto» ...

Dopo l'esame della posizione giuridica dell'attore e del giudice, ci rimane ora da prendere in esame, sempre dal punto di vista globale, la posizione di colui nei cui confronti è proposta la domanda e che il rispetto del principio del contraddittorio impone, come si è visto, che sia regolarmente citato. Questo soggetto viene detto *il convenuto* perché, proprio in attuazione di questo principio, viene «chiamato», o, appunto, «convenuto» davanti al giudice per svolgere le sue difese.

Da un punto di vista generale, si è visto che, proprio in applicazione del principio del contraddittorio, al convenuto deve essere garantita, ed attuata in concreto, una posizione che sia di uguaglianza rispetto all'attore. E si può aggiungere che questa logica esigenza di uguaglianza si concreta in una certa simmetria di posizioni, per cui i princìpî che si riconducono alla disponibilità della tutela giurisdizionale (princìpî della domanda, della disponibilità dell'oggetto del processo, della disponibilità delle prove) non possono che essere riconosciuti applicabili anche nei confronti del convenuto.

Tuttavia, si deve subito constatare che l'uguaglianza e la simmetria della posizione del convenuto, rispetto a quella dell'attore, non può essere completa e totale, per la semplice ragione che l'attore ed il convenuto non entrano nel processo nel medesimo momento e con la medesima funzione, ma in momenti almeno logicamente distinti e con funzione offensiva l'uno e difensiva l'altro. Più precisamente,

... entra nel processo quando l'attore ne ha già determinato l'oggetto ...

quando il convenuto entra nel processo, l'oggetto di questo è già stato determinato dall'attore, con la conseguenza che egli, pur godendo di una disponibilità di tutela pari a quella dell'attore, ha già a che fare con un predeterminato oggetto del processo. E pertanto, il problema concreto della disponibilità della tutela del convenuto si pone con riferimento a quest'oggetto predeterminato e ai relativi limiti, e si sostanzia nel quesito del *se* e del *come* egli è tenuto a rispettare codesti limiti.

... i cui limiti è tenuto tendenzialmente a rispettare.

La risposta a questo quesito è, come stiamo per vedere, in linea di massima, affermativa, nel senso che l'ordinamento, pur consentendo al convenuto di superare quei limiti in certe circostanze e con certe modalità, tuttavia ne impone, in linea di principio, il rispetto. Ciò che, peraltro, non pregiudica in alcun modo la tutela dei diritti del convenuto, essendo chiaro che questi – se vuol far valere dei diritti che sono estranei all'oggetto del processo introdotto dall'attore – può sempre farsi attore in un altro processo, determinandone l'oggetto. Ma in quanto è convenuto deve, almeno in linea di massima, rimanere nell'ambito dell'oggetto (sostanziale) del processo determinato dall'attore, con la proposizione della domanda.

Ciò premesso, passiamo ad esaminare quali siano i diversi aspetti concreti che, appunto con riguardo alla domanda proposta dall'attore, può assumere l'autonomia del convenuto nell'esercizio del suo diritto alla tutela giurisdizionale.

In primo luogo, l'autonomia e la disponibilità del diritto alla tutela anche del convenuto esigono che quest'ultimo non sia affatto obbligato a svolgere difese, a reagire alla domanda dell'attore o comunque a partecipare attivamente al processo. Può, cioè, lasciare che il processo si svolga senza che egli assuma alcuna iniziativa, così dando luogo ad una situazione che tecnicamente si chiama «contumacia» e che esamineremo a suo tempo (vol. II, § 61). Per ora basterà tener presente che l'assenza di iniziative, o inerzia, propria di questa situazione, significa assenza dal processo soltanto in linea di fatto.

Può, se lo vuole, restare «contumace», ciò che non impedisce lo svolgimento del processo ...

Ed in realtà, in linea di diritto, il convenuto è già presente nel processo – ossia, assume la qualità di parte – per il solo fatto di essere stato convenuto, ossia di essere stato «regolarmente citato», ciò che per l'art. 101 è già sufficiente, come abbiamo visto (v. retro, § 22), perché il giudice possa provvedere nei suoi confronti.

La regola del contraddittorio – abbiamo visto – vuole che il giudice si pronunci solo se il convenuto è stato posto in condizioni di difendersi, *se lo* vuole. Ma, se non lo vuole, questa sua inerzia non può impedire lo svolgimento del processo nel quale egli è giuridicamente già presente come parte e destinatario del provvedimento. Questa piena libertà del convenuto di partecipare attivamente oppure no al processo in cui è già parte si completa nel dato fondamentale che la sua inerzia non è affatto sufficiente per condurre all'automatico accoglimento della domanda dell'attore.

Sola eccezione a questa regola può ravvisarsi in quei casi di provvedimenti speciali nei quali il legislatore abbia stabilito *espressamente* il contrario, come, ad es., nel caso del procedimento speciale per convalida di licenza o sfratto, ai sensi dell'art. 663 (v. vol. III, § 50). Di regola, anche nell'inerzia del convenuto, il giudice accoglierà la domanda solo se avrà potuto formare il suo convincimento circa la sussistenza del diritto, e cioè sulla volontà astratta di legge nonché sui fatti costitutivi, avvalendosi dei mezzi di prova che, in ossequio al disposto dell'art. 115, l'attore gli avrà fornito.

… ma neppure ne vincola l'esito lasciando il giudice libero nella formazione del suo convincimento.

Ma nulla esclude che il giudice si arresti ad una pronuncia sul processo (ove riscontri il difetto di un presupposto processuale o di una condizione dell'azione: ed il riscontro va fatto d'ufficio, poiché si tratta di requisiti che condizionano il potere e dovere di pronunciare sul merito) o che si pronunci sul merito respingendo la domanda (il che accadrà o perché il giudice ritenga inesistente la volontà astratta di legge o perché ritenga non esistenti o comunque non provati i fatti costitutivi o lesivi allegati dall'attore).

L'inerzia del convenuto potrà, pertanto, ed in conclusione, giovare all'attore, e nuocere al convenuto stesso, soltanto in linea pratica, in quanto, ovviamente, l'attore avrà più facilità nel determinare il convincimento del giudice sia in diritto che in fatto.

24. *b) La partecipazione attiva del convenuto, nei limiti della domanda e dell'oggetto del processo determinato dall'attore.*

Ma il più delle volte, e com'è ovvio, il convenuto non resterà inerte e assumerà concrete iniziative difensive.

La partecipazione attiva del convenuto al processo si concreta nella richiesta di rigetto della domanda dell'attore …

Anzitutto, potrà accadere che il convenuto chieda il rigetto oppure l'accoglimento della domanda avanzata dall'attore oppure si limiti, rispetto ad essa, a «rimettersi al giudice», perché si pronunci come ritenga giusto. Quest'ultima ipotesi, ovviamente non frequente, dà luogo ad una situazione che, in pratica, non differisce gran che da quella del convenuto inerte.

Quanto all'ipotesi che il convenuto chieda l'accoglimento della domanda dell'attore – ipotesi anch'essa piuttosto rara – basterà mettere in rilievo che neppure la conseguente convergenza delle due parti basta per rendere certa ed automatica la pronuncia del provvedimento così chiesto da entrambe le parti. Compito del giudice non è, infatti, di prendere atto di un accordo delle parti sul possibile accoglimento della domanda avanzata dall'attore, ma di compiere una pronuncia che deve fondarsi su una certezza obbiettiva, che, come abbiamo visto (retro, § 17), presuppone un convincimento del giudice, da acquisirsi in piena autonomia e libertà di valutazione (retro, § 20).

Certo, l'adesione del convenuto può implicare il riconoscimento dei fatti costitutivi allegati dall'attore o addirittura accompagnarsi ad un riconoscimento esplicito di quei fatti; ed in questo caso – ai sensi del 1° comma dell'art. 115 (cfr. retro, § 20) – il giudice è tenuto ad assumere in decisione i fatti allegati dall'attore senza bisogno di prova, in quanto *pacifici* o *non specificatamente contestati*, ma non anche ad accogliere automaticamente la domanda proposta dall'attore.

... della quale di solito chiede il rigetto.

Per lo più, però, il convenuto chiederà il rigetto della domanda avanzata dall'attore. Ed è bene sottolineare che questa domanda di rigetto costituisce anch'essa esercizio di un'azione, poiché, chiedendo il rigetto, il convenuto chiede l'accertamento negativo della sussistenza del diritto vantato dall'attore con la sua domanda (è, infatti, chiaro che la domanda giudiziale è una forma evidente ed inequivoca di *vanto*, che, come si ricorderà – retro, § 15 *sub* A – concreta l'interesse ad agire in mero accertamento negativo): *il convenuto eserciterà dunque, in tal modo, un'azione di mero accertamento negativo della domanda avanzata dall'attore*. E poiché l'oggetto di quest'accertamento è esattamente quello stesso che sta alla base dell'azione proposta dall'attore, è chiaro che, *col proporre l'azione di accertamento negativo, il convenuto rimane nell'ambito dell'oggetto del giudizio determinato dall'attore*. Il che, naturalmente, vale anche per l'ipotesi opposta, nella quale, ove l'attore abbia proposto una domanda di accertamento negativo, il convenuto, chiedendone il rigetto, chieda l'accertamento affermativo del diritto negato dall'attore nel proporre la sua domanda.

Con la richiesta di rigetto il convenuto esercita un'azione di accertamento mero di segno opposto a quello dell'azione esercitata dall'attore ...

Il più delle volte, d'altro canto, il convenuto non si limiterà a richiedere il rigetto della domanda attorea, ma si adopererà per l'accoglimento della sua richiesta, accompagnandola con lo svolgimento di un'attività difensiva. La quale attività difensiva potrebbe riguardare sia il diritto (la c.d. volontà astratta di legge invocata dall'attore) che il fatto (i fatti costitutivi della domanda dell'attore). Se riguarda il diritto (se cioè il convenuto contesta che una determinata norma di legge debba interpretarsi in quella determinata maniera affermata dall'attore), l'attività difensiva del convenuto, oltre a non influire sull'oggetto del giudizio, *non tocca neppure indirettamente i poteri del giudice*.

Come sappiamo (retro, § 18), infatti, *jura novit Curia*, ossia il giudice può interpretare e applicare il diritto nel modo che ritenga più opportuno, con o senza i suggerimenti dell'una o dell'altra parte; il che naturalmente non impedisce che *in pratica* tali suggerimenti possano rivelarsi utili nel determinare il convincimento del giudice circa la portata della norma.

In realtà, e come già abbiamo accennato, l'ambito dell'oggetto del giudizio non è modificato dall'attività difensiva del convenuto neppure quando questa concerne i fatti, sempre che, naturalmente, si tratti della *semplice negazione* dei medesimi fatti costitutivi allegati dall'attore (*mera contestazione*). Così, ad es., il convenuto, dopo aver negato la verità di quei fatti, svolge argomentazioni a sostegno della sua negazione (per dimostrare, ad es., che i documenti prodotti dall'attore debbono essere interpretati in un modo diverso; o che un certo testimone, ascoltato ad iniziativa dell'attore, si è contraddetto).

... e può limitarsi a negare i fatti allegati dall'attore ...

Tuttavia, *ancora a sostegno della negazione dei fatti affermati dall'attore*, il convenuto può fare qualcosa di più: può, cioè, avvalersi del potere di *offrire al giudice determinati mezzi di prova*, potere che, come si è visto, l'art. 115 attribuisce ad entrambe le parti: può produrre documenti, offrire prove testimoniali (sia mediante la c.d. prova contraria sulle stesse circostanze, che l'attore ha offerto di provare, e sia mediante la prova anche su circostanze diverse, purché in funzione della negazione dei fatti allegati dall'attore, ecc.).

... o offrire prove a sostegno della negazione dei fatti affermati dall'attore.

Orbene: con l'esercizio di questo potere, il convenuto, *pur non influendo affatto sull'ambito dell'oggetto del giudizio, tuttavia influisce indirettamente sui poteri del giudice* poiché si avvale della disponibilità delle prove, che è sua come dell'attore.

25. *c) La partecipazione attiva del convenuto, nei limiti della domanda dell'attore, ma oltre i limiti dell'oggetto del processo: l'eccezione.*

Ma il convenuto può – sempre al fine di ottenere il rigetto della domanda dell'attore – fare qualcosa di più che negare i fatti allegati a fondamento di questa domanda ed offrire prove in senso contrario ad essi? Può, cioè, a sua volta, allegare e provare *altri e diversi fatti* rispetto a quelli allegati dall'attore?

Ma il convenuto può anche allegare altri fatti.

Per rendersi conto di come possano verificarsi e quali siano questi «altri e diversi fatti» e di come possa porsi un problema di questo genere, occorre richiamarci a quanto si disse a suo tempo (§ 4) circa la portata concretante dei fatti rispetto al diritto. Un diritto – si disse – viene in essere quando si determina una volontà concreta di legge, ciò che avviene quando si verificano in concreto uno o più di quei fatti che nella norma, o volontà astratta di legge, sono astrattamente previsti come idonei a costituire quel diritto, e che perciò sono detti *fatti costitutivi*.

Ad es., poiché una norma – l'art. 1575 c.c. – enuncia la volontà astratta che il locatore deve consegnare al conduttore la cosa locata, il fatto della conclusione di un contratto di locazione è fatto costitutivo del diritto del conduttore Tizio alla consegna di quella certa cosa locata, nei confronti del locatore Cajo. Sennonché, se il contratto di locazione fosse stato, in ipotesi, risolto consensualmente prima della consegna, il diritto di Tizio alla consegna, pur essendo a suo tempo venuto in essere, non potrebbe più esser fatto valere perché ormai estinto: il che significa che il fatto della risoluzione avrebbe operato, rispetto a quel diritto, con efficacia estintiva, ossia come un *fatto estintivo*.

Oppure se, in altra ipotesi, l'efficacia del contratto fosse stata sottoposta ad una condizione sospensiva, il fatto della stipulazione di tale condizione e del suo mancato avveramento, avrebbe impedito la possibilità di far valere quel diritto, ossia avrebbe operato con efficacia impeditiva della possibilità di far valere il diritto come diritto attuale, avrebbe cioè operato come *fatto impeditivo*.

Allo stesso modo, rispetto ad un diritto di credito ad una somma di denaro, si può pensare, oltre che al fatto della stipulazione, ed es., di un contratto di mutuo, come fatto costitutivo di quel diritto, anche al pagamento o al decorso del periodo prescrizionale come *fatti estintivi* dello stesso diritto, o alla pendenza di un termine, come *fatto impeditivo*, oppure ancora ad un pagamento parziale come *fatto modificativo*.

Si delinea, così, con riferimento all'efficacia per così dire «concretante» che i fatti hanno rispetto alle singole volontà astratte di legge, una netta distinzione tra *fatti costitutivi*, da un lato, e *fatti impeditivi, modificativi o estintivi*, dall'altro lato. Ed in relazione a questa distinzione, appare evidente che quegli «altri e diversi fatti», rispetto ai quali poc'anzi ci si domandava se chi resiste alla domanda può allegarli e provarli per contrastare la domanda stessa, sono per l'appunto i fatti estintivi e i fatti impeditivi o modificativi.

Ad es., il locatore, convenuto per la consegna della cosa locata, potrebbe, oltreché, o anziché, negare l'avvenuta conclusione del contratto, allegare il fatto estintivo che concreta la risoluzione consensuale o il fatto impeditivo determinato dalla pendenza di una condizione sospensiva? Il debitore, convenuto per il pagamento, oltreché, o anziché, negare l'avvenuta conclusione del mutuo, può allegare il fatto estintivo della sopravvenuta prescrizione o il fatto impeditivo dell'assoggettamento ad un termine? È chiaro, infatti, che se ciò è ammesso dall'ordinamento e se esso debitore riesce a provare il fatto estintivo o il fatto impeditivo (ovviamente avvalendosi del potere di offrire mezzi di prova che, come si vide al § 20, spetta ad entrambe le parti nell'ambito della regola della disponibilità delle prove di cui all'art. 115) ottiene un risultato del tutto analogo a quello che otterrebbe con la prova che il fatto costitutivo non si è verificato, ossia il rigetto della domanda.

Questa possibilità risulta indirettamente dall'art. 2697 c.c.

Che questa possibilità esista – che, cioè, il convenuto possa allegare fatti con portata estintiva, impeditiva o modificativa del diritto, è nella logica del giudizio (*che investe il diritto nella sua attuale esi-*

stenza ed efficacia) e, d'altra parte, risulta, indirettamente, ma chiaramente, da una precisa norma: l'art. 2697 c.c., che (come si è già avuto occasione di accennare al termine del § 20) pone l'onere della prova a carico di chi allega i fatti, contrapponendo, sotto questo profilo, l'allegazione dei fatti costitutivi del diritto, all'allegazione dei fatti che hanno reso inefficaci tali fatti o hanno estinto o modificato il diritto.

La norma ora richiamata dà anche un nome all'allegazione dei fatti impeditivi, modificativi o estintivi, usando, per quest'allegazione, il termine «eccepire», col chiaro significato dell'inclusione dell'allegazione in discorso nella nozione dell'«eccezione». L'impiego di questo termine rende necessarie, prima di proseguire nel discorso, alcune notazioni di natura anche terminologica.

Nel linguaggio processuale, il termine «*eccezione*» suole essere usato con significati di varia ampiezza, il più ampio dei quali comprende ogni tipo di istanza con funzione di contrasto rispetto alla domanda, e perciò comprensiva, oltre che delle allegazioni o negazioni di fatti, del rilievo del difetto di requisiti e addirittura delle semplici argomentazioni difensive. In questa nozione di eccezione in senso ampio sono inclusi anche i rilievi dei difetti di requisiti, rilevanti sotto il profilo processuale, ossia le c.d. *eccezioni processuali o di rito*, delle quali ci occuperemo a proposito delle nullità degli atti processuali (v. oltre, § 73).

Le eccezioni delle quali soltanto qui ci occupiamo sono, invece, le c.d. *eccezioni di merito o sostanziali*, che sono appunto quelle che emergono dall'art. 2697 c.c. (nonché, come stiamo per vedere, dall'art. 112 c.p.c.). Queste eccezioni non sono propriamente tali (ossia sono eccezioni *in senso improprio*) se consistono in semplici negazioni dei fatti costitutivi; sono, invece, vere e proprie eccezioni (ossia *eccezioni* di merito *in senso proprio*) quelle che consistono nella *richiesta di una decisione negativa su una domanda altrui sul fondamento di fatti impeditivi, modificativi o estintivi.*

Con l'eccezione di merito si allarga l'ambito dell'oggetto del processo, ma non quello della domanda.

Precisato ciò e riprendendo il discorso che concerne queste allegazioni – ossia le *eccezioni sostanziali o di merito* – occorre mettere bene in evidenza che con queste allegazioni l'oggetto del processo si allarga rispetto a quello delimitato dalla domanda. Un allargamento – s'intende – che non riguarda la domanda stessa, poiché con l'eccezione si vuol soltanto determinare il rigetto di quella sola e medesima domanda; ma un allargamento che concerne i fatti dei quali il giudice può e deve conoscere. È allora evidente che *nei limiti in cui* l'ordinamento consente queste allegazioni e questo allargamento, resta in qualche modo limitata e pregiudicata quell'esclusiva sull'oggetto del processo che – per il principio della disponibilità dell'oggetto del processo (retro, § 18) – abbiamo visto appartenere a colui che propone la domanda.

Più precisamente: nei limiti in cui chi resiste alla domanda può, allegando fatti impeditivi, modificativi o estintivi, pretendere dal giudice una pronuncia anche con riferimento a quei fatti, si deve ritenere che, con riguardo a questo potere, l'esclusiva dell'attore rispetto alla determinazione dell'oggetto del processo subisce un limite, in quanto egli non può evitare il conseguente allargamento dell'ambito del giudizio sui fatti, ancorché solo in funzione del rigetto della domanda.

Il dovere del giudice di tener conto delle eccezioni è configurato dall'art. 112 c.p.c.

Premesso tutto ciò, possiamo rilevare come, nel nostro codice, questo potere è indirettamente ma chiaramente contemplato dalla seconda parte dell'art. 112 ove, dicendo che «*il giudice non può pronunciare d'ufficio su eccezioni, che possono essere proposte soltanto dalle parti*», si dice implicitamente che egli *può e deve* pronunciare sulle eccezioni in genere.

Ma, la proposizione normativa or ora riferita, nonostante la sua poco felice formulazione, offre anche la risposta all'ulteriore interrogativo che concerne l'esistenza o meno di un'esclusiva del convenuto sull'allegazione dei fatti impeditivi, modificativi o estintivi. In altri termini: una volta visto che il convenuto può allegare tali fatti, ed una volta riscontrato, come si è fatto poc'anzi, che, in questo modo, resta limitata l'esclusiva dell'attore sull'oggetto del processo, *ci si deve ancora domandare se a questa limitazione dell'esclusiva dell'attore corrisponde un'esclusiva del convenuto*; se, cioè, i fatti in discorso possono essere allegati *soltanto* da lui. E poiché il quesito non avrebbe significato con riguardo ad un'alternativa di ipotetica allegazione ad opera dell'altra parte (ossia quella che ha proposto la domanda), poiché questa, quand'anche avesse indirettamente o inavvertitamente menzionato quei fatti, non li farà mai oggetto di una richiesta di pronuncia su di essi (perché tanto varrebbe chiedere il rigetto della propria domanda), *l'interrogativo si pone in concreto con riguardo all'alternativa dell'iniziativa del giudice*. Si risolve, cioè, nel quesito se il giudice possa pronunciarsi d'ufficio su fatti impeditivi, modificativi o estintivi, dei quali sia venuto a conoscenza attraverso le risultanze processuali, nonostante che nessuna delle parti abbia proposto eccezione con riguardo ad essi o comunque chiesto una pronuncia su di essi.

Le eccezioni (di merito) rilevabili solo dalla parte e perciò dette *eccezioni in senso proprio o stretto.*

Orbene: è appunto a questo quesito che la seconda parte dell'art. 112 offre una risposta che potremmo dire possibilista, poiché, col vietare al giudice di pronunciarsi su *eccezioni che possono essere proposte soltanto dalle parti*, questa norma afferma implicitamente che esistono due categorie di eccezioni: *quelle sulle quali il giudice può pronunciarsi d'ufficio e quelle che possono essere proposte soltanto dalle parti*. Dal che si desume che, se, da un lato, non si può parlare di una generale esclusiva del convenuto sull'allegazione dei fatti impeditivi, modificativi o estintivi, dall'altro lato, neppure si può dire che lo stesso convenuto sia del tutto privo di una zona di esclusiva sulla determinazione dell'oggetto del processo in ordine alla domanda stessa (ovviamente in funzione del suo rigetto): tale zona di esclusiva esiste, ma anziché investire l'intera categoria dei fatti impeditivi, modificativi o estintivi, è limitata a quelli soli, di questi fatti, che stanno a fondamento delle «eccezioni che possono essere proposte soltanto dalle parti».

Ne deriva che, nell'ambito dell'insieme delle eccezioni di merito, le «*eccezioni che possono essere proposte soltanto dalle parti*» costituiscono un'ulteriore e più ristretta categoria, per la quale può apparire utile la denominazione *di eccezioni (di merito) in senso stretto.*

Ma qual è il fondamento di questa distinzione? In altri termini: quali sono i fatti impeditivi, modificativi o estintivi, dei quali il giudice può tener conto anche d'ufficio, e quali invece quelli dei quali il giudice può conoscere solo se oggetto di un'eccezione di parte?

In molti casi la legge stabilisce espressamente che l'eccezione è proponibile solo dalle parti.

In molti casi, è lo stesso legislatore che, nell'indicare l'efficacia impeditiva, modificativa o estintiva di determinati fatti, enuncia chiaramente ed esplicitamente che tale efficacia è subordinata all'iniziativa di chi li fa valere oppure afferma che di essi il giudice non può tener conto d'ufficio. Tipici gli esempi dell'eccezione di compensazione (art. 1242 c.c.) e dell'eccezione di prescrizione (art. 2938 c.c.).

Ma, come ci si deve regolare quando la legge non offre elementi sicuri? Secondo alcuni, il riferimento dell'art. 112 alle eccezioni che possono essere proposte soltanto dalle parti dovrebbe intendersi come un rinvio alle disposizioni di legge che contemplano quella riserva, con la conseguenza che la riserva in discorso dovrebbe riscontrarsi sussistente solo quando sia chiaramente desumibile dal dettato legislativo; e ciò per la mancanza di un diverso criterio orientatore univoco. Non sembra, tuttavia, che si debba convenire su questa asserita assenza di criterio orientatore.

Ma quando ciò non accade, è determinante il rilievo che i fatti i., m., e. producono il loro effetto *automaticamente*.

Se, in realtà, si tiene presente che il dovere di pronunciare sul merito, che investe il giudice per effetto della proposizione di una domanda qualificata dalle condizioni dell'azione è quello di pronunciarsi sull'esistenza attuale del diritto affermato nella domanda, appare evidente che, per assolvere a tale dovere, il giudice deve conoscere di tutti quei fatti che, al momento della sua pronuncia, abbiano influito sull'esistenza di quel diritto e cioè anche di quei fatti impeditivi, modificativi o estintivi che abbiano *automaticamente* prodotto i loro effetti sul diritto.

Si pensi, ad es., al pagamento del credito, o alla risoluzione *consensuale* del contratto, alla *nullità* dello stesso, alla mancanza di data certa (ex art. 2704 c.c.) nella scrittura privata diretta a far valere un credito nei confronti di un terzo, alla simulazione, alla novazione, alla rinuncia, all'interruzione della prescrizione. Di questi fatti il giudice *può* – dal momento che *deve* – tener conto d'ufficio, purché risultino dagli atti di causa e siano non controversi o provati.

Ma, se questi sono i fatti di cui il giudice può tener conto d'ufficio, appare evidente che quelli di cui viceversa *non può* tener conto d'ufficio, e che perciò appartengono alla sfera riservata a chi resiste alla domanda, sono quei fatti impeditivi, modificativi o estintivi che producono questi loro effetti *non automaticamente.* Il che accade quando questi effetti sono oggetto di un controdiritto che la parte che resiste potrebbe far valere con un'azione autonoma: si pensi, ad es., alla risoluzione del contratto *per inadempimento* e, più in generale, ai diritti all'annullamento dei contratti per errore, violenza, dolo o per incapacità. Ebbene, in questo caso il fatto (impeditivo, modificativo o estintivo) non produce *automaticamente* i suoi effetti, in quanto la parte può scegliere se porlo a fondamento di un'eccezione oppure di un'azione autonoma.

In conclusione, mentre dei fatti modificativi, impeditivi, estintivi che *hanno prodotto automaticamente* i loro effetti sul diritto il giudice *può* e *deve* sempre tener conto d'ufficio (*eccezioni rilevabili anche d'ufficio*), invece di quegli stessi fatti che *non hanno prodotto automaticamente* i loro effetti il giudice non può conoscere in mancanza di espressa eccezione della parte (*eccezioni rilevabili solo ad istanza di parte*).

Con riguardo a questa sfera di disponibilità esclusiva in capo al convenuto non sembra arbitraria la prospettazione dell'*eccezione in senso stretto* come *il diritto di colui che resiste alla domanda, ad ottenere che il provvedimento sul merito della domanda stessa tenga conto anche dei fatti impeditivi, modificativi o estintivi, la cui allegazione è affidata alla sua disponibilità.* Un diritto in certo modo paragonabile al diritto di azione, poiché è anch'esso un diritto (o controdiritto) alla tutela giurisdizionale, sia pure in modo marginale (nel senso che si fonda soltanto su fatti impeditivi, modificativi o estintivi appartenenti alla disponibilità di chi resiste alla domanda) e limitato (nel senso che tende solo al rigetto della domanda).

E così come l'azione non è diritto all'accoglimento della domanda, ma diritto al provvedimento sul merito, *l'eccezione in senso stretto non è diritto al rigetto della domanda, ma solo alla pronuncia sul merito anche dei fatti sui quali essa si fonda, e cioè impeditivi, modificativi o estintivi, che appartengono alla disponibilità di chi resiste alla domanda.*

Quando, invece, ci si riferisce all'*eccezione in senso ampio* o addirittura nel senso amplissimo comprensivo dell'eccezione di rito, cessa ovviamente ogni base per un sia pur limitato parallelo con l'azione e l'eccezione appare soltanto nella sua portata schiettamente processuale di omologo non dell'azione, bensì della domanda.

La controeccezione.

È opportuno, infine, tener presente che anche l'efficacia impeditivi, modificativa o estintiva dei fatti che costituiscono oggetto di eccezione può rimanere, a sua volta, impedita, modificata o estinta da altri fatti la cui allegazione configura la c.d. *controeccezione* ed il cui esempio più frequente è l'interruzione della prescrizione.

26. *d) La partecipazione attiva del convenuto oltre i limiti della domanda: la domanda riconvenzionale.*

Il convenuto può proporre una *domanda riconvenzionale*, che allarga l'oggetto del processo.

Abbiamo visto che, con l'eccezione, il convenuto, pur introducendo nel processo nuovi fatti come oggetto d'indagine, rimane nell'ambito della richiesta del rigetto della domanda dell'attore. Resta ora da vedere se e come il convenuto può superare anche i limiti di questa domanda, ossia non limitarsi a chiedere il rigetto di quest'ultima, per proporre addirittura un'altra sua propria ed autonoma domanda, rispetto alla quale egli assumerebbe anche il ruolo proprio dell'attore, facendo conseguentemente assumere all'attore il ruolo anche di convenuto, in quanto questi verrebbe appunto controconvenuto o riconvenuto. A proposito di questo tipo di domanda, si parla, infatti, di *domanda riconvenzionale*. Con la quale – è appena il caso di notarlo – il convenuto esercita una sua propria autonoma azione: si tratta, più precisamente, dell'azione che il convenuto esercita contro l'attore nel medesimo processo, nel quale è stato convenuto.

Ad es., Cajo, convenuto da Tizio per il pagamento di 100 in forza di un contratto di mutuo, riconviene Tizio – ossia esercita un'autonoma azione contro di lui – per far valere il suo diritto al rilascio di un immobile che Tizio gli aveva venduto; sempre, naturalmente, in quanto ciò sia consentito (e, nell'esempio fatto ora, non lo è) in base a quanto stiamo per vedere.

Poiché, come si diceva al § 23, il convenuto entra nel processo quando l'oggetto di questo è già determinato dalla domanda dell'attore, è logico che l'ambito di questa domanda costituisca un limite per il convenuto. Il quale, d'altra parte, e come pure si era notato, non è affatto pregiudicato, da tale limite, nel suo diritto alla tutela giurisdizionale, poiché nessuno gli impedisce di far valere le sue diverse domande in un altro diverso processo, in veste di attore.

Ciò è possibile solo quando tra questa domanda e quella dell'attore sussista un collegamento, ...

E pertanto, in linea di principio, l'ammissibilità delle domande riconvenzionali dovrebbe essere esclusa in quanto evidente causa di sovrapposizione disordinata e caotica di diverse materie di giudizio in un unico processo. Il che, peraltro, non impedisce che queste ragioni di opportunità si invertano nei casi in cui tra la domanda principale e quella riconvenzionale esiste un particolare rapporto che renda vantaggioso ed opportuno – per la c.d. economia dell'attività giudiziale – l'esame di entrambe le contrapposte domande in un unico processo.

Ispirandosi a questi criteri, il nostro ordinamento nega l'ammissibilità indiscriminata delle domande riconvenzionali, per riconoscerla soltanto in presenza di due particolari ragioni di collegamento. Ciò risulta da una norma – l'art. 36 – dettata e collocata con riferimento al fatto che l'ammissibilità della domanda riconvenzionale può implicare una deroga ai criteri in base ai quali in generale il potere di decidere sulle diverse domande è distribuito tra i diversi giudici (ossia ai criteri della competenza, di cui ci occuperemo al cap. 7°).

... ossia quando la domanda del convenuto dipenda dallo stesso titolo della domanda dell'attore o di un'eccezione dello stesso convenuto.

Stabilisce, dunque, l'art. 36, che possono proporsi nello stesso giudizio (così eventualmente derogando ai criteri della competenza esclusi quelli che vedremo (§ 36) ricondursi alla materia o al valore) non tutte indiscriminatamente le domande riconvenzionali, ma soltanto quelle «*che dipendono dal titolo dedotto in giudizio dall'attore o da quello che già appartiene alla causa come mezzo di eccezione*».

Secondo la Cassazione, quando la riconvenzionale non implica spostamento di competenza, la domanda riconvenzionale può essere proposta anche al di fuori delle ipotesi previste dall'art. 36, purché però sussista un vincolo di collegamento tra la domanda principale e la riconvenzionale, tale da rendere opportuno il *simultaneus processus*.

Altra e diversa questione è quella che concerne l'ammissibilità della *reconventio reconventionis*, ossia della riconvenzionale dell'attore rispetto alla riconvenzionale del convenuto: i medesimi principî che fondano l'ammissibilità della riconvenzionale conducono all'ammissibilità di questa domanda, che è espressamente prevista dall'art. 183, 5° e 6° comma.

Se si tiene presente che, come si vedrà più avanti, «titolo» dedotto in giudizio dall'attore qui equivale alla ragione della domanda, che trova il suo fondamento nei fatti costitutivi e «titolo» che appartiene alla causa come mezzo di eccezione equivale alla ragione dell'eccezione, si può dire che la domanda riconvenzionale deve, per essere ammissibile, dipendere da fatti che siano genericamente collegati con i fatti costitutivi della domanda principale o con i fatti impeditivi, modificativi o estintivi già introdotti in giudizio sotto forma di eccezioni dallo stesso convenuto.

Rispetto a quest'ultima ipotesi, il tipico esempio è costituito dall'eccezione di compensazione, quando il controcredito opposto in compensazione ecceda il credito per il quale è stata proposta la domanda: il convenuto, oltre a richiedere il rigetto di quest'ultima, potrà far valere, in via riconvenzionale, il suo diritto al pagamento della differenza.

Con riguardo alla prima ipotesi, si potrà, invece, pensare alla domanda, in via riconvenzionale, di pagamento del canone da parte del locatore che era stato convenuto per il mantenimento in efficienza della cosa locata; i fatti costitutivi di entrambe le domande contrapposte si riconducono ad un medesimo «titolo»: lo stesso contratto di locazione.

La c.d. domanda trasversale.

Peraltro, alla nozione di domanda riconvenzionale, la giurisprudenza suole riferirsi (ma impropriamente) anche nel caso di *domanda di un convenuto verso altro convenuto*, specie per precisare che ciò evita gli adempimenti per la chiamata in causa di un terzo (si tratta della c.d. *domanda trasversale*).

Bibliografia di orientamento

E. MERLIN, *Azione di accertamento negativo di crediti e oggetto del giudizio*, in *Riv. dir. proc.*, 1997; A.A. ROMANO, *L'azione di accertamento negativo*, Napoli, 2006; C. CARIGLIA, *Profili generali delle azioni di accertamento negativo*, Torino, 2013; V. COLESANTI, *Eccezione (dir. proc. civ.)*, in *Enciclopedia del diritto*, XIV, Milano, 1965; R. ORIANI, *L'eccezione di merito nei provvedimenti urgenti per il processo civile*, in *Foro it.*, 1991, IV; C. CAVALLINI, *Eccezione rilevabile d'ufficio e struttura del processo*, Napoli, 2003; R. ORIANI, *Eccezioni rilevabili (e non rilevabili) d'ufficio. Profili generali (I-II)*, in *Corr. giur.*, 2005; A. CARRATTA, *Sub art. 112*, in *Comm. del c.p.c.*, a cura di S. CHIARLONI, Bologna, 2011; A. MOTTO, *Poteri sostanziali e tutela giurisdizionale*, Torino, 2012; A. BARLETTA, Extra *e* ultra *petizione. Studio sui limiti del dovere decisorio del giudice civile*, Milano, 2012; G. FINOCCHIARO-E. POLI, *Sub art. 112*, in *AA.VV.*, *Comm. c.p.c.*, II, Torino, 2012; F. RUSSO, *Contributo allo studio dell'eccezione nel processo civile*, Roma, 2013; E. MERLIN, *Eccezioni rilevabili d'ufficio e sistema delle preclusioni in appello*, in *Riv. dir. proc.*, 2015; V. COLESANTI, *Nostalgie in tema di eccezioni*, *ivi*, 2016; G. TARZIA-C. BALBI, *Riconvenzione (dir. proc. civ.)*, in *Enciclopedia del diritto*, XL, Milano, 1989; E. VULLO, *La domanda riconvenzionale*, Milano, 1995; E. VULLO, *Riconvenzione*, in *Dig. disc. priv., sez. civ.*, XVII, Torino, 1998; M. COMASTRI, *Sub art. 36*, in AA.VV., *Comm. del c.p.c.*, I, Torino, 2012; V. MORELLO, *Note sulla c.d. domanda trasversale*, in *Riv. trim. dir. e proc. civ.*, 2013; E. D'ALESSANDRO, *L'oggetto del giudizio di cognizione*, Torino, 2016; R. TISCINI, *Artt. 31-40*, in *Comm. del c.p.c.*, a cura di S. CHIARLONI, Bologna, 2016; A. CHIZZINI, *La tutela giurisdizionale dei diritti*, in *Il Codice Civile. Commentario*, diretto da F.D. BUSNELLI, Milano, 2018.

CAPITOLO VI

OGGETTO DEL PROCESSO E LIMITI DEL GIUDICATO. CONNESSIONE E CONCORSO DI AZIONI

27. *Le ragioni pratiche dell'individuazione dell'oggetto del processo: il giudicato e i suoi limiti, la litispendenza, il divieto di domande nuove.*

L'oggetto sostanziale del singolo processo ...

Nell'esame, compiuto nei tre capitoli che precedono, della posizione giuridica, dal punto di vista globale, di ciascuno dei tre principali protagonisti del processo di cognizione – attore, giudice e convenuto – ci siamo riferiti, sotto tre diversi profili, ad un unico fenomeno: il diritto o, correlativamente, il dovere, di ottenere o di compiere una pronuncia su una determinata situazione di diritto sostanziale.

Più precisamente, abbiamo visto che l'attore, con l'esercizio della sua azione, determina l'oggetto sostanziale del processo, così determinando i confini della pronuncia del giudice; i quali confini costituiscono anche, in linea di massima, il limite per le contro-richieste che il convenuto può inserire nel processo.

Tutto ciò rende evidente che l'oggetto sostanziale del processo si determina preminentemente attraverso l'esercizio dell'azione e che, pertanto, se si vuole individuare quest'oggetto nei suoi esatti confini, si deve risalire all'azione.

Questa individuazione dell'oggetto del processo nei suoi confini (sostanziali) è per l'appunto il tema del discorso che ci apprestiamo a svolgere ed al quale è opportuno premettere il rilievo che, secondo la terminologia corrente ed usata anche dal codice, il singolo processo individuato nel suo oggetto sostanziale viene indicato col termine «*causa*».

... è evidenziato dall'azione che è esercitata in esso.

Possiamo, dunque, incominciare col rilevare che, per determinare ed individuare nei suoi confini una causa, occorre individuare l'ambito dell'azione che l'ha introdotta.

Per questo, l'operazione logico-giuridica di individuazione dell'oggetto di un determinato processo o di una determinata causa prende comunemente il nome di «*identificazione dell'azione*», come individuazione dei connotati di una singola azione, considerata come singolo fenomeno giuridico concreto e storicamente determinato, quasi si trattasse di indicare i connotati di un individuo: *quella* certa azione, proposta da Tizio contro Cajo in quel certo giorno per far valere quel certo diritto.

L'operazione dell'identificazione dell'azione esercitata in concreto ...

Ma, prima di vedere *come* quest'operazione logico-giuridica deve compiersi, occorre vedere *perché* la si compie, quali, cioè, ne sono le ragioni pratiche.

Queste ragioni pratiche consistono nella necessità di rispettare alcuni principî fondamentali del processo e, tra questi, in primo luogo: da un lato, la c.d. regola del *ne bis in idem* e, dall'altro lato, la regola del doppio grado di giurisdizione.

... è necessaria per l'applicazione della regola del *ne bis in idem*, che sta alla base del rilievo della *cosa giudicata* ...

Il principio del *ne bis in idem* si esprime, in primo luogo, nella fondamentale regola che sta alla base del già esaminato (retro, § 4) fenomeno della cosa giudicata.

Come si ricorderà, l'ordinamento ricollega all'esaurimento dei mezzi di impugnazione di cui all'art. 324 c.p.c., la cosa giudicata in senso processuale, ossia il divieto a qualsiasi eventuale altro giudice di pronunciarsi nuovamente sulla materia che ha costituito oggetto della pronuncia passata in giudicato, divieto che costituisce poi il fondamento della cosa giudicata in senso sostanziale, per cui l'accertamento contenuto in una sentenza passata in giudicato «*fa stato ad ogni effetto* tra le parti, i loro eredi o aventi causa» (art. 2909 c.c.).

Se, in contrasto con questo divieto, l'azione su cui si è già formato il giudicato sostanziale venisse riproposta allo stesso o ad altro giudice, quest'ultimo dovrebbe – anche d'ufficio – affrontare e risolvere il quesito se l'azione così proposta è la stessa su cui si è già formato il giudicato, oppure è un'altra e diversa: dovrebbe, cioè, far luogo ad un'identificazione dell'oggetto del processo, attraverso delle due azioni per stabilire se si tratta in realtà della medesima azione. E quando, come il più delle volte accade, la questione investe l'ambito del giudicato, essa si presenta, in concreto, come *un problema di limiti del giudicato*, e più precisamente, e come si vedrà, un problema di limiti soggettivi ed oggettivi del giudicato stesso.

Un'esigenza analoga si determina nel caso in cui la seconda azione viene proposta quando il processo introdotto dall'esercizio della prima azione non è ancora terminato, ma è ancora pendente, intendendo come tale il processo che non ha ancora prodotto una decisione passata in giudicato. Anche in questo caso, la regola del *ne bis in idem* si traduce nel divieto per il secondo giudice di pronunciarsi; e siccome l'azione è stata già esercitata, egli deve dare atto della *litispendenza*: così dispone l'art. 39, 1° comma, e, in correlazione con esso, l'art. 273 c.p.c. Ciò all'evidente scopo di evitare un possibile contrasto di giudicati sulla medesima azione.

... o della *litispendenza*, ...

Anche qui, a seguito della proposizione della c.d. eccezione di litispendenza (o anche indipendentemente da essa, trattandosi di eccezione rilevabile anche d'ufficio), il giudice dovrà impostare e risolvere un problema di identificazione delle due azioni, con riguardo all'ambito e ai confini dell'azione già pendente.

D'altra parte, un problema di identificazione di azioni può sorgere con riguardo alla necessità della salvaguardia del contraddittorio e del doppio grado di giurisdizione.

Poiché, infatti, in ossequio a queste regole, il legislatore vieta la proposizione di domande nuove, sia nel corso del giudizio di primo grado, dopo la fase introduttiva (v. vol. II, § 19), e sia in appello (v. vol. II, § 74), per stabilire se una domanda è «nuova» si dovrà ricorrere, appunto, all'identificazione delle azioni.

... nonché per il rispetto della regola del doppio grado di giurisdizione.

28. *Gli elementi individuatori delle azioni. A) Gli elementi soggettivi (*«personae»*) e i limiti soggettivi del giudicato.*

Dopo aver visto in cosa consiste l'identificazione delle azioni e il suo «perché», passiamo ora a vedere «come» si compie quest'operazione.

Si deve premettere, al riguardo, che un'azione s'individua in base sia ad elementi soggettivi, sia ad elementi oggettivi, ossia con riferimento ai suoi soggetti ed al suo oggetto. E la logica vuole che, *perché due azioni possano essere dette identiche (ossia, in realtà, una sola), occorre che siano identici tutti i loro elementi, sia soggettivi, che oggettivi.* Se anche uno solo di essi dovesse risultare diverso, non si potrebbe più parlare di *identità delle azioni*, ma di un fenomeno affine, che vedremo chiamarsi *connessione* (v. § 30).

L'identità presuppone la comunanza di tutti gli elementi, soggettivi e oggettivi.

Ciò premesso, non resta che passare ad esaminare i singoli elementi di identificazione, incominciando da quelli soggettivi.

Gli *elementi soggettivi* dell'azione sono evidentemente i soggetti dell'azione stessa – o *personae* – ossia il soggetto attivo e quello passivo. E poiché l'azione si configura con riguardo al diritto sostanziale affermato, codesti soggetti si individuano in relazione, appunto, a quel diritto sostanziale affermato; sono, cioè, i soggetti che nella domanda sono affermati rispettivamente quali soggetto attivo e passivo del rapporto sostanziale; e cioè quei soggetti rispetto ai quali la regola della legittimazione dice – come si è visto – che debbono coincide-

A) Comunanza dei soggetti («*personae*») attivo e passivo del diritto sostanziale affermato.

re con colui che propone la domanda e, rispettivamente, colui nei cui confronti la domanda è proposta.

Nei casi in cui la legge eccezionalmente consente di far valere i diritti altrui in nome altrui (rappresentanza, della quale ci occuperemo ampiamente al cap. 8°, § 46) o in nome proprio (sostituzione processuale, della quale ci siamo occupati al § 13 in fine) si deve aver riguardo al soggetto che è affermato titolare attivo o passivo del rapporto sostanziale: nel caso della rappresentanza, al rappresentato; nel caso della sostituzione processuale, al sostituito, anche se il sostituto subisce anch'egli degli effetti dalla pronuncia (v. retro, § 13).

Con particolare riguardo alla rappresentanza, la regola pratica si può enunciare nel senso che si deve aver riguardo alla qualità – o al *nome* – con la quale si è agito.

Così, se il genitore agisce quale rappresentante legale del figlio minore, l'azione si individua con riguardo al figlio; è azione del figlio; il quale, ad es., una volta raggiunta la maggiore età, non potrà riproporre *in nome proprio* quella medesima azione che *a suo nome* aveva proposto il genitore, e che, in ipotesi, era stata respinta e su cui si era formato il giudicato. Così, ancora, se il genitore agisce contro una stessa persona che, ad es., ha causato danni tanto a lui quanto al figlio minore, e agisce per il risarcimento sia dei danni suoi (*in nome proprio*) e sia dei danni del figlio (*in nome di quest'ultimo*), esercita non un'azione sola, ma due azioni distinte anche se riunite in uno stesso processo.

Rispetto a questi soggetti si determinano i limiti soggettivi del giudicato, secondo l'art. 2909 c.c. …

Questi essendo i soggetti dell'azione, e così individuata l'azione sotto il profilo soggettivo, è opportuno soffermarsi sul fenomeno per il quale, come si è già accennato, è nei confronti di questi soggetti che si determina il giudicato, ossia sulla regola – che si può già desumere dai principî ora richiamati – per la quale il giudicato ha effetto nei confronti dei soggetti attivo e passivo dell'azione. Più precisamente, la regola sul cui fondamento si risolve il c.d. problema dei *limiti soggettivi del giudicato* e che, nel nostro ordinamento, è codificata nell'art. 2909 c.c., per il quale «*l'accertamento contenuto nella sentenza passata in giudicato fa stato a ogni effetto tra le parti, i loro eredi o aventi causa*».

… che si riferisce alle «parti, i loro eredi e aventi causa» …

Questa norma, già esaminata a suo tempo (retro, § 4) con riguardo alla nozione di cosa giudicata in senso sostanziale, ossia nella sua prima parte, va ora esaminata più da vicino nella sua seconda parte, ossia nel suo riferimento dell'effetto del giudicato *alle parti, i loro eredi ed aventi causa*.

Il tema dei c.d. limiti soggettivi del giudicato s'incentra, dunque, sulla portata di quest'ultima proposizione normativa e più precisamente sulla determinazione della portata con la quale va inteso il riferimento alle *parti*, nonché della portata dell'estensione compiuta col riferimento agli *eredi* e agli *aventi causa* ed infine nel quesito se quest'ultimo riferimento esaurisca oppure no i casi di estensione soggettiva del giudicato. Su questo tema, sul quale a lungo si è cimentata la migliore dottrina processualistica, possono qui essere evidenziati alcuni punti fermi.

In primo luogo, va tenuto presente che la *sentenza vale rispetto a tutti, ma come sentenza tra le parti*, nel senso che – in linea di principio – la sentenza non può «pregiudicare» altri soggetti che furono estranei alla lite, sicché in questo senso, e solo in questo senso, deve intendersi l'espressione normativa che la sentenza produce effetto soltanto tra le parti.

... tenendo presente che le parti sono qui i soggetti del rapporto sostanziale affermato ...

... o *parti in senso sostanziale* ...

In secondo luogo, se si tiene presente che, come si vedrà più avanti (§ 44), con la parola «parti» s'intende non solo i soggetti degli atti del processo (*parte in senso processuale*), ma anche i soggetti del rapporto sostanziale affermato o dell'azione (*parte in senso sostanziale*), dai rilievi compiuti sopra circa la coincidenza tra l'ambito del giudizio e l'azione appare già evidente che le parti, alle quali si riferisce l'art. 2909 c.c., sono le parti in senso sostanziale.

In terzo luogo, si può ulteriormente specificare che, per quanto si ebbe ad osservare a proposito della legittimazione straordinaria, i soggetti «sostituiti» o che, comunque, subiscono gli effetti dell'esercizio dell'azione da parte di altri, sono inclusi in questa nozione di «parti» in senso sostanziale.

In quarto luogo – ed è questo il punto più delicato –, si deve prendere atto che l'ordinamento offre molti esempi di casi di estensione degli effetti del giudicato nei confronti di soggetti che non furono «parti» (neppure in senso sostanziale) nel processo. Questi soggetti sono, in primo luogo, quei soggetti ai quali l'art. 2909 c.c. si riferisce con l'espressione «*eredi ed aventi causa*».

... e gli «eredi ed aventi causa» sono quelli divenuti tali dopo il giudicato.

A questo riguardo occorre premettere che la norma si riferisce a coloro che sono divenuti eredi od aventi causa *dopo* che il giudicato si sia formato (ed infatti, a coloro che diventano *eredi* o *aventi causa* in pendenza di lite provvedono gli artt. 110 e 111 c.p.c.: v. oltre, § 59). Con specifico riferimento, poi, all'espressione «aventi causa» sembra più esatto riconoscere all'espressione la portata più limitata che tradizionalmente le si attribuisce (vale a dire: acquirenti di un diritto a titolo derivativo).

Infine, occorre riconoscere che esistono casi di estensione del giudicato ad altri soggetti, oltre agli eredi e aventi causa delle parti, esplicitamente richiamati dall'art. 2909 c.c.

E cioè – a parte gli effetti in certo senso *erga omnes* proprî della pronuncia su determinati tipi di rapporti soprattutto di stato –, occorre tener conto anche dei casi in cui: a) vi siano più soggetti legittimati (co-legittimati) ad esercitare un'azione che può essere esercitata una sola volta e che subiscono inevitabilmente il giudicato formatosi all'esito dell'esercizio dell'azione da parte di uno (o di alcuni) dei co-legittimati (tipico il caso dell'impugnazione di delibera assembleare, alla quale sono legittimati più soggetti: art. 2377 c.c.); b) vi siano soggetti il cui diritto si trova, rispetto a quello su cui si è formato il giudicato, in un rapporto di c.d. pregiudizialità-dipendenza, sicché l'estensione ad essi consegue «normalmente», avuto riguardo all'ambito proprio del rapporto su cui si è deciso (si pensi, ad es., alla posizione del subconduttore rispetto a quella del conduttore); c) si abbia estensione «anormale» del giudicato, laddove essa sia espressamente prevista dalla legge, in qualche caso addirittura *secundum eventum litis* (è il caso delle obbligazioni solidali, per le quali l'art. 1306, 2° comma, c.c. prevede l'estensione ai condebitori solo del giudicato favorevole e non anche di quello sfavorevole).

L'estensione può verificarsi per *pregiudizialità-dipendenza* o per altre cause.

A queste ipotesi di *estensione* degli effetti della sentenza si contrappongono quelle della *non estensione*, che ovviamente il terzo può far valere contro chi, invece, pretende che sussista l'estensione. Mentre, per converso, è chiaro che il terzo nei cui confronti si determina l'estensione del giudicato non può opporsi ad essa, perché il pregiudizio che egli potrebbe subire è, come si suole dire, di *mero fatto*.

Ma al di fuori di questi casi, il giudicato non si estende ai terzi.

29. *Segue. B) Gli elementi oggettivi dell'azione: a) il* «petitum»*; b) la* «causa petendi»*. I limiti oggettivi del giudicato.*

B) Gli *elementi oggettivi dell'azione* sono il *petitum* e la *causa petendi*:

Venendo agli elementi oggettivi dell'azione, essi sono due: l'*oggetto* (o *petitum*) e il *titolo* (o *causa petendi*).

L'oggetto o il *petitum* è ciò che si chiede con la domanda. E poiché la domanda è rivolta a due soggetti (al giudice ed all'altra parte), ai quali si chiedono cose diverse, il *petitum* assumerà, in concreto, due aspetti diversi.

1. il *petitum* si articola in: *petitum immediato* (tipo di provvedimento che si chiede *al giudice*) e ...

Anzitutto, ossia in via *immediata*, la domanda si rivolge al giudice, al quale si chiede non la cosa o la prestazione oggetto del diritto sostanziale, ma *un provvedimento*. In questo senso si parla di *petitum immediato*: la condanna, il mero accertamento, il sequestro, ecc.; tutte richieste che potrebbero, in ipotesi, riferirsi alla stessa cosa in giudizi tra le stesse persone, ma la cui differenza basta ad escludere l'identità dell'azione.

Così l'azione con cui si chiede la condanna alla consegna della cosa è diversa rispetto all'azione con cui si chiede il mero accertamento dello stesso diritto alla consegna di quella cosa: e pertanto nulla ne impedirebbe la proposizione, anche se si fosse prodotto il giudicato sul mero accertamento: si potrebbe in tal caso chiedere al giudice di pronunciare la condanna sul fondamento dell'accertamento già incontrovertibile.

In secondo luogo, ossia in via *mediata*, la domanda si rivolge alla controparte, che è il convenuto: e a questo soggetto non si chiede un provvedimento, ma si chiede un «bene della vita»: una determinata cosa (il fondo Serviano, o quella certa macchina, ecc.) o prestazione (pagare 100, costruire un muro, ecc.) oppure di non contestare una determinata situazione giuridica che ha un certo oggetto oppure, ancora, di subire una certa modificazione giuridica.

Questo elemento costituisce l'oggetto (o *petitum*) *mediato*. E ovviamente anche questo elemento deve coincidere, perché si abbia identità di azioni; la quale, dunque, postula, sotto questo profilo, la coincidenza tanto del *petitum* immediato quanto del *petitum* mediato.

... petitum mediato (il bene della vita che si chiede *alla controparte*);

Naturalmente, il fatto stesso che il «bene della vita» che chiamiamo *petitum* mediato viene in rilievo come oggetto di una domanda ad un giudice non può non presupporre il riferimento, più o meno esplicito, ad un diritto sostanziale, in mancanza del quale la domanda non sarebbe esercizio di un'azione ed il «bene della vita» richiesto non sarebbe un *petitum*.

Orbene: questo riferimento ad un diritto sostanziale, da un lato, qualifica come *petitum* il «bene della vita» richiesto, dall'altro lato, viene in rilievo, se considerato per se stesso, come il secondo dei due elementi oggettivi di identificazione dell'azione, ossia il titolo o *causa petendi*.

Causa petendi significa ragione del domandare; e naturalmente ragione giuridica o titolo giuridico, la ragione obiettiva su cui la domanda si fonda: in altri termini, *il diritto sostanziale affermato* in forza del quale viene avanzato il *petitum*. Che il diritto sostanziale affermato assolva, anche per se stesso, ad una ben precisa funzione individuatrice dell'azione appare evidente, solo che si tenga presente che il medesimo bene della vita può essere chiesto in forza di diritti diversi, o, come si suol dire, a diverso titolo. È chiaro, infatti, che l'azione con la quale si chiede la consegna di una certa cosa, perché, a quanto si afferma, è stata data in comodato e ne è conseguito il diritto alla restituzione, è diversa dall'azione con la quale si chiede la consegna di quella medesima cosa in quanto se ne vanta la proprietà; ed è logico che il giudicato o la litispendenza su una di queste azioni non debba precludere il giudizio sull'altra.

2. la *causa petendi*, ossia il diritto con riferimento al quale si chiede il *petitum*, e, più precisamente ...

Petitum mediato e *causa petendi* sono, dunque, le due angolazioni del diritto sostanziale affermato, che è l'oggetto del processo. L'una mette a fuoco ciò che si domanda e l'altra il diritto sul cui fondamento si domanda; due angolazioni che si presuppongono a vicenda e si esprimono, in sintesi, nel diritto sostanziale affermato, ma la cui contrapposizione, d'altra parte, agevola, sul piano pratico, l'operazione dell'identificazione dell'azione che è, per natura sua, necessariamente analitica.

Il diritto affermato, nel quale convergono il *petitum* mediato e la *causa petendi*, viene in rilievo come entità concreta, non come categoria astratta; come volontà concreta e non come volontà astratta di legge. Ed a quest'ultimo riguardo, se si ricorda (retro §§ 4, 17, 25) che ciò che individua il diritto come volontà concreta di legge non è

... quell'aspetto del diritto affermato che si individua attraverso i fatti costitutivi affermati ...

la norma giuridica o volontà astratta di legge (la quale può costituire il presupposto o la base di *quel* diritto come di un'infinita serie di analoghi diritti), ma i *fatti costitutivi* del diritto, appare evidente come la *causa petendi* si risolva nel riferimento concreto a *quel* fatto o a *quei* fatti che sono allegati come costitutivi, e perciò anche individuatori, del diritto che si fa valere.

La nostra dottrina ha recepito con attenuazioni e riserve la contrapposizione, che ha diviso e divide la dottrina germanica, tra la teoria detta della «*sostanziazione*», che impernia la portata individuatrice nell'allegazione dei fatti costitutivi e limita a quei fatti la portata del giudicato, e quella detta della «*individuazione*», che, invece, fa riferimento alla più ampia indicazione del rapporto giuridico sostanziale. Da noi ci si orienta per lo più a considerare la teoria della sostanziazione e quella dell'individuazione come «due facce della stessa realtà».

Si tratta, in sostanza, del medesimo fenomeno già preso in esame con riguardo alla determinazione della sfera di disponibilità dell'attore nel determinare l'oggetto del processo (retro, § 18). È, infatti, appena il caso di ripetere che si tratta ancora proprio di questo, ossia di individuare l'oggetto del processo. Poiché, come si disse allora, in base al principio *jura novit Curia*, il mutamento della semplice qualificazione giuridica, o *nomen juris*, può avvenire ad iniziativa del giudice, senza che ciò muti l'oggetto del processo (il quale oggetto è determinato con l'individuazione dei fatti costitutivi), ne deriva che un'azione proposta con riferimento ad un determinato fatto costitutivo (il giorno tale ti consegnai quella cosa in forza di un certo contratto con queste e queste modalità) non cambia per il fatto che *quel medesimo* contratto, storicamente individuato, sia qualificato, ad es., come comodato o come locazione. E perciò, se si fosse prodotto il giudicato su un'azione proposta con riferimento a quel fatto costitutivo ed in applicazione delle norme sul comodato, l'azione che venisse poi proposta tra gli stessi soggetti per la consegna della medesima cosa, con riferimento a quel medesimo contratto, ma invocandosi l'applicazione delle norme sulla locazione, sarebbe ancora quella stessa azione che è coperta dal giudicato, e perciò sarebbe preclusa. Non così, invece, se ad es., dopo quel giudicato, si proponesse un'azione per sostenere che *in un'altra occasione* venne concluso un *altro e diverso* contratto, qualificabile indifferentemente come comodato o come locazione: in tal caso l'azione, anche se diretta alla consegna della stessa cosa, sarebbe un'azione diversa e perciò come tale non sarebbe affatto impedita dal giudicato formatosi rispetto alla prima azione. Diversa perché diverso sarebbe il fatto costitutivo, ossia l'episodio storicamente individuato nel suo complesso, che viceversa non muterebbe qualora venissero allegati taluni fatti, che non incidono sul «nucleo dei fatti» o che comunque – come afferma la giurisprudenza della Cassazione – risultano connessi alla stessa «vicen-

... tra i quali hanno rilievo i *fatti principali* (nucleo dei fatti) e non, di solito, i *fatti secondari* ...

da sostanziale oggetto del giudizio» (Cass. sez. un. 15 giugno 2015 n. 12310).

Il fatto costitutivo del diritto affermato, d'altra parte, non è sempre elemento sufficiente per individuare la *causa petendi*: lo è certamente nei casi in cui la tutela giurisdizionale prescinde dalla violazione e si dice che l'interesse ad agire *è in re ipsa* (retro, § 15, *sub* C) (e si tratta di fatti costitutivi di diritti potestativi necessari ad una modificazione giuridica), nonché nei casi in cui il diritto si identifica col suo fatto costitutivo.

Ma in altri casi, l'individuazione del fatto costitutivo deve essere integrata con l'individuazione del *fatto lesivo* affermato (o, nel caso di accertamento mero, del *fatto di contestazione* o del *vanto*), poiché, come si ricorderà, è quest'ultimo elemento che normalmente concreta l'interesse ad agire, che pure costituisce un aspetto della ragione del domandare e perciò un elemento della *causa petendi* (si parla, a questo riguardo, di *causa petendi* passiva).

... eventualmente da integrarsi con i *fatti lesivi* (c.d. *causa petendi* passiva).

Si pensi ad un'azione di rivendica proposta da Tizio rispetto ad una determinata cosa nei confronti di Cajo che un certo giorno si è appropriato di quella cosa; e ad un'altra azione dello stesso Tizio di rivendica della stessa cosa, nei confronti dello stesso Cajo, il quale *in un'altra occasione* si era nuovamente appropriato della stessa cosa. Queste azioni sono diverse per diversità della sola *causa petendi* passiva.

Così precisato che *ciò che individua la «causa petendi» è il fatto costitutivo del diritto, generalmente in correlazione col fatto lesivo di quel diritto*, occorre vedere più da vicino come accade che i diversi fatti realizzano la loro efficacia costitutiva, con quali differenze questo fenomeno si verifica con riferimento alle diverse categorie di diritti, e con quali diverse conseguenze nella determinazione della *causa petendi.*

Occorre tenere presente che l'efficacia costitutiva dei fatti opera in maniera differente nelle diverse categorie di diritti.

Il problema sorge perché non sempre il fenomeno del venire in essere di un diritto si verifica secondo lo schema di *un fatto* che è costitutivo di *un diritto.* Poiché, in realtà, talora più fatti possono cospirare nel costituire un solo diritto e poiché, d'altra parte, la *causa petendi* consiste, come si è visto, nel diritto sostanziale, può accadere che il riferimento a fatti diversi non basti per implicare la diversità della *causa petendi* e quindi dell'azione.

Ne deriva che *il criterio orientatore per stabilire se il riferimento a fatti diversi implichi diversità della «causa petendi» (e quindi dell'azione) sta nel verificare, con un'indagine, che è di diritto sostanziale, se il fatto diverso fondi anche un diritto diverso.* D'altro canto, essendo il diritto l'oggetto minimo del processo, se ne è dedotta l'inammissibilità del frazionamento della domanda relativa al medesimo diritto di credito, sebbene la giurisprudenza sia incline ad ammetterlo in presenza di un interesse oggettivamente valutabile in capo all'attore.

Nei diritti relativi (c.d. *diritti eterodeterminati*) il diritto si riconduce ad uno specifico fatto costitutivo.

Ciò premesso, e passando in rapida rassegna i diversi tipi di diritto sostanziale, va anzitutto constatato che la categoria dei diritti rispetto ai quali il fenomeno si verifica, almeno in linea di massima, secondo lo schema (finora ipotizzato) di *un fatto* che è costitutivo di *un diritto*, è quella dei *diritti relativi ed in particolare dei diritti di obbligazione ad una prestazione generica*, poiché ciascuno di questi diritti nasce con il proprio rispettivo fatto costitutivo, che è diverso necessariamente per ogni singolo diritto, sicché è in questo fatto, e solo in questo, che si ravvisa la *causa petendi*: il diritto alla restituzione di una somma in forza di un mutuo è diverso se è diverso l'episodio o l'evento della vita (affermato) che si qualifica come contratto di mutuo.

L'elemento decisivo ed individuatore è appunto questo episodio, che non muta, anche se si prospettano come diversi taluni suoi elementi marginali (affermo che in quel giorno concludemmo un contratto di mutuo di 110 e non di 100, come avevo affermato nella precedente azione; oppure: affermo che ci accordammo per la restituzione al 31 dicembre e non al 31 gennaio, come avevo affermato in precedenza), purché non mutino gli elementi essenziali (il «nucleo dei fatti»), quelli in base ai quali l'episodio, nella sua realtà storica, assume la sua individualità (il contratto di mutuo di 100, al quale ora mi riferisco, non è quello concluso il 3 gennaio e sul quale si è formato il giudicato, ma quello che concludemmo il giorno dopo, pure per 100: ed è chiaro che in questo caso l'episodio diverso fonda un'azione diversa).

In sostanza, nel campo dei diritti relativi (ed in particolare dei diritti di obbligazione ad una quantità determinata di cose di genere), poiché il diritto può venire in essere più di una volta tra gli stessi soggetti, ad ogni fatto costitutivo corrisponde un *diverso* diritto, e quindi una diversa *causa petendi* ed una diversa azione (c.d. *domande eterodeterminate*). In questi diritti, la portata individuatrice dell'azione è polarizzata nella *causa petendi*, che, almeno tendenzialmente, implica il *petitum*.

D'altra parte, questa funzione polarizzatrice della *causa petendi*, incentrata sull'identità del fatto, sussiste anche nei casi in cui il medesimo fatto è preso in considerazione da norme diverse che prefigurino, per quel fatto, un medesimo effetto.

Nei diritti assoluti (esclusi i diritti reali di garanzia) (c.d. *diritti autodeterminati*) ...

Rispetto ai *diritti assoluti* (ed in primo luogo i diritti reali, esclusi quelli di garanzia), la situazione è diversa, poiché questi diritti – in quanto consistono in un rapporto immediato sulla cosa – sono sempre identici, quale che sia il fatto che ne ha costituito la genesi; così il diritto di proprietà su una cosa sarà sempre lo stesso e non potrà esistere più di una volta, sia che sia sorto per compravendita, sia che sia sorto per donazione o successione o usucapione, o per due o più ragioni distinte: *res amplius quam semel mea esse non potest*. Perciò, in questo caso il diritto si individua anche indipendentemente dal fatto genetico: qui, dunque, la portata individuatrice dell'azione è polarizzata nel *petitum* che, almeno tendenzialmente, implica la *causa petendi* (basta affermarsi proprietario di una cosa per determinare anche la *causa petendi* della relativa azione).

... i fatti genetici possono essere molti senza che cambi il diritto né l'azione.

D'altra parte, il giudicato sulla sussistenza o meno del diritto di proprietà su una determinata cosa copre tutti i possibili fatti genetici del diritto di proprietà (successione, compravendita, usucapione, ecc.) (c.d. *domande autodeterminate*).

Conseguentemente, se, ad es., la mia domanda di rivendica a titolo di compravendita è stata respinta e su tale pronuncia si è formato il giudicato, non posso esercitare la rivendica a titolo di usucapione o di successione, salvo naturalmente che si tratti di fatti successivi al giudicato (dopo il giudicato che ha respinto la mia rivendica, ho comperato la cosa e perciò posso nuovamente rivendicarla) o di diversità di *causa petendi* passiva (secondo l'esempio già fatto poc'anzi).

Con riguardo a queste situazioni, si suole, infatti, richiamarsi alla regola che *il giudicato copre il dedotto e il deducibile, ma non ciò che non era ancora deducibile*. E dunque, proprio perché in questo caso il diritto si identifica indipendentemente dai fatti genetici, tutti i possibili fatti genetici sono deducibili nel corso del processo senza che ne consegua mutamento della domanda.

Anche nei diritti alla modificazione giuridica diversi fatti genetici possono fondare lo stesso diritto e la stessa azione.

Con riguardo, infine, ai *diritti alla modificazione giuridica* (o diritti potestativi) che fondano le azioni costitutive, la *causa petendi* può atteggiarsi in una maniera che potrebbe considerarsi intermedia rispetto ai due estremi del suo tendenziale identificarsi col singolo fatto genetico (come nei diritti relativi) o, viceversa, con tutti i possibili fatti genetici (come nei diritti assoluti).

Qui, infatti, la *causa petendi* può investire *una serie di fatti genetici* in quanto considerati dalla legge come costitutivi del medesimo diritto. Così, ad es., l'art. 1427 c.c., nel dire che il contratto può essere annullato per errore, per violenza o per dolo, configura un unico schema di diritto all'annullamento del contratto, ma – almeno secondo l'opinione prevalente – concretamente strutturato in tre diritti diversi: il diritto all'annullamento per errore, quello all'annullamento per violenza e il diritto all'annullamento per dolo e conseguentemente tre azioni diverse, ciascuna delle quali avrà la sua propria *causa petendi* in tutta la serie dei possibili fatti di errore, o in tutta la serie dei possibili fatti di violenza o in tutta la serie dei possibili fatti di dolo. Considerazioni analoghe possono essere compiute, *mutatis mutandis*, con riguardo all'azione di risoluzione o di rescissione del contratto.

A proposito delle impugnative negoziali, le Sezioni unite della Cassazione, partendo dal presupposto della rilevabilità d'ufficio della nullità del contratto, ai sensi dell'art. 1421 c.c. (Cass. sez. un. 4 settembre 2012

n. 14828), hanno affermato che, in caso di accoglimento della domanda (di adempimento, risoluzione, rescissione o annullamento), si forma il giudicato implicito sulla validità del contratto (salva rilevazione ufficiosa della nullità da parte del giudice d'appello), mentre, in caso di rigetto della domanda senza che sia stata rilevata o dichiarata la nullità, non vi è alcun accertamento (neanche incidentale) sulla nullità (Cass. sez. un. 12 dicembre 2014 n. 26242 e n. 26243). La stessa Cassazione ha esteso tale principio anche all'impugnazione per nullità della delibera societaria assembleare (Cass. 4 maggio 2016 n. 8795), di quella condominiale (Cass. 6 dicembre 2016 n. 24960) e all'accertamento della nullità del testamento, impugnato per annullamento (Cass. 5 aprile 2017 n. 8841).

Infine, con riguardo più specifico al tema dei limiti oggettivi del giudicato, allo svolgimento che precede sembra sufficiente aggiungere, da un lato, il rilievo che anche l'oggetto del giudizio trova un suo fondamento positivo, sia pure indiretto, nell'art. 2909 c.c., in quanto enuncia che *ciò che «fa stato» è l'accertamento contenuto nella sentenza passata in giudicato*; e, dall'altro lato, il rilievo che ciò che passa in giudicato è la concreta decisione sulla domanda proposta, quale emerge dal dispositivo della sentenza (v. oltre, § 68), ma nel suo riferimento (desumibile anche dalla motivazione) al *petitum* e alla *causa petendi*, escluse in ogni caso le affermazioni estranee alla logica della motivazione, ossia i c.d. *obiter dicta*.

30. *Connessione, cumulo e concorso di azioni.*

Abbiamo visto che, perché due o più azioni possano dirsi identiche, e cioè in realtà una sola, occorre una piena identità di tutti i loro elementi, soggettivi e oggettivi. Ne deriva che il fenomeno per il quale due o più azioni hanno in comune solo alcuni elementi fa sì che esse non siano identiche; e perciò l'esercizio dell'una non preclude quello dell'altra.

Quando due o più azioni hanno in comune solo alcuni elementi, tale comunanza parziale (*connessione*) ...

Tuttavia, il fenomeno della comunanza parziale di elementi tra due o più azioni, se non interessa l'ordinamento sotto il profilo della litispendenza o del giudicato, lo interessa ugualmente sotto un altro profilo: quello della *eventuale opportunità* (che l'ordinamento fonda su quella comunanza) *che le due o più cause siano esaminate e trattate insieme*, ossia nello stesso processo. Ed è appunto perciò che il codice si occupa del fenomeno – chiamato *connessione* delle azioni o delle cause – oltre che sotto il profilo dell'*eventuale* cumulo di azioni nello stesso processo, anche sotto l'ulteriore profilo dell'*eventuale* conseguente *possibilità* (per realizzare il cumulo) di una deroga alle normali regole della competenza, che esamineremo nella sezione seconda del capitolo successivo.

... ha rilievo sotto il profilo dell'eventuale opportunità di trattarle insieme (*cumulo*).

La connessione tra le azioni può dipendere sia dalla comunanza di entrambi gli elementi soggettivi e sia dalla comunanza di almeno uno degli elementi oggettivi (stesso *petitum* e/o stessa *causa petendi*).

Il primo caso (*connessione soggettiva*) si verifica quando due o più cause hanno in comune *entrambi* i soggetti; è chiaro, infatti, che se il soggetto in comune fosse uno solo, ciò ovviamente non basterebbe a fondare una ragione di trattare insieme più cause. Pertanto, la connessione soggettiva sussiste nel caso di cause proposte, o da proporre, *da uno stesso soggetto contro uno stesso soggetto* (e naturalmente tenendo conto di quanto si disse al § 28 circa la necessità che i soggetti operino nel medesimo nome e qualità).

In tal caso, l'eventuale trattazione delle due o più cause nello stesso processo implicherebbe che, oltre gli stessi soggetti, che sono già nello stesso processo, anche gli elementi oggettivi – che sono diversi – venissero cumulati in quel processo.

La *connessione soggettiva* può rendere possibile la trattazione congiunta col cumulo oggettivo (art. 104 c.p.c.).

Si verificherebbe, cioè, un fenomeno di *cumulo oggettivo conseguente alla connessione soggettiva*, e che consiste in sostanza, nella proposizione di *più azioni diverse* da una stessa parte e contro una stessa parte nel medesimo processo.

Nel nostro codice, questo fenomeno è previsto e disciplinato dall'art. 104 c.p.c. che, nell'eventualità della connessione soggettiva («... *contro la stessa parte*» e, sottintendendo, «*dalla stessa parte*») ravvisa per l'appunto una ragione di opportunità di cumulo oggettivo, disponendo che *contro la stessa parte possono* (si tratta – si noti – di una semplice facoltà) *proporsi nello stesso processo più domande «anche non altrimenti connesse»*, ossia anche quando la connessione è solo soggettiva.

A questa ragione di opportunità l'art. 104 pone un solo ordine di limiti: quello che deriva dalla necessità di rispettare le regole della competenza del giudice (v. cap. 7°, sez. seconda).

Al riguardo, dunque, la norma in esame riafferma espressamente (attraverso il richiamo all'art. 10, 2° comma: v. oltre, § 36) la necessità di tener conto che il cumulo delle domande può portare il valore della causa – che, come vedremo, costituisce uno dei criteri di ripartizione della competenza – oltre il limite stabilito per la competenza del giudice che sarebbe stato adito se le diverse domande cumulate nello stesso processo, sulla base della connessione soggettiva, fossero state proposte autonomamente.

D'altra parte, la *connessione oggettiva* ...

Così come la connessione soggettiva dà luogo alla possibilità di cumulo oggettivo, la *connessione oggettiva* dà luogo alla possibilità del *cumulo soggettivo*, ossia alla possibilità che, in relazione alla comunanza di uno o di tutti gli elementi oggettivi, si sovrappongano nello stesso processo anche gli elementi soggettivi (che sono diversi): il che in pratica significa possibilità per più soggetti di agire insieme, nello stesso processo, o, viceversa, possibilità per l'attore di conveni-

... rende possibile il cumulo soggettivo ...

re nello stesso processo più convenuti. E poiché questo fenomeno della presenza di più parti nello stesso processo si chiama (come vedremo al cap. 8°, § 54) *litisconsorzio*, e questa eventualità si risolve, d'altra parte, in una facoltà per chi agisce, ciò spiega perché la legge chiama questo fenomeno «*litisconsorzio facoltativo*».

... o *litisconsorzio facoltativo* (art. 103 c.p.c.), ...

Così, infatti, nel codice è rubricato l'art. 103, ove si dispone che *più parti possono agire o essere convenute nello stesso processo* nei casi di connessione oggettiva: più precisamente, *quando tra le cause che si propongono esiste connessione per l'oggetto* (ossia il *petitum* mediato) *oppure per il titolo* (ossia la *causa petendi*); ed inoltre, in quel caso (che si suole chiamare di *connessione impropria*) in cui, essendo in comune soltanto la necessità di risolvere «identiche questioni», non si può parlare di comunione di elementi individuatori e quindi di vera e propria connessione; il che non impedisce al codice di attribuire rilievo alle palesi ragioni di opportunità pratica che consigliano la trattazione delle cause nello stesso processo.

... ciò che è possibile anche nel caso di *connessione impropria* (comunanza solo di questioni).

Il codice, oltre ad occuparsi, nell'art. 104, della connessione oggettiva (propria ed impropria) sotto un profilo generale, come si è visto or ora, prende anche in considerazione talune figure particolari e qualificate di connessione oggettiva, in diverse norme e sotto diversi profili, tutti però accomunati dall'opportunità di consentire l'eventuale trattazione congiunta delle cause connesse.

Figure particolari di connessione sono, oltre alla riconvenzione, ...

Di una di queste particolari figure di connessione – la *riconvenzione* – abbiamo già avuto occasione di occuparci (v. retro, § 26); di altre ci occuperemo in seguito, quando esamineremo i diversi argomenti con riguardo ai quali il codice le prende in considerazione: l'*accessorietà* (v. § 40), la *pregiudizialità* (v. § 41) e la *garanzia* (v. §§ 40 e 56) con riguardo ai riflessi sulle regole di competenza, nonché, per la garanzia, anche con riguardo alla disciplina dell'*intervento di terzi* (v. il § 56).

... l'accessorietà, la pregiudizialità e la garanzia.

La comunanza di taluni elementi di due o più azioni può anche far sì che la conseguente connessione assuma rilievo – oltre che sotto il profilo, ora esaminato, dell'eventuale possibilità di trattare le due o più cause in un unico processo – anche sotto un altro profilo: quello dell'eventualità che all'esercizio di un'azione consegua il risultato pratico anche dell'altra azione, con la conseguenza che questa diviene inutile obiettivamente e quindi priva del requisito dell'interesse ad agire e comunque infondata. Questo fenomeno è di solito indicato con l'espressione *concorso di azioni*.

La comunanza di alcuni elementi può dar luogo al *concorso di azioni* ...

Si può avere, anzitutto, un concorso di azioni per connessione di *petitum* e di *causa petendi* quando lo stesso diritto potestativo necessario viene attribuito a soggetti diversi, tutti co-legittimati ad agire. Si pensi all'azione di interdizione della persona in stato di abituale infermità di mente, che spetta nello stesso tempo al coniuge, ai parenti entro il quarto grado, agli affini entro il secondo grado, al curatore, al tutore ecc., oltre che al P.M. (art. 417 c.c.). Se uno di questi soggetti ha esercitato l'azione ed ottenuto l'interdizione, evidentemente nessuno degli altri soggetti legittimati può ancora chiedere l'interdizione, per difetto di interesse ad agire.

Inoltre, si può avere un concorso di azioni per connessione oggettiva rispetto al *petitum* quando all'identità dei soggetti e del *petitum* corrispondano diverse *causae petendi*. Si pensi al caso in cui Tizio abbia dato una cosa in locazione a Cajo e poi anche in comodato allo stesso Cajo. Una volta esercitata con successo l'azione *ex commodatu*, non ha più interesse ad esercitare l'azione *ex locato*, azione che viceversa potrebbe esercitare nell'ipotesi che l'azione *ex commodatu* fosse stata respinta: appunto perché si tratta di concorso e non di identità di azioni.

D'altra parte, può anche accadere che azioni concorrenti sorgano dagli stessi fatti storici, in quanto rientranti in diverse previsioni normative, come, ad es., nel caso della domanda di risarcimento sotto il profilo contrattuale ed extracontrattuale.

... proponibili eventualmente in *cumulo alternativo* o in *cumulo condizionale*.

Nel caso, poi, che due o più azioni concorrenti vengano proposte nello stesso processo, si verifica il fenomeno del *cumulo «alternativo»* di azioni o di domande. Al quale fenomeno si contrappone quello, ancora diverso, del *cumulo condizionale*, che si verifica quando due o più domande vengono proposte nello stesso processo alla condizione che una di queste sia stata previamente accolta (c.d. *cumulo «successivo» o condizionale in senso stretto*) o respinta (c.d. *cumulo «eventuale» o subordinato*).

In questi casi la pronuncia del giudice sulla domanda condizionata non presuppone il passaggio in giudicato della pronuncia sulla domanda condizionante, ma può avvenire con la medesima sentenza. Si ritiene, d'altra parte, che il convenuto possa trasformare nello stesso processo la domanda condizionata in domanda non condizionata, per cautelarsi rispetto all'eventuale riproposizione in autonomo processo della stessa domanda, che altrimenti resterebbe assorbita.

Bibliografia di orientamento

E. ALLORIO, *La cosa giudicata rispetto ai terzi*, Milano, 1935; S. MENCHINI, *I limiti oggettivi del giudicato civile*, Milano, 1987; S. MENCHINI, *Il giudicato civile*, Torino, 1988; S. MENCHINI, *Regiudicata civile*, in *Dig. disc. priv., sez. civ.*, XVI, Torino, 1997; C.E. BALBI, *Connessione e continenza nel dir. proc. civ.*, in *Dig. disc. priv., sez. civ.*, III, Torino, 1988; G. FABBRINI, *Connessione (dir. proc. civ.)*, in *Enc. Giur. Treccani*, VIII, Roma, 1988, con postilla di E. MERLIN; A. GIUSSANI, *Connessione (dir. proc. civ.)*, in *Diritto on line Treccani*, 2016; G. TARZIA, *Il litisconsorzio facoltativo nel processo di primo grado*, Milano, 1972; G. TARZIA, *Appunti sulle domande alternative*, in *Riv. dir. proc.*, 1964; C. CONSOLO, *Il cumulo condizionale di domande*, Padova, 1985; A. CARRATTA, *Sub art. 112*, in *Comm. del c.p.c.*, a cura di S. CHIARLONI, Bologna, 2011; E. ZUCCONI GALLI FONSECA, *Pregiudizialità e rinvio*, Bologna, 2011; B. GAMBINERI, *Le obbligazioni solidali ad interesse comune. Profili sostanziali e processuali*, Milano, 2012; U. COREA, *Obbligazioni solidali e giusto processo*, Napoli, 2012; U. COREA, *Processo civile e obbligazioni solidali*, Pisa, 2018; L. BACCAGLINI, *Il processo sulle obbligazioni solidali «paritarie» e l'azione di regresso*, Padova, 2015; A. CARRATTA, Requiem *per la distinzione fra garanzia propria e impropria in sede processuale*, in *Giur. it.*, 2016; S. MENCHINI, *Chiamata in garanzia (dir. proc. civ.)*, in *Diritto on line Treccani*, 2017; A. PROTO PISANI, *I limiti soggettivi di efficacia della sentenza civile. Una parabola di studi*, Milano, 2015; G. TRISORIO LIUZZI, *Centralità del giudicato al tramonto?*, Napoli, 2016; E. D'ALESSANDRO, *L'oggetto del giudizio di cognizione*, Torino, 2016; L. PICCININNI, *L'eccezione di giudicato nel processo civile*, Napoli, 2016; G. VERDE, *Considerazioni inattuali su giudicato e poteri del giudice*, in *Riv. dir. proc.*, 2017; M. DE CRISTOFARO, *Giudicato e motivazione*, *ibidem*; C. CAVALLINI, Perpetua ad excipiendum. *Variazioni in tema di giudicato e motivazione*, *ivi*, 2018; M. GABOARDI, *Il concorso di azioni*, I, Milano, 2018; M.L. SERRA, *«Valori funzionali» del processo e domanda giudiziale*, Napoli, 2018; S. DELLA BONTÀ, *L'introduzione della causa tra sostanziazione e individuazione*, Napoli, 2018; C. CAVALLINI, *Diritto, rimedio e* res judicata, in *Riv. dir. proc.*, 2020; M. GRADI, *Il contrasto teorico fra giudicati*, Bari, 2020.

CAPITOLO VII
IL GIUDICE, I SUOI AUSILIARI E GLI UFFICI COMPLEMENTARI

Sezione prima
LA GIURISDIZIONE

SOMMARIO: 31. La giurisdizione e i suoi limiti. La «*perpetuatio jurisdictionis*». – 32. I limiti della giurisdizione, in particolare. – 33. Derogabilità della giurisdizione e rilevabilità del difetto di giurisdizione. La litispendenza internazionale. – 34. Le questioni di giurisdizione. Il regolamento di giurisdizione. La «*translatio judicii*» in conseguenza del difetto di giurisdizione.

31. *La giurisdizione e i suoi limiti. La* «perpetuatio jurisdictionis».

L'esame della posizione giuridica nel processo di ciascuno dei suoi tre fondamentali protagonisti, compiuto nei capitoli precedenti, riguardava il processo (di cognizione) nella sua globalità. Perciò, tale esame si è concentrato sull'oggetto sostanziale del processo, in quanto è appunto tale oggetto che qualifica sia le azioni del soggetto che chiede (o contro cui si chiede) la tutela e sia il dovere decisorio del giudice che presta tale tutela.

L'esame che, invece, incominciamo ora ad intraprendere, pur concernendo ancora una volta i soggetti del processo, si riferisce ad essi con riguardo più specifico alla disciplina che il codice detta riguardo a ciascuno di essi (e non soltanto ai tre essenziali protagonisti dei quali ci siamo fino ad ora occupati, ma anche a coloro che in qualche modo cooperano con questi ultimi, o che comunque svolgono un ruolo nel processo) e cioè alle norme che riguardano la loro individuazione, il modo concreto col quale ciascuno di essi si inserisce nel processo, divenendo titolare di situazioni processuali, la tecnica con cui opera. Insomma con riguardo a tutte quelle norme che si riferiscono a ciascuno di essi e caratterizzate da quella portata generale che ne giustifica l'inclusione fra le disposizioni generali contenute nel primo libro del codice.

Incominciando col giudice, il primo problema che si pone rispetto ad esso e al quale giustamente il codice dedica i suoi primi articoli, è quello di stabilire chi è, o chi sono, i giudici, e se e quando essi hanno il potere di decidere una determinata controversia.

La giurisdizione civile è esercitata dai giudici ordinari (art. 1 c.p.c.) ...

La prima individuazione che il codice fa dei giudici ai quali è affidata la giurisdizione civile è compiuta dall'art. 1, che si riferisce genericamente ai *giudici ordinari*, dicendo che essi l'esercitano secondo le norme del codice, salve speciali disposizioni di legge. Con questa norma, che riprende il dettato dell'art. 102, 1° comma, Cost. – «*la funzione giurisdizionale è esercitata da magistrati ordinari istituiti e regolati dalle norme sull'ordinamento giudiziario*» – si dice in sostanza che, nel nostro ordinamento, i giudici sono diversi e che quelli della cui attività si occupa il codice sono soltanto quelli ordinari.

Nel cap. 1° abbiamo esaminato la giurisdizione civile, come attività giurisdizionale statale nel suo complesso. Ora, invece, essa viene in rilievo *come potere specifico di decidere le singole controversie o cause* che in concreto vengano proposte.

A quale organo spetta l'esercizio del potere giurisdizionale dello Stato in questo suo aspetto concreto? Rispetto a quali controversie sussiste?

... con un'attribuzione generale ...

A queste domande l'art. 1 del codice incomincia col dare una prima risposta generica. In questo modo, la disciplina della giurisdizione civile presenta subito un primo carattere fondamentale: quello della *generalità*, ossia il carattere nel quale si condensa il disposto dell'art. 102, 1° comma, Cost. e dell'art. 1 c.p.c., secondo cui il *potere giurisdizionale dello Stato spetta di regola ai giudici ordinari rispetto a tutte le cause*, a meno che specifiche norme sottraggano determinate cause o gruppi di cause ai giudici ordinari dello Stato per attribuirle o a giudici stranieri o a giudici non ordinari dello stesso Stato oppure affidino determinate materie ad altri organi dello Stato.

... dimensionata da un sistema di limiti.

Perciò, l'elemento della generalità fa sì che *il tema della giurisdizione – sotto il profilo concreto ora in esame – si pone essenzialmente come un sistema di limiti alla generale spettanza di tutte le cause civili ai giudici ordinari*. I quali limiti – che rilevano anche al fine di garantire il «giudice naturale precostituito per legge» (art. 25 Cost.) – si riferiscono, da un lato, agli organi diversi dai giudici ordinari italiani, ai quali spettano i poteri decisori della concreta controversia, e cioè: *i giudici di altri Stati* (ivi compresi gli arbitri che hanno sede all'estero), gli *organi dello Stato italiano che non sono giudici* (ad es., la Pubblica Amministrazione), nonché i *giudici italiani non ordinari* (ad es., i giudici amministrativi). Dall'altro lato, tali limiti concernono i criteri in base ai quali i suddetti poteri decisori debbono essere attribuiti a taluno di questi organi. Nei paragrafi che seguono esamineremo singolarmente questi limiti.

La *perpetuatio jurisdictionis* (art. 5 c.p.c.).

In premessa, tuttavia, va evidenziato un criterio d'ordine generale enunciato dall'art. 5 c.p.c. e secondo cui la giurisdizione (come anche la competenza, come vedremo al § 35) si determina con riguardo alla *legge vigente* e allo *stato di fatto esistente al momento della proposizione della domanda*, restando senza conseguenze gli eventuali mutamenti successivi, di diritto o di fatto, rilevanti ai fini della determinazione della giurisdizione (e della competenza, come vedremo) del giudice: è questa la c.d. *perpetuatio jurisdictionis*.

32. *I limiti della giurisdizione, in particolare.*

I limiti all'esercizio della giurisdizione dei giudici civili possono derivare: a) dalla mancanza di domicilio o residenza in Italia del convenuto; b) dai rapporti con i giudici speciali amministrativi; c) dall'esigenza di salvaguardare le attribuzioni specifiche della P.A. Vediamoli separatamente.

a) *Con riguardo alla mancanza di domicilio o residenza in Italia del convenuto.*

I limiti: A) *la mancanza di domicilio o residenza in Italia.*

Ferma la possibilità per lo straniero di farsi attore davanti ai giudici italiani per tutelare propri diritti senza limite alcuno (art. 24, 1° comma, Cost.: «*tutti* possono agire in giudizio ...», non solo i *cittadini*), diverso è, invece, il discorso con riferimento al convenuto straniero, rispetto al quale l'esercizio della giurisdizione italiana è condizionato, in termini generali, al suo domicilio o residenza in Italia.

Infatti, la L. 31 maggio 1995 n. 218, di riforma del diritto internazionale privato, innovando rispetto all'originaria impostazione del codice, ha attribuito rilevanza solo al domicilio o alla residenza in Italia del convenuto.

Sotto altro profilo, viene in rilievo il caso in cui il convenuto sia addirittura uno Stato straniero. A questo riguardo si deve ritenere recepita nell'ordinamento italiano (che, per l'art. 10, 1° comma, Cost., «si conforma alle norme del diritto internazionale generalmente riconosciute») la consuetudine internazionale che, in omaggio alla sovranità dello Stato straniero, esclude che esso possa, come tale – *ossia nell'esercizio della sua sovranità* –, *essere convenuto davanti al giudice ordinario di un altro Stato, pur potendo, davanti a quel giudice agire come attore o comunque essere convenuto nei casi in cui operi come un normale soggetto di diritto privato.*

Lo Stato straniero non può essere convenuto davanti a giudici italiani per l'attività compiuta nell'esercizio della sua sovranità.

Escluso, dunque, il caso particolare dello Stato straniero, agli effetti della sussistenza della giurisdizione civile italiana non è più rilevante la qualità di cittadino o di straniero del convenuto, in quanto la L. 218/1995, abrogando gli artt. 3 e 4 del c.p.c., ha eliminato ogni riferimento alla cittadinanza delle parti, per riferirsi soltanto al criterio del domicilio o della residenza in Italia del convenuto straniero.

Nei confronti del convenuto straniero c'è la giurisdizione italiana quando egli ha residenza o domicilio in Italia ...

Per la legge italiana, che – in armonia col c.d. principio di territorialità, di cui all'art. 12 L. 218/1995 – è quella che disciplina il processo in Italia, questo criterio si traduce nell'enunciato secondo il quale «*la giurisdizione italiana sussiste quando il convenuto è domiciliato o residente in Italia o vi ha un rappresentante che sia autorizzato a stare in giudizio a norma dell'art. 77 del codice di procedura civile e negli altri casi in cui è prevista dalla legge*» (art. 3, 1° comma, L. 218/1995).

... salva l'estensione dei criteri di cui alla Convenzione di Bruxelles del 1968.

Occorre rilevare che quest'enunciazione è destinata a trovare applicazione solo laddove non vi siano convenzioni o accordi internazionali che regolino diversamente il profilo della giurisdizione (art. 2 L. 218/1995). In effetti, il 2° comma dell'art. 3 fa esplicito richiamo ai criteri specifici di riconoscimento della giurisdizione nei confronti del convenuto straniero stabiliti dalla Convenzione di Bruxelles del 27 settembre 1968 per le controversie civili e commerciali (escluse, però, stato e capacità delle persone, regime patrimoniale tra i coniugi, testamenti e successioni, procedure concorsuali, sicurezza sociale e arbitrato).

In questo caso, la giurisdizione italiana sussiste *allorché il convenuto non sia domiciliato nel territorio dello Stato, quando si tratti di materie comprese nel campo di applicazione della Convenzione*. Rispetto alle altre materie, invece – stabilisce sempre il 2° comma del citato art. 3 –, la giurisdizione italiana sussiste anche in base ai criteri stabiliti dal c.p.c. per la competenza per territorio (v. oltre, § 37); ossia, in queste «altre materie», perché sussista la giurisdizione italiana è sufficiente che sussista la competenza per territorio del giudice italiano.

La giurisdizione italiana sussiste anche quando le parti l'abbiano convenzionalmente accettata (art. 4).

Dopo aver stabilito nell'art. 3 L. 218/1995 i criteri di collegamento che regolano l'esercizio della giurisdizione del giudice civile italiano nei confronti del convenuto straniero, l'art. 4 della stessa legge ammette la possibilità che, anche in assenza di detti criteri di collegamento, la giurisdizione italiana sussista se le parti l'abbiano convenzionalmente accettata e tale accettazione sia provata per iscritto ovvero quando il convenuto compaia nel processo e non eccepisca nel primo atto difensivo il difetto di giurisdizione. D'altra parte, l'art. 5 esclude comunque la giurisdizione italiana rispetto ad azioni reali aventi ad oggetto beni immobili situati all'estero.

Nello *spazio giudiziario europeo* opera il Reg. 1215/2012.

Con specifico riferimento allo *spazio giudiziario europeo*, la materia era stata già disciplinata dalla Convenzione di Bruxelles del 1968. Tale disciplina – il cui campo di applicazione è, come ricordato poc'anzi, *limitato alla materia civile e commerciale* – è stata in parte modificata dal Reg. 44/2001, oggi sostituito dal Reg. 1215/2012.

Con riguardo alla giurisdizione il Reg. 1215/2012 stabilisce la regola generale; ...

Con riguardo alla *giurisdizione o competenza giurisdizionale dei giudici degli Stati membri dell'Unione*, il Reg. 1215/2012 stabilisce, anzitutto, *la regola generale* (art. 4), per la quale tutte *le persone aventi il domicilio in uno degli Stati membri* possono essere convenute davanti ai giudici di quello Stato, quale che sia la loro nazionalità.

Aggiunge, inoltre, alcune *regole speciali* (artt. 7, 8 e 9), per le quali in taluni casi le persone domiciliate in uno Stato membro *possono essere convenute davanti ai giudici di un altro Stato membro.*

... aggiunge, inoltre, alcune regole speciali ...

In particolare, possono essere convenute: 1) *in materia contrattuale*, davanti al giudice del luogo in cui l'obbligazione dedotta in giudizio è stata o deve essere eseguita; 2) *in materia di responsabilità per fatto illecito*, davanti al giudice del luogo in cui è avvenuto (o può avvenire) l'evento dannoso; 3) in materia di *azioni civili nascenti da reato*, per le quali il responsabile può essere citato innanzi al giudice davanti al quale è esercitata l'azione penale; 4) *in materia di agenzia o succursale*, davanti al giudice in cui essa è situata.

Fissa, ancora, alcune ipotesi di *competenza giurisdizionale esclusiva*, da applicare a prescindere dal domicilio del convenuto (ad es., in materia di diritti reali immobiliari, la competenza è del giudice del luogo dove è situato l'immobile: art. 24) e alcune regole che disciplinano le possibili modificazioni della competenza giurisdizionale per ragioni di *connessione fra cause* o per ragioni di *garanzia* o per la proposizione della domanda riconvenzionale, finalizzate a favorire la trattazione unitaria delle diverse domande (art. 8).

... alcune ipotesi di *competenza giurisdizionale esclusiva* e alcune regole sulla *connessione fra cause*.

Infine, prevede che, in ipotesi di *litispendenza*, ossia di contemporanea pendenza della stessa causa davanti a giudici appartenenti a Stati membri diversi, prevalga la causa proposta per prima (criterio della prevenzione) (art. 29) e che possa aversi la *deroga* alla competenza giurisdizionale (ad esclusione di quella esclusiva), in forma espressa, mediante clausola da stipulare per iscritto (art. 25), o tacita, per effetto del mancato rilievo da parte del convenuto comparso, a meno che egli non sia comparso al solo fine di eccepire il difetto di giurisdizione (art. 26).

Regola, infine, le ipotesi di *litispendenza* e di *deroga per accordo tacito o espresso.*

Sempre con riferimento allo spazio giudiziario europeo e sempre in *materia civile e commerciale* vanno inoltre richiamati alcuni Regolamenti speciali, come il Reg. 1/2003 in materia di c.d. antitrust, nonché, *per le materie matrimoniali e di potestà genitoriale*, il Reg. 2201/2003 (che nel 2022 sarà sostituito dal Reg. 1111/2019), il quale estende la sua disciplina a tutte le decisioni in materia di responsabilità genitoriale, *indipendentemente da qualsiasi nesso con un procedimento matrimoniale.* Il Reg. 805/2004 sul titolo esecutivo europeo (t.e.e.) per crediti (civili o commerciali) non contestati e il Reg. 1896/2006, che disciplina il procedimento ingiuntivo europeo (i.p.e.) (v. vol. III, § 47).

Altri Regolamenti UE di rilevanza processuale.

b) *Con riguardo ai giudici speciali amministrativi.*

Il secondo ordine di limiti riguarda il fatto che una delle parti – e normalmente il convenuto – sia la Pubblica Amministrazione e si tratti di far valere situazioni diverse dai diritti. Abbiamo detto «nor-

B) *Con riguardo ai giudici speciali amministrativi*, quando parte della controversia sia la P.A. e si tratti di tutelare *interessi legittimi*.

malmente il convenuto» perché la P.A., quando opera come tale (e perciò salvi i casi in cui entra in rapporto di diritto privato con altri soggetti) non ha di regola bisogno di agire in veste di attore, poiché essa, per tutelare i proprî diritti, dispone di strumenti più efficaci della tutela giurisdizionale. Ed infatti, i suoi atti, che si presumono legittimi, sono esecutorî, ossia possono essere portati ad esecuzione, anche coattiva, direttamente da parte dei suoi proprî organi. Perciò, l'ipotesi normale è che il bisogno di tutela giurisdizionale si presenti *contro* la P.A. quando accade che questa, con i suoi atti, violi diritti o, come stiamo per vedere, altre diverse situazioni giuridiche, dei privati.

Ora, se la P.A. con i suoi atti viola *diritti soggettivi*, essa può essere generalmente convenuta davanti al giudice ordinario come qualsiasi altro soggetto giuridico. Questa è una delle più importanti conquiste del moderno Stato di diritto, realizzata in Italia con la L. 20 marzo 1865 n. 2248 all. E, sull'abolizione del contenzioso amministrativo (art. 2).

Tuttavia, la P.A. può, con i suoi atti, violare non solo diritti soggettivi, ma altre situazioni giuridiche dei cittadini; situazioni meno qualificate sul piano giuridico, ma che tuttavia si rivelano bisognevoli di tutela proprio in relazione al fatto che di fronte ad esse sta non un soggetto qualunque, ma la P.A. che, per l'ampiezza dei suoi poteri, potrebbe praticamente soffocare talune legittime aspettative dei cittadini.

La giurisdizione dei giudici amministrativi rileva quando la P.A. violi norme (*di azione*) che tutelano gli *interessi legittimi*.

Senza entrare più dettagliatamente nella materia, tradizionalmente lasciata allo studio del diritto amministrativo, basterà qui tener presente che queste legittime aspettative sono quelle comunemente chiamate *interessi legittimi* o interessi occasionalmente protetti, e che si verificano quando l'interesse di un soggetto determinato trova solo una tutela riflessa nel fatto che esso coincide con l'interesse generale, che costituisce viceversa l'oggetto della tutela diretta da parte della legge, nella disciplina delle modalità di esercizio dei poteri degli organi amministrativi. Quando, ad es., una norma, nel disciplinare l'*azione* della P.A. (e in tal senso si parla di *norme di azione*), detta i criteri in base ai quali la commissione di un concorso deve determinare la graduatoria dei concorrenti, tutela *direttamente* l'interesse pubblico a che il concorso sia vinto dal candidato più meritevole; ma tutela anche, sia pure *indirettamente* od *occasionalmente* l'interesse di quel singolo concorrente la cui posizione prioritaria sia stata sacrificata dalla violazione di quei criteri, e che pertanto potrà aspirare alla tutela di questo *interesse legittimo* o *interesse occasionalmente protetto*, mediante la contestazione della validità dell'atto amministrativo.

In tal modo, gli interessi legittimi o interessi occasionalmente protetti assumono una propria posizione che, pur identificandosi ed esaurendosi nella suddetta iniziativa di tutela, rimane, tuttavia, distinta, da un lato, da quella degli interessi protetti direttamente dalle norme che, in quanto disciplinano i rapporti tra P.A. e cittadini, sono dette di *relazione* (e che non sono altro che i diritti soggettivi), e, dall'altro lato, da quegli interessi che sono lasciati totalmente al di fuori della sfera di azione delle norme, ossia i cosiddetti interessi semplici. Questi ultimi, infatti, non trovano altra protezione che quella genericissima che emerge indirettamente dalla regola-principio per cui la P.A. deve usare la discrezionalità, che tipicamente caratterizza i suoi atti, nel modo più idoneo al buon conseguimento del vantaggio pubblico per il quale tale discrezionalità le è concessa; dal che deriva che gli interessi semplici solo eccezionalmente trovano una forma di tutela assimilabile a quella giurisdizionale.

Gli interessi legittimi trovano tutela, di solito, attraverso un giudizio di cognizione davanti ai giudici amministrativi, attraverso il quale i loro titolari possono ottenere l'annullamento dell'atto amministrativo che lede tali interessi, oltre alla conseguente possibilità di esercizio dell'azione risarcitoria.

L'azione di annullamento dell'atto amministrativo ...

Tale annullamento può essere chiesto in quanto esso risulti *affetto da uno dei seguenti vizî:* 1) *violazione di legge* (sotto il profilo visto or ora); 2) *incompetenza* (per difetto, nell'autorità che lo ha emanato, del potere di emanarlo); 3) *eccesso di potere* (il potere amministrativo è stato impiegato per fini diversi da quelli in funzione dei quali è configurato dalla legge).

... oppure l'azione avverso il silenzio della P.A. e quella di nullità dell'atto amministrativo.

Alla tradizionale azione di annullamento dell'atto amministrativo e conseguente azione risarcitoria, il legislatore ha poi aggiunto anche l'azione avverso il silenzio della stessa P.A. e l'azione per la declaratoria di nullità dell'atto amministrativo (art. 31 D.Lgs. 104/2010).

I diritti soggettivi si tutelano davanti ai giudici ordinari ...

Come dicevamo, con riferimento ai *diritti soggettivi* la regola generale è nel senso che, *nei confronti della P.A., essi possono essere fatti valere davanti al giudice ordinario* (art. 2 della citata L. 20 marzo 1865 n. 2248, all. E), ma entro i limiti fissati dagli artt. 4 e 5 della stessa legge del 1865. Si ritiene, quindi, sul fondamento dell'art. 5 della L. 2248/1865, che in questi casi, per tutelare i diritti soggettivi violati dalla P.A., il giudice civile possa «disapplicare» l'atto amministrativo ritenuto illegittimo, nonostante la mancata impugnazione davanti ai giudici amministrativi.

Inoltre, sul fondamento dell'art. 4 della stessa legge, in base al quale «i tribunali si limiteranno a conoscere degli effetti dell'atto in relazione all'oggetto dedotto in giudizio», si suole affermare che i limiti che ne derivano per il giudice concernono in particolare la condanna e l'azione costitutiva ogni qual volta l'oggetto della pronuncia possa interferire con l'autonomia nella quale deve operare la P.A. Conseguentemente, nei casi in cui la P.A. opera nella sfera sua propria, può essere ammissibile anche la condanna ad un *facere* ove si tratti di attività per le quali la P.A. non ha possibilità di scelta o di attività *materiali*.

... mentre gli interessi legittimi davanti ai giudici speciali amministrativi.

Gli interessi legittimi, invece, possono essere fatti valere davanti a giudici speciali amministrativi, ossia, in primo grado, i *Tribunali amministrativi regionali* (T.a.r.) e, in grado d'appello, il *Consiglio di Stato* (in sede giurisdizionale). Contro le decisioni del Consiglio di Stato (come anche contro quelle della Corte dei conti) è poi previsto, dall'art. 111, 8° comma, Cost., il ricorso in cassazione *per soli motivi inerenti alla giurisdizione.*

Attualmente, dunque, la regola generale è che la tutela dei diritti soggettivi nei confronti della P.A. sia affidata ai giudici ordinari, mentre è un'eccezione l'attribuzione al giudice speciale amministrativo, al quale, invece, compete la tutela degli interessi legittimi nei confronti della stessa P.A. E, per stabilire se si tratti di diritti o di interessi, occorre naturalmente riferirsi all'oggetto della domanda, con riguardo al c.d. *petitum* sostanziale, ossia a ciò che effettivamente si chiede.

La Corte dei conti e il Tribunale superiore delle acque pubbliche.

Accanto a questi giudici vanno annoverati altri giudici speciali amministrativi con giurisdizione su interessi legittimi limitata a determinati settori, come la *Corte dei conti*, in materia di contabilità pubblica comprensiva dei giudizi di conto e di responsabilità amministrativa e contabile (la cui disciplina processuale è contenuta nel D.Lgs. 174/2016, c.d. codice della giustizia contabile), e il *Tribunale superiore delle acque pubbliche*, con riguardo all'impugnazione di atti amministrativi in materia di acque pubbliche (art. 143 R.D. 1775/1933).

c) *Con riguardo alle ipotesi di c.d. giurisdizione esclusiva.*

C) *Altri limiti sono determinati dalle ipotesi di c.d. giurisdizione esclusiva.*

Occorre anche rilevare che, in relazione ad alcune specifiche controversie, l'ordinamento contempla – così dando luogo ad un ulteriore limite alla giurisdizione ordinaria – l'affidamento a determinati giudici speciali della giurisdizione *anche* su diritti soggettivi (ossia su diritti e interessi legittimi).

Prima di vedere succintamente quali siano questi particolari oggetti di controversie e quali i relativi giudici speciali, è opportuno ricordare che l'art. 102 Cost., dopo aver enunciato, nel 1° comma, che «la funzione giurisdizionale è esercitata da magistrati ordinari», prosegue, nel 2° comma, disponendo che «*non possono essere istituiti giudici straordinari o giudici speciali. Possono soltanto istituirsi, presso gli organi giudiziari ordinari, sezioni specializzate* per determinate materie, anche con la partecipazione di cittadini idonei estranei alla magistratura».

Per l'art. 102, 2° comma, Cost., non possono istituirsi giudici straordinari e speciali.

Come si vede, la Costituzione, da un lato, vieta l'istituzione di nuovi giudici speciali, pur mantenendo quelli esistenti, mentre, dall'altro lato, orienta il legislatore, nei casi in cui dovesse ravvisare la necessità di giudici tecnicamente qualificati, verso l'istituzione di sezioni specializzate dei giudici ordinari.

Tornando, invece, ai giudici speciali che hanno cognizione *anche in materia di diritti soggettivi* ed esercitano, dunque, una giurisdizione completa ed *esclusiva* nelle rispettive materie, vanno soprattutto, e nuovamente, tenuti presenti i giudici speciali amministrativi: il *Consiglio di Stato* e i *Tribunali amministrativi regionali*. A questi è attribuita – secondo quel che prevede l'art. 133 D.Lgs. 104/2010 – la giurisdizione esclusiva per le controversie relative: a) al procedimento amministrativo; b) ad atti e provvedimenti relativi a rapporti di concessione di beni pubblici; c) ai pubblici servizi; d) ad urbanistica ed edilizia; e) all'espropriazione per pubblica utilità; f) ai pubblici appalti; g) alle altre materie previste dalla legge.

Le Commissioni tributarie di primo e di secondo grado.

Sempre nell'ambito dei giudici speciali ai quali è affidata anche la tutela giurisdizionale di diritti soggettivi una posizione tutta particolare compete, nella materia tributaria, alle *Commissioni tributarie di primo e di secondo grado* (provinciali e regionali), configurate dal D.Lgs. 545/1992. La natura giurisdizionale di tali Commissioni viene riconosciuta sia per il rilievo che la disciplina del processo davanti ad esse è strutturata in modo conforme a quella del processo ordinario, con tutte le relative garanzie, e sia per il prevalere, ormai netto, dell'opinione che ravvisa la natura di diritti soggettivi nelle situazioni sostanziali oggetto del giudizio delle stesse Commissioni.

Sezioni specializzate di giudici ordinari sono poi quelle agrarie, ...

Quanto alle *sezioni specializzate*, menzionate nell'art. 102, 2° comma, Cost., abbiamo già osservato che esse non sono giudici speciali, ma organi degli uffici giudiziari ordinari, caratterizzati, sul piano strutturale, dalla loro particolare composizione. A questa categoria appartengono le *sezioni specializzate agrarie* presso i tribunali e le corti d'appello in materia di determinazione dei canoni e di proroga dei contratti agrari, i *tribunali per i minorenni* (in secondo grado: le sezioni speciali delle corti d'appello), che, a parte le attribuzioni in materia penale e amministrativa, hanno competenza civile (v. l'art. 38 disp. att. c.c.) per alcuni procedimenti che riguardano i minori e per la dichiarazione di decadenza dalla responsabilità genitoriale, le *sezioni specializzate per l'impresa*, le *sezioni specializzate in materia di immigrazione e protezione internazionale*.

... i tribunali per i minorenni, ...

... quelle in materia di impresa e quelle in materia di immigrazione.

d) *Con riguardo alle attribuzioni della Pubblica Amministrazione.*

Opera poi come limite generale la non giurisdizionalità dei poteri propri della P.A.

Infine, i poteri della P.A. operano come limite per così dire normale ai poteri giurisdizionali dei giudici ordinari, non già nel senso che alla P.A. siano eccezionalmente attribuiti poteri giurisdizionali, ma nel senso che i poteri propri della P.A. escludono i poteri giurisdizionali dei giudici ordinari e viceversa, sicché può accadere che anche davanti ai giudici ordinari il potere di questi sia contestato proprio sotto il profilo del difetto della sua natura giurisdizionale e dell'interferenza, invece, con le attribuzioni esclusive della P.A. (v. l'art. 41, 2° comma, e l'art. 368 c.p.c.; v. oltre, § 34 in fine).

33. *Derogabilità della giurisdizione e rilevabilità del difetto di giurisdizione. La litispendenza internazionale.*

Quanto alla possibilità di deroga della giurisdizione ad opera delle parti, occorre distinguere fra le regole di ripartizione della giurisdizione nei confronti dei giudici stranieri e quelle che riguardano i soli giudici interni.

In termini generali, inderogabilità significa impossibilità di sottrarre la giurisdizione al giudice ordinario ad opera delle parti d'accordo tra loro.

D'altra parte, e *sempre in termini generali*, va tenuto presente che l'accordo tra le parti per derogare la giurisdizione potrebbe realizzarsi anche indirettamente, con l'astensione della parte convenuta dal proporre quell'eccezione; il che significa che l'*inderogabilità rimane veramente tale se e nei limiti in cui il rilievo del difetto di giurisdizione sia configurato dalla legge non come eccezione in senso stretto, ma come effettuabile anche d'ufficio dal giudice.* Nel caso contrario, infatti, la conseguente attribuzione alla parte convenuta della facoltà di scegliere se sollevare o non sollevare l'eccezione di difetto di giurisdizione significa in sostanza consentire ad una, sia pure indiretta e successiva, deroga alla giurisdizione; ossia una deroga che si attua nel momento in cui chi non solleva l'eccezione, in tal modo accetta la giurisdizione del giudice davanti al quale è stato convenuto. *Perciò, alla disciplina dell'inderogabilità o derogabilità della giurisdizione* (*e, come vedremo, anche della competenza*) *appartengono anche le norme che si riferiscono al meccanismo della rilevabilità* del relativo difetto.

Il nostro sistema è orientato per la derogabilità limitatamente ai *rapporti con le giurisdizioni straniere.*

Ebbene, nel nostro sistema, con riferimento alle giurisdizioni straniere, l'art. 4, 2° comma, L. 218/1995, già richiamata in precedenza, *prevede la derogabilità convenzionale a favore di giudici stranieri e di arbitrati stranieri*, purché provata per iscritto e purché la causa verta su diritti disponibili. Il 3° comma dello stesso art. 4 aggiunge che la deroga è inefficace (e quindi permane la giurisdizione italiana) se il giudice straniero declina la sua giurisdizione o se, comunque, non può conoscere dalla causa.

D'altra parte, *la giurisdizione straniera può essere di regola tacitamente derogata a favore di quella italiana*, come risulta direttamente dal 1° comma del summenzionato art. 4, che preclude al convenuto comparso in giudizio l'eccezione di difetto di giurisdizione non proposta col primo atto difensivo e come, d'altra parte, risulta indirettamente dal disposto dell'art. 11 della stessa L. 218/1995, secondo cui il difetto di giurisdizione italiano può essere rilevato, in qualunque stato e grado del giudizio, dal convenuto costituito «che non abbia accettato espressamente o tacitamente la giurisdizione italiana». Invece, tale difetto di giurisdizione deve essere rilevato d'ufficio, sempre in qualunque stato e grado del giudizio, nelle cause che concernono beni immobili situati all'estero o nei casi in cui il convenuto sia rimasto contumace, nonché nei casi in cui la giurisdizione italiana sia esclusa per effetto di una norma internazionale.

La c.d. *litispendenza internazionale.*

Sempre con riguardo alle giurisdizioni straniere, rimane da vedere quali siano le conseguenze sulla giurisdizione dei giudici italiani della *previa pendenza della medesima causa innanzi a un giudice straniero.* Al riguardo, l'art. 7 della L. 218/1995 attribuisce rilievo alla c.d. *litispendenza internazionale*, disponendo che, nell'ipotesi di previa pendenza innanzi al giudice straniero (pendenza da valutarsi secondo la legge dello Stato in cui il processo si svolge) di domanda tra le stesse parti e avente il medesimo oggetto e il medesimo titolo, il giudice italiano, se ritiene che la decisione del giudice straniero possa produrre effetto nell'ordinamento italiano, *sospende il giudizio.* Ed aggiunge che, una volta sospeso il giudizio pendente davanti al giudice italiano, se il giudice straniero declina la propria giurisdizione o se il provvedimento straniero non è riconosciuto nell'ordinamento italiano, il giudizio innanzi al giudice italiano prosegue, previa riassunzione ad istanza della parte interessata.

La sospensione è, d'altra parte, pure prevista (ma come facoltativa: «*può sospendere*») nel caso di pregiudizialità di una causa straniera e sempre sul presupposto che la decisione del giudice straniero possa produrre effetti per l'ordinamento italiano (art. 7, 3° comma).

Inoltre, l'art. 8 della medesima L. 218/1995 dispone che *per la determinazione della giurisdizione italiana* si applica l'art. 5 c.p.c. (c.d. *perpetuatio jurisdictionis*: v. retro, § 31), aggiungendo che la giurisdizione sussiste se i fatti e le norme che la determinano sopravvengono nel corso del processo.

Infine, gli artt. 9 e 10 della più volte menzionata L. 218/1995 dispongono circa la giurisdizione italiana a fronte di quella straniera con riguardo rispettivamente alla giurisdizione volontaria e alla materia cautelare. Rispetto alla prima, l'art. 9 prevede che la giurisdizione italiana sussiste, oltre che nei casi specificamente contemplati dalla legge e in quelli in cui è prevista la competenza per territorio di un giudice italiano, quando il provvedimento richiesto concerne un cittadino italiano o una persona residente in Italia o quando esso riguarda situazioni o rapporti ai quali è applicabile la legge italiana.

In materia cautelare, la giurisdizione italiana sussiste solo in casi limitati.

In materia cautelare l'art. 10 dispone che la giurisdizione italiana sussiste quando il provvedimento deve essere eseguito in Italia o quando il giudice italiano ha giurisdizione nel merito.

Con riguardo invece ai rapporti tra giudici ordinari e giudici e speciali, ...

Venendo ora ai rapporti tra giurisdizioni interne all'ordinamento italiano, ossia *ai rapporti tra la giurisdizione dei giudici ordinari e quella dei giudici amministrativi e speciali, nonché ai rapporti con i poteri di altri organi dello Stato (e cioè la P.A.)*, la sola norma che viene in rilievo a questo riguardo è l'art. 37, 1° comma, c.p.c., che, in piena coerenza con la natura inderogabile della giurisdizione, dispone che il difetto di giurisdizione del giudice ordinario può sempre *essere rilevato anche d'ufficio in qualunque stato e grado del processo.* In questi casi, dunque, e solo in questi, l'inderogabilità della giurisdizione è totale e completa, ma nei limiti sia dell'efficacia *panprocessuale* della pronuncia passata in giudicato di altro giudice sulla medesima questione di giurisdizione, sia del c.d. *giudicato interno*, sicché, ferma la rilevabilità in primo grado, nei gradi successivi la rilevazione d'ufficio è possibile solo se la questione di giurisdizione sia fatta oggetto di specifica impugnazione.

... vige la regola dell'*inderogabilità* con la conseguente rilevabilità d'ufficio del difetto di giurisdizione in ogni stato e grado del giudizio.

Con riferimento a quest'ultimo limite, peraltro, occorre anche tener presente che la Cassazione (Cass. sez. un. 9 ottobre 2008 n. 24883), sostenendo la necessità di un'«interpretazione adeguatrice» ai principi costituzionali della ragionevole durata del processo e dell'effettività della tutela, ha stabilito che il rilievo d'ufficio del difetto di giurisdizione non è più possibile allorché il giudice di primo grado abbia deciso nel merito (implicitamente riconoscendo sussistente la giurisdizione) e la questione di giurisdizione non sia stata fatta oggetto di appello, determinandosi in tal caso un «*giudicato implicito*» su detta questione.

Il deferimento agli arbitri riguarda la giurisdizione se gli arbitri giudicano all'estero ...

È opportuno precisare fin da ora che, mentre la disciplina della deroga alla giurisdizione italiana a favore di arbitri che pronuncino all'estero, riguarda la giurisdizione, la stessa cosa non può dirsi con riguardo alla facoltà di deferire una controversia ad arbitri che pronuncino in Italia (art. 819 ter c.p.c.). Ciò va detto perché, nel caso dell'esercizio della suddetta facoltà, espressamente prevista dall'art. 806 c.p.c., come vedremo a suo tempo (vol. III, § 94), il risultato del giudizio degli arbitri, ossia il lodo, viene in definitiva ad acquistare la stessa efficacia della sentenza del giudice ordinario (artt. 824 bis e 825 c.p.c.).

... ma la competenza se gli arbitri giudicano in Italia.

34. *Le questioni di giurisdizione. Il regolamento di giurisdizione. La* «translatio judicii» *in conseguenza del difetto di giurisdizione.*

In relazione ai limiti della giurisdizione, possono sorgere questioni intorno alla sussistenza o meno della giurisdizione rispetto ad una determinata controversia: sono queste le questioni di giurisdizione, le quali in concreto si presentano, davanti al giudice ordinario, come fondamento del rilievo – d'ufficio o ad eccezione di parte – del difetto di giurisdizione in capo a quest'ultimo.

Non c'è dubbio che la questione di giurisdizione deve essere risolta, dal giudice adito per il merito, in via preliminare, dal momento che la giurisdizione è, come si ricorderà (v. retro, § 10), un presupposto del processo, anzi il primo dei presupposti processuali, ed il giudice non può decidere sul merito prima di aver riscontrato, anche d'ufficio ed anche pregiudizialmente ad altre questioni che presuppongono la giurisdizione, la sussistenza di tutti i presupposti e degli altri requisiti del processo, con riferimento alla domanda principale.

Le Sezioni unite hanno affermato la sussistenza della pregiudizialità (logica) della questione di giurisdizione rispetto a quella di competenza, rilevando che tale pregiudizialità può essere derogata solo in forza di norme o principi della Costituzione o espressivi di interessi o di valori di rilievo costituzionale (Cass. sez. un. 5 gennaio 2016 n. 29 e n. 30).

La decisione del giudice adito sulla questione di giurisdizione può, poi, essere oggetto di impugnazione: appello e quindi ricorso alla Corte di cassazione, alla quale spetta dunque la parola definitiva. È, d'altra parte, pacifico che sulle questioni di giurisdizione, la Cassazione è giudice anche dei fatti processuali.

Ma questa parola definitiva può tardare anche a lungo e magari, qualora fosse negativa, rendere necessario, dopo molto tempo, il ricominciare tutto da capo, così rendendo inutile l'attività processuale svoltasi nel frattempo.

Per questa ragione, il legislatore, inserendo nel codice e trasformando un istituto che ebbe originariamente una funzione di privilegio per la P.A., ha forgiato un espediente che ha ora lo scopo di consentire l'immediata pronuncia sulla questione di giurisdizione, da parte della Corte di cassazione. Questo espediente – sulla cui effettiva utilità pratica sono leciti molti dubbi – consiste nel *regolamento di giurisdizione*, disciplinato dall'art. 41 c.p.c. ed imperniato sulla possibilità, concessa a *ciascuna delle parti*, di sottoporre immediatamente alle Sezioni unite della Corte di cassazione, le questioni di giurisdizione di cui all'art. 37.

Il regolamento di giurisdizione.

La singolarità di quest'istituto (che opera soltanto nel processo di cognizione e non in quello di esecuzione e cautelare) consiste nel fatto che esso *non è strutturato come un mezzo di impugnazione*, in quanto non presuppone una pronuncia, neppure sulla giurisdizione, ma solo una contestazione della giurisdizione; e ciò perché la legge vuole consentire che la pronuncia dell'organo supremo della giurisdizione possa avvenire *subito, ossia senza attendere la pronuncia da parte del giudice adìto*.

Per questa ragione, la medesima norma ha previsto, per l'esercizio della facoltà in discorso, un particolare termine di preclusione, stabilendo cioè che tale facoltà può essere esercitata «*finché la causa non sia decisa nel merito in primo grado*». Circa il significato da attribuire a tale norma, nel 1996 le Sezioni unite della Cassazione hanno affermato che essa va intesa nel senso che *il regolamento è precluso da una qualsiasi decisione del giudice di primo grado, anche di natura processuale e non sul merito* (Cass. sez. un. 22 marzo 1996 n. 2466). Da quanto detto emerge che l'istanza di regolamento non apre affatto un nuovo grado di giudizio, ma solo una parentesi che si inserisce nell'ambito del giudizio di primo grado. Chiusa questa parentesi, il giudizio prosegue sui suoi normali binari; la pronuncia sulla giurisdizione appartiene alla sentenza di primo grado anche se, naturalmente, questa parte della sentenza non è più impugnabile.

È appena il caso di precisare che la Cassazione non può pronunciarsi che sulla giurisdizione, senza in alcun modo pregiudicare il merito: questo pregiudizio sul merito poteva verificarsi soltanto indirettamente nei casi di pronunce di difetto di giurisdizione per difetto del «diritto azionabile», pronunce che peraltro la più recente giurisprudenza della Cassazione considera come pronunce di merito e, di conseguenza, esclude possano conseguire al regolamento di giurisdizione.

La proposizione del regolamento davanti alla Cassazione ...

Quanto alle forme con le quali si svolge il relativo giudizio, il codice si limita a richiamare le normali forme proprie del giudizio davanti alla Cassazione (v. vol. II, §§ 77 e ss.) che, tra l'altro, esigono che l'istanza sia sottoscritta da avvocato munito di valida procura speciale.

... può determinare la sospensione del giudizio *a quo*, ma non automaticamente.

Va anche tenuto presente che proprio nel contesto della disciplina di questo giudizio è inserito l'art. 367 c.p.c., per il quale il giudice davanti al quale pende la causa può disporre la sospensione del processo solo se «non ritiene *l'istanza manifestamente inammissibile o la contestazione della giurisdizione manifestamente infondata*».

La pronuncia della Cassazione sull'istanza di regolamento di giurisdizione avviene a Sezioni unite e in camera di consiglio *con ordinanza* (v. il § 80 del vol. II) ed ha efficacia definitiva «panprocessuale», ossia anche in altri eventuali processi sul medesimo oggetto.

Se la sospensione del giudizio di merito è stata disposta e la Cassazione dichiara la giurisdizione del giudice ordinario, la causa va riassunta, a pena di estinzione (v. § 39), nel termine perentorio di sei mesi dalla comunicazione della sentenza della Cassazione (art. 367, 2° comma).

La proposizione dell'istanza di regolamento è soltanto una facoltà *per le parti*. Se essa non viene esercitata, il processo prosegue normalmente e la pronuncia sulla giurisdizione avverrà secondo le regole ordinarie (v. vol. II, § 20) e potrà essere assoggettata, eventualmente insieme con la pronuncia sul merito, ai normali mezzi di impugnazione: appello ed eventuale ricorso (ordinario) per cassazione.

Una forma del tutto particolare di regolamento di giurisdizione è, infine, quella prevista dal 2° comma dell'art. 41 e che consente alla P.A., *che non è parte in causa*, di far dichiarare il difetto di giurisdizione del giudice ordinario «dalle sezioni unite della Corte di cassazione, a causa dei poteri attribuiti dalla legge alla amministrazione stessa». Si tratta, in sostanza, della possibilità di far valere quel limite normale al potere giurisdizionale dei giudici ordinari, al quale abbiamo fatto cenno al § 32 *sub* e). Ed è logico che, trattandosi di far valere un difetto assoluto di potere giurisdizionale, questa facoltà possa essere esercitata senza il limite di preclusione di cui al regolamento di giurisdizione vero e proprio, ma «in ogni stato e grado del processo» (e salva solo l'eventualità che la giurisdizione sia stata affermata con sentenza passata in giudicato) come è del resto previsto (per l'ipotesi del rilievo d'ufficio) dall'art. 37: norma con la quale la disposizione in esame sta in evidente correlazione. L'*iter* per esercitare questo potere è disciplinato dall'art. 368 c.p.c. ed è caratterizzato dal fatto che esso si esercita con l'iniziativa di un soggetto che, come si è visto, non è parte in causa, ossia l'Amministrazione, impersonata dal prefetto (v. vol. II, § 78).

In capo alla P.A. che non è parte in causa è previsto, dall'art. 41, 2° comma, c.p.c., ...

... un particolare tipo di regolamento di giurisdizione.

A completamento dell'esame della disciplina della giurisdizione, va rilevato che originariamente il sistema non prevedeva, per il caso di riscontrato difetto di giurisdizione del giudice (interno) ordinario per quello speciale (o viceversa) un meccanismo che consentisse la proseguibilità del giudizio con passaggio dall'uno all'altro (c.d. *translatio iudicii*). Di conseguenza, in caso di pronuncia di difetto di giurisdizione occorreva l'avvio del giudizio *ex novo*, con gravi conseguenze, specie con riguardo al maturarsi delle decadenze.

La *translatio judicii* dell'art. 59 L. 69/2009.

L'art. 59 della L. 69/2009, tuttavia, raccogliendo gli auspici espressi da più parti, ha introdotto una norma che, pur restando estranea al corpo del codice, costituisce un cardine del sistema della tutela giurisdizionale, consentendo di superare il problema della *translatio judicii* in caso di rilevato difetto di giurisdizione del giudice adito. Esso, infatti, così dispone:

«*1. Il giudice che in materia civile, amministrativa, contabile, tributaria o di giudici speciali, dichiara il proprio difetto di giurisdizione indica altresì, se esistente, il giudice nazionale che ritiene munito di giurisdizione. La pronuncia sulla giurisdizione resa dalle sezioni unite della Corte di cassazione è vincolante per ogni giudice e per le parti anche in altro processo.*

2. Se, entro il termine perentorio di tre mesi dal passaggio in giudicato della pronuncia di cui al 1° comma, la domanda è riproposta al giudice ivi indicato, nel successivo processo le parti restano vincolate a tale indicazione e sono fatti salvi gli effetti sostanziali e processuali che la domanda avrebbe prodotto se il giudice di cui è stata dichiarata la giurisdizione fosse stato adito fin dall'instaurazione del primo giudizio, ferme restando le preclusioni e le decadenze intervenute. Ai fini del presente comma la domanda si ripropone con le modalità e secondo le forme previste per il giudizio davanti al giudice adito in relazione al rito applicabile.

3. Se sulla questione di giurisdizione non si sono già pronunciate, nel processo, le sezioni unite della Corte di cassazione, il giudice davanti al quale la causa è riassunta può sollevare d'ufficio, con ordinanza, tale questione davanti alle medesime sezioni unite della Corte di cassazione, fino alla prima udienza, fissata per la trattazione del merito. Restano ferme le disposizioni sul regolamento preventivo di giurisdizione.

4. L'inosservanza dei termini fissati ai sensi del presente articolo per la riassunzione o per la prosecuzione del giudizio comporta l'estinzione del processo, che è dichiarata anche d'ufficio alla prima udienza, e impedisce la conservazione degli effetti sostanziali e processuali della domanda.

5. In ogni caso di riproposizione della domanda davanti al giudice di cui al 1° comma, le prove raccolte nel processo davanti al giudice privo di giurisdizione possono essere valutate come argomenti di prova».

Da questa disposizione deriva, in sintesi:

– l'obbligo per il giudice ordinario o speciale, che si dichiari privo di giurisdizione, di indicare il giudice, se esistente, che ritiene munito di giurisdizione;

– le pronunce sulla giurisdizione della Cassazione sono comunque vincolanti anche in altri processi;

– entro il termine massimo di tre mesi dal passaggio in giudicato della pronuncia sul difetto di giurisdizione le parti possono riassumere il processo davanti al giudice indicato come munito di giurisdizione;

– il rispetto del termine per la riassunzione della domanda davanti al giudice ivi indicato *fa salvi gli effetti sostanziali e processuali della precedente domanda, ferme restando le preclusioni e le decadenze intervenute*;

– il giudice davanti al quale la causa è riassunta può sollevare d'ufficio la questione di giurisdizione davanti alle Sezioni unite se queste non si sono già pronunciate;

– l'inosservanza dei termini fissati per la riassunzione determina l'estinzione del processo;

– le prove precedentemente raccolte sono valutate solo come «argomenti di prova» (art. 116, 2° comma, c.p.c.) nel processo riassunto.

Si tratta dello stesso meccanismo previsto dall'art. 50 c.p.c. per la riassunzione a seguito della pronuncia di incompetenza; ma con la differenza che *là e non qui si enuncia la continuazione* del processo innanzi al nuovo giudice, come parrebbe confermato sia dalla riproposizione della domanda, sia dall'enunciazione secondo cui restano ferme le preclusioni e le decadenze intervenute. Non è chiaro se questa salvezza si riferisca solo alle preclusioni intervenute prima della domanda proposta al giudice poi dichiaratosi privo di giurisdizione, o comprenda anche quelle intervenute durante la pendenza del giudizio innanzi a tale giudice. Tuttavia, se quest'ultima dovesse ritenersi la reale *voluntas legis*, ci si dovrebbe domandare quali sarebbero gli «effetti sostanziali e processuali», che la domanda avrebbe prodotto, se fosse stato subito adito il giudice poi dichiarato provvisto di giurisdizione.

L'opinione di chi scrive è nel senso che la salvezza di cui si tratta debba intendersi riferita alle sole preclusioni e decadenze intervenute *prima* della proposizione della domanda innanzi al giudice poi dichiaratosi privo di giurisdizione, restando escluse quelle intervenute *dopo*; soluzione, questa, che non è incompatibile con l'ambigua lettera della norma sul punto.

L'art. 11 del D.Lgs. 104/2010, con riguardo ai soli giudici amministrativi.

Va, infine, preso atto che, con riferimento alla sola ipotesi del difetto di giurisdizione rilevato davanti al giudice amministrativo, il medesimo fenomeno della *translatio* ha trovato specifica disciplina nell'art. 11 del già richiamato D.Lgs. 104/2010. Dal confronto di questa disposizione con l'art. 59 L. 69/2009 emerge sia il silenzio sul destino delle prove assunte davanti al giudice poi dichiaratosi privo di giurisdizione (senza che questo impedisca, tuttavia, l'applicazione del 5° comma dell'art. 59 già richiamato), sia due rilevanti novità: a) l'espressa previsione dell'applicabilità, da parte del giudice davanti al quale il processo venga riproposto, dell'istituto della rimessione in termini per errore scusabile con riguardo alle decadenze ed alle preclusioni già intervenute (5° comma); applicabilità che, tuttavia, anche in mancanza di questo esplicito richiamo non poteva comunque negarsi; b) la prevista perdita di efficacia dei provvedimenti cautelari pronunciati dal giudice poi dichiaratosi privo di giurisdizione, decorsi 30 giorni dalla pubblicazione della pronuncia declinatoria della giurisdizione (6° comma), salva, in ogni caso, la possibilità per le parti di riproporre la domanda cautelare davanti al giudice munito di giurisdizione.

Bibliografia di orientamento

A. ATTARDI, *Giurisdizione e competenza in generale*, in *Commentario del cod. di proc. civ., diretto da E. Allorio*, I, 1, Torino, 1973; L. MONTESANO, *Processo civile e Pubblica Amministrazione*, Napoli, 1960; M.S. GIANNINI-A. PIRAS, *Giurisdizione amministrativa*, in *Enciclopedia del diritto*, XIX, Milano, 1970; I. ZINGALES, *Provvedimento amministrativo nullo e tutela civile dichiarativa*, Roma, 2014; A. CARRATTA, *Diritti fondamentali e riparto di giurisdizione*, in *Riv. dir. proc.*, 2010; E. SCODITTI, *Ricorribilità in Cassazione per violazione di legge delle sentenze del Consiglio di Stato su diritti soggettivi: una questione aperta*, in *Foro it.*, 2014, V; G. TRISORIO LIUZZI, *Regolamento di giurisdizione*, in *Dig. disc. priv., sez. civ.*, XVI, Torino, 1997; D. DALFINO, *Regolamento di giurisdizione*, in *Diritto on line Treccani*, 2012; A. PENASA, *Gli accordi sulla giurisdizione tra parti e terzi*, I, Padova, 2012 e II, Padova, 2017; A. CARRATTA, *Rilevabilità d'ufficio del difetto di giurisdizione e uso improprio del "giudicato implicito"*, in *Giur. it.*, 2009; P. VITTORIA, *La disciplina processuale della questione di giurisdizione*, in *Il libro dell'anno del diritto Treccani*, Roma, 2012; P. COMOGLIO, *Sub artt. 1-5*, in AA.VV., *Comm. c.p.c.*, I, Torino, 2012; G. GIOIA, *La decisione sulla questione di giurisdizione*, Torino, 2009; A. GIUSSANI, in *Il processo civile riformato*, a cura di M. TARUFFO, Bologna, 2010; G. VERDE, *Obsolescenza di norme processuali: la disciplina della giurisdizione*, in *Riv. dir. proc.*, 2014; G. COSTANTINO, *Appunti sulla giurisdizione*, in *Scritti in onore di N. Picardi*, I, Pisa, 2016; R. TISCINI, *Il difetto di giurisdizione e l'art. 37 c.p.c.*, *ivi*, III, Pisa, 2016; B. CAPPONI, *Otto studi sulla giustizia civile*, Padova, 2017; A. CARRATTA, Perpetuatio jurisdictionis *e rapporto giuridico processuale*, in *Riv. dir. proc.*, 2017; G.G. POLI, *Contributo allo studio del principio di* perpetuatio *nel processo civile italiano. Giurisdizione e competenza*, Napoli, 2018; F. AULETTA, *Artt. 41-50 quater*, in *Comm. del c.p.c.*, diretto da S. CHIARLONI, Bologna, 2019; G. COSTANTINO, *Note su* authorities *e giurisdizione*, in *Riv. dir. proc.*, 2019; F.G. DEL ROSSO, *Unità della giurisdizione e prosecuzione del processo. Contributo allo studio della* translatio iudicii, Napoli, 2020.

Sezione seconda

LA COMPETENZA

SOMMARIO: 35. La competenza e i suoi diversi criteri. – 36. La competenza per materia e valore. – 37. La competenza per territorio. – 38. La derogabilità o prorogabilità della competenza. Modalità e termini per rilevare l'incompetenza. – 39. Statuizioni sulla competenza e regolamento di competenza. La riassunzione davanti al giudice dichiarato competente. – 40. Le modificazioni della competenza per ragioni di litispendenza e continenza o per ragioni di connessione. L'accessorietà e la garanzia. – 41. Segue. La pregiudizialità, l'eccezione di compensazione, la domanda riconvenzionale.

35. *La competenza e i suoi diversi criteri.*

Il problema della competenza sorge, come quesito ulteriore, dopo la soluzione in senso affermativo del quesito sulla giurisdizione.

Poiché gli uffici giudiziari civili sono diversi, occorre stabilire a quale tra essi spetti il potere di decidere una determinata causa. È questo il problema della *competenza*, che è dunque un problema di distribuzione del potere giurisdizionale tra i diversi uffici giudiziari civili; più precisamente, un problema di ripartizione della giurisdizione; ed in questo senso va intesa la comune affermazione secondo cui la competenza sarebbe la misura della giurisdizione, o meglio *quella frazione di giurisdizione che in concreto spetta ad un determinato ufficio giudiziario rispetto ad una determinata causa*. È chiaro che, con specifico riferimento ad ogni controversia, la competenza si presenta come un requisito; più precisamente come un presupposto processuale per l'emanazione del provvedimento *finale di merito*.

La competenza è quella frazione della giurisdizione che spetta ad un ufficio giudiziario rispetto a una determinata causa.

Naturalmente, e come si è già accennato, un problema di distribuzione della giurisdizione sorge in quanto gli uffici giudiziari sono più di uno, giacché altrimenti non vi sarebbe altro problema che quello della giurisdizione, nel quale si risolverebbe anche quello della competenza. Ciò rende evidente come le regole della competenza, che ci apprestiamo a studiare, siano strutturate con riguardo ai criteri in base ai quali si presenta la pluralità di uffici giudiziari. Perciò, per conoscere quelle regole bisogna incominciare a vedere come si articola questa pluralità degli uffici giudiziari.

A questo riguardo, il rilievo fondamentale sta nella constatazione che nell'ordinamento giudiziario italiano, come in pressoché tutti gli ordinamenti moderni, *da un lato, esistono diversi tipi di uffici giudi-*

ziari, configurati, cioè, con caratteristiche intrinseche e strutturali diverse per quanto riguarda la loro composizione (ad es., giudici unipersonali, come il giudice di pace e il tribunale in composizione monocratica, e giudici collegiali, come il tribunale in composizione collegiale, la corte d'appello e la Corte di cassazione) e per quanto riguarda il loro funzionamento.

Dall'altro lato, esistono tanti uffici giudiziari dello stesso tipo, poiché ciascuno degli uffici giudiziari di tipo diverso – tranne la Corte di cassazione – è presente nell'organizzazione giudiziaria dello Stato, in tanti esemplari, distribuiti, ciascuno con un proprio ambito, in tutto il territorio nazionale.

La distribuzione della competenza si concreta nella duplice scelta secondo la linea verticale e secondo quella orizzontale.

Questi due diversi criteri di composizione dell'organizzazione giudiziaria danno luogo, per il legislatore, *a due diversi problemi di distribuzione* della competenza. Quello della distribuzione (verticale) *tra uffici giudiziari di tipo diverso* (che sono: il *giudice di pace*, il *tribunale*, la *corte d'appello* e la *Corte di cassazione*) e quello della distribuzione (orizzontale) *tra i diversi uffici giudiziari dello stesso tipo* a seconda della loro dislocazione sul territorio: un ufficio del giudice di pace in ciascuno dei comuni di cui alla tabella A allegata alla L. 374/1991, istitutiva di tale ufficio giudiziario; un tribunale in ciascun circondario; una corte d'appello in ciascun distretto; una sola Corte di cassazione con sede a Roma.

L'ordinamento giudiziario vigente in Italia è quello disciplinato dal R.D. 30 gennaio 1941 n. 12, il quale ha subito nel corso degli anni diverse modifiche. Accanto alle norme dell'ordinamento giudiziario va anche ricordato il D.Lgs. 13 luglio 2017 n. 116, che, in attuazione della L. 26 aprile 2016 n. 57, contiene ora la disciplina organica sulla *magistratura onoraria*, composta dal *giudice onorario di pace*, «il magistrato addetto all'ufficio del giudice di pace», e il *vice procuratore onorario*, «il magistrato addetto all'ufficio di collaborazione del procuratore della Repubblica».

Anche la competenza si determina con riguardo alla legge vigente e allo stato di fatto al momento della proposizione della domanda.

Anche con riguardo alla competenza, opera il criterio generale che abbiamo già visto a proposito della giurisdizione (al § 31 in fine), ossia la regola – enunciata dall'art. 5 – secondo cui si deve aver riguardo alla *legge vigente* e allo *stato di fatto* esistenti al momento della proposizione della domanda, restando senza conseguenze gli eventuali successivi mutamenti; e ciò anche ai fini dell'individuazione del giudice competente per l'impugnazione. Estranee alla disciplina della competenza sono, invece – per esplicita scelta legislativa –, le regole di ulteriore distribuzione «interna» dei tribunali fra composizione monocratica e collegiale. Queste regole verranno esaminate in seguito (vol. II, §§ da 29 a 31).

36. *La competenza per materia e valore.*

Il primo problema di competenza – quello della distribuzione tra *uffici giudiziari di tipo diverso* – è risolto dal codice in base a due criteri diversi, che si sovrappongono tra loro: quello del *valore* e quello della *materia*. Perciò, molto opportunamente, il codice riunisce sotto un unico titolo le regole relative, intitolando la sezione seconda del capo primo «*della competenza per materia e valore*». Si tratta ora di vedere in quali regole si concretano, e come concorrono, questi due criteri.

A) Per la distribuzione tra giudici di tipo diverso (*secondo la linea verticale*) …

Il *criterio del valore* consiste nel riferimento ad un determinato *valore economico* (espresso in termini monetari) dell'oggetto della controversia; il che postula anche la necessità di applicare altri determinati criteri di valutazione, per l'ipotesi in cui l'oggetto della controversia non consista in una somma di denaro. Il *criterio della materia* consiste, invece, nel riferimento alla natura o al tipo di diritto su cui si controverte: diritto reale piuttosto che obbligatorio, questioni possessorie, questioni di stato o di famiglia, locazioni, rapporti di vicinato, ecc.

… operano i due criteri del *valore* (economico) e della *materia*.

Da un punto di vista astratto, ciascuno di questi due criteri potrebbe essere sufficiente, ossia operare da solo; così si potrebbe concepire un ordinamento che distribuisse la competenza tra i giudici di tipo diverso o solo in base al valore o solo in base alla materia. Sennonché questo sistema presenterebbe inconvenienti: qualora ci si riferisse al solo valore, l'inconveniente della difficoltà o dell'impossibilità di valutare certe controversie (si pensi a quelle di stato personale o familiare); qualora ci si riferisse alla sola materia, l'inconveniente dell'attribuzione allo stesso tipo di giudice, di cause di valore anche notevolmente diverso: non che le cause di scarso valore siano meno importanti; ma è evidente che occorre mantenere una certa proporzione tra valore economico della causa e dispendio di energie per risolverla. D'altra parte, ciascuno di questi due criteri viene incontro a diverse ragioni di opportunità: quello del valore, all'opportunità di attribuire le controversie di maggior valore al tribunale, il quale, essendo composto solo da giudici c.d. «togati» o di carriera, è di funzionamento meno agile dell'ufficio del giudice di pace, ma dà maggiori affidamenti di ponderatezza; quello della materia, all'opportunità di attribuire controversie, il cui oggetto ha esigenze particolari di rapidità e sveltezza, al giudice di pace, e viceversa di attribuire sempre al tribunale le altre cause, a loro volta ripartite – ma qui si tratta di ripartizione interna, che esula dalla competenza – tra il tribunale in composizione monocratica e il tribunale in composizione collegiale, al quale sono riservate le cause che hanno un oggetto particolarmente delicato.

In considerazione di tutto ciò, l'ordinamento italiano, come in generale quello di tutti i paesi moderni, si ispira ad entrambi i criteri facendoli operare insieme. Il modo con cui si realizza questo operare contemporaneo può essere sintetizzato in questa regola: *il criterio del valore è generale nel senso che opera quando non esistano regole che stabiliscano diversamente con riguardo alla materia*; mentre, quando ciò avvenga, *il criterio della materia prevale su quello del valore.* Inoltre, alcune delle norme, che regolano la competenza secondo la materia, contengono un'ulteriore ripartizione della competenza di determinate materie, secondo il criterio del valore, e viceversa.

Questa reciproca integrazione tra i due criteri appare palese già nel primo degli articoli dedicati dal codice a questo tema: l'art. 7, ossia la norma che determina la competenza del *giudice di pace*, la quale, peraltro, è destinata ad aumentare con l'entrata in vigore – a partire dal 31 ottobre 2025 – dell'art. 27 del già citato D.Lgs. 116/2017, di riforma organica della magistratura onoraria.

Nel 1° comma dell'art. 7 viene indicato in *cinquemila euro* il limite generale di valore per la competenza del giudice di pace, non senza precisare – in base al criterio della materia – che ciò vale *solo per le cause relative a beni mobili (quale che sia il tipo di diritto che si fa valere)* e sempre che non siano attribuite – ancora con riguardo alla materia – alla competenza di altro giudice. Tale limite di valore sarà elevato a *trentamila euro* a partire dal 31 ottobre 2025 (art. 27 D.Lgs. 116/2017).

L'art. 7 c.p.c. determina …

Lo stesso art. 7, poi, introduce – nei suoi commi 2° e 3° – ulteriori ipotesi di competenza per materia del giudice di pace, non senza un ulteriore coordinamento di alcune di queste materie col criterio del valore.

… la competenza del *giudice di pace*.

Incominciando con le ipotesi or ora accennate, vediamo che il 2° comma dell'art. 7 riserva al giudice di pace le cause di risarcimento del danno prodotto dalla circolazione di veicoli o di natanti *nei limiti di ventimila euro* (oltre i quali la competenza è del tribunale). Tale limite di valore verrà elevato a *cinquantamila euro* a decorrere dal 31 ottobre 2025 (art. 27 D.Lgs. 116/2017).

Senza limiti di valore («*qualunque ne sia il valore*») è invece l'attribuzione della competenza al giudice di pace delle cause nelle materie elencate nel 3° comma dello stesso art. 7 e cioè: 1) quelle relative *ad apposizione di termini ed osservanza delle distanze* per il piantamento degli alberi e delle siepi; 2) quelle relative alla *misura ed alle modalità d'uso dei servizi di condominio* di case; 3) quelle relative a rapporti tra proprietari o detentori di immobili adibiti a civile abitazione in materia *di immissione di fumo o di calore, esalazioni, rumori o scuotimenti e simili propagazioni*, che superino la normale tollerabilità; ossia i tre gruppi di controversie che potrebbero essere accomunate sotto la specie delle controversie in materia di rapporti di vicinato. A decorrere dal 31 ottobre 2025 la formulazione del n. 1 del 3° comma sarà così sostituita: «per le cause relative ad apposizione di termini»; mentre, così verrà riformulato il n. 2: «per le cause in materia di condominio negli edifici, come definite ai sensi dell'art. 71 quater disp. att. c.c.» (art. 27 D.Lgs. 116/2017).

Ai sensi del n. 3 bis dello stesso 3° comma, inoltre, appartengono alla competenza del giudice di pace le cause relative soltanto agli *interessi o accessori da ritardato pagamento di prestazioni previdenziali o assistenziali.*

L'ampliamento della competenza per materia del giudice di pace a decorrere dal 31 ottobre 2025.

Il già richiamato art. 27 D.Lgs. 116/2017 prevede anche che – con decorrenza 31 ottobre 2025 – la competenza per materia del giudice di pace, al di là del valore, si estenda alle controversie: – nelle materie di cui al libro VI, tit. II, capo II, sez. VI del codice civile, fatta eccezione per quelle delle distanze nelle costruzioni; – nelle materie di cui al libro III, tit. II, capo II, sez. VII del codice civile, fatta eccezione per quella delle distanze di cui agli artt. 905, 906 e 907; – in materia di stillicidio e di acque di cui al libro III, tit. II, capo II, sez. VIII e IX del codice civile; – in materia di occupazione e invenzione di cui al libro III, tit. II, capo III, sez. I del codice civile; – in materia di specificazione, unione e commistione di cui al libro III, tit. II, capo III, sez. II del codice civile; – in materia di enfiteusi di cui al libro III, tit. IV del codice civile; – in materia di esercizio di servitù prediali; – in materia di impugnazione del regolamento e delle deliberazioni di cui agli artt. 1107 e 1109 del codice civile; – in materia di diritti e obblighi del possessore nella restituzione della cosa, di cui al libro III, tit. VIII, capo II, sez. I del codice civile; – nelle materie di cui all'art. 1105, 4° comma, c.c. (art. 60 bis disp. att. c.c.) e di revoca dell'amministratore di condominio (art. 64 disp. att. c.c.). Con la stessa decorrenza, inoltre, la competenza del giudice di pace si estenderà anche alle controversie, di valore non superiore a trentamila euro, in materia di: 1) usucapione dei beni immobili e dei diritti reali immobiliari; 2) di riordinamento della proprietà rurale di cui al libro III, tit. II, capo II, sez. II del codice civile; 3) di accessione; 4) di superficie.

Infine, nella competenza del giudice di pace rientrano anche le controversie in materia: a) di opposizione alle ordinanze-ingiunzioni di pagamento di sanzioni amministrative di cui alla L. 689/1981, ad eccezione delle ipotesi espressamente riservate in questa materia alla competenza del tribunale (art. 6 D.Lgs. 150/2011); b) di opposizione al verbale di accertamento del codice della strada di cui all'art. 204 bis D.Lgs. 285/1992 (art. 7 D.Lgs. 150/2011).

La competenza per valore del tribunale …

Per quanto riguarda, invece, la competenza del tribunale, l'art. 9, 1° comma, c.p.c. stabilisce che*, con riguardo al valore, ad esso siano attribuite tutte le cause che superano i limiti della competenza del giudice di pace*. Ciò, eccezion fatta soltanto per le cause che l'art. 9 indica come riservate alla competenza di altro giudice (corte d'appello in unico grado).

Nel 2° comma lo stesso art. 9 compie, invece, l'attribuzione della competenza *in via esclusiva* con riferimento alle controversie in materia di: *imposte e tasse* (salva la competenza delle Commissioni tributarie, che in questo settore ha carattere generale), *stato e capacità delle persone, diritti onorifici, querela di falso, esecuzione forzata e, «in generale, per ogni causa di valore indeterminabile»*, nella quale ultima disposizione il criterio della materia confluisce in quello del valore.

... e quella per materia.

Poiché, come si diceva poc'anzi, l'applicazione del criterio del valore postula il riferimento a determinati criteri di valutazione, a quest'esigenza strumentale vengono incontro gli artt. da 10 a 15, che stabiliscono appunto questi criteri. I quali criteri non operano – lo si tenga ben presente – in senso assoluto, ossia con riguardo anche al giudizio sul merito, ma *soltanto agli effetti della competenza* (salve le eccezioni di cui all'art. 14 e che vedremo tra poco). Sono insomma criteri approssimativi e sbrigativi che il codice detta solo per facilitare una rapida soluzione del problema della competenza.

La determinazione del valore avviene con riferimento alla domanda.

Un primo criterio generale è offerto dall'art. 10, il quale stabilisce che, agli effetti della competenza, *il valore della causa si determina dalla domanda* in base alle disposizioni che seguono; le quali, pertanto, offrono criteri di integrazione del generale riferimento alla domanda, o meglio – così precisa il 2° comma dello stesso art. 10 – al *complesso delle domande eventualmente proposte dalla stessa parte contro la stessa persona* (eventuale cumulo oggettivo di cui all'art. 104, che per l'appunto richiama questa norma: v. retro, § 30), compresi gli interessi, le spese e i danni anteriori.

Riferimento alla domanda significa riferimento al *petitum* (mediato), in relazione con la *causa petendi*, ciò che limita il riferimento alla domanda alle circostanze oggetto del rapporto dedotto, tenendo peraltro presente che il *petitum* può essere ampliato dal convenuto con una sua eventuale domanda riconvenzionale (salvo il disposto dell'art. 36; su ciò v. retro, § 26) o con una domanda di accertamento pregiudiziale con efficacia di giudicato (art. 34) (su cui v. oltre, § 41). *In questi casi, ma solo in questi, la domanda del convenuto* (che non influisce sulla determinazione del valore della causa) *può influire sulla competenza*, se eccede, per se stessa, la competenza del giudice adito; negli altri casi si deve aver riguardo soltanto alla domanda avanzata dall'attore.

I criteri integrativi dettati nelle norme successive variano con riguardo alle diverse materie.

Nelle cause su obbligazioni, il valore si determina con riguardo al rapporto in contestazione.

L'art. 12, 1° comma, si riferisce alle cause che hanno ad oggetto rapporti obbligatori e stabilisce che, in tal caso, il valore si determina in base a quella parte del rapporto che è in contestazione, mentre, per il caso che la prestazione sia chiesta da più persone o contro più persone, l'art. 11 stabilisce che il valore si determina in base all'intera obbligazione. Il 3° comma del medesimo articolo aggiunge che il valore delle cause di divisione è quello della massa attiva da dividersi.

Nelle cause di divisione, il valore è quello della massa.

L'art. 13 indica il criterio di determinazione del valore delle cause relative a prestazioni alimentari (riferimento all'ammontare delle somme dovute per due anni) o a rendite perpetue (cumulo di venti annualità) o temporanee o vitalizie (cumulo di dieci annualità).

L'art. 13 indica il criterio nelle cause per prestazioni alimentari e rendite perpetue o vitalizie.

L'art. 15 si riferisce alle cause relative alla proprietà e agli altri diritti reali sui beni immobili; va, al riguardo, rilevato che, con la soppressione dell'ufficio del pretore, quest'articolo è privo di rilevanza pratica diretta perché, visto che in questa materia è competente sempre e comunque il tribunale.

Particolare importanza presentano poi le regole contenute nell'art. 14 a proposito della determinazione del valore delle cause relative a somme di denaro o a beni mobili. In questo caso, infatti, la regola generale è nel senso che il valore di queste cause si determina in base alla *somma indicata* o al *valore dichiarato* dall'attore nella domanda. Ma, laddove quest'indicazione dovesse mancare, il codice ricorre al criterio presuntivo secondo cui il valore della causa va ritenuto nei limiti della competenza per valore del giudice adìto. Ed ecco il riferimento all'implicito accordo: il convenuto può contestare – *ma soltanto nella prima difesa* – il valore come sopra dichiarato o presunto. Se la contestazione avviene, il giudice decide ai soli fini della competenza in base alle risultanze degli atti e senza particolari indagini. Ma, se la contestazione non avviene – ecco l'importante eccezione –, il valore dichiarato o presunto rimane fissato *anche agli effetti della decisione nel merito* nei limiti (massimi) della competenza del giudice adito.

Per le cause su somme di denaro o beni mobili l'art. 14 c.p.c. fa riferimento alla *somma indicata* e al *valore dichiarato*.

L'art. 16, già dedicato ai criteri di determinazione della competenza nei processi di esecuzione forzata, è stato abrogato dal D.Lgs. 51/1998, in logica correlazione con la soppressione dell'ufficio del pretore e avuto riguardo al fatto che, esclusa ogni competenza del giudice di pace nei processi di esecuzione forzata, attualmente la competenza in questi processi non può essere che del tribunale.

Nell'art. 17, invece, si formula il criterio della competenza rispetto alle cause di opposizione esecutiva, ancorandolo al valore della controversia. E così: per le *cause di opposizione all'esecuzione* (v. vol. III, § 36), si ha riguardo all'importo del credito per cui si procede; per le *opposizioni del terzo* (v. vol. III, § 38), al valore dei beni controversi; per le *controversie sorte in sede di distribuzione* (v. vol. III, §§ 19, 22, 35), al valore del maggiore dei crediti contestati. Nelle cause di *opposizione agli atti esecutivi* (art. 617; v. vol. III, § 37) opera, invece, il solo criterio della materia, sicché può essere competente solo il giudice dell'esecuzione.

Per l'art. 17 c.p.c., nelle cause di opposizione all'esecuzione e di opposizione dei terzi, il riferimento è al valore …

… mentre nelle cause di opposizione agli atti esecutivi è sempre competente il tribunale.

È opportuno, infine, accennare qui alla regola di competenza relativa alle cause d'appello (o di secondo grado) anche se il nostro codice non la pone tra le regole della competenza, ma nella disciplina dell'appello (art. 341; v. vol. II, § 75). Il criterio di massima è quello di

Nelle cause di appello è competente il giudice superiore a quello che ha deciso in primo grado.

attribuire la competenza per l'appello al giudice superiore rispetto a quello che ha deciso la causa in primo grado; in pratica tale criterio opera per la competenza della corte d'appello rispetto alle cause decise dal tribunale, mentre rispetto alle cause decise dal giudice di pace opera nel senso della competenza del tribunale (v. § 73 del vol. II).

Perciò il giudice di pace opera solo in primo grado e la corte d'appello di regola solo in secondo grado, tranne alcune limitate ipotesi nelle quali essa opera come giudice di primo grado.

Pertanto, mentre il *tribunale* può operare come giudice sia di primo che di secondo grado, il *giudice di pace* opera solo come giudice di primo grado, e la *corte d'appello* – salvo taluni casi eccezionalissimi, nei quali opera come giudice di primo grado (in materia di opposizione al riconoscimento di sentenze e provvedimenti stranieri o di opposizione alla stima nelle espropriazioni per pubblica utilità) – *opera solo come giudice di secondo grado*: perciò essa, salve le eccezioni ora accennate, non è destinataria di particolari regole di competenza. Ciò che a maggior ragione vale per la *Corte di cassazione*, alla quale compete soltanto il controllo di legittimità nei confronti di tutte le sentenze (art. 360 c.p.c. e art. 111 Cost.) (v. vol. II, § 77).

37. *La competenza per territorio.*

B) Per la distribuzione tra giudici dello stesso tipo (*secondo la linea orizzontale*) il riferimento è al *territorio*.

Il secondo problema che il legislatore ha risolto nel disciplinare la competenza – quello della sua distribuzione tra i vari uffici giudiziari *dello stesso tipo* che sono dislocati nelle diverse circoscrizioni territoriali – è risolto dal codice in base all'unico criterio della competenza per territorio, ossia il criterio che emerge logicamente dal fatto che, proprio a questi effetti, l'intero territorio nazionale è diviso – come si è già accennato al § 35 – in varie ed autonome circoscrizioni.

Il nostro codice ha risolto il problema ispirandosi, in linea di principio, al *criterio soggettivo*, ossia con riferimento ai soggetti della controversia, ma temperando poi questa scelta con l'introduzione di un gran numero di eccezioni ispirate per lo più a criteri oggettivi, ossia con riferimento al *petitum* o alla *causa petendi*. E queste ultime, come spesso accade all'eccezione rispetto alla regola, prevalgono sulle prime.

Il criterio generale soggettivo è quello dei fori generali, secondo cui di regola è competente il giudice del luogo di residenza o di domicilio del convenuto ...

L'applicazione del criterio soggettivo si è espressa nella formulazione degli artt. 18 e 19, ove si introducono i cosiddetti *fori generali* delle persone fisiche e delle persone giuridiche: l'attributo «generale» di questi fori mette bene in evidenza che questo è un criterio di principio e solo di principio. Tra i due soggetti, l'attore e il convenuto, il codice ha scelto il secondo. Ciò in conformità all'orientamento di tutte le moderne legislazioni e in base al criterio che è l'attore a turbare, in certo senso, la quiete giuridica, e che il convenuto, che subisce questo turbamento, deve avere in compenso il vantaggio di minori spostamenti territoriali.

Quanto al modo di collegamento tra il convenuto e il territorio, il codice ha posto sullo stesso piano la residenza e il domicilio, lasciando così all'attore la scelta nel riferimento all'uno o all'altro, mentre ha posto in posizione subordinata la dimora. «*Salvo che la legge disponga altrimenti* – recita dunque l'art. 18, 1° comma – *è competente il giudice del luogo in cui il convenuto ha la residenza o il domicilio, o, se questi sono sconosciuti, quello del luogo in cui il convenuto ha la dimora*».

... ma se sconosciuti entrambi, competente è il giudice della dimora.

La *residenza* – così l'art. 43, 2° comma, c.c. – è il luogo in cui la persona ha la dimora abituale; e poiché la dimora è una situazione di fatto, tale è, in definitiva, anche la residenza. La c.d. residenza amministrativa o anagrafica non è, per se stessa, determinante, anche se idonea a fondare una presunzione.

Il *domicilio* – così l'art. 43, 1° comma, c.c. – è il luogo in cui la persona ha stabilito la sede principale dei suoi affari e interessi.

Infine, la *dimora* si concreta nella situazione di fatto della presenza di una persona in un certo luogo, escluse tuttavia le soste momentanee, come, ad es., un pernottamento.

Il 2° comma dell'art. 18 aggiunge poi, in via residuale, che «*se il convenuto non ha residenza né domicilio né dimora nella Repubblica, o se la dimora è sconosciuta, è competente il giudice del luogo in cui risiede l'attore*». La residenza dell'attore soccorre, dunque, solo come criterio ulteriormente sussidiario anche rispetto a quello della dimora del convenuto.

Quanto alle persone giuridiche, l'art. 19, 1° comma, si riferisce alla loro sede («*salvo che la legge disponga altrimenti, qualora sia convenuta una persona giuridica, è competente il giudice del luogo dove essa ha sede*»), aggiungendo, in via alternativa, il riferimento al luogo dove la persona giuridica ha uno stabilimento e un rappresentante autorizzato a stare in giudizio per l'oggetto della domanda. Agli effetti della competenza, le associazioni non riconosciute e, in generale, gli enti privi di personalità giuridica, hanno sede nel luogo dove svolgono la loro attività in modo continuativo (art. 19, 2° comma).

Se convenuta è una persona giuridica o un ente privo di personalità, è competente il giudice della sede o del luogo di svolgimento dell'attività.

Accanto al criterio generale, ossia quello dei *fori generali*, operano le regole eccezionali dell'indicazione di *fori speciali*, che sono determinati, come si diceva, in applicazione di criteri per lo più oggettivi, con riferimento al *petitum* o alla *causa petendi* della domanda.

In deroga ai fori generali operano alcuni fori speciali, che sono esclusivi, nel senso che prevalgono su quelli generali, e sono quelli ...

Tra i *fori speciali* che si riferiscono al *petitum*, va particolarmente tenuto presente il disposto dell'art. 21, secondo cui le cause relative a diritti *reali* su beni immobili e le cause in materia di locazione e comodato di immobili e di affitto di aziende, nonché le cause relative ad apposizione di termini ed osservanza delle distanze stabilite dalla legge, dai regolamenti o dagli usi riguardo al piantamento degli alberi e delle siepi appartengono alla competenza del giudice del luogo dove è posto l'immobile. Se l'immobile è posto in più circoscrizioni territoriali, è competente ogni giudice nella cui circoscrizione si trova parte dell'immobile.

... del luogo ove è posto l'immobile (per i diritti *reali* o di locazione di immobili) o dove si trova l'azienda (per l'affitto di azienda) ...

A proposito di questa norma, nel suo riferimento ai diritti reali, si deve notare che, poiché oggetto della controversia qui sono appunto i diritti *reali* (su beni immobili) restano escluse le controversie che, pur concernendo beni immobili, hanno in realtà per oggetto diritti obbligatorî su tali beni immobili: per es., l'azione di adempimento o di risoluzione o di simulazione relativa concernente contratti su beni immobili. Sono, invece, comprese nella portata di questa norma le rivendiche e in generale le azioni di mero accertamento relative a diritti reali su beni immobili.

... o del luogo dove è avvenuto il fatto (per le azioni possessorie e le denunce) ...

Lo stesso art. 21, nel suo 2° comma, stabilisce che per le azioni possessorie e per le denunce di nuova opera e di danno temuto è competente il giudice del luogo nel quale è avvenuto il fatto denunciato.

Invece, sono determinati con riferimento alla *causa petendi*:

... o dell'aperta successione (nelle cause ereditarie) ...

– il foro relativo alle *cause ereditarie* (il giudice del luogo dell'aperta successione, ossia quello dell'ultimo domicilio del defunto ex art. 456 c.c.: art. 22);

... o dove ha sede la società o l'immobile (nelle cause fra soci e fra condòmini e fra questi ed il condominio) ...

– quello relativo alle *cause fra soci e condòmini e fra condòmini e condominio* (il giudice dove ha sede la società o dove si trova l'immobile: art. 23, il quale, al 2° comma, prevede anche che detto foro speciale si protragga per un biennio dopo lo scioglimento della società o del condominio);

– quello relativo alle *gestioni tutelari e patrimoniali* (il giudice del luogo di esercizio della tutela o dell'amministrazione: art. 24);

– quello relativo alle *cause di opposizione all'esecuzione* (il giudice del luogo dell'esecuzione: art. 27) (v. vol. III, §§ 36 e 38).

A questo criterio si possono ricondurre anche le regole particolari della competenza per territorio nel processo del lavoro (art. 413; v. vol. III, § 77) ed in quello relativo alle controversie previdenziali e assistenziali (art. 444).

... o del luogo ove ha sede l'Avvocatura dello Stato (nelle cause in cui è parte la P.A.) ...

C'è poi un foro speciale legato ad un *criterio soggettivo*: quello di cui all'art. 25, che contiene una regola preferenziale per l'Amministrazione dello Stato (c.d. *foro erariale*). Poiché questa è, come vedremo, difesa in giudizio dall'Avvocatura dello Stato (v. oltre, § 49), nelle cause in cui sia parte l'Amministrazione dello Stato è competente il giudice del luogo dove ha sede l'ufficio dell'Avvocatura dello Stato, nel cui ambito territoriale (distretto) si trova il giudice che sarebbe competente secondo le norme ordinarie. Ad es., poiché il Tribunale di Varese appartiene al distretto della Corte d'appello di Milano, sede di ufficio dell'Avvocatura dello Stato, una causa che sarebbe di competenza del Tribunale di Varese diviene, per effetto dell'art.

25, di competenza del Tribunale di Milano. L'applicabilità di questa regola ai giudizi innanzi al giudice di pace viene generalmente esclusa sulla base dell'art. 7, 2° comma, R.D. 1611/1933, che la escludeva davanti ai conciliatori. Si ritiene che il c.d. «foro dello Stato» sia inderogabile.

Ancora con riferimento a un criterio soggettivo, va tenuto presente il c.d. *foro del consumatore*, ossia la deroga alle regole dei fori generali, che risulta dall'art. 33, 2° comma, lett. u, D.Lgs. 206/2005 (c.d. codice del consumo) e che privilegia il luogo di residenza o di domicilio elettivo del consumatore (v. anche, in questo vol., il § 38).

Un criterio soggettivo sta, infine, anche alla base del disposto dell'art. 30 bis, che disciplina la *competenza (esclusiva) nelle cause in cui è parte un magistrato* e sulle quali v. il § 38.

Nell'esecuzione forzata, la competenza per territorio è disciplinata dagli artt. 26 e 26 bis in base ad un criterio di specialità imperniato sul luogo dell'esecuzione o sul luogo di residenza del debitore. Più precisamente:

... o, nell'esecuzione forzata, ...

– *per l'esecuzione forzata su cose mobili o immobili* (espropriazione e consegna o rilascio) è competente il giudice del luogo in cui le cose si trovano; se le cose immobili soggette all'esecuzione non sono interamente comprese nella circoscrizione di un solo tribunale, si applica l'art. 21 che, come si è visto, conduce alla competenza di ogni giudice nella cui circoscrizione si trova una parte dell'immobile;

... del luogo ove si trovano le cose ...

– *per l'espropriazione forzata di crediti* è competente il giudice dove risieda, sia domiciliato, abbia la dimora o la sede il debitore (salvo che il debitore non sia una P.A. di quelle indicate dall'art. 413, 5° comma, perché in tal caso competente è il giudice in cui il terzo ha la residenza, il domicilio, la dimora o la sede);

... o dove risiede il debitore ...

– *per l'esecuzione forzata degli obblighi di fare o non fare* è competente il giudice del luogo dove l'obbligo deve essere eseguito.

... o dove l'obbligo di fare deve essere eseguito.

Si è già visto che *il foro speciale prevale su quelli generali*. Ciò si desume sia dal fatto che le norme che concernono i fori generali (artt. 18 e 19) iniziano con la proposizione «salvo che la legge disponga altrimenti», e sia dal fatto che le norme, che introducono le regole dei fori speciali, indicano questi ultimi come i soli fori competenti, che perciò si dicono *fori esclusivi*.

Non così, invece, nel caso dell'art. 20, ove, sotto la rubrica di «foro *facoltativo* per le cause relative a diritti di obbligazione», si precisa questa facoltatività nel senso che, per le cause suddette, è *anche* competente – in alternativa al foro generale – il giudice del luogo dove l'obbligazione è sorta o deve essere eseguita. «Anche», nel senso – e qui sta, appunto, l'elemento della facoltatività – che esiste una *possibilità di scelta* tra più uffici giudiziari (quelli del foro generale e quelli del foro facoltativo, in ipotesi non coincidenti), i quali sono

È invece *facoltativo* nelle cause di obbligazioni, il giudice del luogo ove l'obbligazione è sorta o deve essere eseguita.

tutti competenti: la facoltà di scelta tra di essi spetta, naturalmente, a chi inizia la causa, mentre il convenuto non ha che da prendere atto di questa scelta.

Ciò a differenza di quanto accade per i fori esclusivi, ove la competenza del foro speciale *esclude* quella del foro generale nel senso che il foro competente è solo quello speciale. Perciò, nel caso del foro esclusivo, qualora l'attore avesse invece adìto il foro generale (e naturalmente, sempre nell'ipotesi che questo non coincida col foro speciale) il convenuto potrebbe eccepire l'incompetenza. Se non lo facesse, la legittimità del giudizio successivamente svoltosi innanzi al giudice del foro generale dipenderebbe dall'accettazione del giudice adìto che, come si è già visto a proposito della giurisdizione (retro, § 33), è implicita nella mancata proposizione dell'eccezione. A condizione, però, che si tratti di eccezione in senso proprio, ossia che la regola di competenza sia derogabile (o, come si suol dire, prorogabile) per accordo esplicito o implicito tra le parti. Opererebbe, insomma, il diverso fenomeno della proroga della competenza, di cui al § che segue.

Un altro esempio di foro facoltativo si può ravvisare anche nella fattispecie prevista dall'art. 30 di elezione di domicilio in un determinato luogo (su cui v. il § che segue).

Estranee alla disciplina della competenza (ma anche della litispendenza e continenza) sono invece le regole di ripartizione fra sede principale e sezione distaccata (o fra diverse sezioni distaccate), come risulta anche dall'art. 83 ter disp. att. c.p.c., secondo cui le relative questioni possono essere sollevate non oltre la prima udienza e vanno eventualmente risolte dal presidente con decreto non impugnabile, senza che possano integrare un vizio deducibile in sede di impugnazione.

38. *La derogabilità o prorogabilità della competenza. Modalità e termini per rilevare l'incompetenza.*

La deroga della competenza è un accordo che attribuisce la competenza a un giudice che ne era privo ...

Come si è or ora accennato, le regole concernenti la derogabilità o prorogabilità della competenza sono quelle che introducono o escludono il potere delle parti di accordarsi esplicitamente o implicitamente sull'attribuzione della competenza ad un giudice che altrimenti sarebbe incompetente. E perciò – e come pure si è visto – questo fenomeno va tenuto ben distinto da quello della competenza facoltativa, ove non si postula alcun accordo tra le parti, ma solo una scelta da parte dell'attore, tra più giudici che sono tutti già competenti. Nel caso della deroga o proroga, invece, *un giudice che era incompetente diviene competente per effetto dell'accordo di deroga*.

Come si vide per la giurisdizione (§ 33), anche qui la deroga può risultare o da un accordo anteriore al processo, oppure da un accordo, esplicito o implicito, successivo all'inizio del processo, tenendo presente che siffatti eventuali accordi sono rilevanti soltanto quando siano consentiti dalla legge. Ed infatti, la regola generale – codificata nell'art. 6 – suona appunto nel senso che «*la competenza non può essere derogata per accordo delle parti, salvo che nei casi stabiliti dalla legge*». Pertanto, occorre: a) vedere se esistano regole, e quali siano, che prevedano l'accordo preventivo circa la deroga delle regole sulla competenza; b) esaminare le regole che concernono la reazione del soggetto che è stato convenuto davanti ad un giudice incompetente, onde vedere se nell'eventuale sua mancata reazione si possa ritenere implicito un accordo indiretto, al quale la legge riconosca efficacia.

... ed è possibile solo nei casi stabiliti dalla legge (art. 6 c.p.c.).

Norme che prevedono accordi preventivi ed espliciti circa la deroga della competenza esistono, nel nostro sistema, solo con riguardo alla competenza per territorio: sono gli artt. 28, 29 e 30, nonché, nel processo del lavoro, l'art. 413, ultimo comma.

La competenza per territorio è derogabile tranne che nei casi elencati nell'art. 28 c.p.c.

L'art. 28 enuncia il principio per cui la competenza per territorio può essere derogata, ma ad eccezione di alcune materie ivi espressamente elencate. Questa elencazione inizia con un riferimento alle *cause previste nei numeri 1, 2, 3 e 5 dell'art. 70*, e cioè alla maggior parte delle cause nelle quali, come si vedrà (v. oltre, § 61), è obbligatorio l'intervento del Pubblico Ministero e che sono caratterizzate dall'indisponibilità dei diritti che ne costituiscono oggetto. L'elencazione prosegue poi col riferimento ai *processi di esecuzione forzata, di opposizione alla stessa, ai procedimenti cautelari e possessori, ai procedimenti in camera di consiglio e, in generale, ad ogni altro caso in cui l'inderogabilità sia disposta espressamente dalla legge.* Con questa elencazione di materie – da completarsi con l'inderogabilità del foro dello Stato, di cui all'art. 25 (v. il § precedente), nonché con quella del lavoro e della previdenza, per la quale l'art. 413, ultimo comma, c.p.c. prevede la nullità delle clausole derogative –, il codice introduce, in pratica, una particolare figura di competenza: quella della *competenza territoriale inderogabile*, figura che la dottrina definisce come *competenza funzionale.*

L'art. 29 regola le modalità dell'accordo derogativo della competenza (al di fuori delle ipotesi indicate dall'art. 28): tale accordo deve risultare da atto scritto e riferirsi ad uno o più affari determinati; *non attribuisce competenza esclusiva se non quando ciò sia detto espressamente.*

La deroga può, d'altra parte, risultare indirettamente da un atto unilaterale, qual è l'elezione di domicilio di cui all'art. 30.

Una particolare figura di deroga *ex lege* è prevista, infine, dall'art. 30 bis. Secondo questa disposizione, le cause in cui sono comunque parti magistrati e che apparterrebbero alla competenza di un giudice compreso nel distretto di corte d'appello, in cui il magistrato esercita le proprie funzioni, sono di competenza del giudice,

Una deroga *ex lege* della competenza per territorio è configurata dall'art. 30 bis c.p.c. con riguardo alle cause in cui è parte un magistrato.

che ha sede nel capoluogo del distretto di corte d'appello più vicino, individuato secondo il criterio di cui all'art. 11 c.p.p. Nel caso che in tale distretto il magistrato stesso sia venuto ad esercitare le sue funzioni successivamente alla sua chiamata in giudizio, è competente il giudice che ha sede nel capoluogo di altro distretto di corte d'appello più vicino, sempre individuato sulla base dell'art. 11 c.p.p. (art. 30 bis, 2° comma).

La portata di questa norma è stata ridotta da C. Cost. 12 novembre 2002 n. 444, che ne ha escluso l'applicabilità ai processi di esecuzione forzata da o contro magistrati, e da C. Cost. 25 maggio 2004 n. 147, che ha dichiarato l'illegittimità costituzionale del suo 1° comma, ad eccezione della parte relativa alle azioni civili concernenti le restituzioni e il risarcimento da reato, salva comunque l'individuazione, da parte del legislatore di ulteriori tipologie rientranti nei criteri più ristretti indicati dalla stessa Corte.

La competenza per materia e valore non è derogabile espressamente, ma solo indirettamente per il fatto che l'incompetenza non sia stata eccepita tempestivamente.

Rispetto alla competenza per materia e valore non esistono, invece, norme che prevedono accordi preventivi e diretti di deroga della competenza. Ciò che però – in base a quanto si è rilevato sopra – non basta per dedurne che questo tipo di competenza non sia derogabile dalle parti, poiché occorre prima vedere se la possibilità della deroga non risulti implicitamente dalla mancata reazione del convenuto.

La norma che disciplina le conseguenze della reazione – o della mancata reazione – del soggetto che è stato convenuto davanti ad un giudice incompetente è l'art. 38, che riguarda tutti i tipi di competenza, i quali sono accomunati rispetto al *dies a quo* del termine per eccepire l'incompetenza da parte del convenuto. Si tratta di un termine brevissimo entro il quale il convenuto ha l'onere di far valere l'incompetenza; e precisa il 1° comma dell'art. 38 che ciò deve avvenire con modalità rigorose: ossia nella comparsa di risposta (art. 167) da depositarsi, a pena di decadenza, entro venti giorni prima della prima udienza e, laddove l'eccezione riguardi la competenza territoriale, con l'indicazione del giudice che si ritiene competente.

L'incompetenza per territorio, per materia e per valore va eccepita con la comparsa di risposta.

Resta implicito nell'art. 38 che l'eccezione che non sia proposta entro quei limiti e con quelle modalità non può più essere utilmente proposta dal convenuto. E tuttavia, le conseguenze sono diverse a seconda che il mancato rilievo dell'eccezione da parte del convenuto riguardi i profili dell'incompetenza per materia, per valore o per territorio inderogabile ex art. 28 oppure quelli della competenza territoriale derogabile. Infatti, siccome, ai sensi del 3° comma dello stesso art. 38 – come stiamo per vedere – può ancora essere rilevata d'ufficio dal giudice l'incompetenza per materia, per valore o per territorio inderogabile ex art. 28, ne deriva che, con riferimento all'incompetenza territoriale derogabile, ove il convenuto non abbia sollevato l'eccezione nei termini e con le modalità stabilite dal 1° comma dell'art. 38, il giudice adìto, pur essendo inizialmente incompetente, *diviene competente*. In tal caso, dunque, si attribuisce rilievo all'accordo implicito nella mancata eccezione, la quale, proprio per questo motivo, è assoggettata al veduto breve termine e alle vedute modalità.

D'altro canto, anche nell'ipotesi in cui l'eccezione di incompetenza territoriale derogabile sia regolarmente sollevata dal convenuto e le altre parti costituite aderiscano all'indicazione sul giudice competente (*in mancanza della quale indicazione, l'eccezione «si ha per non proposta»*), l'art. 38, 2° comma, stabilisce che la competenza del giudice così indicato ed accettato resta ferma, se la causa è riassunta davanti al secondo giudice entro tre mesi dalla cancellazione dal ruolo della causa originariamente introdotta. In tal caso il giudizio *continua* davanti al nuovo giudice, come testualmente dice l'art. 50 (si tratta della *translatio iudicii*, su cui v. oltre, § 39 in fine).

La competenza per materia, quella funzionale e quella per valore non sono derogabili e la relativa incompetenza è rilevabile anche d'ufficio, ma non oltre la prima udienza.

Peraltro, l'art. 38, nel suo 3° comma, prevede il possibile rilievo anche d'ufficio dell'incompetenza per materia, valore e territorio inderogabile di cui all'art. 28. Tale rilievo, anche se d'ufficio, è comunque assoggettato a una decadenza, nel senso che non può avvenire oltre l'udienza di cui all'art. 183 (quella di prima comparizione e trattazione).

Alla prima udienza il giudice, una volta effettuato il «rilievo» (che, peraltro, può essere riservato fino all'esito di eventuali sommarie informazioni), può pronunciare subito sulla competenza *con ordinanza*, come previsto dagli artt. 38, ultimo comma, 39, 40, 42, 43, 44, ma può anche, se lo ritiene opportuno, avviare subito l'*iter* per l'immediata rimessione in decisione (con conseguente precisazione delle conclusioni) ai fini della pronuncia sulla competenza (*sempre con ordinanza*) in applicazione dell'art. 187, 3° comma (v. vol. II, § 20).

L'eccezione ritenuta fondata e il rilievo d'ufficio avviano l'*iter* per la eventuale pronuncia immediata con ordinanza o per la rimessione in decisione ...

Il 4° comma dell'art. 38, inoltre, dispone che le questioni di cui ai commi precedenti (ossia le questioni che sorgono a seguito dell'eccezione o del rilievo d'ufficio dell'incompetenza) sono decise «*ai soli fini della competenza*» (ossia senza che la soluzione delle stesse questioni possa influire sulla decisione del merito), «*in base a quello che risulta dagli atti*», ossia senza attività istruttorie, salvo il caso che l'eccezione del convenuto o il rilievo del giudice rendano necessaria l'assunzione di «*sommarie informazioni*».

... previa soluzione della questione con eventuale assunzione di sommarie informazioni.

Si tratta di una pronuncia che assume la forma dell'*ordinanza impugnabile col regolamento di competenza* (su cui nel prossimo §). Tuttavia, la disposizione sulla forma dell'ordinanza per la pronuncia sulla competenza non dovrebbe valere anche per il giudizio davanti al giudice di pace, in quanto – in caso contrario – tale pronuncia non potendo essere sottoposta a regolamento di competenza in applicazione dell'art. 46, né potendo essere impugnata con i mezzi ordinari, sarebbe priva di rimedio.

Occorre però tenere presente che, poiché l'art. 187, 3° comma, prevede, come vedremo (vol. II, § 20), la facoltà del giudice di scegliere tra l'immediata rimessione in decisione sulla questione di competenza (*con ordinanza*) e l'accantonamento della questione stessa fino alla decisione sul merito (*con sentenza*), le sommarie informazioni configurate dalla nuova norma potrebbero essere finalizzate anche alla prima valutazione di probabile fondatezza dell'eccezione o dell'opportunità di effettuare il rilievo d'ufficio e/o di rimettere la causa in decisione per l'eventuale pronuncia sulla sola competenza con ordinanza.

39. *Statuizioni sulla competenza e regolamento di competenza. La riassunzione davanti al giudice dichiarato competente.*

Abbiamo visto, nel § precedente, che le pronunce sulla competenza possono assumere la forma dell'ordinanza (se relative *soltanto* alla competenza), ma talora quella della sentenza (se relative *anche* al merito).

Si tratta ora di vedere quando e come tali provvedimenti siano impugnabili.

La sentenza che pronuncia *anche* sulla competenza è assoggettata all'appello e al ricorso per cassazione, ...

Per quanto concerne le pronunce con sentenza, abbiamo già accennato, e meglio vedremo a suo luogo (vol. II, § 74), che il normale mezzo per impugnare la sentenza di primo grado che si pronuncia *anche* sulla competenza è l'appello. Anche il giudizio d'appello termina poi con una sentenza, che è impugnabile col ricorso per cassazione, alla quale pertanto spetta la parola definitiva. Si svolge, insomma un lungo e articolato giudizio, la cui conclusione potrebbe essere negativa rispetto alla competenza, con evidente inutile dispendio di attività processuale.

... ma il codice configura un mezzo specificamente riservato alle pronunce sulla competenza, ...

Perciò, accanto all'appello, il nostro ordinamento configura un mezzo specificamente riservato proprio alla pronuncia sulla competenza, e che è (o dovrebbe essere) immune da quest'inconveniente. Questo specifico mezzo di impugnazione è il *regolamento di competenza* la cui caratteristica è quella di dar luogo immediatamente ad un giudizio innanzi alla Corte di cassazione, ossia innanzi a quel giudice che può dire subito la parola definitiva sulla questione di competenza. Inoltre, questo giudizio ha la caratteristica di svolgersi con notevole semplicità di forme e quindi con una relativa rapidità.

Prima di esaminare la disciplina di questo mezzo di impugnazione occorre soffermarsi sulla forma dei provvedimenti impugnabili con lo stesso.

Dal complesso della disciplina già esaminata emerge palese l'orientamento del legislatore di individuare nell'ordinanza la forma dei provvedimenti sulla competenza. Non sembra però che da ciò si possa desumere che, anche agli effetti del regolamento di competenza, il provvedimento impugnabile con questo mezzo sia sempre e soltanto l'ordinanza.

Presumibilmente, questo è l'orientamento che il legislatore ha mostrato di prediligere, non senza, tuttavia, prevedere un'esplicita eccezione nei casi di regolamento facoltativo di cui all'art. 43, ove l'alternativa in cui si concreta la facoltatività è quella dell'impugnazione «*nei modi ordinari*».

I quali «*modi ordinari*» consistono, nei confronti di una pronuncia sul merito, nell'appello e nel ricorso per cassazione. Con la conseguenza che è tuttora possibile l'impugnazione col regolamento di competenza nei confronti di un provvedimento in forma di sentenza e che, d'altra parte, sono possibili pronunce sulla competenza con le forme della sentenza.

Queste possibilità sembrano confermate anche dalla disciplina dei provvedimenti quale emerge dal testo dell'art. 279 (che esamineremo a suo luogo) e dalla quale disciplina emerge, sia pure indirettamente, la possibilità di una pronuncia con sentenza sia sulla competenza che sul merito. In effetti, mentre il 1° comma dell'art. 279 enuncia che il giudice pronuncia ordinanza quando decide soltanto sulla competenza, il 2° comma, nell'elencare i casi nei quali pronuncia sentenza, prevede, appunto, pronuncia con sentenza «quando decidendo alcune delle questioni di cui ai numeri 1, 2 e 3 (del suddetto elenco) non definisce il giudizio e impartisce distinti provvedimenti per l'ulteriore istruzione della causa».

Veniamo ora alla disciplina del regolamento.

Il regolamento di competenza è un mezzo di impugnazione, tranne che in un caso particolarissimo (ossia il regolamento d'ufficio, che tra poco vedremo). Ed infatti, esso consiste in *un'iniziativa giudiziaria di parte* (salvo soltanto il suddetto particolarissimo caso) *contro una pronuncia* (*sulla competenza*) *nella quale la parte che impugna sia rimasta soccombente*, e tende ad una riforma di quella pronuncia; *appartiene alla categoria dei mezzi di impugnazione* che, come vedremo (vol. II, § 70), *si chiamano ordinari* perché la loro proponibilità condiziona il passaggio in giudicato della sentenza: ossia appartiene a quella categoria di mezzi di impugnazione che, come si vide al § 4, l'art. 324 prende in considerazione proprio sotto questo profilo (v. anche vol. II, § 70, *sub* C).

... ossia *il regolamento di competenza*, che è un mezzo di impugnazione (salva l'ipotesi del regolamento d'ufficio).

Premesso che il regolamento di competenza non è proponibile contro i provvedimenti del giudice di pace (art. 46), occorre tener presente che esistono due tipi di regolamento di competenza: il regolamento *necessario* ed il regolamento *facoltativo*.

Il regolamento di competenza è *necessario* nei confronti dei provvedimenti che pronunciano solo sulla competenza.

L'art. 42 chiama *regolamento necessario di competenza* quello che può essere proposto contro i *provvedimenti* che pronunciano soltanto sulla competenza («... *pronunciando sulla competenza, non decide il merito della causa ...*»). Ed è «necessario» (si tratta in realtà di un onere) nel senso che *esso è l'unico mezzo col* quale i provvedimenti che pronunciano soltanto sulla competenza, *in primo o in secondo grado*, possono essere impugnati. *Quando, insomma, il provvedimento pronuncia soltanto sulla competenza (sia perché il giudice dichiara la propria incompetenza o sia perché, pur affermando la propria competenza, riserva al seguito del processo la pronuncia sul merito), l'unico mezzo per impugnarlo è il regolamento necessario.*

In questi casi il provvedimento impugnabile solo col regolamento avrà la forma dell'ordinanza se pronunciato in sede di trattazione, ai sensi degli artt. 38, 39 e 40. Lo stesso discorso vale anche nell'ipotesi che il giudice abbia scelto di percorrere la via della rimessione in decisione, ai sensi dell'art. 187, 3° comma. Anche in questo caso, infatti, il provvedimento, anche se in grado d'appello, sarà – *se pronuncia soltanto sulla competenza* – sempre un'ordinanza impugnabile solo col regolamento di competenza.

Se il regolamento è proposto, la decisione della Cassazione è definitiva.

Se il regolamento viene proposto, la Corte di cassazione «statuisce sulla competenza» (art. 49) o rigettando il ricorso (nel qual caso resta ferma la competenza di quel giudice che la pronuncia impugnata aveva indicato come competente) oppure accogliendolo, e così determinando in modo definitivo qual è il giudice competente.

Se non è proposto, resta ferma la competenza dichiarata, purché avvenga la riassunzione davanti al giudice dichiarato competente.

Se, invece, il regolamento non viene proposto, scatta il meccanismo insito nella necessarietà del mezzo: poiché non è stato proposto l'unico mezzo possibile, la pronuncia non è più impugnabile in alcun modo e perciò *resta ferma la competenza di quel giudice che la pronuncia stessa aveva indicato come competente.* Questo significa che quest'ultimo giudice (dinanzi al quale la causa verrà riassunta, attraverso l'*iter* e nel termine che tra poco vedremo), non potrà – se ed in quanto sia avvenuta la suddetta riassunzione tempestiva – contestare la propria competenza e dovrà senz'altro pronunciare sul merito: così dispone l'art. 44.

Questa norma, tuttavia, oltre a condizionare la suddetta incontestabilità alla riassunzione nel termine, aggiunge che tale incontestabilità si verifica «*salvo che si tratti di incompetenza per materia o di incompetenza per territorio nei casi previsti dall'art. 28*», i quali ultimi sono, come si ricorderà, quelli di competenza territoriale inderogabile, o funzionale.

In questi casi, dunque, l'art. 44 esclude l'incontestabilità, e così eccezionalmente consente al giudice indicato come competente nella pronuncia non impugnata di dichiararsi a sua volta incompetente, se ed in quanto si ritenga tale e purché ciò avvenga entro il termine di cui all'art. 38 (vale a dire, entro l'udienza di cui all'art. 183). Se ciò accade, si verifica allora quella situazione che l'art. 45 chiama «*conflitto di competenza*», consistente nel fatto che due giudici ritengono ciascuno la competenza dell'altro o di un altro giudice, e che è precisamente quella situazione particolarissima alla quale si era accennato sopra come all'unico caso in cui il regolamento di competenza non ha le caratteristiche del mezzo di impugnazione. L'art. 45 prevede, infatti, che in questo caso, e soltanto in questo caso, il giudice innanzi al quale la causa è stata riassunta nel termine di cui all'art. 50, e che si ritiene a sua volta incompetente, possa richiedere d'*ufficio* il regolamento di competenza. Ciò avviene attraverso la pronuncia di un'ordinanza con la quale il giudice dispone la rimessione del «fascicolo d'ufficio» (per questa nozione, v. vol. II, § 9) alla cancelleria della Corte di cassazione (art. 47, 4° comma).

Il regolamento di competenza d'ufficio.

Tutto ciò però – è bene ripeterlo – può accadere solo nei casi di incompetenza per materia e per territorio inderogabile; poiché negli altri casi il giudice indicato come competente nella pronuncia non impugnata *non può* dichiararsi a sua volta incompetente.

L'art. 42 affianca alle pronunce che decidono solo sulla competenza – agli effetti dell'assoggettamento al regolamento necessario – le pronunce previste dagli artt. 39 e 40 (litispendenza e connessione, che analizzeremo nel prossimo §) e «*i provvedimenti che dichiarano la sospensione del processo ai sensi dell'articolo 295*» (quindi non quelli che la negano) (di cui ci occuperemo nel § 62 del vol. II).

Impugnabili col regolamento anche le pronunce sulla litispendenza, continenza, connessione e sospensione del processo.

L'art. 43 chiama regolamento facoltativo di competenza quello che può essere proposto contro i provvedimenti che hanno pronunciato sulla competenza e, insieme, sul merito. È «facoltativo» nel senso che, in questo caso, il regolamento non è l'unico mezzo di impugnazione proponibile, ma concorre con i «modi ordinari» (ossia, in pratica, per lo più con l'appello), quando insieme con la pronuncia sulla competenza si impugna quella sul merito. In sostanza, la parte che è rimasta soccombente sulla questione di competenza *può scegliere* (qui sta appunto la facoltatività) tra il regolamento (col quale naturalmente può impugnare solo quel capo della sentenza che concerne la competenza) oppure l'impugnazione ordinaria, con la quale, impugnando la pronuncia sul merito, può impugnare anche la pronuncia sulla competenza.

Il regolamento di competenza è *facoltativo* contro i provvedimenti che pronunciano sia sulla competenza che sul merito.

Ma naturalmente l'una impugnazione non può essere proposta contemporaneamente all'altra: se è proposto subito il regolamento, l'impugnazione nei modi ordinari (per la quale i termini riprendono a decorrere dalla comunicazione dell'ordinanza della Cassazione che regola la competenza o che comunque si pronuncia sul regolamento: art. 43, 3° comma) potrà investire soltanto il merito; se, invece, viene proposta subito l'impugnazione ordinaria, ciò non impedisce alle altre parti di chiedere il regolamento (art. 43, 2° comma), ma in tal caso il giudizio sull'impugnazione nei modi ordinari resta sospeso (art.

48). Ché se poi la pronuncia non venisse impugnata affatto, il giudicato sul merito supererebbe e toglierebbe significato alla questione di competenza sanando ogni eventuale vizio ad essa inerente (v. oltre, § 74).

Impugnabili col regolamento sono di regola anche i provvedimenti di secondo grado.

Questo regime riguarda *anche i provvedimenti di secondo grado* poiché il codice si riferisce, come stiamo per vedere, ai provvedimenti, senza indicare il grado; con la precisazione, peraltro, che questa possibilità potrebbe rimanere esclusa qualora i provvedimenti di secondo grado sulla competenza venissero ritenuti pronunce su questioni pregiudiziali di rito, come la Cassazione tende a ritenere, perciò impugnabili col ricorso ordinario per cassazione e non con il regolamento.

Nell'individuare i provvedimenti contro i quali è proponibile il regolamento di competenza occorre tenere presente che, come già rilevato, gli artt. 42 e 43 si riferiscono ora alle *ordinanze*, ciò che peraltro non esclude il possibile riferimento anche alle sentenze nei già visti casi nei quali la pronuncia investe anche il merito. *Restano così incluse anche le sentenze di secondo grado.*

Il regolamento di competenza si propone con ricorso *nel termine di 30 giorni che decorre dalla comunicazione* e va depositato in cancelleria ...

Il procedimento davanti alla Corte di cassazione per il regolamento si svolge in modo non molto dissimile dal procedimento ordinario per cassazione, che esamineremo a suo tempo (vol. II, cap. 8°, sez. terza). Qui basterà, oltre che ricordare il già accennato effetto sospensivo di cui all'art. 48, salvi solo gli atti urgenti, tener presente che il regolamento-impugnazione si propone con ricorso da notificarsi alle parti che non vi hanno aderito sottoscrivendo il ricorso stesso; che il ricorso deve contenere l'indicazione del giudice che si ritiene competente e il motivo di censura; che il termine per la suddetta proposizione (di trenta giorni) decorre, salvo il caso della già avvenuta proposizione dell'impugnazione ordinaria (nel qual caso decorrerebbe – per le altre parti: art. 43, 2° comma – dalla notificazione di quest'ultima), dalla *comunicazione* dell'ordinanza (art. 47, 2° comma) e non – come normalmente avviene (v. vol. II, § 71) – dalla sua notificazione; che il ricorso va notificato alle parti che non vi hanno aderito (eventualmente con la sottoscrizione del ricorso) e depositato nella cancelleria della Corte di cassazione entro venti giorni dalla notificazione insieme con i documenti elencati nell'art. 369, 2° comma; che solo le parti alle quali il ricorso è notificato possono depositare memorie entro i successivi venti giorni (art. 47, 5° comma), compresa copia dell'istanza di trasmissione del fascicolo rivolta alla cancelleria del giudice *a quo*; che, durante la pendenza del procedimento sul regolamento, il processo resta sospeso e che, infine, la pronuncia della Cassazione avviene con forme abbreviate in camera di consiglio (art. 49) (v. vol. II, § 80) e concerne anche le spese.

... entro venti giorni dalla sua notificazione.

La Cassazione pronuncia in camera di consiglio.

La riassunzione della causa davanti al giudice ...

Infine, l'art. 50 pone l'onere della riassunzione della causa (nel termine stabilito dalla pronuncia – della Cassazione o anche di altro giudice: v., ad es., gli artt. 34, 40, 44 – o, in mancanza, in quello di tre mesi dalla *comunicazione* della stessa pronuncia) innanzi al giudice che la pronuncia precedente ha dichiarato competente. Lasciando per ora da parte il meccanismo della riassunzione (su cui v. vol. II §§ 63 e 64), qui interessa tener presente che:

... dichiarato competente deve avvenire nel termine fissato o in mancanza in quello di 3 mesi dalla comunicazione del provvedimento.

a) *se la riassunzione avviene nel termine suddetto, il processo continua davanti al nuovo giudice* (art. 50, 1° comma); non si tratta, cioè, di un nuovo processo, ma dello stesso processo che *continua* (*translatio iudicii*): il che può assumere particolare importanza sotto il profilo della conservazione degli effetti sia processuali che sostanziali della domanda nonché dell'utilizzabilità degli atti istruttori eventualmente compiuti;

b) *se la riassunzione non avviene nel termine, il processo si estingue* (art. 50, 2° comma). Questo fenomeno (che esamineremo nel vol. II, al § 64) produce conseguenze diverse a seconda che la pronuncia sulla competenza sia un'ordinanza della Cassazione che regola la competenza oppure un'ordinanza di un giudice di merito. Nel primo caso, *sulla competenza così come statuita dalla Cassazione scende una sorta di incontrovertibilità processuale* nel senso che tale competenza resta ferma anche in un eventuale altro processo che venisse iniziato sulla stessa azione (art. 310, 2° comma, in fine). Nel secondo caso, invece, per effetto dell'estinzione, la pronuncia perde ogni efficacia se non nei confronti dello stesso giudice che l'ha pronunciata. Pertanto, se la domanda venisse proposta innanzi al tribunale già dichiarato competente, dopo la scadenza del termine di cui all'art. 50, in questo nuovo processo il tribunale suddetto sarebbe libero di dichiarare la sua eventuale incompetenza anche se non si trattasse di competenza per materia o funzionale; ed in quest'ultima ipotesi non dovrebbe affatto chiedere d'ufficio il regolamento di competenza.

40. *Le modificazioni della competenza per ragioni di litispendenza e continenza o per ragioni di connessione. L'accessorietà e la garanzia.*

Come si ricorderà (retro, §§ 27, 28, 29, 30) due o più azioni possono avere in comune tra loro tutti o alcuni elementi di identificazione.

Quando si verifica la coincidenza di *tutti* gli elementi, le due o più azioni sono in realtà *una sola* (retro, §§ 27 e 28) e si parla di identità. Questo fenomeno – si vide – assume rilievo pratico specialmente con riguardo alla necessità di osservare la regola del *ne bis in idem*, e più precisamente, da un lato, per il caso in cui sull'azione *de qua* sia già intervenuto il giudicato, e, dall'altro lato, per il caso in cui l'azione

Nell'ipotesi di litispendenza ...

de qua, già pendente davanti ad un giudice, venga riproposta davanti allo stesso o ad altro giudice. In quest'ultimo caso si parla di *litispendenza* (retro, § 27), che è dunque la situazione che si determina quando la stessa causa *pende* dinanzi a giudici diversi nell'ambito della giurisdizione ordinaria, intendendosi per pendenza anche la situazione della causa già decisa in un grado, durante la decorrenza dei termini di impugnazione; ed è situazione che assume rilievo anche rispetto all'argomento del quale ora ci occupiamo, ossia la competenza. Ed infatti – lasciando da parte l'ipotesi che la causa sia proposta *davanti allo stesso giudice*, nella quale ipotesi sorge un diverso problema, risolto dall'art. 273 (v. vol. II, § 60) – se la stessa causa è proposta *davanti a giudici diversi*, occorre stabilire quale dei due giudici deve deciderla, ossia è, sotto questo particolare profilo, competente.

... è competente il giudice adìto per primo (criterio della prevenzione).

Questo problema è risolto dall'art. 39, 1° comma, col criterio detto della *prevenzione* e cioè nel senso che *è competente* – sempre sotto questo particolare profilo – *il giudice adìto per primo* (avendo riguardo alla data di notificazione della citazione o di deposito del ricorso: art. 39, 3° comma), mentre quello adìto successivamente, «*in qualunque stato e grado del processo, anche d'ufficio, dichiara con ordinanza la litispendenza e dispone la cancellazione della causa dal ruolo*». Va, d'altra parte, tenuto presente che il criterio della prevenzione sembra prescindere dalla competenza dell'uno o dell'altro giudice sotto ogni altro profilo. Ma, a questo riguardo, mentre, da un lato, soccorre l'assoggettamento delle pronunce di cui trattasi all'impugnazione col regolamento necessario di competenza ai termini dell'art. 42, come stiamo per vedere, dall'altro lato, si deve prendere atto di una tendenza, avallata anche dalle Sezioni unite (Cass. sez. un. 13 luglio 2006 n. 15905), secondo la quale la *ratio* della norma è nel senso che l'applicazione del criterio della prevenzione presuppone che la stessa causa sia proposta davanti a giudici diversi, *ma ugualmente competenti*.

Nella *continenza* la competenza spetta al primo giudice se è competente anche per la seconda causa.

Con lo stesso criterio il codice poi risolve l'analogo problema che sorge con riguardo ad una particolare figura di litispendenza – ossia la *continenza di cause* – che si verifica quando una delle azioni contiene l'altra per la maggior ampiezza del *petitum*, ferma la coincidenza di tutti gli altri elementi (ad es.: in un processo si chiedono tutte le rate di un mutuo ed in un altro processo se ne chiede una sola), nonché, secondo l'ormai ferma giurisprudenza della Cassazione, quando la questione sollevata con la lite preventivamente instaurata costituisca il presupposto necessario della domanda oggetto della seconda, o quando tra le due cause esista un nesso di pregiudizialità logica che potrebbe dar luogo a contrasto di giudicati.

Con riguardo a questa figura – che si pone in termini diversi da quella della litispendenza sia perché la diversa ampiezza delle due cause esclude che per una delle due il giudizio possa essere semplicemente «troncato», secondo il disposto dell'art. 39, 1° comma, or ora visto, e sia perché, trattandosi di cause con oggetto di diversa ampiezza, potrebbe sussistere la competenza per l'una e non per l'altra – l'art. 39, 2° comma, dispone che, se il giudice preventivamente adìto è competente anche per la causa proposta successivamente, il giudice di questa dispone la riassunzione davanti al primo giudice. Altrimenti è quest'ultimo a disporre la riassunzione davanti al secondo giudice, ma sempre in quanto questi sia competente per essa e in quanto il primo giudice sia competente per la causa per la quale è stato adito. Come abbiamo già accennato, le ordinanze dichiarative della litispendenza o della continenza sono da considerarsi pronunce sulla competenza anche agli effetti della loro impugnabilità col regolamento necessario di competenza (art. 42).

Le regole ora viste concernono le possibili ripercussioni che sulla disciplina della competenza possono essere determinate dalla litispendenza e dalla continenza fra due o più cause.

Analoghi fenomeni di ripercussione sulla disciplina della competenza sono, d'altra parte, determinati dal fenomeno della *connessione*, che, come si è visto al § 30, consiste nella coincidenza di taluni elementi di identificazione di due o più azioni.

Quando ci occupammo del fenomeno della connessione tra due o più azioni (retro, § 30) osservammo che tale fenomeno – preso in considerazione dall'ordinamento come ragione di opportunità che le cause connesse siano decise in un unico processo – può dar luogo a modificazioni della competenza, in quanto il giudice competente per una delle cause connesse potrebbe non esserlo anche per l'altra o le altre. Occorre, perciò, esaminare se ed in che limiti l'opportunità generica di trattare insieme le cause connesse può dar luogo concretamente a deroghe alle regole della competenza. *In linea di massima* – e come stiamo per vedere – *si può dire che queste deroghe sono possibili con riguardo alla competenza per territorio ed a quella per valore, ma non anche con riguardo alla competenza per materia.*

In linea di massima, la connessione può consentire lo spostamento della competenza per territorio e per valore, non di quella per materia.

Come si ricorderà, la connessione può essere *soggettiva* (coincidenza di entrambi gli elementi soggettivi o *personae*) oppure *oggettiva* (coincidenza di uno o tutti gli elementi oggettivi: *petitum* e *causa petendi*).

La *connessione soggettiva* (art. 104).

La *connessione soggettiva* – si vide al § 30 – dà luogo, in relazione alla suddetta opportunità di trattare insieme le cause connesse, alla *possibilità del cumulo oggettivo*: possibilità contemplata in via generale dall'art. 104. La quale norma – come pure si vide – già contiene una regola che tocca il tema della competenza, ossia il richiamo all'art. 10, 2° comma (v. retro, § 36), che, appunto con riguardo a queste ipotesi di cumulo, stabilisce che, agli effetti della competenza per valore, le diverse domande si sommano tra loro: ciò che potrebbe determinare una modificazione della competenza per valore del giudice, ove le molteplici domande cumulate fossero avanzate separatamente.

Dobbiamo ora rilevare che questa è l'unica regola dettata dal codice con riguardo alle modificazioni della competenza per ragioni di connessione puramente soggettiva e che, pertanto, *quando la connessione è soltanto soggettiva, il cumulo oggettivo di cui all'art. 104 è possibile soltanto quando, sotto ogni altro profilo diverso da quello del valore, sussista la competenza del medesimo giudice* (va, tuttavia, osservato che, per quanto riguarda la competenza per territorio, di solito sussiste la comunanza del foro generale senza bisogno di deroga, mentre, d'altra parte, opera la generale facoltà di deroga di cui all'art. 28, nei limiti ivi previsti, sicché, in pratica, il limite insormontabile riguarda essenzialmente la competenza per materia e quella per territorio inderogabile).

Se c'è connessione oggettiva, il cumulo soggettivo consente lo spostamento della competenza per territorio (art. 33) ...

Ben diversa è la situazione nel caso di *connessione oggettiva.*

Si vide a suo tempo (retro, § 30) che questo tipo di connessione dà luogo alla possibilità del *cumulo soggettivo*; la quale possibilità è contemplata genericamente dall'art. 103. Orbene, proprio per rendere concretamente attuabile questa generica possibilità, il codice detta una serie di regole su possibili deroghe di competenza in relazione, appunto, alla connessione oggettiva.

Una prima regola generale è quella dettata dall'art. 33 con riguardo alla *competenza per territorio.* Poiché, come sappiamo (retro, § 37), la regola dei fori generali in tema di competenza per territorio fa capo alla residenza o al domicilio del convenuto; e poiché l'attuazione del cumulo soggettivo può concretarsi nel convenire più persone nello stesso processo, la norma in argomento consente in pratica all'attore di scegliere tra i diversi fori generali dei diversi convenuti, mentre, per quanto riguarda la competenza per valore, il processo cumulativo si svolgerà dinanzi al tribunale, se competente per una delle cause.

In aggiunta a questa regola, il codice detta alcune altre regole che riguardano particolari ipotesi di connessione oggettiva (o anche oggettiva) e cioè ai casi in cui tra le cause connesse esista il *rapporto tra principale e accessoria* o il *rapporto tra causa principale e causa di garanzia.* Il che in pratica significa che la connessione oggettiva – che consente sempre, come si è visto, la modificazione della competenza per territorio – consente *anche* la modificazione della competenza per valore (mai quella per materia e per territorio inderogabile) *soltanto* nei casi in cui la connessione assume i particolari aspetti suddetti e nei limiti di quanto disposto dagli artt. 31 e 32.

... e anche di quella per valore, nei casi particolari ...

... di accessorietà (art. 31) ...

L'art. 31 si occupa della c.d. *accessorietà*, che è il rapporto che intercorre tra due cause connesse oggettivamente (ma anche soggettivamente), nel senso che la decisione su una di esse (quella c.d. accessoria) dipende dalla decisione sull'altra (quella c.d. principale). Ad es., l'accoglimento della domanda di pagamento degli interessi dipende dall'accoglimento della domanda di restituzione di una somma data a mutuo: perciò la prima è accessoria rispetto alla seconda. Ancora: l'accoglimento della domanda di risarcimento dei danni per violazione della misura di uso dei servizî del condominio (azione accessoria) dipende dalla decisione su questa violazione (azione principale).

Per questo genere di rapporto, la regola generale è nel senso che: con riguardo al territorio, *il giudice competente per la causa principale è competente anche per la causa accessoria* (art. 31, 1° comma, prima parte), mentre con riguardo alla *competenza per valore*, la norma in esame esige ancora una volta il rispetto della regola dell'art. 10, 2° comma.

... e di garanzia (art. 32).

L'art. 32 si occupa, invece, delle c.d. *azioni di garanzia*, ossia di quelle azioni con le quali una parte fa valere il suo diritto (sostanziale) di essere, appunto, «garantita» da un terzo, ossia risarcita delle conseguenze della sua eventuale soccombenza. Tipico l'esempio del compratore che, convenuto in giudizio da un soggetto che si vanta proprietario della cosa, ha diritto di essere garantito dal venditore (art. 1483 c.c.; in questo caso, anzi, la legge configura addirittura un onere di «chiamata in causa» [v. oltre, § 56] del venditore garante: art. 1485 c.c.).

L'opportunità che la causa c.d. di garanzia sia trattata insieme con la causa principale sta nell'evidente interesse del garantito ad ottenere una pronuncia contro il garante, contemporaneamente all'*eventuale* (poiché altrimenti la garanzia non opererebbe) pronuncia contro di lui. Per quest'ipotesi, dunque, l'art. 32 consente la proposizione della domanda di garanzia innanzi al giudice competente per la causa principale, con conseguente possibile deroga della competenza per territorio. Se però la domanda eccede la competenza per valore del giudice adito (ossia del giudice di pace), questi rimette entrambe le cause al giudice superiore (il tribunale) assegnando alle parti un termine perentorio per la riassunzione.

Le disposizioni viste finora si riferiscono al fenomeno della connessione sotto il profilo della *facoltà della parte che agisce* di cumulare le azioni connesse nello stesso processo; e cioè concernono il momento *anteriore* all'inizio dell'unico processo, nel quale vengono esercitate *insieme tutte* le azioni connesse.

A processo già iniziato, se le cause connesse pendono davanti allo stesso giudice, possono essere riunite (art. 274) ...

Esse vanno, perciò, coordinate con altre disposizioni dettate con riferimento ad un momento *successivo* all'inizio del processo, che cioè si riferiscono allo stesso fenomeno da un altro punto di vista: quello del giudice (o dei diversi giudici) al quale (o ai quali) siano *già state proposte* le azioni connesse (v. vol. II, § 60). Anche qui il criterio che ispira la regola alla quale il giudice deve attenersi è quello dell'opportunità della trattazione congiunta con la differenza che qui tale opportunità deve essere previamente valutata dal giudice.

Se le cause connesse pendono *davanti allo stesso giudice*, questi ne *può* ordinare la riunione, anche d'ufficio (art. 274); il che naturalmente deve avvenire (come si è già visto) anche – ed a maggior ragione – qualora si tratti addirittura della stessa causa (litispendenza) (art. 273); se pendono *davanti a giudici diversi*, la competenza spetta a quello adìto per primo (c.d. *criterio della prevenzione*), a meno che le cause connesse siano in rapporto di *accessorietà*, nel qual caso è competente per entrambe il giudice competente per la causa principale. E pertanto, il giudice della causa accessoria, o quello adito successivamente, ordina la riassunzione della causa innanzi al giudice della causa principale o a quello adìto preventivamente (art. 40, 1° comma) sempre naturalmente, che sussistano i presupposti che consentono l'eventuale spostamento della competenza. Il rilievo della connessione (anche d'ufficio) non può avvenire oltre la prima udienza, mentre, d'altra parte, la riunione non può essere ordinata se la causa principale o preventivamente proposta si trova già in una fase troppo avanzata (art. 40, 2° comma) (ad es., se questa causa è già in decisione o la sua istruzione è chiusa, mentre la causa che sarebbe in ipotesi da trasferire abbisogna ancora di istruzione). Ed anche questa pronuncia è impugnabile col regolamento necessario di competenza (art. 42).

... ma se pendono davanti a giudici diversi, la competenza è del giudice adìto per primo (art. 273).

La trattazione congiunta delle cause connesse potrebbe, in ipotesi, essere ostacolata da eventuali differenze di «rito» (sulla portata di quest'espressione, v. il § seguente). Per il superamento di questi ostacoli la L. 353/1990 ha aggiunto tre nuovi commi (3°, 4° e 5°) all'art. 40, sui quali ci soffermeremo al termine del § seguente.

Se una delle cause connesse è di competenza del giudice di pace e altre del tribunale, prevale la competenza del tribunale (art. 40, commi 6° e 7°).

È, invece, opportuno esaminare qui gli ulteriori due commi (6° e 7°) dell'art. 40 che prevedono una diversa figura di connessione, imperniata sul criterio della prevalenza della cognizione del tribunale (composto da giudici «togati») rispetto a quella del giudice di pace (ufficio ricoperto da giudici «non togati»). Anche l'operare di questo criterio è disciplinato con riguardo alle vedute due diverse angolazioni: quella del momento *anteriore* all'inizio del processo e quella del momento *successivo* a tale inizio. Sotto il primo profilo, il 6° comma dispone che «*se una causa di competenza del giudice di pace sia connessa per i motivi di cui agli articoli 31, 32, 34, 35 e 36*» – ossia per tutte le particolari e già viste ipotesi di connessione prese in considerazione dal codice, esclusa solo la connessione semplice e quella impropria di cui all'art. 33 e all'art. 103, 1° comma – «*con altra causa di competenza del tribunale, le relative domande possono essere proposte innanzi al tribunale affinché siano decise nello stesso processo*». Ciò, naturalmente, salva l'applicabilità delle regole di cui al 1° comma (anche tra diversi giudici di pace) e dello stesso art. 33.

Sotto il secondo profilo, il 7° comma disciplina l'ipotesi che cause connesse secondo i veduti criteri siano proposte l'una (o le une) davanti al giudice di pace e l'altra (o le altre) davanti al tribunale, stabilendo che, in queste ipotesi, è *sempre* (ossia quale che sia il giudice preventivamente adito e quale che sia l'eventuale rapporto di accessorietà) *il giudice di pace* che deve assumere l'iniziativa per la riunione, ossia «*deve pronunziare anche d'ufficio la connessione a favore del tribunale*».

Questa pronuncia con ordinanza avverrà naturalmente con le modalità di cui al 1° comma di questo art. 40 e nei limiti temporali di cui al 2° comma.

41. *Segue. La pregiudizialità, l'eccezione di compensazione, la domanda riconvenzionale.*

La disciplina di particolari ipotesi di connessione occasionata dalle loro conseguenze sulla competenza.

Tra le norme dedicate alle modificazioni della competenza per ragioni di connessione il codice colloca tre articoli (gli artt. 34, 35, 36) dedicati ad altrettanti fenomeni (pregiudizialità, compensazione e riconvenzione) che se, da un lato, concretano particolari aspetti di connessione (con le conseguenti ripercussioni sulle regole della competenza), dall'altro lato presentano, per se stessi, una particolare problematica che giustifica l'esigenza di una particolare disciplina. Alla quale esigenza, il codice, con una tecnica alquanto discutibile, viene incontro in questa medesima sede, ossia cogliendo l'occasione della disciplina delle eventuali modificazioni della competenza per ragioni di connessione, per inserirvi, in modo più o meno indiretto ed implicito, la suddetta disciplina.

Le *questioni pregiudiziali di merito*.

Partendo dall'art. 34, la disciplina per così dire occasionale ed implicita che esso detta, insieme con la disciplina della conseguente questione di competenza, investe l'ampio problema delle c.d. *questioni pregiudiziali di merito*. Ciò premesso, per comprendere bene i termini di questo problema, bisogna tener presente che con l'espressione «*questioni pregiudiziali di merito*» si intendono quelle questioni che, pur potendo costituire oggetto autonomo di una decisione, si inseriscono, come un passaggio obbligato, nell'*iter* logico-giuridico, che conduce alla decisione sulla domanda principale, e che perciò, per decidere su quest'ultima, non si può fare a meno di affrontare. Così, ad es., rispetto ad una domanda di alimenti da padre a figlio, è certamente pregiudiziale la questione relativa alla sussistenza del rapporto di paternità, ove sia contestato; rispetto ad una domanda per il pagamento di una rata di un contratto di mutuo, è pregiudiziale la questione della validità del contratto.

Premesso ciò, il problema che a questo punto si delinea è quello di vedere se, una volta che sia insorta la questione pregiudiziale, questa possa essere risolta in via incidentale o, come si suol dire, *incidenter tantum*, oppure se debba esser decisa in modo che anche su di essa si formi il giudicato.

Questo è per l'appunto il problema risolto implicitamente dall'art. 34, il quale, nel dettare la regola (in tema di competenza) per cui, se la questione pregiudiziale di merito appartiene per materia o valore alla competenza di un giudice superiore, quest'ultimo attrae nella propria competenza anche la causa principale, stabilisce anche che la questione pregiudiziale di merito va decisa con efficacia di giudicato se ciò debba avvenire «*per legge o per esplicita richiesta di una delle parti*». Al di fuori di queste ipotesi, la questione pregiudiziale di merito può essere decisa solo *incidenter tantum*, ossia con efficacia limitata alla causa in corso. Tra le questioni pregiudiziali che *per legge* debbono essere decise con efficacia di giudicato, la giurisprudenza della Cassazione suole ravvisare le questioni di stato delle persone.

L'*eccezione di compensazione* con un credito appartenente alla competenza di un giudice superiore sposta la competenza a favore di quest'ultimo se il credito opposto è contestato.

L'art. 35, con riferimento all'*eccezione di compensazione* (v. retro, § 25) detta una complessa disciplina per l'ipotesi in cui sia sollevata dal convenuto un'eccezione di compensazione che abbia ad oggetto un controcredito contestato e il cui valore ecceda la competenza per valore del giudice adìto (altrimenti il problema non sorgerebbe). La norma dispone che, in tal caso, se la domanda principale è fondata su *titolo non controverso o facilmente accertabile*, il giudice adìto può pronunciarsi su questa (si configurerebbe un'ipotesi di *condanna con riserva*, su cui v. retro, § 15), rimettendo al giudice superiore la decisione sul controcredito oggetto dell'eccezione di compensazione.

Ove, invece, tali condizioni non sussistano, si adotta la stessa soluzione già prevista dall'art. 34 per le questioni pregiudiziali: il giudice superiore attrae nella propria competenza l'intera causa. Se il credito opposto in compensazione non è contestato, la lettera dell'art. 35 induce a ritenere che non si abbia spostamento di competenza anche se quel credito supera i limiti della competenza del giudice adìto: la decisione su di esso, infatti, è solo *implicita*.

Ugualmente per le *domande riconvenzionali*.

L'art. 36, infine, applica la medesima regola – attrazione dell'intera causa nella competenza del giudice superiore – all'ipotesi di domande riconvenzionali, che eccedono la competenza per materia o valore del giudice adìto. Ed è appunto nel dettare questa regola che il legislatore coglie l'occasione per regolare il problema dei limiti entro i quali la domanda riconvenzionale può essere proposta nello stesso processo; il problema, cioè, che già esaminammo al § 26.

La trattazione congiunta delle cause connesse (nel senso ampio che include l'accessorietà, la pregiudizialità e la riconvenzione) e che gli articoli sopra esaminati intendono favorire, può talora trovare ostacolo nella diversità del «rito» previsto per una o alcune di esse.

A superare l'ostacolo costituito dalla diversità del rito provvede l'art. 40, nei commi 3°, 4° e 5°, consentendo il *simultaneus processus* nonostante le differenze del rito.

Il 3° comma, con riferimento, come si diceva, a tutte le già viste ipotesi di connessione, prese in considerazione negli artt. da 31 a 36 (ed esclusa solo quella dell'art. 33 riferito al cumulo soggettivo) ed ipotizzando che almeno una di esse sia assoggettata al rito ordinario, dispone che «*le cause cumulativamente proposte o successivamente riunite, debbono essere trattate e decise col rito ordinario*».

Se le cause connesse appartengono a *riti diversi* ...

Questo, tuttavia, sempre che una delle cause cumulate non rientri fra quelle indicate negli artt. 409 e 442 (ossia controversie individuali di lavoro o previdenziali). In tal caso, infatti, per la trattazione di tutte le cause cumulate trova applicazione il solo rito speciale del lavoro o previdenziale. In quest'ultima ipotesi, dunque, si ha attrazione a favore del rito speciale del lavoro o previdenziale, anche per la causa che avrebbe dovuto essere assoggettata al rito ordinario; mentre solo nelle ipotesi di connessione tra cause assoggettate al rito ordinario e cause assoggettate a riti speciali diversi da quello del lavoro o previdenziale, si ha attrazione a favore del rito ordinario.

... prevale il rito ordinario, ma non sul rito del lavoro.

Il 4° comma prevede, poi, l'ipotesi che le cause connesse siano tutte assoggettate a differenti riti speciali. Per queste ipotesi, la norma dispone che le cause connesse siano trattate e decise «*col rito previsto per quella di esse in ragione della quale viene determinata la competenza*» e soltanto in subordine, «*col rito previsto per la causa di maggior valore*».

Se le cause connesse appartengono tutte a riti speciali, prevale quello del giudice per il quale è determinata la competenza.

Infine, il 5° comma dispone che se «la causa» (una delle cause cumulate) «è stata trattata con un rito diverso da quello divenuto applicabile ai sensi del 3° comma, il giudice provvede a norma degli artt. 426 e 427», ossia delle norme che, nel processo del lavoro, prevedono il passaggio dall'uno all'altro rito.

Bibliografia di orientamento

T. SEGRÈ, *Della competenza per materia e valore*, in *Commentario del cod. di proc. civ., diretto da E. Allorio*, I, Torino, 1973; A. LEVONI, *Competenza nel dir. proc. civ.*, in *Dig. disc. priv., sez. civ.*, III, Torino, 1988; M. ACONE-R. SANTULLI, *Competenza (dir. proc. civ.)*, in *Enc. Giur. Treccani*, VII, Roma, 1988, con postilla di aggiornamento di A. CARRATTA, Roma, 1997; G. ARIETA, *La sentenza sulla competenza*, Padova, 1990; N. RASCIO, *In tema di competenza funzionale*, in *Riv. dir. proc.*, 1993; B. CAPPONI, *Note in tema di rapporti fra competenza e merito*, Torino, 1997; A. GIUSSANI, *Competenza (dir. proc. civ.)*, in *Diritto on line Treccani*, 2015; S. CHIARLONI, *Giudice di pace*, in *Dig. disc. priv., sez. civ.*, IX, Torino, 1993; A. CARRATTA, *Giudice di pace*, in *Enc. Giur. Treccani*, XV, Roma, 1995; C.C. VIAZZI, *Riforma della magistratura onoraria*, in *Il libro dell'anno del diritto Treccani*, Roma, 2017; G. REALI, *Il nuovo giudice onorario di pace*, in *Giusto proc. civ.*, 2018; F. RUSSO, *Breve storia degli* extranei *nella magistratura italiana*, Roma, 2019; T. SEGRÈ, *Della competenza per territorio*, in *Commentario del cod. di proc. civ., diretto da E. Allorio*, I, Torino, 1973; A. LEVONI, *Regolamento di competenza*, in *Dig. disc. priv., sez. civ.*, XVI, Torino, 1997; R. FRASCA, *Il regolamento di competenza*, Torino, 2012; M. ACONE-F. DE SANTIS, *Sub art. 42*, in AA.VV., *Comm. c.p.c.*, I, Torino, 2012; M. ACONE-L. IANNICELLI, *Sub art. 43*, *ibidem*; V. COLESANTI, *Litispendenza*, in *Novissimo Dig. it.*, IX, Torino, 1963; C.E. BALBI, *Connessione e continenza nel dir. proc. civ.*, in *Dig. disc. priv., sez. civ.*, III, Torino, 1988; A. LORENZETTO PESERICO, *La continenza di cause*, Padova, 1992; A. CARRATTA, *Disorientamenti della cassazione in tema di continenza di cause*, in *Resp. civ. e prev.*, 1997; A. GIUSSANI, *Litispendenza e continenza (dir. proc. civ.)*, in *Diritto on line Treccani*, 2016; G. DI FAZZIO, *Incompetenza per territorio tra principio dispositivo e formalismo*, Torino, 2020; A. GIUSSANI, *Connessione (dir. proc. civ.)*, *ibidem*; G. FRANCHI, *Della competenza per connessione*, in *Commentario del cod. di proc. civ., diretto da E. Allorio*, I, Torino, 1973; E. GARBAGNATI, *Questioni pregiudiziali (dir. proc. civ.)*, in *Enciclopedia del diritto*, XXXVII, Milano, 1987; V. DENTI, *Questioni pregiudiziali*, in *Dig. disc. priv., sez. civ.*, XVI, Torino, 1997; M. MONTANARI, *Questioni pregiudiziali e preliminari (dir. proc. civ.)*, in *Diritto on line Treccani*, 2017; B. GAMBINERI, *Garanzia e processo*, I e II, Milano, 2002; S. RECCHIONI, *Pregiudizialità processuale e dipendenza sostanziale nella cognizione civile*, Padova, 1999; D. BORGHESI, *Compensazione nel dir. proc. civ.*, in *Dig. disc. priv., sez. civ.*, III, Torino, 1988; E. MERLIN, *Compensazione e processo*, I, Milano, 1991 e II, Milano, 1994; S. GIANA, *Sub artt. 38-40*, in AA.VV., *Comm. c.p.c.*, I, Torino, 2012; M. COMASTRI, *Sub artt. 31-36*, *ibidem*; R. TISCINI, *Artt. 31-40*, in *Comm. del c.p.c.*, diretto da S. CHIARLONI, Bologna, 2016; S. MENCHINI, *Accertamenti incidentali (dir. proc. civ.)*, in *Diritto on line Treccani*, 2016; AA.VV., *Pluralità dei riti nel processo civile (mutamento, connessione, errore)*, a cura di A. RONCO, in *Giur. it.*, 2020; M. PILLONI, *Profili processuali della domanda di accertamento incidentale*, Torino, 2020.

Sezione terza

ASTENSIONE E RICUSAZIONE DEL GIUDICE. GLI UFFICI COMPLEMENTARI E GLI AUSILIARI DEL GIUDICE

42. *Astensione e ricusazione del giudice.*

Si vide a suo tempo (§ 4 in fine) che la posizione di assoluta indifferenza ed equidistanza del giudice dalle posizioni delle parti assurge ad elemento caratteristico strutturale dell'attività che il giudice stesso svolge. E pertanto, ben si comprende come il codice si preoccupi di dettare talune norme (quelle sull'astensione e la ricusazione del giudice) destinate a garantire comunque tale imparzialità nel quadro di una più ampia normativa che configura diverse ragioni di *incompatibilità* per l'esercizio delle funzioni giudiziarie. Tecnicamente ciò avviene attraverso la sottrazione al giudice (naturalmente avendo riguardo alla *persona fisica* del magistrato che riveste la funzione di giudice) del potere-dovere di giudicare in quelle cause nelle quali, a causa della presenza di specifici interessi personali o di determinati rapporti con una delle parti, si potrebbe obiettivamente dubitare di tale imparzialità.

Se l'imparzialità della persona fisica del giudice può apparire dubbia per ragioni obbiettive ...

Tale sottrazione può avvenire o a seguito di un'iniziativa spontanea del giudice (*astensione*), peraltro dovuta, oppure attraverso una specifica contestazione ad opera della parte che ha motivo di dubitare dell'imparzialità del giudice (*ricusazione*). Ma, né il giudice che si astiene, né la parte che lo ricusa può fondarsi su considerazioni soggettive o su generici sospetti; al contrario, il codice compie un'elencazione tassativa di situazioni o rapporti, stabilendo che: – solo in presenza di una di tali situazioni o rapporti il giudice *deve* astenersi (art. 51, 1° comma); – in presenza di altre gravi ragioni di convenienza, egli *può chiedere l'autorizzazione ad astenersi* (art. 51, 2° comma); – la *ricusazione può essere chiesta solo quando sussista un motivo di astensione obbligatoria* (art. 52, 1° comma).

... il giudice è tenuto all'*astensione*; in mancanza può essere *ricusato*.

I *motivi di astensione obbligatoria* sono elencati nell'art. 51, 1° comma: interesse nella causa o in altra vertente su identica questione di diritto; parentela sua o del *coniuge* o rapporti di commensalità abituale o

I motivi di astensione obbligatoria sono elencati nell'art. 51, 1° comma, c.p.c. ...

convivenza con una delle parti o con alcuno dei difensori; causa pendente o grave inimicizia sua o del coniuge con una delle parti o alcuno dei suoi difensori; aver dato consiglio o prestato patrocinio o consulenza tecnica o deposto come testimone nella causa o averne conosciuto come magistrato in altro grado del processo o come arbitro nonché, per quanto concerne il giudice di pace, avere avuto o avere rapporti di lavoro autonomo o di collaborazione con una delle parti o essere tutore o curatore o amministratore di sostegno di una delle parti.

Che cosa accade se il giudice, pur trovandosi in una delle situazioni di cui all'art. 51, 1° comma, non si astenga?

Premesso che la parte che dubita della sua imparzialità può comunque proporre la ricusazione ai termini dell'art. 52 (v. oltre), e supposto che non sia avvenuta neppure la ricusazione, ma il giudice si sia pronunciato, la soluzione non è univoca poiché la giurisprudenza distingue tra *interesse diretto del giudice* (che è in pratica quello di cui alla prima parte del n. 1 dell'art. 51: si pensi, più che al caso di scuola del giudice in causa propria, al caso del giudice titolare di un rapporto giuridico connesso o dipendente da quello in causa) e *interesse indiretto* (in tutti gli altri casi dell'art. 51, 1° comma). Nel primo caso il motivo di astensione può essere invocato come motivo di impugnazione del provvedimento, anche se non fatto valere con la ricusazione; negli altri casi, invece, la possibilità di far valere il motivo di astensione come motivo di impugnazione sussiste solo laddove la parte abbia in precedenza avanzato istanza di ricusazione.

… e il motivo di astensione facoltativa nel 2° comma.

Accanto ai motivi di astensione obbligatoria, l'art. 51, 2° comma, indica, poi, come *motivo di astensione facoltativa*, previa autorizzazione del capo dell'ufficio, *gravi ragioni di convenienza.*

Mentre l'*iter* dell'astensione si esaurisce nella richiesta al capo dell'ufficio dell'autorizzazione ad astenersi e nel suo accoglimento, l'istanza di ricusazione dà luogo ad una sorta di procedimento incidentale, che inizia con un ricorso (sottoscritto dalla parte o dal difensore) indirizzato al presidente del tribunale, ove l'istanza riguardi il giudice di pace, o al collegio (del quale ovviamente non può far parte il giudice ricusato) del tribunale, della corte d'appello e della Corte di cassazione, ove riguardi uno dei componenti il collegio (art. 53). Questo procedimento si conclude con un'ordinanza *non impugnabile*, con la quale viene eventualmente designato il giudice che deve sostituire quello ricusato, mentre, nel caso di dichiarazione di inammissibilità o di rigetto, l'ordinanza provvede sulle spese e *può condannare* ad una pena pecuniaria non superiore a 250 euro (art. 54). Quanto alla *posizione del giudice ricusato* nel procedimento che lo riguarda, egli – sebbene non sia parte del procedimento di ricusazione – ha comunque la possibilità, se lo ritiene, di intervenire in esso.

L'istanza di ricusazione avvia un procedimento incidentale, che si chiude con un'ordinanza non impugnabile.

Il ricorso per ricusazione sospende il processo (art. 52, 3° comma), con la conseguente sottrazione al giudice ricusato di ogni potere sia decisorio che ordinatorio. Secondo la Cassazione (ed anche secondo C. Cost. 18 marzo 2005 n. 115), tuttavia, è da negare l'automaticità della sospensione, spettando comunque al giudice ricusato la possibilità, all'esito di una sommaria delibazione sull'ammissibilità dell'istanza, di negare la sospensione in caso di carenza *ictu oculi* dei requisiti.

Il codice non precisa le modalità da osservare per la riassunzione (da effettuarsi nel termine perentorio di sei mesi dalla comunicazione dell'ordinanza di ricusazione: art. 54, 4° comma) e che dovrebbero esser quelle della comparsa di cui all'art. 125 disp. att.; ciò per la portata generale che a queste modalità attribuisce l'enunciazione che esse si applicano quando la legge non disponga altrimenti.

Come già detto, la proposizione della domanda di ricusazione condiziona la possibilità di far valere in sede di impugnazione il vizio della sentenza pronunciata dal giudice in una situazione di astensione obbligatoria (salvi solo i casi di interesse diretto).

La responsabilità civile del giudice e i suoi limiti, dopo le modifiche introdotte con la L. 18/2015.

In correlazione con l'imparzialità del giudice e più precisamente a tutela dell'effettività di tale imparzialità, vanno visti i limiti alla responsabilità civile dei giudici nelle persone dei magistrati, limiti stabiliti dalla L. 13 aprile 1988 n. 117, modificata dalla L. 27 febbraio 2015 n. 18.

Il problema della responsabilità civile dei giudici non può che risolversi nella delicata ricerca del giusto punto di equilibrio tra due opposte esigenze, e cioè, da un lato, quella che si fonda sul rilievo che il chiamare i giudici a rispondere del loro operato allo stesso modo di ogni altro dipendente e funzionario dello Stato, può implicare un condizionamento, diretto o indiretto, nell'esercizio di una funzione che esige imparzialità e distacco; e dall'altro lato, quella che si fonda sul rilievo che in ogni sistema democratico l'esercizio di un potere – qual è indubbiamente quello dei giudici – non può non implicare un certo grado di responsabilità.

Nel sistema attualmente vigente, i limiti a tale responsabilità investono direttamente l'estensione allo Stato della responsabilità dei giudici per il loro operato nell'esercizio delle loro funzioni, ai termini dell'art. 28 Cost. La disciplina, infatti, – dopo le modifiche introdotte dalla L. 18/2015 – si sostanzia, in primo luogo, nella configurazione di un'azione diretta verso lo Stato, assoggettata a determinati limiti, e, in secondo luogo, in una successiva azione, anch'essa limitata, di rivalsa dello Stato verso la persona del magistrato.

Se il fatto costituisce reato, rispondono senza limiti sia lo Stato che il magistrato in via risarcitoria.

Prima di passare ad un succinto esame dei limiti che la L. 117/1988 prevede per l'una e per l'altra azione, occorre precisare che questa disciplina non riguarda il caso in cui il comportamento del magistrato consista in un fatto costituente reato, poiché per tale ipotesi, l'art. 13 della stessa legge dispone che il danneggiato ha diritto al risarcimento nei confronti sia dello Stato che del magistrato secondo le norme ordinarie, ossia senza particolari limiti.

Ciò premesso e venendo ai comportamenti dei magistrati non costituenti reato, ancorché illeciti, l'art. 2 della citata legge dispone che l'azione diretta verso lo Stato è prevista per il risarcimento di un danno ingiusto conseguente ad un comportamento, ad un atto o ad un provvedimento giudiziario in quanto sia posto in essere dal magistrato *con dolo o colpa grave* nell'esercizio delle sue funzioni, esclusa peraltro l'attività di interpretazione di norme di diritto e quella di valutazione del fatto e delle prove. Il danno risarcibile è il danno patrimoniale, mentre il danno non patrimoniale è risarcibile solo in caso di provvedimenti implicanti la privazione della libertà personale, e quindi esclusi, di regola, i provvedimenti pronunciati in sede civile.

Nei casi di *dolo o colpa grave del magistrato ...*

La nozione di colpa grave è, nella dizione della legge, imperniata sulla «*negligenza inescusabile*», che si sia concretata in una violazione manifesta della legge, nonché del diritto dell'Unione europea, nel travisamento del fatto o delle prove, ovvero nell'affermazione di un fatto la cui esistenza è incontrastabilmente esclusa dagli atti del procedimento, ovvero nell'emissione di un provvedimento cautelare personale o reale fuori dai casi consentiti dalla legge oppure senza motivazione (art. 2, 3° comma, L. 117/1988).

Aggiunge, peraltro, lo stesso legislatore che, ai fini della determinazione dei casi in cui sussiste la violazione manifesta della legge, nonché del diritto dell'Unione europea, si tiene conto, in particolare, del grado di chiarezza e precisione delle norme violate, nonché dell'inescusabilità e della gravità dell'inosservanza. Ed inoltre, che, nel caso di violazione manifesta del diritto dell'Unione europea si deve tener conto anche della mancata osservanza dell'obbligo di rinvio pregiudiziale ai sensi dell'art. 267 del Trattato sul funzionamento dell'Unione europea, nonché del contrasto dell'atto o del provvedimento con l'interpretazione espressa dalla Corte di giustizia.

... o di *diniego di giustizia* risponde lo Stato, salvo rivalsa nei confronti del magistrato.

La medesima responsabilità è prevista anche come conseguenza del «*diniego di giustizia*» che, per l'art. 3 della legge, sussiste in caso di «*rifiuto, omissione o ritardo del magistrato nel compimento di atti del suo ufficio*» e sempre in quanto sia decorso inutilmente un termine di trenta giorni (prorogabile per non oltre tre mesi) dal deposito in cancelleria di un'istanza della parte per ottenere il provvedimento, istanza che ovviamente non può essere depositata se non dopo che sia trascorso il termine di legge per il compimento dell'atto.

L'azione risarcitoria per responsabilità civile.

Legittimato passivo nell'azione di risarcimento del danno contro lo Stato – azione che non può essere proposta se non quando siano stati esperiti tutti i possibili mezzi di impugnazione e rimedi contro il provvedimento sospetto e comunque non oltre tre anni da quando è proponibile – è il Presidente del Consiglio dei ministri. La competenza spetta al tribunale del luogo ove ha sede la corte d'appello del distretto più vicino (individuato ai sensi dell'art. 11 c.p.p. nei procedimenti penali a carico dei magistrati) a quello in cui è compreso l'ufficio giudiziario al quale apparteneva il magistrato al momento del fatto (art. 4 della legge).

La proposizione della domanda presupponeva – prima delle modifiche introdotte dalla L. 18/2015 – una pronuncia di ammissibilità della stessa da parte del tribunale, che, invece, è stata soppressa in sede di riforma. Ora, invece, il giudizio può essere direttamente instaurato.

In tale giudizio il magistrato, del cui comportamento si tratta, non può essere chiamato in causa, ma può intervenire in ogni fase e grado del procedimento ai termini dell'art. 105, 2° comma, c.p.c. (intervento adesivo dipendente, su cui v. oltre, § 55) (art. 6 L. 117/1988).

La successiva azione di rivalsa nei confronti del magistrato da parte del Presidente del Consiglio dei ministri.

In caso di accoglimento della domanda, lo Stato, dichiarato responsabile e condannato al risarcimento, esercita, attraverso il Presidente del Consiglio dei ministri, entro due anni dall'avvenuto risarcimento, l'azione di rivalsa nei confronti del magistrato con un autonomo giudizio (art. 7 della legge), nel quale al magistrato non è comunque opponibile la transazione eventualmente intervenuta nel giudizio di responsabilità. L'art. 8 della L. 117/1988 indica poi la misura della rivalsa che non può superare la metà di un'annualità dello stipendio del magistrato al momento della proposizione della domanda, salvo che il fatto sia stato commesso con dolo; aggiungendo che, laddove l'esecuzione della rivalsa sia effettuata mediante trattenuta sullo stipendio, non può comportare complessivamente il pagamento di rate mensili in misura superiore ad un terzo dello stipendio dello stesso magistrato.

Per l'ipotesi che il provvedimento al quale viene ricondotta la responsabilità del magistrato sia un provvedimento collegiale, e più precisamente per l'eventuale successivo riscontro della responsabilità dei singoli componenti il collegio, il 3° comma dell'art. 131 c.p.c. prevede che, ad eventuale richiesta di ciascuno dei componenti, sia redatto un verbale da conservarsi in plico sigillato e contenente la menzione dell'unanimità o dell'eventuale dissenso, succintamente motivato, di alcuno dei membri del collegio.

A fianco di questo sistema di responsabilità che, come si è visto, è doppiamente limitato e riguarda soltanto la responsabilità *giuridica* dei magistrati, permane la responsabilità disciplinare degli stessi innanzi al Consiglio Superiore della Magistratura, contenuta nel D.Lgs. 23 febbraio 2006 n. 109, mentre non esiste – e, nel nostro sistema e con le nostre tradizioni, si tratta di un fatto positivo – alcuna responsabilità di tipo politico e/o sociale.

43. *Il cancelliere, l'ufficiale giudiziario e gli ausiliari del giudice.*

Nell'assolvimento della sua funzione, il giudice si avvale della collaborazione di taluni uffici complementari impersonati da organi, ai quali la legge attribuisce specifiche funzioni. Alcuni di questi organi (il cancelliere e l'ufficiale giudiziario) appartengono in modo permanente all'organizzazione strutturale dei singoli uffici giudiziari; altri (il consulente tecnico, il custode) – chiamati dalla legge «ausiliari del giudice» – sono estranei a tale organizzazione ed assolvono alla loro funzione a seguito di un incarico specifico affidato loro occasionalmente di volta in volta.

Il cancelliere documenta, collabora, comunica.

Il *cancelliere* (artt. 57 e 58) ha la tipica funzione di provvedere alla documentazione dell'attività giurisdizionale; redige i processi verbali, stende e sottoscrive, col giudice, i provvedimenti di quest'ultimo, rilascia le copie e gli estratti degli atti e dei documenti. Inoltre provvede all'iscrizione delle cause a ruolo e alla formazione del fascicolo d'ufficio (artt. 58 e 168); conserva i fascicoli delle cause ricevendo il deposito degli atti che la legge prescrive come da effettuarsi «in cancelleria» (ad es., art. 165); provvede alle comunicazioni degli atti (v. oltre, § 70) e al rilascio delle copie.

L'ufficiale giudiziario svolge le funzioni di organo esecutivo e, nel processo di cognizione, collabora, provvedendo alle notificazioni.

L'*ufficiale giudiziario* assolve, nel processo esecutivo, a funzioni che sono centrali ed essenziali, in quanto impersona il c.d. organo esecutivo, come meglio si vedrà in seguito. Inoltre, anche nel processo di cognizione l'ufficiale giudiziario assiste il giudice in udienza, provvede all'esecuzione dei suoi ordini ed alle altre incombenze che la legge gli affida (art. 59), tra le quali particolare importanza rivestono le notificazioni degli atti (v. oltre, § 70).

Sia il cancelliere che l'ufficiale giudiziario sono civilmente responsabili quando, senza giustificato motivo, rifiutano di compiere gli atti inerenti al loro ufficio o quando hanno compiuto un atto nullo con dolo o colpa grave (art. 60).

Il consulente tecnico fornisce al giudice la sua specifica esperienza.

Il *consulente tecnico* è l'ausiliario, del quale il giudice si serve quando la sua attività si svolge in un campo nel quale si richiedono particolari cognizioni tecniche non giuridiche. Teoricamente il giudice potrebbe essere esperto nelle più disparate materie (mediche, meccaniche, contabili, edilizie ecc.); ma in pratica ciò accade di rado e perciò il codice consente al giudice di avvalersi della collaborazione di «*uno o più consulenti di particolare competenza*», che sceglie di volta in volta tra persone iscritte in albi speciali (art. 61) ed al quale affida determinate indagini (i c.d. «quesiti»), all'esito delle quali il consulente riferisce di solito con una relazione scritta o anche con chiarimenti verbali in udienza o in camera di consiglio; restando sempre fermo che il solo responsabile del giudizio (anche tecnico) è il giudice (di cui si suole dire che è il perito dei periti) (sull'argomento, v. vol. II, § 36). Il consulente ha diritto al compenso, da liquidarsi – come vedremo – con decreto del giudice che l'ha nominato.

Il custode conserva e talora amministra.

Il *custode* è la persona alla quale viene affidata la conservazione e, talora, l'amministrazione dei beni pignorati o sequestrati (art. 65; v. vol. III, § 20). Anch'egli ha diritto ad un compenso da liquidarsi anch'esso con decreto dal giudice che l'ha nominato. Ma, se non esegue l'incarico assunto, può essere condannato ad una pena pecuniaria, che può variare da euro 250 a euro 500 (art. 67, 1° comma).

Infine, l'art. 68 prevede la possibilità del ricorso ad altri più generici *ausiliari* (come, ad es., interpreti, traduttori, stimatore, ecc.), nonché all'assistenza della forza pubblica.

Tra i possibili destinatari di incarichi da parte del giudice, l'art. 68 prevede anche il *notaio*, come accade nel giudizio di divisione, ai sensi dell'art. 786, e soprattutto nel processo di espropriazione, ai termini degli artt. 591 bis e 591 ter, per le espropriazioni immobiliari, e 534 bis e 534 ter, per quelle mobiliari (v. vol. III, §§ 22 e 29).

Procedimento per la liquidazione del compenso dell'ausiliare.

Poiché questi «ausiliari del giudice» non appartengono all'organizzazione stabile dell'ufficio giudiziario, ma ricevono un incarico occasionale, essi hanno diritto, per la loro opera, ad un compenso che il giudice determina con suo decreto. Nei confronti di tale decreto l'art. 170 del D.P.R. 115/2002 prevede un'opposizione (da proporsi entro 30 giorni dalla comunicazione o dalla notificazione del decreto: C. Cost. 12 maggio 2016 n. 106), che introduce un procedimento contenzioso, disciplinato dall'art. 15 del D.Lgs. 150/2011 (v. il cap. 14° del vol. III) secondo le forme del *procedimento sommario di cognizione* (sul quale v. cap. 10° nel vol. III) e concluso con la pronuncia di un'ordinanza non appellabile.

Bibliografia di orientamento

L. DITTRICH, *Incompatibilità, astensione e ricusazione del giudice civile*, Padova, 1991; S. LA CHINA, *Giudice (astensione ricusazione)*, in *Dig. disc. priv., sez. civ.*, IX, Torino, 1993; A. PANZAROLA, *La ricusazione del giudice civile. Il problema dell'impugnabilità della decisione*, Bari, 2008; C. CONSOLO, *Terzietà ed imparzialità nella dinamica dei processi non penali*, in *Foro it.*, 2012, V; B. CAVALLONE, *Ancora sulla «precognizione» del giudice civile come preteso motivo di astensione*, in *Riv. dir. proc.*, 2012; A. TEDOLDI, *Astensione ricusazione e responsabilità dei giudici*, in *Comm. del c.p.c.*, a cura di S. CHIARLONI, Bologna, 2015; L. PRENDINI, *L'imparzialità del giudice civile e la sua tutela processuale*, Napoli, 2017; G.F. RICCI, *Il «travisamento» del fatto e delle prove nella responsabilità del giudice*, in *Riv. trim. dir. e proc. civ.*, 2015; F. AULETTA-G. VERDE, *La nuova responsabilità del giudice e l'attuale sistema delle impugnazioni*, in *Corr. giur.*, 2015; AA.VV., *La nuova responsabilità civile dei magistrati (l. 27 febbraio 2015 n. 18)*, in *Foro it.*, 2015, V; F.A. GENOVESE, *Le modifiche alla responsabilità civile dei magistrati*, in *Il libro dell'anno del diritto Treccani*, Roma, 2016; G. FERRI-A. TEDOLDI (a cura di), *La responsabilità civile dei magistrati*, Napoli, 2019; R. MARTINO, *Appunti sulla responsabilità civile del giudice per dolo o colpa grave*, Bari, 2020; F. AULETTA, *Azione e giudizio disciplinare dopo le riforme dell'ordinamento giudiziario*, in *Riv. trim. dir. e proc. civ.*, 2009; C. ASPRELLA, *L'opinio-*

ne dissenziente del giudice, Roma, 2012; G. SCARSELLI, *Ordinamento giudiziario e forense*, Milano, 2013; AA.VV., *Dieci anni di riforme dell'ordinamento giudiziario*, in *Foro it.*, 2016, V; T. SEGRÈ, *Del cancelliere e dell'ufficiale giudiziario*, in *Commentario del cod. di proc. civ., diretto da E. Allorio*, I, Torino, 1973; U. BUONCRISTIANI, *Ufficiale giudiziario*, in *Enciclopedia del diritto*, XLV, Milano, 1992; A. TEDOLDI, *Ufficiale giudiziario*, in *Dig. disc. priv., sez. civ.*, XIX, Torino, 1999; C.M. BARONE, *Consulente tecnico (dir. proc. civ.)*, in *Enc. Giur. Treccani*, VIII, Roma, 1988; C.M. DE MARINI, *Ausiliari del giudice*, in *Enciclopedia del diritto*, IV, Milano, 1958.

Capitolo VIII
LE PARTI E I DIFENSORI

Sezione prima

PARTE, CAPACITÀ E RAPPRESENTANZA PROCESSUALE

44. *Nozione e qualità di parte nel processo.*

L'esame delle disposizioni generali dettate dal codice con riguardo a ciascuno dei soggetti del processo deve proseguire con riferimento alle parti ed ai loro ausiliari, che sono i difensori.

Il codice non definisce la «parte». Tuttavia, si serve di questo termine in numerosissime disposizioni; ciò che rende necessario intendersi esattamente sulla portata del termine medesimo.

Nel linguaggio comune la parola «parte» – che per se stessa implica la contrapposizione ad un tutto – sta di solito a significare l'assunzione di un particolare ruolo soggettivo (in capo ad una persona fisica o giuridica) coordinato con quello di altri soggetti in vista di un risultato complessivo: si pensi alla «parte» in una rappresentazione teatrale, in un duello, in una «partita», ecc. *Nel linguaggio giuridico*, questo significato assume un più specifico riferimento al ruolo soggettivo nei fenomeni giuridici: si pensi alla c.d. «parte contraente» in un contratto.

Nel linguaggio giuridico processuale, questo significato si specifica ulteriormente con riguardo al ruolo soggettivo nel processo e cioè si riferisce a quei soggetti che, da un lato, «fanno» il processo e, dall'altro lato, ne subiscono gli effetti, ponendosi come i destinatari dei provvedimenti con i quali si svolge e si conclude il processo. Il che già consente di mettere in rilievo come il ruolo della parte si contrappone a quello di quei soggetti che viceversa svolgono un'attività «imparziale», e che sono appunto il giudice, i suoi ausiliari e gli uffici complementari.

Parti (in senso processuale) sono i soggetti, attivo e passivo, della domanda; ...

Parti nel processo sono, dunque, quei soggetti che compiono gli atti del processo, ne subiscono gli effetti e sono perciò i destinatari dei provvedimenti del giudice. E siccome è dalla domanda che risultano i destinatari del provvedimento richiesto al giudice, tanto basta per concludere che *parti nel processo sono rispettivamente colui che propone la domanda e colui nei cui confronti la domanda è proposta* (per l'individuazione di quest'ultimo soggetto, v. quanto si disse al § 22).

... il ruolo di parte è ruolo sempre presente nel processo.

In questo modo, la qualità di parte appare come la *qualificazione soggettiva minima, ma sempre presente nei soggetti attivo e passivo di un processo*; sempre presente, nel senso che ovunque c'è un processo, ivi esistono sempre almeno due parti. Ciò si desume dal rilievo, più volte compiuto (v., ad es., il § 10 e il § 22) che, perché esista un processo, basta che esista la domanda di un soggetto rivolta ad un giudice, nei confronti di un altro soggetto.

È possibile (anzi, accadrà il più delle volte, perché così vuole la regola della legittimazione ad agire) che chi propone la domanda sia il titolare del diritto che fa valere; o quanto meno si affermi tale e perciò abbia la legittimazione ad agire e quindi la titolarità dell'azione (v. § 13 in fine); ed è pure sommamente probabile che colui che propone la domanda abbia quanto meno il potere di proporla, cioè non sia un incapace (v. retro, §§ 10 e 11, e oltre §§ 45 e 46). Ed ancora, è sommamente probabile che il soggetto nei cui confronti la domanda è proposta sia (o almeno sia affermato) soggetto passivo del rapporto sostanziale dedotto, e perciò sia il soggetto legittimato o titolare passivo dell'azione; o comunque sia un soggetto capace. Tutte queste qualificazioni sono normali anche perché (come si è ampiamente visto a suo tempo) il codice le richiede come condizioni o presupposti affinché il processo pervenga alla pronuncia sul merito, mentre l'effettiva spettanza del diritto condiziona l'accoglimento della domanda.

Ma ciò che importa sottolineare qui è che *la qualità di parte, anche se il più delle volte ad essa si sovrappongono tutte o almeno alcune delle vedute ulteriori qualificazioni soggettive* (titolarità del rapporto sostanziale, titolarità dell'azione, potere di proporre la domanda), *prescinde da ciascuna di esse ed esiste alla sola condizione che esista un processo, e perciò è veramente la qualificazione soggettiva minima ma sempre presente nel processo*. Ed infatti: se il soggetto che agisce risulterà non avere il diritto sostanziale che ha fatto valere, il giudice respingerà la domanda, ma al termine di un processo nel quale quel soggetto avrà avuto la qualità di parte. Oppure: se il soggetto che agisce non si è affermato titolare del diritto che fa valere, il giudice darà atto del difetto dell'azione per difetto di legittimazione ad agire; ma, ancora, al termine di un processo nel quale il non titolare dell'azione avrà pur sempre rivestito la qualità di parte. Oppure: se il soggetto che agisce risulterà un incapace, il giudice pronuncerà il difetto del presupposto processuale; ma ciò, ancora una volta, al termine di un processo nel quale l'incapace avrà ancora e sempre rivestito la qualità di parte. In ciascuno di questi esempi, infatti, egli ha proposto una domanda ad un giudice nei confronti di un altro soggetto. E tanto basta per dargli la qualità di parte, come qualificazione minima soggettiva sempre presente in un processo, purché sia tale. *Potrà, insomma, mancare il diritto fatto valere, mancare l'azione, mancare perfino il potere di proporre la domanda in chi, ciononostante, l'ha proposta: ma se c'è una domanda, c'è un processo e quindi la parte.*

Il che, ovviamente, può essere ripetuto con riguardo al soggetto nei cui confronti la domanda è proposta. In sostanza: c'è un processo e ci sono delle parti se *in linea di fatto* è stata proposta una domanda, sussistesse o meno il potere di proporla.

Con riferimento ai rilievi che abbiamo compiuto e che compiremo tra poco circa i fenomeni della rappresentanza e della sostituzione processuale, e che consentono di precisare che quando si verificano tali fenomeni, parti sono rispettivamente il *rappresentato* (nel cui nome il rappresentante ha proposto la domanda) (§§ 46, 47) e il *sostituto* (che propone una domanda in nome proprio, anche se per far valere un diritto altrui) (§ 13, in fine), si può concludere che *parte è colui che propone la domanda in nome proprio o nel cui nome la domanda viene proposta; o rispettivamente colui nei cui confronti la domanda è proposta.*

Nella rappresentanza è parte *il rappresentato*, nella sostituzione, *il sostituto.*

Va, tuttavia, tenuto presente che il nostro legislatore – che, come si è visto, non definisce la «parte» – non sempre impiega il termine stesso col rigoroso significato ora visto. Tale impiego rigoroso si verifica, in realtà, nella maggior parte delle norme del codice di procedura civile che impiegano il termine; e in relazione a questo impiego la dottrina suole parlare di *parte in senso processuale*, che è appunto la nozione della parte espressa dalla definizione di cui sopra. In qualche altro caso, invece, il legislatore impiega il termine «parte» con riferimento al rapporto sostanziale oggetto del processo: v., ad es., l'art. 2909 c.c. con riguardo alla cosa giudicata in senso sostanziale. In tal caso si suole parlare di *parte in senso sostanziale*.

Il termine «parte», con riferimento al titolare del rapporto sostanziale, è riferito alla *parte in senso sostanziale.*

La «qualità di parte» (in senso processuale) riveste importanza pratica talora notevole. Anche a prescindere dal rilievo che coloro che riconducono il fenomeno giuridico processuale al c.d. «rapporto giuridico processuale» (retro, § 9) configurano tale rapporto come agganciato alla qualità di parte (nel senso che «parti» sono i soggetti attivo e passivo del rapporto processuale), sta di fatto che la legge si riferisce appunto a tale qualità quando attribuisce i poteri o le facoltà o gli oneri processuali ai soggetti che operano nel processo o configura a loro carico dei doveri o addirittura (come si vedrà ai §§ 51 e 52) delle responsabilità. Né potrebbe essere altrimenti poiché, come

La qualità di parte (in senso processuale) è il punto di riferimento delle situazioni soggettive processuali.

si è visto or ora, la qualità di parte è la sola qualificazione soggettiva che in un processo non manca mai, mentre potrebbe mancare la titolarità del diritto sostanziale, o la titolarità dell'azione o anche del potere di proporre la domanda. Perciò, la qualità di parte, che pur prescinde da ogni preesistente qualificazione giuridica e sussiste per il solo *fatto* che è stata proposta una domanda anche senza il potere di proporla, finisce col costituire la base per la sia pur minima qualificazione giuridica del soggetto che è nel processo come parte e perciò è titolare di tutte le situazioni giuridiche processuali che la legge riconduce, appunto, alla parte.

Ed è appunto a questa qualificazione minima che il codice – nell'art. 125 – si riferisce quando, con riguardo al contenuto degli atti di parte, dettagliatamente elencati (citazione, ricorso, controricorso, comparse), ne specifica il contenuto (ufficio giudiziario, parti, oggetto e ragioni della domanda, conclusioni).

45. *La capacità processuale.*

Abbiamo visto che la qualità di parte prescinde da ogni altra qualificazione soggettiva diversa dalla titolarità attiva e passiva della domanda, ed in particolare sia dalla titolarità dell'azione (legittimazione ad agire) e sia anche dalla titolarità del potere di proporre la domanda. Ciò che, peraltro, non impedisce che il più delle volte sussistano *anche* queste qualificazioni soggettive che, col loro sovrapporsi alla qualità di parte, danno luogo ad un'ulteriore qualificazione della parte.

Se la parte si afferma titolare del diritto, si dice parte legittimata (ad agire).

Più precisamente: se la parte – che, per essere tale, ha proposto la domanda (per semplicità, ci riferiamo al solo lato attivo, ma il discorso potrebbe ovviamente riferirsi anche al lato passivo) – ha *anche* la legittimazione ad agire (*legitimatio ad causam*) e così la titolarità dell'azione, si suole dire che è *parte legittimata* o, come qualcuno preferisce dire, la «giusta parte».

Se la parte ha il potere di proporre la domanda è legittimata *ad processum* ...

Analogamente: se la parte *ha il potere di proporre la domanda*, essa assume un diverso tipo di legittimazione, la *legittimazione processuale* (*legitimatio ad processum*). La quale figura va tenuta ben distinta dalla *legittimazione ad agire*, poiché, mentre quest'ultima, come abbiamo visto, si risolve nella titolarità dell'azione ed è configurata come *condizione dell'azione* (v. retro, § 13 in fine), la *legittimazione processuale* dipende, invece, da un requisito anteriore alla proposizione della domanda – ossia *un presupposto processuale*: v. retro, § 10 –, e cioè il potere di proporre la domanda (o di riceverne la proposizione). In sintesi, *la legittimazione processuale è la posizione soggettiva di colui che è titolare del potere di proporre (o di ricevere la proposizione di) una domanda e che, in quanto eserciti questo potere, diviene titolare anche della serie ulteriore dei poteri processuali.*

... ossia ha la *legittimazione processuale*, che consegue all'esercizio del suddetto potere.

Qual è l'utilità pratica di questa nozione? E qual è il suo fondamento nella nostra legge vigente?

L'utilità pratica della nozione sta, in primo luogo, nel fatto che il potere di proporre la domanda è, come abbiamo visto (retro, § 10), un presupposto processuale, ossia uno dei requisiti anteriori al processo che condizionano l'attitudine del processo stesso a pervenire ad una pronuncia sul merito; mentre, in correlazione a ciò, la titolarità dell'ulteriore serie dei poteri, che conseguono alla proposizione della domanda, esprime la permanenza di questo requisito durante l'ulteriore svolgimento del processo. E se, da un lato, è vero che, anche in mancanza di questo requisito, si svolge pur sempre un processo destinato a chiudersi con una pronuncia che dà atto di quella mancanza, dall'altro lato, è pur vero che tutto ciò è previsto proprio in funzione di una pronuncia sulla sussistenza o meno di quel requisito.

L'art. 75 c.p.c. non usa l'espressione «legittimazione processuale», ...

In realtà, il legislatore, per quanto animato dal lodevole intento di ridurre il più possibile l'impiego di strumenti concettuali, ha evitato l'impiego del termine «legittimazione processuale», ma non ha potuto evitare di riferirsi ad una posizione soggettiva che corrisponde alla legittimazione processuale. Ciò si è verificato specialmente quando, nel 1° comma dell'art. 75, il legislatore ha precisato che «*sono capaci di stare in giudizio le persone che hanno il libero esercizio dei diritti che vi si fanno valere*». In correlazione a ciò, l'articolo in discorso è rubricato col titolo «*capacità processuale*», ossia con un'espressione che è palesemente sinonimo dell'espressione «*capacità di stare in giudizio*», impiegata nel testo della norma, e che si riferisce ancora alla capacità.

Sennonché, è facile rendersi conto che il legislatore è incorso, nel 1° comma e nella rubrica della norma, non tanto in un'improprietà terminologica, quanto in una sovrapposizione di concetti. Ed in realtà, partendo dal rilievo (su cui v. retro, § 11) che il potere di proporre la domanda spetta a tutti (art. 24 Cost.) con la sola limitazione che deriva dall'eventuale incapacità; e che, quindi, siccome tale potere dipende in definitiva dalla capacità, il legislatore *ha inteso esprimere con una sola nozione* (quella di *capacità processuale*) *sia la capacità, intesa come modo di essere fisiopsichico del soggetto, e sia la titolarità del potere di proporre (o di ricevere la proposizione di) una domanda e dei poteri successivi.*

Con la nozione di *capacità processuale* si intende sia la capacità fisiopsichica del soggetto che la sua titolarità del potere di proporre la domanda.

Questo eccesso di sintesi terminologica è poi aggravato dal fatto che quando il legislatore si è posto il compito (nel 1° comma dello stesso art. 75) di precisare quali siano i soggetti *capaci* e che quindi *possono* stare in giudizio, non si è limitato a compiere un semplice richiamo alla nozione (di diritto sostanziale) della *capacità di agire*, ma ha, genericamente, attribuito la capacità di stare in giudizio alle «*persone che hanno il libero esercizio dei diritti che vi si fanno valere*».

Ossia si è riferito ad una situazione (avere il libero esercizio dei diritti) che non riguarda più soltanto e direttamente il modo di essere fisiopsichico della persona, ma che in realtà già si sostanzia in un'autentica titolarità di poteri. Ed infatti, vi sono dei soggetti capaci di agire e tuttavia privi del libero esercizio dei diritti, come, ad es., l'imprenditore insolvente rispetto ai diritti patrimoniali, il quale, di conseguenza, rispetto a questi diritti è privo di capacità processuale. Ne è risultata una norma involuta e concettualmente confusa, nella quale si adombrano contemporaneamente due concetti: quello della *capacità processuale* o capacità di esser parte del processo e quello del potere di stare in giudizio o *legittimazione processuale*. L'uno dipende dall'altro. Nella lettera della norma sembra predominare il primo, che, anzi, vorrebbe essere il solo; ma nella logica e nella *ratio* predomina il secondo.

I soggetti che possono stare in giudizio, nel senso che hanno la legittimazione processuale.

Di ciò ci si rende conto ancor meglio se – come si diceva poc'anzi – si tiene presente che nei successivi commi dell'art. 75, nonché nell'art. 77 si parla di soggetti che *possono* stare in giudizio, con un riferimento ancora più chiaro alla legittimazione processuale.

46. *La rappresentanza processuale legale, l'assistenza, l'autorizzazione e la rappresentanza processuale degli enti. Il curatore speciale.*

Il problema del far valere in giudizio i diritti degli incapaci ...

I soggetti che *non possono* stare in giudizio – lo abbiamo visto nel § precedente – sono gli incapaci, ossia coloro che, non avendo il libero esercizio dei diritti (per incapacità di agire o per altra causa: ad es., l'imprenditore dichiarato insolvente, ai sensi dell'art. 43 L. fall.), non hanno la capacità processuale, e quindi, di riflesso, neppure la legittimazione processuale. Di qui il problema: come si fanno valere in giudizio i diritti di questi soggetti, se sono attori, o nei loro confronti, se sono convenuti?

... è risolto, dall'art. 75 con l'impiego nel processo della *rappresentanza legale*.

Nel campo sostanziale, il problema del tutto analogo è risolto dal legislatore con l'impiego dello strumento tecnico della *rappresentanza legale*. È questo – come è noto – uno strumento col quale la legge, mentre sottrae all'incapace il potere inerente all'esercizio del suo diritto, conferisce un potere equivalente, chiamato *potere rappresentativo*, ad un altro soggetto (il *rappresentante*), il quale, in quanto è titolare del potere rappresentativo, può compiere il relativo atto. Il quale atto – se compiuto *in nome* dell'incapace (*rappresentato*) palesando che si vuol produrre effetti in capo a quest'ultimo: c.d. *contemplatio domini* – produce, in realtà, i suoi effetti in capo al rappresentato. La rappresentanza, in generale, è dunque uno strumento, che per funzionare presuppone i due elementi: a) del preesistente *potere rappresentativo* e b) della *contemplatio domini*. Uno strumento che si chiama *rappresentanza legale* quando, per l'incapacità dei rappresentati, o per altre cause, è la legge che conferisce il potere rappresentativo al rappresentante (che perciò è detto legale). Mentre si chiama *rappresentanza volontaria* quando il potere rappresentativo è conferito non dalla legge, ma senz'altro dal titolare del diritto (che, così, diverrà il rappresentato) attraverso un negozio (*la procura*): il che ovviamente accade quando il titolare del diritto, pur potendo agire egli stesso, preferisce servirsi di un'altra persona. Uno strumento che, infine, può essere utilizzato anche (accanto al c.d. strumento organico) per risolvere il problema (non molto dissimile da quelli ora visti) che concerne il modo di esercitare i diritti di quei soggetti (gli enti) che, essendo astrazioni giuridiche, debbono estrinsecarsi attraverso il comportamento di persone fisiche.

La rappresentanza *volontaria.*

Orbene: nel processo, il legislatore si è servito dei medesimi strumenti.

Per quanto concerne il problema di come far valere i diritti degli incapaci, egli si è servito della tecnica della rappresentanza legale, vale a dire del conferimento dei poteri processuali al rappresentante legale, o meglio *a quel medesimo soggetto che è rappresentante legale nel campo sostanziale.*

Ma, quali sono i poteri processuali oggetto di questo conferimento? Evidentemente tutta la serie dei poteri, che introducono la serie degli atti del processo, a cominciare col potere di proporre la domanda ed a proseguire col potere di compiere tutti gli altri atti: il che è precisamente quanto abbiamo chiamato «legittimazione processuale» e che il legislatore chiama «*potere di stare in giudizio*» o «*stare in giudizio*». Si potrebbe anzi parlare – così come nel campo sostanziale si parla di conferimento del potere rappresentativo – di conferimento di una *legittimazione processuale rappresentativa* o conferimento dell'intera serie dei poteri processuali rappresentativi al rappresentante legale, in correlazione con la sottrazione della legittimazione processuale agli incapaci. In concreto, questa sottrazione e questo conferimento avvengono per mezzo di quelle, tra le norme in discorso, che sono dedicate agli incapaci e alla correlativa rappresentanza processuale legale.

Naturalmente, perché lo strumento rappresentativo abbia a funzionare, al potere rappresentativo (che qui è la legittimazione processuale rappresentativa) deve aggiungersi la *contemplatio domini*, ossia la manifestazione del suddetto potere; in concreto, nel processo, *il rappresentante deve dichiarare di agire in nome del rappresentato.*

Coloro che non hanno il libero esercizio dei diritti non possono stare in giudizio ...

Dopo avere, nel 1° comma dell'art. 75, riconosciuto la legittimazione processuale a coloro che hanno il libero esercizio dei diritti, il legislatore passa, nel 2° comma, ad occuparsi di coloro che, viceversa, non hanno il libero esercizio dei diritti. Di queste persone dice che «*non possono stare in giudizio se non rappresentate, assistite o autorizzate secondo le norme che regolano la loro capacità*»; il che significa, ancora una volta, dire due cose insieme: prima di tutto, che coloro che non hanno il libero esercizio dei diritti «non possono stare in giudizio» (ossia non hanno la legittimazione processuale); ed in secondo luogo, che «possono stare in giudizio rappresentati» da quelle persone alle quali spetta questo compito «secondo le norme che regolano la loro capacità» (meglio si direbbe: che ovviano alla loro incapacità). Vale a dire a coloro che, secondo le norme sostanziali in tema di capacità, rivestono la qualità di rappresentanti, ovviamente legali. Con che, in sostanza, il codice dice che sono i rappresentanti legali a poter stare in giudizio per gli incapaci e quindi che essi hanno il potere di stare in giudizio per questi ultimi o, in altri termini, hanno la legittimazione processuale rappresentativa per far valere i diritti degli incapaci.

... se non rappresentati, assistiti o autorizzati.

Prima di passare all'esame della disciplina della rappresentanza degli enti, contenuta nei commi successivi, ed alla disciplina della rappresentanza volontaria, contenuta nell'art. 77, conviene rilevare come in questo medesimo 2° comma dell'art. 75 sia contenuta, attraverso un sinteticissimo richiamo agli istituti sostanziali dell'assistenza e dell'autorizzazione, la disciplina dello «stare in giudizio» dei soggetti cosiddetti *semicapaci* (inabilitati e minori emancipati) e di tutti quei soggetti che abbisognano di un'autorizzazione per poter stare in giudizio.

L'*assistenza* del semicapace.

La tecnica dell'*assistenza* consiste in una partecipazione contemporanea dell'assistente (curatore) e dell'assistito (semicapace) all'esercizio dei poteri, e dunque in una titolarità congiunta o contitolarità dei poteri stessi. Nel processo, l'innesto di questa tecnica in quella dell'attribuzione della serie dei poteri o legittimazione processuale dà luogo ad una sorta di *legittimazione processuale congiunta* o colegittimazione processuale. In pratica questo significa che l'assistito e il curatore debbono agire o essere convenuti entrambi.

L'*autorizzazione* all'esercizio del potere.

L'*autorizzazione* – che la più accreditata dottrina considera come la rimozione di un ostacolo all'*esercizio* del potere che già sussiste – può riguardare sia l'attività del rappresentante legale (o, come si vedrà, anche del titolare dell'organo), sia quella dell'assistente insieme col semicapace, come anche, in particolari circostanze, quella del soggetto interessato. Nel primo caso, sono particolarmente importanti le autorizzazioni al rappresentante legale dell'incapace rilasciate dal giudice tutelare o dal tribunale e previste dagli artt. 320, 374 e 375 c.c., necessarie perché il rappresentante possa agire in giudizio in nome dell'incapace, ma non anche per resistere in giudizio a suo nome. Con riguardo all'attività di assistenza nei confronti dei semicapaci, si può pensare, per es., all'autorizzazione che l'art. 394, 3° comma, c.c. prevede venga rilasciata dal giudice tutelare o dal tribunale al minore emancipato per gli atti di straordinaria amministrazione.

Nel 3° comma dell'art. 75 il legislatore si propone di disciplinare il modo col quale si fanno valere in giudizio i diritti delle persone giuridiche, o nei loro confronti. Lo strumento del quale si serve è, ancora una volta, e come abbiamo visto, la legittimazione processuale che viene attribuita a coloro che, secondo la legge e lo statuto della persona giuridica, hanno il potere di agire in suo nome nel campo sostanziale. Anche qui, l'ulteriore strumento tecnico del quale il legislatore si serve per ricondurre alla persona giuridica gli effetti dell'attività di chi agisce in suo nome, è quello della rappresentanza, nel senso già visto per il quale la serie dei poteri rappresentativi processuali (= potere di stare in giudizio o legittimazione processuale) viene attribuita a coloro che già nel campo sostanziale rappresentano la persona giuridica. Questo è il significato della formula (ancora una volta, eccessivamente sintetica) secondo la quale «*le persone giuridiche stanno in giudizio per mezzo di chi le rappresenta a norma della legge o dello statuto*». In realtà, in questa sintetica proposizione, l'accenno a chi rappresenta la persona giuridica sembra compiuto con una portata piuttosto ampia e generica e cioè con riguardo ad ogni modo di agire in nome della persona giuridica: il che può avvenire, oltre che con l'impiego dello strumento rappresentativo, anche con l'impiego di uno strumento affine alla rappresentanza, ma diverso da essa, ossia il c.d. *strumento organico*. Come è noto, questo strumento si differenzia da quello rappresentativo nel senso che il titolare dell'organo non si limita a produrre effetti in capo all'ente, ma realizza senz'altro e direttamente l'attività dell'ente, ossia appartiene all'ente già nel momento dell'attività e non solo in quello degli effetti. È allora chiaro che, quando ci si serve di questo strumento, la legittimazione processuale non fa capo al rappresentante, ma senz'altro e direttamente alla persona giuridica, che la esercita per mezzo dell'organo. Sicché l'eventuale mutamento della persona fisica titolare dell'organo resta senza conseguenze.

La legittimazione processuale delle persone giuridiche è attribuita all'organo rappresentante dell'ente.

D'altra parte, la legge spesso (ed in particolare con riguardo allo «stare in giudizio» degli enti pubblici) subordina la legittimazione processuale dell'organo ad una *autorizzazione*. Al riguardo, la giurisprudenza suole affermare che l'autorizzazione concessa all'organo all'inizio del giudizio opera per tutti i gradi, compreso quello di cassazione, salva espressa risultanza contraria.

Gli enti che non sono persone giuridiche hanno una soggettività attenuata.

Considerazioni in tutto analoghe possono essere compiute con riguardo alla disposizione del 4° comma del medesimo art. 75, che concerne le *associazioni*, i *comitati* e in generale i c.d. *enti non riconosciuti*. Questi enti – che non sono persone giuridiche – dovrebbero, a stretto rigore, essere privi della soggettività giuridica e perciò non dovrebbe neppure porsi un problema relativo alla loro partecipazione al giudizio. Sennonché, il legislatore processuale ha, molto opportunamente, preso atto del fatto che la legge sostanziale configura anche questi enti non riconosciuti come autentici soggetti di diritti, in quanto configura in capo ad essi obbligazioni e diritti. Ciò che ha indotto la dottrina e la giurisprudenza a parlare di una sorta di *soggettività attenuata*, che è assai di più della semplice autonomia patrimoniale, pur non arrivando alla personalità giuridica, la quale, nel nostro ordinamento, sussiste soltanto in quanto si sia verificato un certo iter di riconoscimento formale (principio c.d. della «personalità dichiarata»). Con riguardo, dunque, a questi enti privi di personalità giuridica, la legge processuale ha predisposto, in questo 4° comma dell'art. 75, uno strumento per far valere in giudizio i diritti loro o nei loro confronti; ed è uno strumento in tutto identico a quello che riguarda le persone giuridiche, ossia ancora una volta imperniato sull'attribuzione dei poteri di stare in giudizio (o legittimazione processuale) a coloro che nel campo sostanziale hanno i poteri di agire per questi enti.

Più vicina alla rappresentanza volontaria che a quella organica è da ritenersi, invece, la rappresentanza processuale del condominio in capo all'amministratore, così come configurata dall'art. 1131 c.c. Il condominio, infatti, viene considerato, di solito, un *ente di gestione*, privo non solo di personalità ma anche di soggettività giuridica, sicché i veri rappresentati dall'amministratore sono in realtà i partecipanti, come appunto recita l'art. 1131, 1° comma, c.c., precisando che *questa rappresentanza è limitata alle attribuzioni proprie dell'amministratore nel campo sostanziale*, elencate nell'art. 1130 c.c.

Infine, il codice ha preso in considerazione un'eventualità contingente e transeunte, ossia l'ipotesi che, per una ragione qualsiasi, manchi la persona, alla quale spetti la rappresentanza o l'assistenza e, d'altra parte, esistano ragioni di urgenza. Per quest'eventualità, l'art. 78, 1° comma, prevede la nomina – su istanza dell'interessato, ancorché incapace, o del Pubblico Ministero (art. 79) – di un *curatore speciale* all'incapace, alla persona giuridica o all'associazione non riconosciuta, con i poteri di rappresentanza o di assistenza in via provvisoria, ossia «finché subentri colui al quale spetta la rappresentanza o l'assistenza». Ed è appunto in funzione di tale subentro che il decreto di nomina del curatore speciale va comunicato al Pubblico Ministero, affinché assuma le necessarie iniziative per la costituzione della normale rappresentanza o assistenza (art. 80, 2° comma). Pure attraverso la nomina di un curatore speciale, il codice (art. 78, 2° comma) si preoccupa di ovviare all'analogo inconveniente, che può verificarsi quando il rappresentante si trovi in conflitto di interessi (anche potenziale: C. Cost. 11 marzo 2011 n. 83) col rappresentato.

La nomina provvisoria di un *curatore speciale* in caso di mancanza della persona dotata di rappresentanza e assistenza; ...

... ugualmente nei casi di conflitto (anche potenziale) di interessi.

47. *La rappresentanza processuale volontaria.*

La rappresentanza volontaria nel processo.

Anche con riguardo all'esigenza alla quale viene incontro la *rappresentanza volontaria* – esigenza di agire in nome altrui, ma non per incapacità del rappresentato, bensì per sua volontà –, la legge processuale si serve, nell'art. 77, della tecnica imperniata sul conferimento della legittimazione processuale a quel soggetto che già sul piano sostanziale riveste la qualità di rappresentante.

Sennonché, il modo col quale questa tecnica è impiegata non coincide col modo col quale essa è impiegata nel caso della rappresentanza legale; ossia non consiste – come in quest'ultimo caso – in una pura e semplice attribuzione automatica da parte della legge della legittimazione processuale a colui che è rappresentante nel campo sostanziale, ma al contrario postula anche per la legittimazione processuale un'attribuzione autonoma e specifica da parte dell'interessato. In altri termini, il legislatore, lungi dal disporre che colui che, in forza di una procura, è divenuto rappresentante volontario nel campo sostanziale, possa senz'altro agire come tale anche nel processo, si è invece preoccupato di disporre il contrario: che, cioè, il rappresentante volontario non può agire come tale anche nel processo se non ha ricevuto un'*apposita* procura *proprio* per agire anche nel processo, se cioè la legittimazione processuale rappresentativa o, nel linguaggio del codice, il potere di stare in giudizio in nome del rappresentato, «*non gli è stato conferito espressamente e per iscritto*». Insomma: la qualità di rappresentante nel campo sostanziale *non è sufficiente* perché sussista la legittimazione processuale rappresentativa, occorrendo ancora che questa sia fatta oggetto di espresso conferimento.

Va, tuttavia, tenuto presente che se, come si è visto, la qualità di rappresentante nel campo sostanziale non è sufficiente, *tuttavia essa è necessaria*, nel senso che *non si può conferire la legittimazione processuale rappresentativa ad un soggetto che già non rivesta la qualità di rappresentante anche nel campo sostanziale*, o, più precisamente, che non abbia già il potere rappresentativo rispetto a quei diritti sostanziali che costituiscono oggetto del giudizio: è insomma esclusa la possibilità di una rappresentanza puramente processuale. Ciò si desume dalla formulazione (per la verità, poco felice) dell'art. 77, e precisamente dal rilievo che questa norma, nel richiedere l'espresso conferimento del potere rappresentativo processuale, prende in considerazione, come destinatario di questo conferimento, non già un qualsiasi soggetto, ma soltanto «*il procuratore generale e quello preposto a determinati affari*». Va, peraltro, tenuto presente che questa regola subisce un'eccezione per i giudizi davanti al giudice di pace, per i quali l'art. 317 contempla espressamente il conferimento del potere rappresentativo processuale a persone anche prive della rappresentanza sul piano sostanziale (v. al riguardo il § 48).

Ferma, dunque, la necessità del potere rappresentativo sostanziale, e constatato che, d'altra parte, tale potere è, di solito, non sufficiente, si deve peraltro rilevare che ci sono dei casi in cui eccezionalmente il rappresentante volontario nel campo sostanziale ha implicitamente la rappresentanza processuale, anche se questa non gli sia stata conferita espressamente per iscritto.

Il primo caso emerge dal medesimo 1° comma dell'art. 77 là dove completa la proposizione sulla necessità del conferimento espresso e per iscritto con le parole: «*tranne che per gli atti urgenti e per le misure cautelari*». La seconda ipotesi è contemplata nel 2° comma del medesimo art. 77, ove si soggiunge che «*tale potere* – ossia il potere rappresentativo processuale – *si presume conferito al procuratore generale di chi non ha residenza o domicilio nella Repubblica e all'institore*». Il quale ultimo accenno all'institore trova il suo riscontro nell'art. 2204, 2° comma, c.c., che ha una portata nettamente processuale, in quanto già contiene il conferimento della legittimazione processuale rappresentativa.

Anche il rappresentante volontario ...

Naturalmente, anche lo strumento della rappresentanza (processuale) volontaria, come quello della rappresentanza (processuale) legale, funzionerà soltanto se ed in quanto il potere rappresentativo, oltre ad esistere, venga adeguatamente manifestato attraverso la *contemplatio domini*, ossia attraverso la dichiarazione del rappresentante di agire in nome del rappresentato.

... dovrà effettuare la *contemplatio domini.*

A completamento del tema della rappresentanza e, più in generale, della legittimazione nel processo, è appena il caso di aggiungere il rilievo che quel soggetto, che agisce in nome altrui, ma essendo in realtà privo del potere rappresentativo (nel processo: privo della legittimazione processuale rappresentativa) – il c.d. *falsus procurator* – non produce evidentemente effetti in capo a colui che sembra, ma non è, rappresentato. Il che, peraltro, non impedisce che la sua domanda, anziché essere invalida (come quella dell'incapace) produca effetti direttamente in capo al *falsus procurator*. Ma, anche in questo caso, il processo, nel quale il *falsus procurator* è presente, pur essendo validamente instaurato, dovrà arrestarsi – nel caso che il vizio sia stato rilevato e non sia stato sanato – alla pronuncia del difetto di contraddittorio. Quando, invece, il vizio non sia stato rilevato e sia stata pronunciata una sentenza, questa riguarderà il rappresentato solo *apparentemente*, senza che nulla possa trasformare quell'apparenza in realtà, sicché va escluso che il giudicato investa il rappresentato. Va, d'altra parte, esclusa ogni possibilità di avvalersi dello strumento della *negotiorum gestio*, sebbene gli effetti della ratifica *ex tunc* degli atti compiuti dal *falsus procurator* siano comunque conseguibili, sia pure nei limiti di tempi e di modi previsti dall'art. 182, 2° comma (v. vol. II, § 17). Tanto si desume dalla proposizione normativa secondo cui «*l'osservanza del termine* (che il giudice assegna

Conseguenza del difetto di legittimazione processuale.

Nel processo non opera la *negotiorum gestio.*

alle parti per la costituzione della persona alla quale spetta la rappresentanza o l'assistenza o per il rilascio delle relative autorizzazioni) *sana i vizi e gli effetti sostanziali e processuali della domanda si producono fin dal momento della prima notificazione*» (v. anche il § 17 del vol. II).

L'art. 182, 2° comma, configura la possibilità della ratifica *ex tunc*.

A maggior ragione va ammessa la possibilità di sanatoria, sempre nei limiti dell'art. 182, 2° comma, del difetto *soltanto dell'autorizzazione* (v. retro, § 46). Questo difetto, infatti, di solito non investe l'esistenza dei poteri, ma solo il loro esercizio. Quando, invece, l'autorizzazione condiziona lo stesso potere di agire (come nel caso del tutore rispetto agli atti di cui all'art. 374 n. 5 c.c.), la mancanza di autorizzazione implica difetto di legittimazione processuale e nullità rilevabile d'ufficio.

Anche il difetto di autorizzazione è sanabile.

Quanto alla contestazione del difetto di rappresentanza sul piano sostanziale le stesse Sezioni unite hanno chiarito che, siccome la sussistenza del potere rappresentativo è elemento costitutivo della pretesa, la deduzione dell'inefficacia per lo pseudo rappresentato del contratto concluso dal *falsus procurator* non costituisce eccezione, ma mera difesa, e pertanto non ricade nelle preclusioni previste dagli artt. 167 e 345 c.p.c. (Cass. sez. un. 3 giugno 2015 n. 11377).

Per quanto concerne, poi, le *disfunzioni dello strumento organico*, occorre distinguere l'eventuale erronea indicazione della persona fisica che ricopre l'organo o ufficio, dall'indicazione di un organo o ufficio che, per legge o per statuto, è privo di poteri. Nel primo caso l'errore non investe né l'individuazione della persona giuridica, né la sua evocazione in giudizio e può dar luogo ad un difetto di rappresentanza sanabile e regolarizzabile nei termini previsti dal richiamato art. 182, 2° comma. Nel secondo caso non sembra che questo sia possibile se non attraverso la costituzione dell'organo o ufficio effettivamente munito di poteri e sempre in quanto siano fatte salve le eventuali decadenze.

E sanabile è anche il difetto di rappresentanza organica della persona giuridica.

Bibliografia di orientamento

E. Garbagnati, *La sostituzione processuale*, Milano, 1942; C. Mandrioli, *La rappresentanza nel processo civile*, Torino, 1959; C. Mandrioli, *Delle parti*, in *Commentario del cod. di proc. civ., diretto da E. Allorio*, I, 2, Torino, 1973; A. Proto Pisani, *Parte nel processo (dir. proc. civ.)*, in *Enciclopedia del diritto*, XXXI, Milano, 1981; R. Murra, *Parti e difensori*, in *Dig. disc. priv., sez. civ.*, XIII, Torino, 1995; R. Poggeschi, *Interdizione e inabilitazione*, in *Novissimo Dig. it.*, VIII, Torino, 1962; G. Bonilini-F. Tommaseo, *Dell'amministrazione di sostegno*, in *Il codice civile commentato*, Milano, 2008; F. Ferrari, *Sulla sanabilità del difetto di capacità processuale*, in

Riv. dir. proc., 2010; F. CORSINI, *Il* trustee *nel processo di cognizione*, Torino, 2012; F. CORSINI, *Parti*, in *Comm. del c.p.c.*, a cura di S. CHIARLONI, Bologna, 2016; B. POLISENO, *Profili di tutela del minore nel processo civile*, Napoli, 2017; S. CAPORUSSO, *I vizi di capacità e di rappresentanza nel regime delle sanatorie processuali*, Napoli, 2019; F. CORSINI, *Parti (dir. proc. civ.)*, in *Diritto on line Treccani*, 2019; F. CORSINI, *Legittimazione processuale (dir. proc. civ.)*, *ibidem*.

Sezione seconda

I DIFENSORI E I CONSULENTI TECNICI DI PARTE

48. *Ragioni e limiti della c.d. necessarietà del patrocinio del difensore. Rapporti col c.d. diritto costituzionale alla difesa.*

I rilievi compiuti nei paragrafi precedenti hanno messo in evidenza che il soggetto che «sta in giudizio», che cioè compie gli atti del processo, è *la parte* o il suo rappresentante.

Sennonché, si deve subito aggiungere che in questo compiere gli atti del processo, o stare in giudizio, la parte – sia essa il diretto interessato o un suo rappresentante – non opera, almeno il più delle volte, da sola, ma si avvale della collaborazione di altri soggetti, che sono i *difensori.*

Le ragioni per le quali la legge esige (salve le eccezioni che tra poco si vedranno) questa collaborazione, sono di due ordini. Da un lato, il tecnicismo degli atti del processo (sia con riguardo alla loro disciplina processuale e sia con riguardo al loro contenuto di diritto sostanziale) richiede l'ausilio del tecnico del diritto qual è, appunto, il difensore. Dall'altro lato, l'animosità e la passionalità che difficilmente mancano nei diretti protagonisti della lite tolgono a questi ultimi la necessaria attitudine ad esaminare le circostanze con serenità e distacco.

I tecnici del diritto, dei quali, dunque, la parte deve o può servirsi, sono i difensori. Con questa espressione generica – come è generica quella nozione di «difesa» che l'art. 24, 2° comma, Cost. definisce «*diritto inviolabile in ogni stato e grado del procedimento*» (v. retro, § 22), e come è generica la parola «patrocinio», con la quale la rubrica dell'art. 82 c.p.c. si riferisce alla loro attività – si ha riguardo in realtà a due figure di ausiliari della parte distinte per la funzione alla quale assolvono e per la tecnica con la quale operano nel processo: 1) coloro che il codice ancora chiama «procuratori» e la cui attività è detta, dallo stesso codice, «*ministero* di difensore»; 2) coloro che il codice chiama «avvocati» e la cui attività è detta, sempre dal codice, «*assistenza* di difensore».

Le due diverse funzioni del difensore: *ministero* del procuratore e *assistenza* dell'avvocato.

A questa duplicità di funzioni non corrisponde più – per effetto della L. 24 febbraio 1997 n. 27 – la duplicità di qualifica professionale tra procuratore legale e avvocato. In forza della suddetta legge, infatti, le due qualifiche professionali – che già in precedenza si potevano cumulare ed erano per lo più cumulate, in una stessa persona – si sono anche formalmente unificate, *essendo stato soppresso l'albo dei procuratori legali, confluito nell'unico albo degli avvocati.* Al quale, d'altra parte, si affianca l'albo speciale degli avvocati abilitati al patrocinio innanzi alla Corte di cassazione e alle altre giurisdizioni superiori.

Poiché, peraltro, la suddetta legge non ha modificato le norme del codice di rito, che configurano le suddette due distinte funzioni, se ne deve dedurre che nulla è innovato circa la distinzione delle suddette funzioni che il codice chiama rispettivamente «ministero» di difensore e «assistenza» di difensore, e che dunque *possono, ma non debbono*, essere cumulate.

Prima di vedere più da vicino in che consiste l'attività propria di ciascuna di queste due funzioni di difensore, e la tecnica propria di tale attività, conviene vedere quando ed in che limiti l'attività stessa è richiesta obbligatoriamente dal codice. Dei quali limiti è facile comprendere il fondamento nel rilievo che l'ausilio del tecnico, col relativo costo, è tanto più necessario quanto più il tipo di giudizio è complesso ed impegnativo; e, viceversa, tanto meno necessario quanto più il giudizio è semplice e di limitata importanza economica. Perciò, il codice dichiara *necessario il ministero* del difensore, oltre che nei giudizi davanti alla Corte di cassazione (per i quali, peraltro, occorre l'iscrizione all'albo speciale), nei giudizi davanti alle corti d'appello e davanti ai tribunali (art. 82, 3° comma). Salvi, naturalmente i casi in cui la parte ha essa stessa la qualifica professionale che la rende idonea ad esercitare la funzione di difensore (art. 86). Questa norma configura l'ipotesi che la parte, o la persona che la rappresenta o assiste, abbia «la qualità necessaria per esercitare l'ufficio di difensore con procura presso il giudice adito». Per queste ipotesi, la norma configura il potere di «stare in giudizio senza ministero di difensore», ossia una vera e propria esenzione dall'onere del ministero e non un ministero a favore di se stesso.

La necessità di avvalersi del difensore (*onere del patrocinio*) riguarda *solo il ministero*, davanti a tutti i giudici ...

Il ministero del difensore non è, invece, necessario nei giudizi davanti al giudice di pace, limitatamente alle cause il cui valore non eccede euro 1.100 (art. 82, 1° comma), mentre nelle cause di valore superiore il codice richiede di regola il ministero del difensore, salvo, peraltro, consentire al giudice di pace di autorizzare (anche implicitamente) la parte a stare in giudizio «di persona» (ossia senza ausilio di difensore), quando ciò appaia opportuno in considerazione della natura ed entità della causa (art. 82, 2° comma).

... tranne il giudice di pace nelle cause di valore inferiore a euro 1.100 (e, salva autorizzazione, nelle cause di valore superiore).

D'altra parte, davanti al giudice di pace (e come si è visto al § 47 con riferimento all'art. 317) è prevista la facoltà di utilizzare, per fini di ausilio, addirittura lo strumento della rappresentanza volontaria, che diviene eccezionalmente conferibile anche a persona che non è rappresentante sul piano sostanziale, sia essa, o meno, tecnica del diritto.

Quando poi – davanti al tribunale – si applica il rito speciale del lavoro, la parte può stare in giudizio personalmente, *anche senza autorizzazione* ogni qual volta la causa non ecceda il valore di euro 129,11: così dispone l'art. 417 (v. vol. III, § 79).

L'art. 82, 3° comma, precisa che, per assolvere all'onere or ora visto e nei limiti pure visti, le parti debbano stare in giudizio col ministero di un difensore legalmente esercente.

Il ministero può svolgersi senza limiti territoriali ...

Il ministero del difensore può essere conferito, insieme con l'assistenza, ad un avvocato iscritto in qualsiasi albo (ma nulla impedisce il conferimento ad avvocati diversi). L'attività dell'avvocato è disciplinata dalla legge professionale forense, e cioè dalla L. 31 dicembre 2012 n. 247.

... ferma la necessità dell'elezione di domicilio nel luogo ove ha sede il giudice.

Ma resta ferma la necessità dell'elezione di domicilio nell'ambito della circoscrizione territoriale del giudice innanzi al quale si svolge il giudizio, prevista dall'art. 82 del R.D. 21 gennaio 1934 n. 37. La quale norma precisa che, quando gli avvocati esercitano la loro attività in giudizio fuori della circoscrizione della corte d'appello in cui sono iscritti, devono, all'atto della costituzione in giudizio, eleggere domicilio nel luogo ove ha sede l'ufficio giudiziario presso il quale il giudizio è pendente, in mancanza della quale elezione di domicilio, le notificazioni possono essere effettuate nella cancelleria del giudice.

Il *domicilio digitale.*

In proposito, tuttavia, occorre tener presente che il D.L. 90/2014 (conv. dalla L. 114/2014) ha istituito il c.d. *domicilio digitale* (introducendo l'art. 16 sexies nel D.L. 179/2012). Ha stabilito, perciò, che «*quando la legge prevede che le notificazioni degli atti in materia civile al difensore siano eseguite, ad istanza di parte, presso la cancelleria dell'ufficio giudiziario, alla notificazione con le predette modalità può procedersi esclusivamente quando non sia possibile, per causa imputabile al destinatario, la notificazione presso l'indirizzo di posta elettronica certificata, risultante dagli elenchi di cui all'art. 6 bis del D.Lgs. 7 marzo 2005, n. 82, nonché dal registro generale degli indirizzi elettronici, gestito dal Ministero della giustizia*».

Naturalmente l'attività del difensore rientra in una più ampia nozione di «attività difensiva» che, a sua volta, si riconduce alla «difesa», che, come abbiamo visto ampiamente (v. retro, § 22), l'art. 24, 2° comma, Cost. definisce *diritto inviolabile*. Ma vi rientra sotto il profilo strumentale o tecnico, poiché la «difesa» alla quale si riferisce la norma costituzionale è nozione assai più ampia, nel senso che concerne, più genericamente, la possibilità, per il destinatario del provvedimento, di influire sul suo contenuto, con l'essere ascoltato e col far valere le proprie ragioni eventualmente in contraddittorio. Per questa «difesa», l'opera del difensore è lo *strumento tecnico* di solito (ma non sempre, come si è visto) indispensabile.

49. *Il «ministero» del difensore e la c.d. rappresentanza tecnica.*

Veniamo ora all'esame più ravvicinato dell'attività dei difensori e della tecnica con la quale essi operano, incominciando col «ministero» del difensore.

Il «ministero» del difensore consiste nel potere di compiere (e di ricevere) tutti gli atti del processo, esclusi gli atti dispositivi del diritto.

In che consiste l'attività che il codice chiama «ministero» del difensore? A quest'interrogativo risponde l'art. 84, il quale, sotto la rubrica «poteri del difensore», enuncia che «*quando la parte sta in giudizio col ministero del difensore, questo può compiere e ricevere, nell'interesse della parte stessa, tutti gli atti del processo che dalla legge non sono ad essa espressamente riservati.* In ogni caso *non può compiere atti che importano disposizione del diritto in contesa*, se non ne ha ricevuto espressamente il potere». *Con questa norma, dunque, il codice attribuisce al difensore i poteri di compiere (e di ricevere) genericamente tutti gli atti del processo* (esclusi quelli riservati espressamente alla parte o che, in generale, implicano disposizione del diritto in contesa) nell'ambito della lite originaria.

La Cassazione ha ammesso che tali poteri sopravvivono anche all'eventuale morte della parte, non dichiarata in giudizio dal difensore, sia nella fase attiva del rapporto processuale, sia nelle successive fasi di quiescenza e riattivazione del rapporto a seguito di proposizione dell'impugnazione (Cass. sez. un. 4 luglio 2014 n. 15295). Ha anche riconosciuto che il difensore possa «ricevere» gli atti per la parte anche se cancellato su sua richiesta dall'albo professionale (Cass. 21 giugno 2012 n. 10301).

Ma, come si concilia l'attribuzione dei poteri al difensore col rilievo, compiuto nei paragrafi precedenti, che negli artt. 75 e ss. il codice attribuisce *alla parte* la serie dei poteri di compiere gli atti del processo, ossia la legittimazione processuale?

Tali poteri spettano alla parte, che però non può esercitarli che a mezzo del difensore, ...

Se si vuole escludere che tra l'una e le altre norme esista contraddizione, la risposta non può essere che questa: i poteri di compiere gli atti del processo spettano *alla parte*, di solito provvista della legittimazione processuale, diretta o rappresentativa: spettano, cioè, *alla parte o al suo rappresentante*. Sennonché, la parte (o il suo rappresentante) non può, di regola, esercitare questi poteri *personalmente*, ma può esercitarli soltanto per mezzo del difensore, ossia avvalendosi di esso come di uno strumento tecnico che può operare in quanto la stessa legge (e cioè proprio l'art. 84) *conferisce a lui l'esercizio di quei medesimi poteri che aveva già conferito alla parte ossia compie una sor-*

ta di subconferimento, al difensore, dell'esercizio di quei poteri che sono e restano della parte: ciò con l'eccezione dei poteri inerenti agli atti riservati espressamente alla parte, e che comunque, in quanto implicano *disposizione diretta* del diritto in contesa, debbono intendersi sempre riservati alla parte personalmente.

Il difensore, quando esercita il «ministero», è dunque colui che compare davanti al giudice *in nome* della parte (o del suo rappresentante); che compie gli atti del processo *in nome* della parte (o del suo rappresentante) e ciò può fare in quanto la parte lo ha designato con un atto che l'art. 83 chiama *procura*, ma che *è in realtà una semplice designazione e non un conferimento di poteri*, dal momento che tale conferimento è, come si è visto, compiuto direttamente dalla legge, ossia dall'art. 84. Questa «procura» può essere *generale* (o *alle liti*, ossia riferirsi genericamente a una serie indefinita di liti o a tutte le possibili liti) o *speciale* (o *alla lite*, ossia riferirsi alla singola lite) e deve essere conferita con atto pubblico o scrittura privata autenticata (art. 83, 2° comma).

... al quale la parte conferisce lo *jus postulandi* con la *procura* ...

... *generale* (alle liti) o *speciale* (alla lite).

Quando è speciale, può essere apposta – dalla parte o, in caso di persona giuridica, da persona munita di poteri di rappresentanza – in calce o a margine dei documenti che contengono alcuni atti del processo (indicati nell'art. 83, 3° comma, con un'elencazione che, almeno dalla giurisprudenza, è ritenuta tassativa). Si tratta degli atti con i quali si compie, di solito, il primo ingresso nel processo (citazione, ricorso, controricorso, comparsa di risposta o d'intervento, precetto, domanda di intervento nell'esecuzione) e la memoria di nomina di altro difensore in aggiunta o in sostituzione del difensore originariamente designato.

Aggiunge ancora il 3° comma dell'art. 83 che la procura si considera rilasciata in calce all'atto anche se rilasciata su foglio separato, ma *congiunto materialmente* a quello al quale si riferisce, o su documento informatico separato sottoscritto con firma digitale e congiunto all'atto cui si riferisce.

In tali casi (ma solo in tali casi), è lo stesso difensore che certifica (e questa certificazione può essere contestata solo con querela di falso) l'autografia della sottoscrizione della procura ad opera della parte (art. 83, 3° comma). Secondo la giurisprudenza della Cassazione, la mancata certificazione ad opera del difensore dell'autografia della firma del ricorrente costituisce una mera irregolarità che non comporta nullità della procura *ad litem* (v., sul punto, vol. II, § 41), in quanto tale nullità non è comminata dalla legge, né detta formalità incide sui requisiti indispensabili per il raggiungimento dello scopo dell'atto.

La mancanza di una valida procura determina un vizio di nullità (e non di inesistenza) della sentenza, che, come tale, può essere fatto oggetto di motivo di impugnazione (art. 161: v. oltre, § 74) ed essere rilevato anche d'ufficio in ogni stato e grado del giudizio, compresa la fase di cassazione, sempre che lo stesso vizio non sia stato sanato in applicazione dell'art. 182, 2° comma, o comunque sulla questione non si sia formato il giudicato interno.

La procura speciale si presume conferita soltanto per un determinato grado del processo, quando non è espressa una volontà diversa (art. 83, 4° comma).

La procura speciale si presume conferita soltanto per un determinato grado del processo, quando non è espressa una volontà diversa (art. 83, 4° comma). La procura può includere la facoltà di designare sostituti e di nominare altri difensori e, se rilasciata a più difensori, si presume (salva esplicita risultanza contraria) che il conferimento sia *disgiunto*. D'altra parte, la procura può essere sempre revocata e il difensore può sempre rinunciarvi, ma la revoca e la rinuncia non hanno effetto nei confronti dell'altra parte finché non sia avvenuta la sostituzione del difensore (art. 85).

La procura rilasciata da un ente a mezzo di un organo che ne ha i poteri, rimane valida nonostante i successivi mutamenti sia della persona fisica che riveste l'organo e sia dallo stesso organo, compresa la sua soppressione.

La procura dell'attore può essere rilasciata anche dopo la notificazione dell'atto di citazione purché prima della costituzione (art. 125, 2° comma, c.p.c.).

Con particolare riguardo alla procura al difensore dell'attore, l'art. 125, 2° comma, dispone che essa può essere rilasciata anche in data posteriore alla notificazione dell'atto di citazione, purché anteriormente alla costituzione (su cui v. vol. II, § 7) della parte rappresentata. Evidentemente, fino a quel momento, il codice presume e considera sufficiente la procura puramente verbale, sotto la condizione della sua documentazione prima della costituzione. Peraltro, sugli effetti che ha determinato su questa disposizione la nuova formulazione del 2° comma dell'art. 182 ad opera della L. 69/2009, laddove consente la sanatoria anche del mancato rilascio della procura al difensore negli atti introduttivi del giudizio, v. quanto si dirà nel § 17 del vol. II.

Anche dopo tale modifica, tuttavia, le Sezioni unite hanno riaffermato che il principio secondo cui gli atti posti in essere da soggetto privo di potere di rappresentanza possano essere ratificati con efficacia retroattiva non opera nel campo processuale, dove la procura alle liti costituisce il presupposto della valida instaurazione del rapporto processuale e può essere conferita con effetti retroattivi solo nei limiti stabiliti dall'art. 125 c.p.c. (Cass. sez. un. 13 giugno 2014 nn. 13431-13436).

La P.A. è difesa, per legge, dall'Avvocatura dello Stato.

Va, ancora, tenuto presente che, in taluni casi, la designazione del difensore non avviene a mezzo di procura, ma talora direttamente dalla legge (ad es., l'Amministrazione dello Stato è *per legge* difesa dall'Avvocatura dello Stato: v. retro, § 37) oppure a seguito dell'adozione di un particolare provvedimento (come, ad es., nel caso del patrocinio a spese dello Stato per i non abbienti, dove la nomina avviene a seguito del provvedimento dell'ordine degli avvocati presso il giudice competente per il merito) (D.P.R. 115/2002).

Il patrocinio a spese dello Stato.

In quest'ultimo caso, il Consiglio dell'ordine degli avvocati, a istanza dell'interessato (che autocertifica la sussistenza dei requisiti: reddito, risultante dall'ultima dichiarazione, non superiore ad un determinato limite periodicamente aggiornato, attualmente stabilito in euro 11.746,68, secondo l'aggiornamento effettuato dal D.M. 23 luglio 2020) lo ammette in via anticipata e provvisoria al patrocinio a spese dello Stato, se le pretese che l'interessato intende far valere non appaiono manifestamente infondate. Chi è ammesso al beneficio può nominare un difensore scelto tra gli iscritti all'albo e presso il quale è tenuto un elenco degli avvocati che ne hanno fatto domanda e che siano in possesso di determinati requisiti. Va ricordato che l'art. 130 bis del D.P.R. 115/2002 stabilisce che, con riferimento al patrocinio a spese dello Stato, «*quando l'impugnazione, anche incidentale, è dichiarata inammissibile, al difensore non è liquidato alcun compenso*».

Tenendo presente la disciplina della posizione del difensore – succintamente esposta sopra – non è inutile domandarsi quale sia la tecnica che soprassiede al funzionamento di questo strumento di esercizio del ministero del difensore.

Lo *jus postulandi* è una figura particolare di *rappresentanza*.

Si suole affermare, al riguardo, che lo strumento (e la relativa tecnica) è in sostanza quello stesso della rappresentanza, sia pure con alcune particolarità; più precisamente, si parla di *rappresentanza tecnica*, contrapponendola alla *rappresentanza processuale in senso proprio* (quella, per intenderci, di cui ci siamo occupati ai §§ 45 e 46) non senza mettere in evidenza che i due strumenti possono o debbono operare insieme (ossia anche il rappresentante legale o il rappresentante volontario debbono o possono stare in giudizio col ministero del difensore).

Sul piano terminologico – che, per se stesso, ha ben scarsa importanza – nulla impedisce di chiamare rappresentanza tecnica lo strumento in discorso; a patto tuttavia che se ne tengano ben presenti le differenze con lo strumento rappresentativo vero e proprio; e senza, con questo, neppure convenire con un'altra teoria estrema secondo la quale il difensore sarebbe da considerare non un rappresentante, ma semplicemente un *nuncius* (e cioè, una sorta di strumento di espressione o traduttore in termini tecnico-giuridici della volontà della parte).

Essa è caratterizzata da una maggiore autonomia nel campo tecnico-giuridico.

In realtà, il difensore che esercita il ministero non è un semplice *nuncius* perché nel campo tecnico-giuridico la legge gli affida un margine di discrezionalità e di autonomia che è più ampio anche di quello del rappresentante; ma neppure è un vero rappresentante perché (a parte il fatto che si tratterebbe di una rappresentanza in parte legale [art. 84] e in parte volontaria [art. 83]), alla veduta sua maggiore autonomia (rispetto al rappresentante vero e proprio) nel campo tecnico-giuridico, si contrappone la mancanza di sua autonomia ogni qual volta si tratta di disporre direttamente dei diritti in contesa. Si tratta, insomma, di uno strumento che ha taluni caratteri comuni con quello della rappresentanza, ma che non va confuso con esso.

È appena il caso di aggiungere che la legge processuale si occupa solo degli aspetti processuali dell'attività (ministero) del difensore e prende in considerazione i suoi rapporti con la parte solo per quanto concerne le conseguenze processuali (procura, revoca, rinuncia), mentre non si occupa di quell'aspetto dei rapporti tra parte e difensore che resta nel campo sostanziale senza produrre nel processo conseguenze immediate. Tali rapporti vanno per lo più ricondotti ad un contratto di prestazione d'opera (c.d. contratto di patrocinio), ma talora possono anche ricondursi direttamente ad un *munus publicum*, come nel conferimento dell'incarico di gratuito patrocinio.

Estraneo alla disciplina processuale è il rapporto tra parte e difensore (contratto di patrocinio).

Va anche tenuto presente che l'art. 52 del D.L. 90/2014 (conv. dalla L. 114/2014) ha riconosciuto al difensore anche il c.d. potere di autentica delle copie degli atti contenuti nel fascicolo informatico, inserendo il comma 9° bis nell'art. 16 bis del D.L. 179/2012.

Il potere di autentica delle copie di atti e provvedimenti contenuti nel fascicolo informatico.

Come vedremo in seguito (§ 70), infatti, con l'introduzione dell'obbligo di deposito degli atti processuali di parte è stato anche previsto che le copie informatiche degli atti e dei provvedimenti presenti nei fascicoli informatici o trasmessi in allegato alle comunicazioni telematiche equivalgono all'originale anche se prive della firma digitale del cancelliere di attestazione di conformità all'originale ed il difensore può estrarre con modalità telematiche copie analogiche o informatiche e attestarne la conformità ai corrispondenti atti e provvedimenti contenuti nel fascicolo informatico (v. anche, oltre, il § 70). Le copie, analogiche o informatiche, così estratte e munite dell'attestazione di conformità del difensore equivalgono all'originale.

Aggiunge lo stesso comma 9° bis dell'art. 16 bis, cit., che queste disposizioni «non si applicano agli atti processuali che contengono provvedimenti giudiziali che autorizzano il prelievo di somme di denaro vincolate all'ordine del giudice».

50. *L'«assistenza» dell'avvocato e del consulente tecnico di parte.*

Mentre l'esercizio del «ministero» porta il difensore dentro il processo, lo porta cioè a compiere personalmente gli atti ancorché in nome della parte, con l'esercizio dell'«assistenza» il difensore assume nel processo un ruolo che, sotto il profilo tecnico, è più marginale.

L'assistenza del difensore è imperniata sul contenuto della difesa.

In realtà, la caratteristica di questo tipo di ausilio tecnico sta nel fatto che esso non riguarda la forma degli atti, ma il loro contenuto. L'avvocato, quando esercita l'assistenza, non opera in nome della parte, ma opera *in persona propria, a favore della parte*. È difensore nel senso più preciso della parola, ossia nel senso che difende, che svolge gli argomenti difensivi, che cerca di determinare, con le sue argomentazioni, orali e scritte, il convincimento del giudice.

L'art. 87, oltre che all'assistenza dell'avvocato, accenna anche all'assistenza del consulente tecnico. Si tratta del *consulente tecnico di parte*, che il codice consente alle parti di incaricare, nei casi in cui il giudice, dovendo, per giudicare, risolvere problemi di natura tecnica (e qui la parola tecnica, sta ad indicare, tutte le tecniche non giuridiche) nomina il consulente tecnico d'ufficio (v. retro, § 43). Con riguardo a questa sorta di giudizio tecnico, il consulente tecnico di parte (che è comunque uno solo per ciascuna parte) svolge funzioni paragonabili a quelle dell'avvocato, limitatamente al piano tecnico.

Bibliografia di orientamento

C. MANDRIOLI, *La rappresentanza nel processo civile*, Torino, 1959; C. MANDRIOLI, *Dei difensori*, in *Commentario del cod. di proc. civ., diretto da E. Allorio*, I, Torino, 1973; R. MURRA, *Parti e difensori*, in *Dig. disc. priv.*, *sez. civ.*, XIII, Torino, 1995; F. CIPRIANI, *Avvocatura e diritto di difesa*, Napoli, 1999; G. DELUCA, *La nomina del difensore nel processo civile*, in *Riv. dir. proc.*, 2006; C. PUNZI, *Il «ministero» dell'avvocato*, in *Riv. dir. proc.*, 2009; G. SCARSELLI, *Note sulla nuova disciplina dell'ordinamento della professione forense*, in *Corr. giur.*, 2013; E. ZUCCONI GALLI FONSECA, *Parti e difensori nel processo riformato*, in *Giur. it.*, 2011; A. GIUSSANI, *Assistenza giudiziaria ai non abbienti*, in *Diritto on line Treccani*, 2012; G. SCARSELLI, *Ordinamento giudiziario e forense*, Milano, 2013; U. PERFETTI, *Riforma della legge forense*, in *Il libro dell'anno del diritto Treccani*, Roma, 2014; C. PUNZI, *Il ministero del difensore nel processo civile*, in *Riv. dir. proc.*, 2020.

Sezione terza

I DOVERI E LE RESPONSABILITÀ DELLE PARTI E DEI DIFENSORI

SOMMARIO: 51. Il dovere di lealtà e probità e il divieto di espressioni offensive o sconvenienti. La c.d. deontologia forense. – 52. La responsabilità per le spese. a) L'onere dell'anticipazione. b) La regola della soccombenza e il suo fondamento giuridico. – 53. Segue. c) Le limitate ipotesi di compensazione delle spese. d) La responsabilità aggravata o per c.d. temerarietà della lite. e) Figure particolari di responsabilità per le spese. f) La distrazione delle spese.

51. *Il dovere di lealtà e probità e il divieto di espressioni offensive o sconvenienti. La c.d. deontologia forense.*

Quando esaminammo le diverse figure di situazioni soggettive facenti capo ai diversi soggetti del processo (retro, § 8), osservammo che le situazioni di dovere sono particolarmente presenti in capo agli organi del processo, valutate per lo più anche come poteri; mentre la maggior parte delle situazioni semplici che fanno capo alle parti sono situazioni di potere, avuto riguardo anche al fatto che il nostro processo civile è imperniato sulla tecnica dell'iniziativa di parte (retro, § 21). Osservammo anche che talvolta le norme parlano di «*doveri*» delle parti, sebbene si tratti di situazioni che, in realtà, non hanno nulla a che fare con gli autentici doveri, ma che sono configurabili come «*oneri*».

Le parti e i loro difensori debbono comportarsi in giudizio *con lealtà e probità*.

Ciò, però, non significa che nel nostro processo non esistano doveri proprî delle parti. In particolare, viene qui in rilievo l'art. 88, 1° comma, secondo cui «*le parti e i loro difensori hanno il dovere di comportarsi in giudizio con lealtà e probità*».

Secondo parte della dottrina, questa norma, con la sua formulazione moraleggiante, si risolverebbe in un richiamo ad un comportamento corretto, sul piano etico, al rispetto delle cosiddette «regole del gioco», e perciò sarebbe priva di autentico contenuto giuridico.

Ciò però non è del tutto esatto, poiché, da un lato, il comportamento leale e probo è assunto dalla norma a contenuto di un preciso dovere, mentre, dall'altro lato, il modo col quale, in concreto, la parte rispetta o viola tale dovere è assunto, in altre norme, a criterio di diverse valutazioni o addirittura a fondamento di sanzioni. Tali altre norme sono: l'art. 116, 2° comma, che consente al giudice di «*desumere argomenti di prova*», tra l'altro, dal comportamento delle parti nel processo; l'art. 92, che contempla la trasgressione al dovere in argomento come autonoma ragione di rimborso delle spese (del quale argomento ci occuperemo nel prossimo §); l'art. 175, che indica nel leale svolgimento del procedimento un criterio genericamente ispiratore dei poteri del giudice.

In sostanza, proprio il generico – e per se stesso non giuridico – dovere di rispettare le «regole del gioco», ossia di non turbare l'applicazione del principio del contraddittorio e la corretta tutela dell'interesse sostanziale, è elevato dall'art. 88 a criterio giuridico per l'applicazione degli artt. 92, 116 e 175. Inoltre, per quanto poi concerne più in particolare i difensori, il 2° comma dello stesso art. 88 configura un autonomo *iter* per l'eventuale applicazione di un'altra particolare sanzione per la violazione del dovere di cui al 1° comma (c.d. deontologia forense).

Sono più specificamente vietate, negli scritti difensivi, le *espressioni sconvenienti o offensive*.

Meno generica e, d'altra parte, espressa nei termini negativi del divieto, anziché in quelli affermativi del dovere, è la norma di cui al successivo art. 89, che vieta alle parti ed ai loro difensori di usare, negli scritti difensivi e nei discorsi pronunciati davanti al giudice, *espressioni sconvenienti ed offensive*. Le sanzioni per l'eventuale violazione di questo divieto sono enunciate nel 2° comma del medesimo articolo: il giudice può disporre con ordinanza la cancellazione delle espressioni – ovviamente solo in quanto siano state scritte – sconvenienti od offensive; ed inoltre, con la sentenza che decide la causa, può assegnare alla persona offesa una somma a titolo di risarcimento del danno anche non patrimoniale, quando le espressioni offensive *non riguardano* l'oggetto della causa. Questa norma va posta in relazione con l'art. 598 c.p. che, con riferimento alle espressioni che, viceversa, *riguardano* l'oggetto della causa, toglie loro la qualifica di reato, assoggettandole a sanzioni civili: se ne può arguire che le espressioni offensive che non riguardano l'oggetto della causa, e di cui si occupa l'art. 89, mantengono la qualifica di reato. Delle offese contenute negli scritti difensivi risponde, ai sensi dell'art. 89, la parte, destinataria anche della domanda di risarcimento, la quale – se condannata – potrà rivalersi nei confronti del difensore.

52. *La responsabilità per le spese. a) L'onere dell'anticipazione. b) La regola della soccombenza e il suo fondamento giuridico.*

La responsabilità per la violazione dei generici doveri presi in esame nel § precedente assume, nonostante la genericità dei doveri stessi, un palese carattere sanzionatorio. Non altrettanto si può dire del fondamento della c.d. *responsabilità per le spese del processo* a carico della parte soccombente ed a favore della parte vittoriosa; almeno con riguardo all'aspetto più generale del fenomeno.

Ma prima di esaminare questo fenomeno ed il suo particolare fondamento giuridico, occorre incominciare col vedere in che consistono le spese del processo ed in generale quali problemi sorgono rispetto ad esse.

Sotto il primo profilo, può essere addirittura ovvia la constatazione che anche l'attività processuale, come ogni attività umana, implica un costo. Il costo del processo riguarda soprattutto oneri fiscali ed oneri di compenso ai difensori e ai consulenti tecnici oltre ad altri oneri coordinati con l'attività dell'ufficio (c.d. diritti di cancelleria, compensi agli ufficiali giudiziari, ecc.). Con riguardo a queste spese – e così venendo al secondo profilo – i problemi che si pongono al legislatore sono in sostanza di due ordini: da un lato, stabilire chi deve anticipare l'importo delle spese del processo e, dall'altro lato, chi deve subirne il carico definitivo.

Le spese del processo vengono in rilievo sia sotto il profilo della loro anticipazione e sia sotto quello del loro eventuale rimborso.

Il primo di questi due problemi è di facile ed intuitiva soluzione; quella che appunto il nostro legislatore ha fatto propria e che risulta dall'art. 8 del D.P.R. 115/2002 (*Testo unico in materia di spese di giustizia*), che ha sostituito l'abrogato art. 90 c.p.c.: «*ciascuna parte provvede alle spese degli atti processuali che compie e di quelli che chiede e le anticipa per gli atti necessari al processo quando l'anticipazione è posta a suo carico dalla legge o dal magistrato*».

L'anticipazione delle spese è a carico di chi compie (o richiede) i singoli atti (art. 8 D.P.R. 115/2002).

Va precisato che anche il compenso al difensore grava sulla parte che l'ha incaricato, che cioè ciascuna parte è obbligata a corrispondere il compenso al *proprio difensore*, salvo l'eventuale diritto al rimborso nei confronti dell'altra parte, in base ai principî ai quali stiamo per accennare. In proposito, occorre ricordare che l'art. 1, 150° comma, L. 124/2017 ha aggiunto che la misura del compenso del professionista appartenente alle professioni ordinistiche (e dunque, anche l'avvocato) «*è previamente resa nota al cliente obbligatoriamente, in forma scritta o digitale, con un preventivo di massima*».

Il secondo dei due problemi politico-legislativi sopra accennati si può enunciare così: premesso che ciascuna parte ha l'onere di anticipare le proprie spese, esistono ragioni di principio o di giustizia perché all'esito del processo il carico delle spese venga distribuito diversamente, ossia con un rimborso dell'una nei confronti dell'altra parte?

La soluzione di questo problema non è altrettanto evidente e semplice come quella del problema dell'anticipazione. Tuttavia, esiste un orientamento di massima desumibile, con assoluta evidenza, dai postulati fondamentali in tema di tutela giurisdizionale: basti pensare – per rendersene conto – che, se le spese del processo dovessero restare definitivamente a carico della parte che le ha anticipate, quel soggetto al quale il giudice dà ragione con la sua sentenza, ossia colui di cui viene riconosciuto il diritto, otterrebbe il riconoscimento di un diritto che in pratica sarebbe già decurtato dell'importo delle spese; se, insomma, per ottenere il riconoscimento del diritto a 100 si dovesse spendere (senza poter recuperare) 20, se ne dovrebbe desumere che l'ordinamento tutela i diritti all'80 per cento e non nella loro integrità, il che contrasterebbe col fondamentale postulato che viceversa vuole i diritti integralmente tutelati e che, con riguardo al tema in discorso, può essere formulato dicendo, col Chiovenda, che *la necessità di ricorrere al giudice non deve tornare a danno di chi ha ragione*.

Il rimborso delle spese anticipate si giustifica con l'esigenza di evitare che la necessità di ricorrere al giudice torni a danno di chi ha ragione.

Se, dunque, la parte alla quale il giudice dà ragione (la c.d. parte *vittoriosa*) deve essere, con la sentenza, sollevata dal carico delle sue spese, ciò significa che tali spese devono essere poste a carico della parte c.d. *soccombente*: la quale, dunque, dovrà, oltre che subire definitivamente il carico delle proprie spese, rimborsare anche alla parte vittoriosa le spese che questa ha incontrato.

Sennonché, se questa soluzione è logicamente ineccepibile e palesemente giusta rispetto alla parte vittoriosa, non appare altrettanto evidente – almeno nel suo fondamento giuridico e logico – dal punto di vista della parte soccombente, perché *il risarcimento dei danni presuppone l'illiceità del fatto che ha causato i danni*, mentre di regola i principî che soprassiedono alla tutela giurisdizionale non consentono di qualificare illecito il comportamento di colui che ha agito o resistito in giudizio aspirando ad un provvedimento favorevole, per il solo fatto che l'esito del giudizio non è stato conforme a questa aspirazione. Al contrario, si è visto (§ 14) che nella stessa nozione dell'azione è implicito che *l'agire o il resistere in giudizio quando ancora non si sa se il giudice darà ragione o torto, costituisce né più né meno che l'esercizio di un diritto*, che ovviamente rimane tale anche se *successivamente* il giudice avrà dato torto.

La conclusione che da tutto ciò si dovrebbe trarre sarebbe allora nel senso che, da un lato, la parte vittoriosa dovrebbe essere rimborsata delle spese, mentre, dall'altro lato, quest'onere del rimborso non dovrebbe gravare neppure sulla parte soccombente. Poiché, però, le spese della parte vittoriosa debbono pur gravare su qualcuno, *non resta che addossarle alla parte soccombente, sebbene non a titolo di risarcimento dei danni* per un comportamento che non è assolutamente illecito (in quanto è esercizio di un diritto), *bensì solo come conseguenza obbiettiva della soccombenza e senza natura sanzionatoria*, con la sola funzione di remora e di stimolo del senso di autoresponsabilità, nel momento in cui si decide di agire o resistere in giudizio.

L'art. 91 c.p.c. pone le spese a carico della parte soccombente, ma non con funzione sanzionatoria.

Questa è per l'appunto la soluzione che ispira l'art. 91, ove si dispone che il giudice, con la sentenza che chiude il processo davanti a lui, condanna la parte soccombente (o le parti soccombenti: art. 97) al rimborso delle spese (effettivamente sostenute) a favore dell'altra parte e ne liquida l'ammontare insieme con gli onorari di difesa, anche laddove l'avvocato si sia avvalso della facoltà di difesa personale di cui all'art. 86. Quest'ultimo accenno riguarda il compenso al di-

Tra le «spese» della parte vittoriosa è compreso il compenso al difensore di quest'ultima.

fensore (insieme al rimborso forfettario delle spese generali), compenso che, come si diceva sopra, il difensore ha diritto di percepire dal suo difeso, ma che quest'ultimo, se riesce vittorioso, può «ripetere» dalla parte soccombente nei limiti in cui il giudice ritiene di poter effettivamente addossare a carico di quest'ultima, attraverso la suddetta «liquidazione». Per questo motivo si suole distinguere tra compensi (o – dal punto di vista di chi deve sborsarli – spese) «ripetibili» e «non ripetibili».

Nell'ipotesi che le parti soccombenti siano più, il giudice può condannare ciascuna di esse in proporzione del rispettivo interesse nella causa, oppure tutte in via solidale (art. 97), se vi sia indivisibilità o solidarietà sul piano sostanziale oppure semplicemente comunanza di interessi.

È affermazione comune che la condanna alle spese non abbisogna di un'esplicita domanda, perché si tratta di conseguenza legale della decisione della lite e perché ciò che attiene al funzionamento del processo e alle sue conseguenze esula dal principio della domanda. D'altro canto, il provvedimento che contiene la condanna alle spese può anche non essere una sentenza, ma un'ordinanza o un decreto; deve trattarsi, comunque, di pronuncia che definisce il processo davanti al giudice che la emette, tenendo conto dell'esito complessivo della lite. L'omissione della pronuncia sulle spese, comunque, costituisce un vizio di omessa pronuncia riparabile solo con l'impugnazione.

L'introduzione dei parametri per la liquidazione del compenso degli avvocati.

A proposito del compenso dell'avvocato, d'altro canto, occorre anche ricordare che l'art. 9 del D.L. 1/2012 (conv. dalla L. 27/2012) ha abrogato tutte le tariffe delle professioni regolamentate nel sistema ordinistico e, contestualmente, le ha sostituite con parametri di riferimento per l'attività svolta.

Nel caso dell'attività degli avvocati (giudiziale e stragiudiziale) tali parametri sono contenuti nel D.M. 55/2014, il quale, tuttavia, si applica solo «*alle liquidazioni successive alla sua entrata in vigore*».

Del D.M. 55/2014 va segnalato che: a) i parametri specifici sono indicati in un'apposita «tabella», allegata al decreto; b) oltre al compenso e al rimborso delle spese documentate, all'avvocato è dovuto il rimborso spese forfettarie di regola nella misura del 15% del compenso totale; c) ai fini della liquidazione del compenso si tiene conto delle caratteristiche, dell'urgenza e del pregio dell'attività prestata, dell'importanza, della natura, della difficoltà e del valore dell'affare, delle condizioni soggettive del cliente, dei risultati conseguiti, del numero e della complessità delle questioni giuridiche e di fatto trattate; comunque il giudice tiene conto dei valori medi di cui alla tabella, che possono essere aumentati fino all'80% o diminuiti fino al 50%; d) la liquidazione dell'attività giudiziale avviene per fasi; e) anche con riferimento ai procedimenti arbitrali rituali e irrituali, agli avvocati chiamati a difendere in essi sono di regola liquidati i compensi in base ai parametri indicati dall'apposita tabella.

Al 1° comma dell'art. 91 c.p.c., la L. 69/2009 ha inserito il seguente ulteriore periodo, palesemente ispirato dall'intenzione di favorire la soluzione conciliativa della causa: «*Se* – il giudice – *accoglie la domanda in misura non superiore all'eventuale proposta conciliativa, condanna la parte che ha rifiutato senza giustificato motivo la proposta al pagamento delle spese del processo maturate dopo la formulazione della proposta, salvo quanto disposto dal 2° comma dell'art. 92*» (che stiamo per esaminare nel § che segue).

Inoltre, lo stesso art. 91, al 4° comma, prevede che «*nelle cause previste dall'articolo 82, primo comma* [per le quali è ammessa la difesa personale]*, le spese, competenze ed onorari liquidati dal giudice non possono superare il valore della domanda*».

Nel processo esecutivo, le spese sono a carico dell'esecutato; ...

L'applicazione della regola della soccombenza sembra essere a fondamento anche dell'art. 95, che, in realtà, si limita a porre le *spese del processo esecutivo* a carico di chi ha subito l'esecuzione (v. vol. III, § 8). In effetti, l'esecuzione forzata non implica una soccombenza in senso proprio perché il processo di esecuzione ha un esito obbligato.

... nel processo cautelare a carico del richiedente, la cui richiesta è stata rigettata.

Quanto alle *spese del processo cautelare*, nei casi in cui assumono rilievo autonomo, l'art. 669 septies ne prevede la liquidazione col provvedimento che rigetta la domanda. A sua volta, l'art. 669 octies, 7° comma, impone al giudice di provvedere alla liquidazione delle spese anche quando accolga l'istanza cautelare pronunciando, prima dell'inizio della causa di merito, uno dei provvedimenti di cui al 6° comma del medesimo articolo, ovvero provvedimenti cautelari caratterizzati da una «strumentalità» più debole (v. anche il § 54 del vol. III).

La regola della soccombenza è, invece, superata in caso di *conciliazione di una controversia giudiziaria*, poiché in tal caso è prevista (dall'art. 13, 8° comma, della L. 247/2012, c.d. legge professionale forense) la solidarietà di tutte le parti che definiscono la controversia mediante accordo per il compenso spettante ai rispettivi difensori che abbiano prestato la loro attività professionale negli ultimi tre anni e che risultino ancora creditori, anche nel caso in cui l'accordo sia stato concluso senza il loro ausilio.

53. *Segue. c) Le limitate ipotesi di compensazione delle spese. d) La responsabilità aggravata o per c.d. temerarietà della lite. e) Figure particolari di responsabilità per le spese. f) La distrazione delle spese.*

La regola della soccombenza è temperata dalla discrezione del giudice ...

La regola generale in tema di carico definitivo delle spese, vista nel § precedente e codificata nell'art. 91, è dunque la regola (detta della soccombenza), secondo la quale quel carico definitivo deve gravare sulla parte soccombente (anche se contumace).

Tuttavia, trattandosi di una regola che, come si è visto, non è imposta dai principî, ma suggerita da ragioni di opportunità, è logico che essa debba subire delle eccezioni ogni qual volta l'applicazione rigorosa di quella regola possa apparire iniqua o comunque inopportuna.

In relazione a quest'eventualità, il codice non soltanto ha attribuito al giudice (art. 92, 1° comma) il potere di ridurre (in sede di «liquidazione») la ripetizione delle spese che ritiene eccessive o superflue, nonché di sanzionare col rimborso delle spese anche non ripetibili e indipendentemente dalla soccombenza, il comportamento in violazione dei doveri di cui all'art. 88 (v. retro, § 51), ma ha anche, nel 2° comma del medesimo art. 92, attribuito al giudice il potere di «compensare» parzialmente o per intero le spese tra le parti (nel senso di lasciarle in tutto o in parte a carico di chi le ha anticipate).

... che può «compensare» le spese in tutto o in parte, ma in ipotesi limitate (art. 92, 2° comma, c.p.c.).

Ciò è previsto, anzitutto, quando ricorra la c.d. «*soccombenza reciproca*», ossia la soccombenza non stia tutta da una parte (perché, ad es., su un punto ha avuto ragione una parte e su un altro l'altra parte oppure quando la parte formuli più domande di cui una soltanto accolta). Ma la compensazione delle spese è anche prevista «*nel caso di novità della questione trattata o mutamento della giurisprudenza*» e comunque – dopo l'intervento dei giudici costituzionali (C. Cost. 19 aprile 2018 n. 77) – qualora sussistano *altre analoghe gravi ed eccezionali ragioni*. Quale che sia la ragione della compensazione, è comunque necessario che essa emerga dalla motivazione.

La *responsabilità aggravata*, di cui all'art. 96, dà diritto al risarcimento dei danni.

La regola della soccombenza che, da un lato, e come si è or ora visto, può essere attenuata o derogata attraverso la compensazione delle spese, può talora, dall'altro lato, essere resa più rigorosa, e trasformata nel suo fondamento giuridico, fino ad assumere i caratteri proprî di un autentico risarcimento dei danni. È questa la fattispecie della c.d. *responsabilità aggravata* (o *per lite temeraria*) di cui all'art. 96.

Naturalmente, poiché il risarcimento dei danni presuppone un fatto illecito, è chiaro che questo fenomeno si può verificare soltanto quando il comportamento di colui che ha agito o resistito in giudizio ed ha poi avuto torto – comportamento per se stesso nient'affatto illecito perché esercizio di un diritto – abbia assunto modalità particolari che gli attribuiscono i caratteri dell'illiceità. Il che, trattandosi appunto dell'esercizio di un diritto, può verificarsi solo in quanto si ponga in essere un abuso di quel diritto, ossia un suo esercizio al di fuori del suo schema tipico o al di là dei limiti determinati dalla sua funzione.

La responsabilità aggravata per *temerarietà della lite*, che consiste nell'agire in giudizio con dolo o colpa grave.

Più precisamente, poiché nel momento in cui si decide di agire o resistere non si può ancora sapere se si avrà ragione o torto, se invece al termine del giudizio dovesse risultare certo che la parte che ha agito o resistito era ben consapevole del suo torto ed ha agito o resistito per spirito di emulazione o con intenti dilatorî o defatigatorî, questa situazione di «*mala fede*» è rivelatrice di un abuso del processo e perciò di un comportamento illecito.

Il codice, nel prendere atto di questa illiceità e nel trarne la logica deduzione ponendola a fondamento di un autentico risarcimento dei danni (art. 96, 1° comma) equipara ad essa la *colpa grave* (ossia la mancanza della pur minima avvedutezza e consapevolezza delle conseguenze dei proprî atti), seguendo un orientamento analogo a quello per il quale, nel campo sostanziale, la colpa grave viene equiparata al dolo.

Per questo comportamento del *soccombente* (e quindi mai della parte risultata vittoriosa, anche solo in parte) che risulta aver agito o resistito in giudizio con mala fede (dolo) o colpa grave (comportamento che si suole qualificare come *temerarietà della lite*), l'art. 96, 1° comma, configura la c.d. *responsabilità aggravata*, ossia una responsabilità che, andando oltre la normale responsabilità del rimborso delle spese giudiziali, si aggrava in quanto, essendo fondata su un illecito, dà diritto ad un più pieno risarcimento di tutti i danni che l'altra parte ha subito dall'aver dovuto partecipare ad un giudizio obbiettivamente ingiustificato. In pratica, al soccombente temerario, verranno addossati, oltre al normale rimborso delle spese, anche quelle ulteriori conseguenze che il vincitore ha subito per effetto del processo: per es., gli onorari nelle quote c.d. non ripetibili, eventuali spese di viaggio, interessi in un tasso superiore a quello legale, eventuali lucri cessanti, ecc.

Va, d'altra parte, tenuto presente che, poiché l'illecito in discorso si concreta solo nell'abuso di uno strumento processuale, la domanda del conseguente risarcimento (che naturalmente postula una propria specifica *causa petendi*) è configurabile soltanto nell'ambito dello stesso processo, sicché essa non può costituire oggetto di un'autonoma azione ma si esaurisce in un potere endoprocessuale collegato e connesso all'azione (o alla resistenza) esercitata in quel processo.

Nel processo esecutivo e nel processo cautelare, la responsabilità aggravata consiste nell'avvalersi del titolo esecutivo o del provvedimento cautelare ...

Lo stesso concetto di abuso del diritto di azione sta alla base della disposizione contenuta nel 2° comma dell'art. 96, ove l'istituto della responsabilità aggravata viene applicato all'esercizio dell'azione esecutiva e all'esercizio della fase esecutiva dell'azione cautelare o ad altre iniziative o trascrizioni di provvedimenti. Naturalmente queste iniziative non sarebbero possibili se non esistesse un titolo esecutivo o un provvedimento cautelare (v. retro, § 16), ossia un accertamento (circa l'esistenza – o la probabilità – del diritto per il quale si agisce) in una misura che l'ordinamento ritiene sufficiente per far luogo all'esecuzione forzata o all'attuazione della cautela: ciò che basta per rendere legittima l'esecuzione forzata o la cautela.

Sennonché – e come si vide a suo tempo (§§ 6 e 16) – proprio questo momentaneo distacco tra la possibilità di agire esecutivamente e la realtà giuridica (che può essere diversa o può mutare) implica un certo grado di affidamento all'autoresponsabilità di chi possiede lo strumento per realizzare coattivamente un diritto che, in ipotesi, potrebbe non esistere o non esistere più. Quella responsabilità, appunto, che può implicare un illecito e fondare un risarcimento dei danni ogni qual volta chi si avvale dello strumento – per se stesso legittimo, in quanto esercizio del diritto di azione – lo faccia con modalità che configurano un abuso di quel diritto, ossia, come recita la norma in esame, «*senza la normale prudenza*». E sempre che, naturalmente, sia poi risultata (ad es., in sede di opposizione all'esecuzione o di impugnazione) l'inesistenza del diritto che era stato portato ad esecuzione.

... senza la normale prudenza.

La c.d. *temerarietà attenuata* di cui al 3° comma dell'art. 96 c.p.c.

D'altra parte, la L. 69/2009 ha aggiunto a questo art. 96 il 3° comma, che attribuisce al giudice il potere, esercitabile anche d'ufficio, e «*in ogni caso*» (anche, cioè, prescindendo dalla temerarietà della lite), di condannare la parte soccombente al pagamento di una *somma equitativamente determinata*. Si tratta di una sorta – se così si può dire – di *temerarietà attenuata*, che legittima l'applicazione di una misura a carattere sanzionatorio, in presenza di un comportamento processuale quanto meno colposo della parte soccombente.

Del tutto particolare, poi, è l'ipotesi configurata dall'art. 94 della condanna «per motivi gravi» alle spese, *in proprio*, di tutori, curatori e rappresentanti in genere, con l'applicazione di principî affini a quelli che soprassiedono alla responsabilità aggravata. Normalmente i rappresentanti e curatori, agendo in nome altrui, non subiscono le conseguenze della soccombenza, che ricadono sul loro rappresentato o assistito. Ma, proprio per questo motivo debbono essere particolarmente prudenti: ed in relazione a ciò la legge pone a loro carico l'onere delle spese in caso di violazione di tale obbligo.

Inoltre, l'art. 93 contiene un'eccezione alla regola generale secondo la quale il compenso al difensore è dovuto solo dal suo rappresentato o assistito, salvo il diritto di quest'ultimo (se vittorioso) al rimborso nei confronti della parte soccombente. La ragione di quest'eccezione sta nell'opportunità di una maggiore garanzia per il difensore nel conseguimento del suo compenso: la garanzia che gli deriva dalla possibilità di conseguire tale compenso direttamente dalla parte soccombente. Tecnicamente ciò avviene attraverso il provvedimento di c.d. *distrazione delle spese* a favore del difensore della parte vittoriosa. Quando accade ciò, il difensore assume, sia pure limitatamente alla proposizione dell'istanza e a quest'aspetto della pronuncia, una posizione autonoma che gli attribuisce una veste assimilabile a quella della parte, mentre, per effetto della pronuncia, diviene creditore, oltre che del cliente, anche della contro-

La c.d. *distrazione delle spese* a favore del difensore della parte vittoriosa.

parte soccombente. In caso di omessa pronuncia sull'istanza di distrazione delle spese le Sezioni unite (Cass. sez. un. 7 luglio 2010 n. 16037) hanno ritenuto applicabile il procedimento di correzione degli errori materiali di cui agli artt. 287 e 288 c.p.c. (v. § 59 del vol. II).

Va, infine, ricordato che, per effetto di una pronuncia della Corte costituzionale (n. 67/1960) – che ne ha rilevato il contrasto con gli artt. 3 e 24 Cost. – non esiste più, nel nostro ordinamento, l'antico istituto della «*cautio pro expensis*», già disciplinato dall'art. 98, che prevedeva la possibilità, su istanza del convenuto, di una pronuncia che condizionasse la procedibilità della domanda dell'attore al deposito di una cauzione, in caso di fondato timore che l'eventuale condanna alle spese potesse restare ineseguita.

Bibliografia di orientamento

C. MANDRIOLI, *Dei doveri delle parti e dei difensori*, in *Commentario del cod. di proc. civ., diretto da E. Allorio*, I, Torino, 1973; G. SCARSELLI, *Lealtà e probità nel compimento degli atti processuali civili*, in *Riv. trim. dir. e proc. civ.*, 1988; E. GRASSO, *Della responsabilità delle parti*, in *Commentario del cod. di proc. civ., diretto da E. Allorio*, I, Torino, 1973; G. SCARSELLI, *Le spese giudiziali civili*, Milano, 1998; F. CORDOPATRI, *L'abuso del processo*, II, *Diritto positivo*, Padova, 2000; V. ANSANELLI, *Abuso del processo*, in *Dig. disc. priv., sez. civ.*, Agg., I, Torino, 2007; A. DONDI, *Abuso del processo (dir. proc. civ.)*, in *Enciclopedia del diritto*, *Annali*, III, Milano, 2010; F. CORDOPATRI, *La condanna alla rifusione delle spese di lite e l'evoluzione del principio di soccombenza*, in *Giusto proc. civ.*, 2014; A. CARRATTA, *L'abuso del processo e la sua sanzione ecc.*, in *Fam. e dir.*, 2011; M.F. GHIRGA, *Abuso del processo e sanzioni*, Milano, 2012; M. TARUFFO, *L'abuso del processo: profili generali*, in *Riv. trim. dir. e proc. civ.*, 2012; G. SCARSELLI, *Sul c.d. abuso del processo*, in *Riv. dir. proc.*, 2012; L.P. COMOGLIO, *Sub artt. 88 e 89*, in AA.VV., *Comm. c.p.c.*, I, Torino, 2012; P. COMOGLIO, *Sub artt. 90-96*, *ibidem*; M. LUPANO, *Responsabilità per le spese e condotta delle parti*, Torino, 2013; A. GIUSSANI, *Responsabilità aggravata (dir. proc. civ.)*, in *Diritto on line Treccani*, 2012; A. GIUSSANI, *Spese giudiziali (dir. proc. civ.)*, *ivi*, 2013; A. CARRATTA, *Dovere di verità e completezza nel processo civile (I e II)*, in *Riv. trim. dir. e proc. civ.*, 2014; V. FERRARI, *Etica del processo: profili generali*, *ibidem*; S. CHIARLONI, *Etica, formalismo processuale, abuso del processo*, *ibidem*; L.P. COMOGLIO, *«Moralizzazione» del processo e ruolo del giudice nell'evoluzione dei modelli processuali europei*, in *Riv. dir. proc.*, 2015; G. MORLINI, *Spese giudiziali e compensazione*, in *Il libro dell'anno del diritto Treccani*, Roma, 2016; A. PANZAROLA, *L'abuso del processo e la moralizzazione dei procedimenti civili in via giudiziaria*, in *Scritti in onore di N. Picardi*, III, Pisa, 2016; A.D. DE SANTIS, *Contributo allo studio della funzione deterrente del processo civile*, Napoli, 2018; M. GRADI, *L'obbligo di verità delle parti*, Torino, 2018; G. BASILICO, *Le sanzioni endoprocessuali: contributo allo studio dei meccanismi sanzionatori nel sistema giuridico-processuale italiano*, in *Riv. trim. dir. e proc. civ.*, 2019; M. TARUFFO, *Verso la decisione giusta*, Torino, 2020.

Sezione quarta

PLURALITÀ DI PARTI (LITISCONSORZIO) E MUTAMENTI NELLA POSIZIONE DELLE PARTI (INTERVENTO, ESTROMISSIONE, SUCCESSIONE)

54. *Il litisconsorzio necessario e quello facoltativo.*

Con la parola *litisconsorzio* – o *comunanza della lite* – si suole indicare il fenomeno per il quale le parti nel processo sono più di quelle due (l'attore e il convenuto), che sono ovviamente indispensabili perché sorga un processo.

Di questo fenomeno il codice si occupa organicamente sotto il particolare profilo delle ragioni che lo rendono necessario o anche soltanto possibile, dettando una disciplina dalla quale appunto emerge quando e con quali conseguenze il litisconsorzio è necessario o soltanto facoltativo, nonché sotto il profilo delle modalità della sua attuazione, senza peraltro dettare, se non in modo episodico e limitato, le regole di svolgimento del giudizio con più parti. Questo capitolo è dedicato ai suddetti due particolari profili, a cominciare dal primo.

Il codice si occupa del litisconsorzio sotto il duplice profilo della sua *necessità* e della sua *facoltatività*.

Se si ricorda che la regola che stabilisce chi debba partecipare al processo, ossia quali siano le sue *giuste parti*, è la regola della legittimazione ad agire e che questa regola vuole presenti nel processo coloro che nella domanda sono affermati come soggetti rispettivamente attivo e passivo del rapporto sostanziale che si fa valere (v. retro, § 13), se ne desume facilmente che la presenza di più parti nel processo non può dipendere che dal fatto che il rapporto sostanziale fatto valere abbia (o, più esattamente, sia affermato come avente) più di due soggetti.

È pertanto chiaro che l'eventuale necessità della presenza di più parti nel processo (o *litisconsorzio necessario*) non è che un corollario della regola della legittimazione ad agire; più precisamente un fenomeno di *legittimazione ad agire necessariamente congiunta*, determinata dalla contitolarità (affermata) del rapporto sostanziale che si fa valere, salvo poi vedere in quali casi, in concreto, la suddetta pluralità

Il *litisconsorzio necessario* si concreta in ciò che più soggetti sono legittimati ad agire (o a contraddire) in modo necessariamente congiunto.

di soggetti del rapporto sostanziale rende effettivamente necessaria la partecipazione al processo di tutti costoro e salvi, ancora, taluni casi nei quali la necessarietà del litisconsorzio è disposta dalla legge per sole ragioni di opportunità. Così, ad es., l'art. 2900 c.c. stabilisce espressamente, nel suo 2° comma, che il creditore che agisce giudizialmente in surrogatoria deve citare anche il debitore al quale intende surrogarsi. Così, ancora, l'art. 247, 1° comma, c.c., enuncia che il presunto padre, la madre ed il figlio sono litisconsorti necessari nel giudizio di disconoscimento di paternità.

In questa cornice s'inquadra il dettato dell'art. 102 c.p.c. che, sotto la rubrica «litisconsorzio necessario», dispone che «*se la decisione non può pronunciarsi che in confronto di più parti, queste debbono agire o essere convenute nello stesso processo*».

La partecipazione di tutti i soggetti (ossia il litisconsorzio) è necessaria nel senso che – come è proprio della regola della legittimazione ad agire (retro, §§ 12 e 13) – condiziona il potere e il dovere del giudice di pronunciarsi sul merito: ed è appunto in applicazione di questo principio generale che il 2° comma dell'art. 102 configura, per l'ipotesi di difetto della partecipazione congiunta di cui trattasi, un ordine del giudice – rivolto non, ovviamente, agli assenti, ma alle parti in causa – di «*integrare il contraddittorio*», ossia di chiamare a partecipare al processo coloro che dovrebbero parteciparvi, ma che ancora ne sono fuori.

Ciò in un termine che è *perentorio* – ed è proprio qui il fondamento della necessarietà di cui trattasi – nel senso (v. § 66) che la sua eventuale inosservanza dà luogo alla fine anticipata del processo, ossia all'*estinzione per inattività* (v. art. 307, 3° comma; ce ne occuperemo nel § 64 del vol. II). In pratica, tutto questo significa che, se al processo non partecipano tutti quei soggetti che dovrebbero parteciparvi, e se tale partecipazione non è realizzata neppure a seguito dell'ordine del giudice, il processo non può pervenire alla pronuncia sul merito.

In secondo luogo, va messo in evidenza come il codice non distingue tra l'agire insieme dei più soggetti e il loro essere convenuti insieme: ciò che interessa all'ordinamento è solo il fatto che i più soggetti partecipino al processo (nel senso, naturalmente, dell'assunzione della qualità di parte, ed a prescindere dal fatto che svolgano un ruolo attivo o restino inerti; v. § 23), non importa se come attori o come convenuti o come intervenienti (v. § 55).

L'art. 102 si riferisce all'*impossibilità* di pronuncia se non nei confronti di più parti.

Ma, l'aspetto più delicato della norma in discorso è quello che concerne il quesito già poc'anzi adombrato, e che può formularsi così: *quando accade che la pluralità di soggetti nel rapporto sostanziale fatto valere o eventuali altre ragioni dànno luogo alla necessità del litisconsorzio?* A questo quesito, l'art. 102 risponde dicendo che la necessità del litisconsorzio sussiste «*quando la decisione non può pronunciarsi che in confronto di più parti*».

Questa impossibilità di pronuncia se non in confronto di più soggetti, ove non venga intesa nel senso limitato di un richiamo alle sole norme, sostanziali o processuali, in cui ciò è espressamente previsto, sembra fondata, almeno in linea di massima, su ragioni di diritto sostanziale, perché, se così non fosse, la norma stessa finirebbe, assurdamente, col dire, nella sua premessa, la stessa cosa che dice poi nella parte dispositiva (coloro che debbono partecipare ... debbono partecipare).

D'altra parte, ciò è confermato da quanto abbiamo sopra osservato circa la normale riconduzione dell'istituto in discorso alla regola della legittimazione ad agire. Il quesito si specifica allora in questi termini: quando accade che per l'eventuale pluralità di soggetti nel diritto sostanziale affermato, o per altre ragioni, diviene *impossibile* (e sempre sotto il solo profilo sostanziale) una pronuncia se non nei confronti di tutti tali soggetti?

La quale impossibilità sussiste nei rapporti plurisoggettivi sia quando la legge la enuncia espressamente per ragioni di opportunità ...

I rilievi appena compiuti esigono che il quesito sia posto in termini generali e non possa affatto essere limitato ai soli casi di configurazione esplicita della necessarietà del litisconsorzio da parte del legislatore. Ciò che ci si deve domandare, in sostanza, è quali siano le ragioni logiche o di principio per le quali la legge, in certi casi di rapporti plurisoggettivi (e quindi lasciando da parte i casi nei quali operano ragioni di semplice opportunità), ha disposto la necessarietà del litisconsorzio. E ciò allo scopo di stabilire che, quando sussistono quelle ragioni, la suddetta necessarietà di litisconsorzio sussiste anche se la legge non l'abbia prevista espressamente; nonché allo scopo di precisare esattamente quale sia il significato e la portata di tale necessarietà.

... e sia quando la pronuncia senza la partecipazione di tutti ...

Procedendo in questa direzione, è facile rendersi conto delle ragioni che impongono la pronuncia congiunta, ad es. nel giudizio di divisione (art. 784 c.p.c.; v. vol. III, § 72): una cosa che appartiene in comunione ad A, B e C, come potrebbe essere divisa se non fra tutti i partecipanti alla comunione? Se al giudizio (contrariamente al disposto dell'art. 784) partecipassero solo A e B e la cosa venisse divisa in due parti, il sacrificio del diritto di C apparirebbe palesemente assurdo ed iniquo; ma anche se la cosa fosse divisa in tre parti, la partecipazione al giudizio solo di A e B darebbe luogo a quest'alternativa: o ammettere che C debba subire l'esito di un giudizio su un diritto anche suo ed al quale egli non ha partecipato o rendere impossibile il giudizio se non fra tutti i comproprietari, ossia negare efficacia e validità alla sentenza anche con riguardo ai rapporti tra A e B. Allo stesso modo, poiché l'eventuale accoglimento dell'azione di disconoscimento di paternità non potrebbe non influire sulla situazione giuridica della madre, è chiaro che, se – contrariamente al disposto dell'art. 247, 1° comma, c.c. – fosse possibile un valido svolgimento del giudizio senza la sua partecipazione, essa verrebbe a trovarsi nella situazione di dover subire le conseguenze di un giudizio svoltosi su situazioni giuridiche anche sue ed al quale non ha partecipato.

E poiché quest'ultima situazione (come quella del comproprietario che non ha partecipato alla divisione ed in generale di ogni soggetto di un rapporto plurilaterale lasciato fuori dal giudizio su quel rapporto) sarebbe in netto contrasto sia con la regola della legittimazione nel suo aspetto passivo (v. retro, § 45) e sia con la regola del contraddittorio, l'ordinamento non può non negare la legittima possibilità di questa situazione, disponendo – ancorché implicitamente – che la sentenza emessa senza la partecipazione del suo «codestinatario» – se così si può dire – sia invalida o, come si suol dire, *inutiliter data*, ossia priva di effetti non soltanto nei confronti del «codestinatario» pretermesso, ma anche nei confronti delle parti tra le quali è stata pronunciata. In altri termini: se la natura del rapporto sostanziale – quale affermato nella domanda – è tale che gli effetti prodotti dalla sentenza non possono non investire tutti i soggetti del rapporto e se, d'altra parte, la produzione di effetti verso i soggetti rimasti estranei al giudizio sarebbe in violazione della regola del contraddittorio, la conseguente ferrea alternativa tra effetti verso tutti o effetti verso nessuno, conduce inevitabilmente a quest'ultima soluzione.

... sarebbe *inutiliter data* ossia inefficace anche tra le parti in giudizio.

Naturalmente, questa accezione della formula della sentenza *inutiliter data* non è priva di aspetti problematici, specie là dove postula che tale sentenza sia priva di effetti *anche tra le parti*. E ciò specialmente perché questa inefficacia dovrebbe essere impedita dalla regola secondo la quale il passaggio in giudicato della sentenza la rende incontrovertibilmente efficace tra le parti (v. retro § 4). Per superare il rigore di questa regola, occorre ritenere che il vizio al quale dà luogo il difetto del contraddittorio non sia di semplice nullità, ma addirittura di *inesistenza* (v. oltre § 74); ed al riguardo si deve prendere atto che la dottrina è tutt'altro che concorde su questa drastica soluzione. È, peraltro, indubbio che la formula suddetta è quella che di solito offre il criterio più adeguato per la soluzione del problema della necessarietà o meno del litisconsorzio in tutti quei casi in cui la legge non enuncia esplicitamente questa necessarietà.

Questi rilievi che, da un lato, hanno consentito di determinare la portata della c.d. «impossibilità» di pronuncia se non nei confronti di tutti i soggetti del rapporto plurilaterale, dall'altro lato offrono il criterio per la soluzione del problema della necessarietà o meno del litisconsorzio in tutti quei casi in cui la legge non enuncia esplicitamente questa necessarietà.

Tale criterio si può enunciare nel senso che *il giudizio su un rapporto sostanziale plurilaterale postula la necessarietà del litisconsorzio ogni qual volta la pronuncia su di esso non possa essere efficace, neppure tra i partecipanti al giudizio, se non in quanto resa nei confronti di tutti i soggetti.* Quando, invece, nonostante la plurisoggettività del rapporto, la pronuncia su di esso può utilmente regolare i rapporti tra alcuni di quei soggetti, lasciando impregiudicata la posizione degli altri, allora il litisconsorzio non è necessario.

La prima di queste ipotesi si verifica, per lo più, come è facile intendere, nei giudizi relativi a *status* personali o a rapporti giuridici plurilaterali, soprattutto quando abbiano ad oggetto azioni di natura costitutiva. La seconda ipotesi, invece, si verifica con riguardo ad ogni altro tipo di giudizio su rapporti plurisoggettivi. Si può pensare, ad es., al caso delle obbligazioni solidali: in questo caso la condanna di uno solo dei condebitori solidali non sarebbe certo *inutiliter data* (come, peraltro, emerge anche dall'art. 1306 c.c.) e perciò il litisconsorzio non è da ritenere necessario.

Ciò accade per lo più nei giudizi costitutivi relativi a rapporti plurilaterali …

Va poi aggiunto che, accanto alle ipotesi di litisconsorzio necessario giustificate dal fatto che oggetto del giudizio è un rapporto sostanziale plurilaterale, ne esistono altre nelle quali il legislatore dispone la necessarietà del litisconsorzio solo per ragioni di opportunità processuale. Così, ad es., l'art. 2900 c.c. stabilisce espressamente, nel suo 2° comma, che il creditore che agisce giudizialmente in surrogatoria deve citare anche il debitore al quale intende surrogarsi. Anche in queste ipotesi al fondo vi è un'esigenza di salvaguardia del contraddittorio a favore del soggetto espressamente individuato dal legislatore come litisconsorte necessario.

… oltre che nelle ipotesi espressamente previste dal legislatore per ragioni di opportunità.

Quando, dunque, il litisconsorzio è necessario, o perché oggetto del giudizio è un rapporto sostanziale plurilaterale o perché l'ha espressamente previsto il legislatore, da un lato, se il giudice rileva il difetto di integrità del contraddittorio, deve ordinare l'integrazione del contraddittorio, ai sensi dell'art. 102, 2° comma, mentre, dall'altro lato, se il giudice non rileva tale difetto e pronuncia sentenza sul merito, questa deve intendersi *inutiliter data* nel senso visto sopra e cioè addirittura inesistente, quanto meno nei confronti dei terzi litisconsorti pretermessi.

Come si diceva poc'anzi, il litisconsorzio può essere anche *facoltativo*, nel senso che, esistendo ragioni di *opportunità* per la partecipazione congiunta dei più soggetti al medesimo processo, il legislatore consente che più soggetti agiscano o siano convenuti nello stesso processo. Queste ragioni di opportunità, che consigliano di esercitare nello stesso processo azioni diverse, possono avere fondamento: a) nella *connessione* oggettiva (litisconsorzio facoltativo da *connessione propria*); b) nell'identità delle questioni da risolvere per la decisione delle molteplici cause (litisconsorzio facoltativo da *connessione impropria*). E di solito esse vengono ravvisate nell'esigenza di evitare il formarsi di giudicati anche solo logicamente contraddittori (ovviamente nel caso della connessione propria) e comunque di realizzare un'economia di attività processuale.

Il *litisconsorzio facoltativo* consiste nella mera possibilità del cumulo soggettivo in caso di connessione oggettiva ...

… o di identità di questioni fra le diverse cause.

È appunto sotto questo profilo che ci siamo già occupati, al § 30, del litisconsorzio facoltativo e dell'art. 103, che ne contiene la disciplina, nonché, al § 40, delle conseguenze che la connessione può determinare sulla competenza. L'esame della disciplina dello svolgimento del processo cumulato va, d'altra parte, lasciato allo studio della trattazione del processo di cognizione (v. vol. II, §§ 23 e 24).

Un aspetto particolare del litisconsorzio facoltativo è costituito dal *litisconsorzio alternativo* caratterizzato da un medesimo *petitum* verso più soggetti in alternativa tra loro (l.a. passivo) o dallo stesso *petitum* di più soggetti in alternativa tra loro contro lo stesso convenuto (l.a. attivo).

Nell'ambito della categoria del litisconsorzio facoltativo meritano, infine, di essere posti in evidenza taluni casi caratterizzati da ciò che, ferma la facoltatività del litisconsorzio, una volta che ci si sia avvalsi di questa facoltà, l'identità del *petitum* e della *causa petendi* esige uno svolgimento formalmente e sostanzialmente unitario. In questi casi (si pensi, ad es., all'impugnazione, ex art. 2377 c.c., della delibera assembleare da parte di più soci, ciascuno dei quali avrebbe potuto agire anche da solo) l'angolazione nella quale ci si pone non è più quella del momento dell'instaurazione del processo, ma quella del suo svolgimento. Sebbene la legge non abbia preso in particolare considerazione quest'aspetto del fenomeno, la dottrina non ha mancato di mettere in evidenza le ragioni per le quali in questi casi il giudizio deve essere «uno ed unico», enucleando la figura che è stata definita «*azione unica plurisoggettiva*» o «*litisconsorzio unitario*».

In taluni casi di litisconsorzio facoltativo, la decisione è necessariamente unica (c.d. *litisconsorzio unitario*).

55. *L'intervento di terzi. a) L'intervento volontario.*

Il fenomeno del litisconsorzio si realizza in concreto all'atto stesso dell'inizio del processo, ogni qual volta, per la consapevolezza della necessità del litisconsorzio, oppure nell'esercizio della facoltà di cui all'art. 103, più parti hanno agito o sono state convenute nello stesso processo.

L'intervento realizza il litisconsorzio dopo l'inizio del processo ...

Può, tuttavia, accadere che l'attuazione del litisconsorzio avvenga in un momento successivo, a processo già instaurato. L'ordine di integrazione del contraddittorio, contemplato nel già visto 2° comma dell'art. 102, ha appunto per oggetto e per scopo una siffatta *attuazione successiva del litisconsorzio.*

In realtà, quest'attuazione successiva del litisconsorzio può verificarsi anche indipendentemente da un ordine di integrazione del contraddittorio, ed indipendentemente anche dalla necessarietà del litisconsorzio. Più precisamente, essa si verifica ogni qual volta uno o più soggetti entrino spontaneamente o vengano fatti entrare non spontaneamente, con una c.d. «chiamata», in un processo già pendente tra

... con l'ingresso spontaneo o coatto di uno o più soggetti (terzi) nel processo in corso.

altre parti. A questo fenomeno si dà il nome di *intervento*, nelle sue due sottospecie di *intervento volontario* e *intervento coatto*.

Considerato per se stesso, l'intervento non è che il *fenomeno di fatto per il quale uno o più soggetti entrano o sono fatti entrare in un processo già in corso*. È insomma un fenomeno che può verificarsi anche indipendentemente dall'esistenza delle ragioni dalle quali l'ordinamento fa dipendere la necessità o la facoltatività del litisconsorzio, e dalle quali, come stiamo per vedere, dipende la stessa ammissibilità dell'intervento. In parole povere, può accadere che in fatto si verifichi un intervento anche quando il codice non lo consente: presso a poco come accade, più in generale, rispetto alla domanda, che può in fatto essere proposta anche da chi non era legittimato o non aveva il potere di proporla e che ciononostante l'ha proposta, dando così vita ad un processo nel quale egli è sicuramente parte (v. retro, § 44). Allo stesso modo, anche colui che interviene nel processo – o vi viene fatto intervenire – senza avere il potere di intervenire, assume, per il solo fatto di essere intervenuto, la qualità di parte. Ma, ferma questa sua qualità, egli dovrà, in seguito, proprio in tale qualità, subire la pronuncia negativa rispetto al potere di intervenire; o potrà ottenere una pronuncia negativa circa il potere di chiamarlo in capo a chi, ciononostante, lo ha chiamato.

Sennonché, non è sotto questo profilo (*di fatto*) che il codice prende in specifica considerazione il fenomeno dell'intervento. Al contrario, e presso a poco come si è visto per il litisconsorzio, esso se ne occupa sotto il diverso profilo dello stabilire in quali casi (e con quali modalità) l'intervento è possibile; ossia sotto il profilo (*di diritto*) del potere di compiere (volontariamente) o di far compiere (coattivamente) l'intervento. Ancora una volta, dunque, sotto il profilo di una legittimazione: *legittimazione ad intervenire* o titolarità dell'azione proponibile mediante intervento; oppure, con riguardo al soggetto passivo, legittimazione a far intervenire o chiamare in giudizio un terzo.

Nello stabilire quando sussiste questa legittimazione, il codice si riferisce separatamente alle due ipotesi della legittimazione ad intervenire spontaneamente o legittimazione attiva ad intervenire (*intervento volontario*) e della legittimazione passiva a subire l'intervento ossia ad essere chiamati nel processo (*intervento coatto*).

La regola generale, che sta alla base di tutta la disciplina dell'intervento, in entrambi i suoi aspetti, sotto il profilo della legittimazione, è facilmente desumibile dal già compiuto rilievo che, attraverso l'intervento, si realizza un litisconsorzio in un processo in corso. E può essere espressa affermando che, quando il litisconsorzio che in tal modo si attua è facoltativo, *la legittimazione all'intervento di un terzo (o alla sua chiamata) si fonda su una connessione oggettiva tra l'azione in corso e quella che il terzo vuol esercitare o che si vuol eserci-*

tare contro di lui. Ed è appena il caso di aggiungere che, qualora con l'intervento si volesse attuare un litisconsorzio necessario, si tratterebbe di una connessione particolarmente qualificata sicché la legittimazione all'intervento (ovviamente implicita nella necessarietà del litisconsorzio) sussisterebbe *a fortiori*.

Ciò premesso, passiamo ad esaminare la disciplina che il codice dedica più particolarmente alle due figure di intervento, incominciando con l'intervento volontario.

Con l'*intervento volontario*, il terzo fa valere un suo diritto connesso per il *petitum* o per la *causa petendi* con l'oggetto del giudizio.

L'art. 105 disciplina l'*intervento volontario* enunciando, anzitutto, nel suo 1° comma, la regola generale per cui la legittimazione all'intervento è fondata sulla *connessione oggettiva*, stabilendo, cioè, che l'intervento spontaneo può avvenire da parte di quel terzo che voglia far valere un diritto che affermi essere oggettivamente connesso con l'oggetto del processo già pendente. «*Ciascuno può intervenire* – recita, infatti, la norma in discorso – *in un processo tra altre persone per far valere, in confronto di tutte le parti o di alcune di esse, un diritto relativo all'oggetto o dipendente dal titolo dedotto nel processo medesimo*». In questa proposizione è palese il riferimento alla connessione per il *petitum* («... *relativo all'oggetto* ...»; ad es., quando Sempronio rivendichi un diritto sulla cosa che costituisce oggetto del processo pendente tra Tizio e Cajo) oppure per la *causa petendi* (... «*o dipendente dal titolo dedotto nel processo* ...»: ad es., Bianco afferma di avere subito un proprio danno – di cui chiede il risarcimento – dal medesimo fatto illecito commesso da Nero a danno di Rosso e per il quale quest'ultimo aveva già instaurato il processo nei confronti di Nero).

Il terzo interviene non perché la sentenza *inter alios* sia a lui opponibile e possa pregiudicarlo *in diritto*, ...

Ebbene, qual è l'interesse che spinge il terzo ad intervenire? Certo, egli non deve temere che la sentenza resa tra le parti già in causa operi contro di lui o limiti la sua libertà d'azione sul piano giuridico. Quella sentenza rimarrebbe *res inter alios acta*, e per ciò inefficace contro di lui, in relazione ai limiti soggettivi del giudicato (v. retro, §§ 27 e 28) e avuto riguardo anche alla regola del contraddittorio e al diritto di difesa (v. retro, § 22).

Se, nel primo esempio di poc'anzi, una sentenza passata in giudicato tra Tizio e Cajo senza la partecipazione di Sempronio dicesse che la cosa è di Cajo, Sempronio potrebbe sempre contestare la proprietà di quest'ultimo agendo contro di lui; oppure se, nell'altro esempio, una sentenza passata in giudicato dicesse che il fatto commesso da Nero non era illecito, nulla impedirebbe a Bianco di chiedere, in altro giudizio contro Nero, il risarcimento dei suoi danni sul presupposto dell'illiceità del medesimo fatto. Sennonché, poiché queste sentenze sono senza dubbio efficaci tra le parti, i terzi non possono non subirne le conseguenze sul piano fattuale: ad es., l'esecuzione della sentenza che ha attribuito la proprietà della cosa a Cajo può mettere quest'ultimo in condizione di aspor-

... ma per i possibili pregiudizi pratici o *di fatto*, che potrebbe subirne.

tare ed occultare la cosa stessa così frustrando l'eventuale azione di Sempronio; e così l'assoluzione di Nero nel giudizio promosso contro di lui da Rosso potrebbe (in via di fatto, anche se non di diritto) influire negativamente sull'esito dell'azione di Bianco contro di lui. È sempre, insomma, possibile e temibile *un pregiudizio pratico* determinato da ragioni diverse dall'estensione degli effetti della sentenza.

D'altra parte, neppure va trascurato il rilievo che il terzo, anche se non intervenisse, potrebbe fruire di un altro particolare rimedio, esperibile contro la sentenza *inter alios*, esecutiva o passata in giudicato, vale a dire l'opposizione di terzo di cui all'art. 404 c.p.c. e che consiste in un rimedio particolarissimo concesso al terzo proprio per impedire il *pregiudizio pratico* che egli subisce, senza dover agire (come pure potrebbe) con azione autonoma (v. vol. II, § 84). Orbene: con l'intervento volontario il terzo può evitare questo pregiudizio operando in un momento ancora anteriore, ossia entrando nel processo *inter alios* prima della pronuncia che potrebbe pregiudicarlo. Perciò si suole dire che in un certo senso l'intervento volontario costituisce un'opposizione di terzo anticipata (v. vol. II, § 84).

L'intervento volontario preso in considerazione in questo 1° comma dell'art. 105 può essere di due tipi: *principale* e *litisconsortile* (o *adesivo autonomo*).

L'intervento volontario è *principale* se il terzo fa valere un diritto incompatibile con quello di tutte le altre parti; …

L'*intervento principale* è quello al quale il codice si riferisce quando prospetta l'ipotesi che il terzo faccia valere il suo diritto (affermato) «*in confronto di tutte le parti …*» (o, come si suol dire, *ad excludendum* o *ad infringendum jura utriusque litigatoris*). In questo caso il terzo assume una posizione autonoma rispetto, appunto, a tutte le parti, nel senso che fa valere un diritto *incompatibile* con quelli fatti valere da ciascuna delle altre parti. Ad es., Sempronio sostiene di essere proprietario della cosa, la cui proprietà viene disputata tra Tizio e Cajo.

… è *litisconsortile o adesivo autonomo* se il terzo fa valere il suo diritto solo contro alcune delle parti; …

L'*intervento litisconsortile* o *adesivo autonomo* è quello al quale il codice si riferisce quando prospetta l'ipotesi che il terzo faccia valere il suo diritto «... *in confronto di alcune di esse* (parti)». In questo caso il terzo assume una posizione autonoma soltanto nei confronti di una o di alcune delle parti: per es., il condomino Tizio ha proposto un'azione *negatoria servitutis* rispetto ad una parte comune del condominio, nei confronti di Cajo; Sempronio, altro condomino, ha interesse (ed è legittimato) ad intervenire per far valere il suo diritto, identico a quello di Tizio, contro Cajo.

… è *adesivo dipendente* se il terzo non fa valere un diritto proprio, ma si limita …

Infine, nel 2° comma del medesimo art. 105 è disciplinato un terzo tipo di intervento volontario: l'*intervento adesivo dipendente*. «Può altresì intervenire – recita questo 2° comma – *per sostenere le ragioni di alcuna delle parti, quando vi ha un proprio interesse*». Questo tipo di intervento è caratterizzato dal fatto che l'*interveniente adesivo non*

... ad appoggiare quello di una delle parti.

fa valere (come nei due tipi di intervento veduti sopra) *un proprio diritto*, ma si limita a *sostenere le ragioni di una delle parti*, ossia assume una posizione che è subordinata a questa parte, e si sostanzia in una semplice adesione alla domanda di questa stessa parte, di cui il terzo auspica e cerca di favorire la vittoria.

Così, ad es., nella causa che il locatore abbia promosso contro il conduttore per ottenere lo sfratto, il subconduttore avrà interesse a sostenere le ragioni del conduttore contro il locatore, giacché i suoi diritti dipendono dalla posizione del conduttore.

Poiché l'interveniente adesivo dipendente non fa valere un diritto proprio, in quanto, pur proponendo una domanda propria, si limita, con essa, a chiedere l'accoglimento di una domanda altrui, sorge il dubbio se egli eserciti un'azione, ed in particolare se e dove si possa rinvenire il suo interesse ad agire. Probabilmente, l'interesse al quale il codice si riferisce con le parole «... *quando vi ha un proprio interesse*», non è l'interesse ad agire nel senso tecnico di affermazione di un diritto proprio ed eventualmente di una sua lesione, ma è semplicemente l'espressione della generica aspettativa di un vantaggio che il terzo può ripromettersi dall'accoglimento della domanda della parte adiuvata; vantaggio certamente riconducibile ad una posizione di diritto sostanziale del terzo, ma, appunto per ciò, non autonomo, e rilevante solo per il suo collegamento con la posizione della parte adiuvata. Se questo è vero, se ne può desumere che proprio nell'esplicita configurazione della legittimazione, compiuta dalla norma in esame, sta l'attribuzione della titolarità di un'azione *sui generis*, perché secondaria o subordinata, nel senso che è fondata su un interesse ad agire caratterizzato dal suo riferimento ad un diritto altrui, come posizione di vantaggio riflesso sul piano sostanziale. È insomma questa posizione non autonoma ma riflessa che, dalla norma in esame, viene elevata ad interesse ad agire e posta a fondamento di questa legittimazione secondaria.

Circa le modalità con le quali si attua l'intervento volontario, dispongono gli artt. 267 e 268, che appartengono alla disciplina del processo di cognizione, e che verranno esaminati a suo tempo (vol. II, § 23).

56. *Segue. b) L'intervento coatto a istanza di parte.*

L'intervento è coatto, quando il terzo è convenuto ...

Abbiamo già visto che l'*intervento coatto*, mentre ha in comune con quello *volontario* l'ingresso successivo di un terzo nel processo, differisce da quest'ultimo in quanto non avviene spontaneamente, ma attraverso il meccanismo della citazione in giudizio. Non si tratta di una coazione fisica e neppure giuridica; si tratta solo di quella medesima situazione che caratterizza la non spontaneità della partecipazione del convenuto al processo; in realtà, l'interveniente coatto entra nel processo in quanto *convenuto* nel giudizio già in corso tra altri soggetti; e, naturalmente, convenuto da uno di questi soggetti (per mezzo di un atto di citazione, che in questo caso realizza una chiamata in giudizio: artt. 269 e 270; v. vol. II, § 23) anche nell'ipotesi in cui la chiamata avvenisse, come stiamo per vedere, a seguito di un ordine del giudice. E, proprio come un convenuto, il terzo interveniente coatto, assume, per il solo fatto che è stato chiamato, la qualità di parte, ciò che è sufficiente perché la pronuncia avvenga nei suoi confronti, restando egli libero di partecipare attivamente al processo o di rimanere contumace (v. retro, § 23).

... o chiamato nel processo in corso.

Il codice disciplina distintamente le due diverse figure di intervento coatto; quello *ad istanza di parte* e quello *per ordine del giudice.*

L'*intervento coatto a istanza di parte* è disciplinato dall'art. 106, ove si dispone che «*ciascuna parte può chiamare nel processo un terzo al quale ritiene comune la causa o dal quale pretende essere garantita*». Come si vede, anche in questo caso il codice prende in considerazione il fenomeno sotto il profilo della legittimazione a chiamare in causa un terzo, trascurando il fenomeno per il quale, *in linea di fatto*, nessuno può impedire ad una parte di chiamare in causa un terzo anche quando non sussistano le ragioni che fondano la legittimazione alla chiamata del terzo. In quest'ipotesi, il terzo – che, per il solo fatto di essere stato chiamato, ha assunto la qualità di parte – potrà, in tale veste, dimostrare di essere stato chiamato senza fondamento ed ottenere una pronuncia in tal senso.

L'intervento coatto è *a istanza di parte* se il terzo è chiamato da una delle parti ...

Quanto alle ragioni che fondano la legittimazione a chiamare il terzo, esse si riconducono ancora una volta alla *connessione oggettiva*, come ben risulta dal testo della norma in esame là dove, con riferimento al terzo, dice: «... *al quale* (colui che chiama) *ritiene comune la causa o dal quale pretende essere garantito*».

... per comunione di causa o per garanzia ...

Da un lato, infatti, è chiaro che la ragione per la quale una causa può essere comune ad un terzo, pur nella genericità di quest'espressione, deve essere, almeno in linea di massima, ricondotta alla connessione oggettiva, mentre, dall'altro lato, la garanzia non è che un particolare aspetto della connessione oggettiva, di cui abbiamo già avuto occasione di occuparci (§ 40 in fine) sotto il profilo delle eventuali possibilità di modificazione della competenza: un aspetto qualificato dal carattere subordinato del rapporto tra il garante e il garantito rispetto a quello principale.

In realtà, le ragioni che legittimano una parte a chiamare in causa un terzo sono le stesse ragioni che legittimano il terzo all'intervento spontaneo in una delle sue tre forme, già viste nel § precedente. Così, nell'esempio di *intervento principale* compiuto nel § precedente, il terzo che potrebbe intervenire in via principale per rivendicare la proprietà della cosa di cui le altre due parti si contendono la proprie-

... ossia per le stesse ragioni che legittimerebbero il terzo all'intervento volontario.

tà, ben potrebbe essere chiamato in giudizio da una di queste due parti per contestare le sue pretese (c.d. *chiamata del terzo pretendente*). E così pure il terzo condomino che, nell'esempio di *intervento litisconsortile*, pure compiuto nel § precedente, avrebbe potuto intervenire per far valere il suo diritto identico a quello dell'altro condomino in un'*actio negatoria servitutis*, ben potrebbe essere chiamato a partecipare al giudizio dall'una o dall'altra parte.

Non molto dissimile il caso (c.d. *laudatio auctoris*) che si verifica quando il convenuto nega di essere il vero soggetto passivo del rapporto, ad es. il debitore, indicando un terzo come il vero debitore: l'una e l'altra parte possono avere interesse a chiamare in causa questo terzo, il quale, d'altronde, ben avrebbe potuto intervenire spontaneamente.

E così, infine, anche nei casi nei quali il terzo, trovandosi nella situazione di dover subire gli effetti della sentenza, avrebbe potuto proporre l'*intervento adesivo dipendente*. Ad es., nella causa di sfratto tra il locatore e il conduttore, ciascuna di queste due parti potrà avere interesse a chiamare il subconduttore, perché sia dichiarata in contraddittorio con lui l'opponibilità ad esso della sentenza. Tra questi casi rientrano anche quelli della garanzia, compresi quelli, di cui abbiamo parlato al § 40 in fine, caratterizzati dalla configurazione di un onere di chiamata in garanzia, come, ad es., nel caso della garanzia per evizione, di cui all'art. 1485 c.c.

Lo scopo che si propone la parte che chiama il terzo è quello di ottenere che la sentenza ...

Più precisamente, le ragioni pratiche che possono indurre l'una o l'altra parte a chiamare in causa il terzo che, pur potendo intervenire, non è intervenuto, appaiono particolarmente evidenti quando si tenga presente che *la chiamata del terzo con la conseguente acquisizione della qualità di parte in capo a quest'ultimo consente che il provvedimento che chiuderà il processo sia efficace anche contro il terzo* (abbia o non abbia, questo, partecipato attivamente al processo) nei cui confronti può essere proposta una domanda quanto meno di accertamento. In sostanza, chiamando il terzo, lo si mette al corrente della pendenza del processo, lo si provoca a proporre le eventuali domande che ritenesse di poter proporre, lo si può fare destinatario di altre domande (anche ad opera delle parti che non l'hanno chiamato), specie quelle subordinate all'accoglimento della domanda principale (come accade nella chiamata in garanzia) e comunque lo si pone, in quanto parte, nella condizione di dover subire l'efficacia della sentenza che verrà pronunciata.

... sia efficace anche contro di lui per prevenirne le pretese o per l'immediata rivalsa in caso di soccombenza.

Di regola questi ultimi effetti non si verificano nei casi di semplice denuncia della lite, prevista da alcune specifiche disposizioni di legge per mettere il terzo in condizioni di poter intervenire (v., ad es., l'art. 1586 c.c., l'art. 1777, 2° comma, c.c., l'art. 719, 2° comma, c.p.c. e l'art. 289 del D.Lgs. 209/2005).

57. *Segue. c) L'intervento coatto per ordine del giudice.*

L'*intervento coatto per ordine del giudice* è disciplinato, invece, dall'art. 107, ove si dispone che «*il giudice, quando ritiene opportuno che il processo si svolga in confronto di un terzo al quale la causa è comune, ne ordina l'intervento*».

L'intervento coatto può essere *ordinato dal giudice*, se ritiene la causa comune al terzo.

In primo luogo, va tenuto presente che neppure in questo caso esiste alcuna coazione, se non nel significato relativo che consegue al fatto che il terzo – per effetto dell'ordine del giudice – subisce una chiamata a mezzo di citazione, rispetto alla quale chiamata si viene a trovare in una posizione analoga a quella del convenuto.

In realtà, contrariamente a quanto parrebbe potersi desumere dall'espressione «intervento per ordine del giudice», *il terzo non viene affatto chiamato direttamente dall'ordine del giudice, ma, ancora una volta, da una delle due parti che lo chiama in giudizio proponendo una domanda nei suoi confronti*, esattamente come nel caso precedente. La sola differenza sta nel fatto che, mentre nella chiamata ad istanza di parte l'iniziativa al riguardo è della parte, nella chiamata per ordine del giudice, l'iniziativa è del giudice, il quale dichiara – questa è la sostanza del suo c.d. ordine – che non giudicherà se non nei confronti anche del terzo.

L'ordine non è rivolto al terzo, ma alle parti e ha per oggetto la chiamata del terzo con citazione.

Destinatario dell'ordine, dunque, non è il terzo – che, non essendo parte nel giudizio, non si vede come potrebbe esserlo – ma le parti già presenti nel processo, e che il giudice, col suo ordine, praticamente grava dell'onere di chiamare in causa il terzo. Che si tratti di un onere è reso palese dall'art. 270 (v. vol. II, § 23), ove, con la disciplina delle modalità della chiamata in argomento, si precisano le conseguenze dell'eventuale mancata attuazione dell'ordine del giudice: la cancellazione della causa dal ruolo e, quindi, l'estinzione del processo (v. vol. II, § 64). Il che rende evidente che, sebbene l'onere della chiamata gravi su entrambe le parti, in pratica l'ordine verrà ottemperato dalla parte che ha interesse alla prosecuzione del giudizio – la c.d. parte più diligente –, che di regola è, per ovvie ragioni, l'attore, ma che potrebbe anche essere il convenuto.

Quali sono le ragioni in base alle quali il giudice ordina la chiamata del terzo?

Anzitutto, va tenuto ben presente che non si tratta delle ragioni che fondano il litisconsorzio necessario, perché in tal caso non vi sarebbe bisogno dell'ordine del giudice; il quale semmai – ossia, se riscontrasse che il terzo, contraddittore necessario, non è stato chiamato – dovrebbe ordinare l'integrazione del contraddittorio, ai termini dell'art. 102, 2° comma. Quest'ultimo ordine è ben diverso da quello di chiamata di cui ora si tratta. Diverso sul piano formale, perché l'ordine di cui all'art. 102 implica una forma di decisione della causa, in quanto, ove non ottemperato, dà luogo senz'altro all'*estinzione per inattività* (art. 307, 3° comma; vol. II, § 64), mentre quello dell'art. 107, ove non ottemperato, dà luogo *alla cancellazione della*

Le ragioni dell'ordine sono ancora quelle che legittimerebbero l'intervento volontario.

causa dal ruolo (art. 270, 2° comma), che è solo una prima tappa verso l'estinzione (art. 307, 1° comma; vol. II, § 64).

In realtà, *mentre nel caso dell'art. 102 la necessarietà del litisconsorzio deriva senz'altro dalla legge ed è quindi il presupposto o la causa dell'ordine del giudice; nel caso dell'art. 107, la necessità del litisconsorzio è soltanto la conseguenza dell'ordine del giudice*, poiché prima di tale ordine non sussisteva affatto, o meglio esisteva soltanto una facoltà di litisconsorzio che il giudice esercita discrezionalmente a fronte della legittima alternativa di lasciare la posizione del terzo ad un eventuale altro giudizio.

Precisato ciò, non resta che da prendere atto che la formula della quale si serve il codice per indicare il requisito in presenza del quale il giudice può passare a compiere la valutazione di opportunità dell'ordine *de quo*, è esattamente quella stessa – ossia la *comunanza della lite* – nella quale l'art. 106, come abbiamo visto, indica il punto di riferimento della legittimazione all'intervento a istanza di parte. Il che, se da un lato, trattandosi di formula generica ed empirica, non implica necessariamente una perfetta coincidenza tra i casi che fondano la legittimazione all'intervento a istanza di parte e i casi che fondano la valutazione di opportunità da parte del giudice nell'ordinare la chiamata del terzo, dall'altro lato, suggerisce una coincidenza tendenziale che lascia margine per valutazioni diverse con riguardo alla diversità delle situazioni, fino alla mera opportunità. Occorre, d'altra parte, prendere atto che il legislatore ha accettato – per l'esigenza di evitare possibili contrasti di giudicati e per l'economia dei giudizi – di inserire nella disciplina dell'istituto una certa compressione del principio della domanda e del principio dispositivo.

Avuto riguardo all'elasticità della formula utilizzata dall'art. 107 («*comunanza della lite*»), la giurisprudenza suole, da un lato, consentire l'intervento *jussu judicis* in pressoché tutte le situazioni nelle quali sussiste la legittimazione all'intervento volontario, e, dall'altro lato, qualificare come discrezionale la valutazione di opportunità che compie il giudice al riguardo, desumendone l'insindacabilità in cassazione.

Quanto al momento in cui il giudice può pronunciare l'ordine di cui trattasi, l'art. 270 è esplicito nell'affermare che ciò può avvenire «in ogni momento».

58. *L'estromissione del garantito e dell'obbligato.*

L'*estromissione* è l'uscita di una parte dal processo e presuppone un provvedimento impugnabile del giudice.

Sotto il profilo concettuale, l'*estromissione* è il fenomeno inverso a quello dell'intervento, in quanto si sostanzia nell'uscita dal processo di una parte, sia questa una parte originaria o un soggetto intervenuto o chiamato. Questa uscita si verifica per effetto di un provvedimento del giudice, che riscontra il difetto dei presupposti sui quali si fonda la presenza in giudizio della parte estromessa o il difetto di qualsiasi domanda di essa o contro di essa: di solito, il difetto di legittimazione, originario o sopravvenuto.

In concreto, peraltro, l'ammissibilità in via generale di questa figura è alquanto discutibile, poiché se, da un lato, l'estromissione è pronunciata con sentenza, difficilmente si distingue da una pronuncia assolutoria sul merito, oppure, come si suol dire, assolutoria dall'osservanza del giudizio (tipico il caso in cui la sentenza dà atto che il soggetto passivo del rapporto non è quel dato soggetto in causa ma un altro, che può essere, come anche non essere, in causa: c.d. *laudatio auctoris*); dall'altro lato, se è pronunciata con ordinanza nel corso del giudizio, è quanto meno dubbio che essa realizzi un'autentica uscita dal processo, poiché si deve ritenere che l'emananda successiva sentenza produca effetti anche nei confronti dell'estromesso.

Non è disciplinata dal codice in via generale, ma solo in due specifiche figure:

Questa efficacia della sentenza anche nei confronti dell'estromesso è comunque contemplata espressamente o implicitamente nelle due figure particolari di estromissione che la legge – che non disciplina l'istituto in via generale – contempla rispettivamente negli artt. 108 e 109 (oltre che in quella prevista dall'art. 111, di cui si parlerà nel prossimo §).

a) quella del garantito;

La prima di queste figure, disciplinata dall'art. 108, concerne *il garantito* e si riferisce all'ipotesi che il garante compaia e accetti di assumere la causa in luogo del garantito. Per quest'ipotesi, il codice dispone che il garantito può essere estromesso con ordinanza, ma a condizione che le altre parti non si oppongano, e fermo rimanendo che la sentenza di merito spiegherà i suoi effetti anche nei confronti dell'estromesso.

b) quella dell'obbligato.

L'altra figura di estromissione – prevista dall'art. 109 – concerne *l'obbligato*, il quale non contesta la sua obbligazione a favore di quella parte che sarà riconosciuta creditrice e che peraltro non è ancora individuata poiché sussiste contestazione su questo punto. Per quest'ipotesi, il codice dispone che, se l'obbligato si dichiara pronto ad eseguire la prestazione a favore di chi ne ha diritto, il giudice può ordinare il deposito della cosa o della somma dovuta e, dopo il deposito, può estromettere l'obbligato dal processo. Anche in questo caso – e sebbene la questione sia controversa – si deve ritenere che l'estromissione non sottragga l'obbligato all'efficacia della sentenza.

59. *La successione nel processo e la successione a titolo particolare nel diritto controverso.*

Tra i fenomeni che implicano mutamenti nella posizione delle parti nel corso del processo rientra il fenomeno successorio nel suo duplice aspetto di *successione a titolo universale* e di *successione a titolo particolare.*

Nel campo sostanziale, *la successione a titolo universale* si verifica, come è noto, solo per causa di morte o di eventi ad essa assimilabili, come, ad es., in alcuni casi di estinzione della persona giuridica. Con riguardo al processo, si pone il problema delle conseguenze su di esso di questi eventi. In altri termini: che cosa accade se, durante la pendenza del processo, si apre una successione universale per la morte di una parte persona fisica o, se si tratta di persona giuridica o altro ente, per il suo «venir meno»?

La morte della parte persona fisica e l'estinzione della parte persona giuridica ...

Va premesso che in alcuni casi la morte della persona fisica può far cessare la stessa ragion d'essere della causa, così determinando la c.d. *cessazione della materia del contendere*, come, ad es., nel caso della morte di un coniuge nel giudizio di separazione personale.

D'altra parte, con riguardo all'estinzione delle persone giuridiche, ed in particolare delle società, va tenuto presente che non sempre questo fenomeno dà luogo al «*venir meno*» della parte di cui all'art. 110; ciò non avviene nel caso della fusione e dell'incorporazione – per le società di capitali: v. l'art. 2504 bis, 1° comma, c.c., che parla di «prosecuzione in tutti i loro rapporti anche processuali» –, e sicuramente non avviene nel caso del semplice mutamento della forma giuridica e tanto meno del mutamento della sola ragione sociale.

... danno luogo ad un fenomeno di *successione universale.*

Premesso ciò, la risposta è semplice ed è implicita nella stessa nozione di successione a titolo universale. Se successione a titolo universale significa subingresso in *universum ius*, ossia in tutti i diritti (esclusi solo quelli non trasferibili) che appartenevano al soggetto defunto o estinto; e se, d'altra parte, la posizione del soggetto nel processo ha una sua propria ed autonoma consistenza giuridica, se ne deve desumere che anche in quest'autonoma posizione giuridica processuale deve verificarsi un subingresso. Ma – si noti – non nella titolarità del diritto sostanziale, che è ancora in discussione, bensì nella sola posizione processuale con le aspettative di pronuncia favorevole che essa comporta.

A questo riguardo, gli ampî svolgimenti che abbiamo compiuto, nel cap. 2°, intorno al processo come autonoma serie di situazioni giuridiche in evoluzione, rendono facilmente comprensibile come sia possibile succedere proprio nella titolarità di questa serie di situazioni in evoluzione, il che è quanto dire *succedere nel processo.*

E così, infatti, dispone l'art. 110: «*quando la parte vien meno per morte o per altra causa, il processo è proseguito dal successore universale o in suo confronto*». In realtà, dicendo che il processo è proseguito dal successore o in suo confronto, il codice non fa altro che prendere atto che il successore universale, così come subentra in tutti i diritti del soggetto estinto, subentra anche nella sua posizione processuale considerata complessivamente. Ne deriva che il successore avrà nel processo esattamente gli stessi poteri e oneri che aveva il suo dante causa e non potrà proporre domande nuove, né istanze istruttorie già precluse al suo dante causa.

Il successore non entra nel processo automaticamente, ma, dopo un'eventuale fase di interruzione del processo, ...

Fermo questo primo e fondamentale effetto della successione, è già problema diverso il vedere *come, in concreto, si verifica il subingresso del successore.* Ed a questo riguardo va posto in rilievo che il codice ha opportunamente evitato di attribuire alla successione nel processo la conseguenza di un automatico inserimento del successore nel processo, con tutti i poteri e gli oneri proprî della parte: questa soluzione avrebbe, infatti, pregiudicato il successore che si sarebbe potuto venire a trovare improvvisamente (e magari senza neppure saperlo) nel vivo di una complessa situazione processuale che può esigere rapidità di decisione in base ad elementi dei quali, d'altra parte, il successore può essere all'oscuro.

Questo non automatismo del subingresso traspare già dalla formulazione della norma in esame, ove si dice che il processo *è proseguito* – attraverso, dunque, un'autonoma iniziativa atta a realizzare il subingresso – dal successore o nei suoi confronti.

Quale sia e come debba attuarsi questa autonoma iniziativa, il codice precisa non in questa sede di disciplina della nozione generale della successione nel processo, ma in quella della disciplina specifica del processo di cognizione, ed in particolare di quell'istituto – l'interruzione del processo – che il codice configura come prima conseguenza (talora addirittura automatica) della morte della parte o della sua estinzione (artt. 299 e ss. c.p.c.). Si tratta di un arresto del corso del processo e dei relativi termini (v. vol. II, § 63).

... su iniziativa della parte interessata alla prosecuzione.

L'iniziativa alla quale poc'anzi si accennava – la c.d. *riassunzione* (se compiuta dall'altra parte nei confronti del successore) o la *spontanea costituzione* (se compiuta dal successore) – darà, poi, termine all'interruzione o, se compiuta immediatamente, potrà talora addirittura evitarla.

L'art. 2495 c.c. e l'estinzione delle società nella giurisprudenza della Cassazione.

Per le società di capitali l'estinzione si verifica (in forza dell'art. 2495, 3° comma, c.c.) al momento della cancellazione della società dal registro delle imprese. Ma le Sezioni unite hanno ritenuto l'art. 2495 c.c. applicabile anche alle *società di persone*, sulla base di una lettura costituzionalmente orientata di questa norma (Cass. sez. un. 22 febbraio 2010 n. 4060, n. 4061 e n. 4062). Sempre le Sezioni unite, con le sentt. 12 marzo 2013 n. 6070, n. 6071 e n. 6072, hanno affermato che, per effetto dell'estinzione della società, si determina un fenomeno di tipo successorio, in virtù del quale le obbligazioni si trasferiscono ai soci, che ne rispondono nei limiti di quanto riscosso a seguito della liquidazione o illimitatamente, a seconda che fossero o meno illimitatamente responsabili per i debiti sociali, quando era in vita la società. Con la conseguenza che il processo pendente deve essere interrotto, ai sensi degli artt. 299 e ss. c.p.c. (su cui v. il § 63 del vol. II), e riassunto nei confronti degli ex soci, sempre che non ci sia la loro spontanea costituzione.

La successione a titolo particolare consegue al trasferimento del diritto controverso.

Per quanto riguarda la *successione a titolo particolare*, essa consegue al trasferimento di un determinato specifico diritto, e può verificarsi sia per atto tra vivi (ad es., per l'alienazione di una determinata cosa o il trasferimento negoziale di un determinato diritto o di un complesso di diritti) e sia per causa di morte (legato). Nel processo, il fenomeno della successione a titolo particolare viene in rilievo quando gli eventi suddetti (alienazione, trasferimento, legato), verificandosi nella pendenza del processo, concernono il diritto che costituisce oggetto del processo. Perciò, si parla di *successione a titolo particolare nel diritto controverso* e così è appunto rubricato l'art. 111 dedicato dal codice a questo tema. Ed è appena il caso di precisare che con l'espressione «*diritto controverso*» il codice si riferisce qui al diritto sostanziale su cui si svolge il giudizio, e che non cessa di essere «diritto» anche se «controverso».

In caso di trasferimento per atto tra vivi …

Venendo alla disciplina che il codice detta per quest'istituto, ed in primo luogo alla successione a titolo particolare *per atto tra vivi* (che è contemplata nel 1° comma della norma in esame), va ancora premesso che, se il legislatore avesse applicato i medesimi principî ai quali si è ispirato nel disciplinare la successione nel processo; se cioè avesse disposto che al trasferimento del diritto controverso a titolo particolare consegue – automaticamente o meno – la successione nel processo, ciò avrebbe presentato l'inconveniente di metter ciascuna delle parti in condizione di poter costringere l'altra parte a subire il cambiamento del suo contraddittore, il quale potrebbe anche essere persona non idonea a far fronte alle responsabilità conseguenti all'esito del giudizio.

A questo possibile inconveniente i Romani (almeno in una determinata fase della loro evoluzione giuridica) ovviavano in maniera assai drastica, ossia col divieto di alienazione della *res litigiosa*. Ma è chiaro che questa soluzione non si concilia con le esigenze di snellezza nel trasferimento dei beni e dei diritti che caratterizzano la moderna economia.

Non restava allora che la soluzione (che il codice ha appunto prescelto) di consentire l'alienazione, rendendola, tuttavia, inopponibile all'altra parte, ossia praticamente inefficace nel processo, salvo l'eventuale consenso dell'altra parte al mutamento del contraddittore. Pertanto, la norma in esame dispone che, nel caso di successione a titolo particolare per atto tra vivi, «*il processo prosegue tra le parti originarie*», il che vuol dire che nel processo resta l'*alienante*, il quale, d'altra parte, non è più titolare (affermato o sperato) del diritto controverso, tale, invece, essendo divenuto l'acquirente. Considerato

… il processo prosegue tra le parti originarie (art. 111 c.p.c.).

nella sua genericità, il fenomeno mette in evidenza che l'alienante agisce (o resiste) in giudizio per far valere un diritto che non è più suo, con la conseguenza che siamo di fronte ad una eccezione alla regola della legittimazione ad agire, ossia ad uno di quei casi di *legittimazione straordinaria* che avevamo già preso in considerazione al § 13 in fine, come casi di *sostituzione processuale*, espressamente fatti salvi dall'art. 81.

Se, tuttavia, si tiene presente che non sempre la successione viene fatta risultare nel processo e che, d'altra parte, anche quando viene fatta risultare, non sempre il dante causa afferma di far valere un diritto altrui, la riconducibilità del fenomeno alla sostituzione processuale diviene difficilmente accettabile se non con una portata approssimativa.

In caso di trasferimento a causa di morte, il processo è proseguito dall'erede o nei suoi confronti.

Non dissimile da quella ora vista è poi la disciplina che il 2° comma della norma in esame detta per il caso di successione a titolo particolare per causa di morte, stabilendo che «*se il trasferimento a titolo particolare avviene a causa di morte, il processo è proseguito dal successore universale o in suo confronto*». Si noti: dal successore *universale* (l'erede), e non da quello particolare (il legatario), il quale ultimo si verrà a trovare nella medesima situazione nella quale si trova l'acquirente nel caso della successione particolare per atto tra vivi; mentre il successore universale – al pari dell'alienante nel caso suddetto – si troverà ad agire (o resistere) in giudizio per far valere un diritto non suo: sarà, insomma, come l'alienante, un *sostituto processuale* (nel senso approssimativo visto poc'anzi).

La sola differenza, rispetto alla disciplina contenuta nel comma precedente per la successione per atto tra vivi, sta nel fatto che il criterio della prosecuzione del processo tra le parti originarie deve adeguarsi al dato di fatto che, qui, una delle parti originarie è venuta definitivamente a mancare, col conseguente trasferimento di tutti i suoi rapporti giuridici in capo – appunto – al successore universale.

Il successore a titolo particolare può intervenire nel processo e il sostituto può essere estromesso (art. 111, 3° comma, c.p.c.).

Il 3° comma dell'art. 111 prevede poi l'ipotesi che il nuovo titolare del diritto (ossia il successore a titolo particolare, sia per atto tra vivi e sia per causa di morte) – che è in definitiva il vero interessato – possa intervenire nel giudizio con l'ulteriore conseguenza che, quando si verifica quest'eventualità, il sostituto processuale (ossia l'alienante o, rispettivamente, il successore a titolo universale) possa venire estromesso. È questa – come si vede – un'ulteriore figura particolare di estromissione, prevista dal codice in aggiunta a quelle, già viste, di cui agli artt. 108 e 109. Né va trascurato che questa possibilità non è in contrasto con l'esigenza, rilevata poc'anzi, di evitare che l'altra parte si veda mutato il contraddittore senza il suo consenso. Ne è prova il fatto che è per l'appunto richiesto il consenso dell'altra parte.

La sentenza ha comunque effetto anche nei confronti del successore a titolo particolare, ...

In ogni caso – e cioè anche se il successore a titolo particolare non è intervenuto – la sentenza pronunciata contro l'alienante o il successore universale «*spiega sempre i suoi effetti anche contro il successore a titolo particolare ed è impugnabile anche da lui, salve le norme sull'acquisto in buona fede dei terzi e sulla trascrizione*». Così dispone il 4° comma dell'articolo in csame, con un enunciato di notevole importanza sistematica con riguardo all'ambito soggettivo di efficacia della sentenza, quale risulta dall'art. 2909 c.c. Da questa disposizione emerge pure che, se l'acquirente non intervenuto ha acquistato in buona fede una cosa mobile (art. 1153 c.c.) o ha trascritto l'atto di acquisto di un immobile prima della trascrizione della domanda (o della sentenza, se la domanda non è stata trascritta), il suo acquisto non può essere compromesso dall'eventuale soccombenza dell'alienante.

... salve le norme sull'acquisto in buona fede ...

... e sulla trascrizione (art. 111, 4° comma).

Infine, si ritiene che la legittimazione ad impugnare la sentenza (e a divenire destinatario dell'impugnazione) del successore a titolo particolare nel diritto controverso sussista, in quanto parte sostanziale del processo, indipendentemente dall'aver egli partecipato alla precedente fase del giudizio.

Bibliografia di orientamento

G. CHIOVENDA, *Sul litisconsorzio necessario*, in *Saggi di diritto processuale civile*, rist., II, Milano, 1992; E. REDENTI, *Il giudizio civile con pluralità di parti*, 1911, ma ristampa, Milano, 1960; A. PROTO PISANI, *Litisconsorzio necessario e diritti anteriormente quesiti*, in *Riv. dir. proc.*, 1966; G. COSTANTINO, *Contributo allo studio del litisconsorzio necessario*, Napoli, 1979; S. MENCHINI, *Il processo litisconsortile*, I, Milano, 1993; G. TARZIA, *Il litisconsorzio facoltativo nel processo di primo grado*, Milano, 1972; G. FABBRINI, *Contributo alla teoria dell'intervento adesivo*, Milano, 1964; B. GAMBINERI, *Le obbligazioni solidali ad interesse comune. Profili sostanziali e processuali*, Milano, 2012; L. BACCAGLINI, *Il processo sulle obbligazioni solidali «paritarie» e l'azione di regresso*, Padova, 2015; U. COREA, *Processo civile e obbligazioni solidali*, Pisa, 2018; G. MONTELEONE, *Intervento in causa*, in *Novissimo Dig. it.* (Appendice), IV, Torino, 1983; C. CAVALLINI, *I poteri dell'interventore principale nel processo di cognizione*, Padova, 1998; A. CHIZZINI, *L'intervento adesivo*, I, *Premesse generali*, Padova, 1991; S. MENCHINI, *Chiamata in garanzia (dir. proc. civ.)*, in *Diritto on line Treccani*, 2017; N. TROCKER, *L'intervento per ordine del giudice*, Milano, 1984; F. TOMMASEO, *L'estromissione di una parte dal giudizio*, Milano, 1975; F. TOMMASEO, *Estromissione della parte dal processo*, in *Enc. Giur. Treccani*, XII, Roma, 1989; N. PICARDI, *La successione processuale*, Milano, 1964; R. MARENGO, *Successione nel processo*, in *Enciclopedia del diritto*, XLIII, Milano, 1990; C.M. DE MARINI, *La successione nel diritto con-

troverso, Roma, 1953; D. DALFINO, *La successione tra enti nel processo*, Torino, 2002; P. WIDMANN, *La successione a titolo particolare nel diritto controverso*, Trento, 2015; D. DALFINO, *La cancellazione della società dal registro delle imprese. Profili processuali*, Torino, 2017; O. DESIATO, *Fusione di società e processo civile*, Napoli, 2017.

CAPITOLO IX
IL PUBBLICO MINISTERO

60. *La funzione del P.M. e la sua posizione nell'ambito dell'ordinamento giudiziario.*

L'esame della disciplina dedicata ai soggetti che operano nel processo va completata con riguardo al *Pubblico Ministero*.

Abbiamo già visto, al § 21, che la funzione del P.M. è quella di un autentico espediente del quale l'ordinamento si serve per poter utilizzare la tecnica di un processo interamente imperniata sulle iniziative delle parti, in funzione della tutela dei diritti che l'ordinamento ritiene di dover sottrarre alla disponibilità dei loro titolari, in relazione all'interesse di natura pubblica che l'ordinamento attribuisce loro. Un soggetto appositamente creato per poter operare, a tutela di diritti e interessi rilevanti sul piano pubblicistico, con i poteri e le altre situazioni proprie delle parti, in un processo imperniato sulle iniziative delle parti.

Il P.M. è tecnicamente una parte e funzionalmente un interprete degli interessi pubblici ...

Questa doppia anima – se così si può dire – del P.M., che è tecnicamente una parte e funzionalmente un interprete degli interessi pubblici, emerge anche dal modo col quale esso è inserito nell'ordinamento giudiziario: le persone che ricoprono l'ufficio del P.M. sono, infatti, dei magistrati ancorché inquadrati in ruoli particolari; essi costituiscono quella che si suole chiamare la magistratura requirente, contrapposta alla magistratura giudicante. L'art. 73 dell'ordinamento giudiziario (R.D. 12/1941) indica genericamente le attribuzioni del P.M. nel vegliare «all'osservanza delle leggi, alla pronta e regolare amministrazione della giustizia, alla tutela dei diritti dello Stato, delle persone giuridiche e degli incapaci», oltre che – con particolare riguardo al settore penalistico – nel promuovere «la repressione dei reati e l'applicazione delle misure di sicurezza».

Il P.M. ha, dunque, il compito di portare nel processo, operandovi come una parte, l'espressione degli interessi obiettivi dell'ordinamento. Ma, dell'intero ordinamento statale, e non di una sola delle sue branche, quale sarebbe, ad es., la Pubblica Amministrazione o, più in generale, il potere esecutivo. La sua azione si svolge col preciso scopo di promuovere e controllare la tutela giurisdizionale, ogni qual volta vengono in rilievo interessi pubblici, nell'ambito dell'amministrazione della giustizia.

... nell'ambito dell'amministrazione della giustizia.

61. *Il P.M. attore, interveniente necessario, interveniente facoltativo.*

La legge configura tre possibili ruoli del P.M. nel processo civile:

Rimane ora da vedere quali siano le strutture con le quali in concreto la legge configura l'istituto del P.M. per l'assolvimento delle sue funzioni. Tali strutture consentono di individuare tre distinte posizioni o figure che il P.M. può assumere nel processo, a seconda che sia più o meno intenso il rilievo dell'interesse pubblico nelle diverse situazioni sostanziali che costituiscono oggetto del processo.

1. *il P.M. che esercita l'azione* nei casi stabiliti dalla legge (art. 69 c.p.c.) ...

La prima di queste posizioni – che l'ordinamento configura per le situazioni sostanziali caratterizzate dal massimo grado di intensità dell'interesse pubblico – è quella che il P.M. assume quando, secondo il dettato dell'art. 69 c.p.c., «*esercita l'azione civile nei casi stabiliti dalla legge*»; la quale posizione, in relazione a ciò, può essere detta posizione del *P.M. attore*.

In pratica, in questi casi, in cui è particolarmente intenso l'interesse pubblico alla situazione sostanziale e alla sua tutela, la legge, per l'ipotesi che il titolare del diritto resti inerte, o manchi un titolare del diritto o la persona in grado di farlo valere, attribuisce al P.M. un potere autonomo di agire per far valere quel diritto in sostituzione o in vece di chi non può o non vuole farlo valere (e qualche volta addirittura in via esclusiva), proponendo la domanda e compiendo i successivi atti processuali. La legge attribuisce, insomma, al P.M., un'autentica legittimazione ad un'azione che, in quanto riguarda diritti che non sono, ovviamente, del P.M. ma altrui, è *legittimazione straordinaria*.

... in una sorta di legittimazione straordinaria;

Che, poi, questa legittimazione straordinaria debba ricondursi alla figura della sostituzione processuale (come di solito si verifica nell'ipotesi di esercizio della legittimazione straordinaria: v. retro, § 13) o, piuttosto, secondo l'opinione della dottrina più recente, alla figura della *mera azione*, non sembra grave questione, sia perché i sostenitori di entrambe le opinioni riconoscono le particolarità della figura e sia e soprattutto perché queste divergenze – come del resto quelle che concernono la spettanza o meno al P.M. della qualità di parte – non si riflettono sul piano pratico, essendo pacifico che il giudicato che si forma a seguito dell'esercizio dell'azione da parte del P.M. investe solo le parti e non anche il P.M. e tanto meno lo Stato; così come è pacifico che l'attribuzione di questa legittimazione straordinaria al P.M. sottrae al titolare del diritto la disponibilità esclusiva in ordine alla sua tutela giurisdizionale.

Naturalmente – ossia secondo quanto esige il carattere straordinario della legittimazione – tutto ciò è possibile soltanto «*nei casi stabiliti dalla legge*», come appunto dispone la norma in discorso, in perfetta correlazione con la formula dell'art. 81 («*fuori dei casi espressamente previsti dalla legge* ...»); in quei casi, insomma, e *soltanto* in quei casi, in cui l'espressa attribuzione dell'azione al P.M. è compiuta *dalla legge*, o meglio dalle singole leggi sostanziali e processuali alle quali l'art. 69 si richiama genericamente.

Così – senza pretese di completezza – gli artt. 102, 117, 119 e 125 c.c., per l'opposizione e l'impugnazione del matrimonio; l'art. 417 c.c., per l'interdizione e l'inabilitazione; gli artt. 6 e 7 della legge fallimentare, per la dichiarazione di fallimento, e, ora, gli artt. 37 e 38 del codice della crisi d'impresa e dell'insolvenza (D.Lgs. 14/2019), per l'apertura della liquidazione giudiziale; l'art. 78 del R.D. 1127/1939 e l'art. 59 del R.D. 929/1942, per la dichiarazione di decadenza o di nullità del brevetto industriale o del marchio e, ora, l'art. 122, 1° comma, D.Lgs. 30/2005, per la dichiarazione di decadenza o di nullità di un titolo di proprietà industriale.

2. *il P.M. interveniente necessario*, nei casi tassativi di cui all'art. 70, 1° comma, c.p.c. ...

La seconda tra le possibili posizioni che il P.M. può assumere nel processo civile è quella che può definirsi del *P.M. interveniente necessario*. Essa risulta dal dettato dell'art. 70, 1° comma, in cui si dice che «*il P.M. deve intervenire a pena di nullità rilevabile d'ufficio*», in una serie di ipotesi, che sono tassativamente elencate nel testo della norma in esame e che comprendono, oltre a quelle che fondano la veduta possibile figura del P.M. attore, una serie di altre situazioni sostanziali nelle quali l'interesse pubblico alla loro tutela è in un certo senso meno intenso. È appunto in relazione a tale minore intensità che l'ordinamento, senza giungere a sottrarre al titolare del diritto la disponibilità esclusiva nel chiederne la tutela, si limita ad esigere che, una volta che tale tutela sia stata chiesta dal titolare del diritto stesso, il processo così introdotto non possa svolgersi se non con la partecipazione di quel tutore degli interessi pubblici che è il P.M.

... in una particolare figura di litisconsorzio necessario, da attuarsi mediante intervento.

Sotto il profilo tecnico, si tratta di una figura particolare di *litisconsorzio necessario*, sanzionata da un'espressa comminatoria di nullità e *da attuarsi attraverso un intervento*.

Affinché il P.M. sia posto in condizione di poter intervenire, l'art. 71 contempla l'obbligo del giudice di trasmettere a lui gli atti del processo. L'intervento può essere utilmente compiuto fino al momento che precede la decisione, ossia fino al momento nel quale le parti precisano le conclusioni (vol. II, § 26). In pratica, l'intervento del P.M. si riduce spesso alla formulazione delle sue conclusioni.

Naturalmente, l'interesse pubblico a questo intervento necessario del P.M. è *a fortiori* presente nei casi contemplati dalla legge come possibili ipotesi di esercizio dell'azione da parte del P.M., così come si è visto sopra. Più precisamente: poiché, in concreto, l'esercizio dell'azione da parte del P.M. presuppone che il titolare del diritto sia rimasto inerte, quando viceversa l'azione è stata proposta da quest'ultimo, si verifica la pendenza di un processo su una materia che l'ordinamento pone al vertice degli interessi pubblici, ma che, tuttavia, non è stato introdotto dal P.M. Questo è il motivo per il quale, nell'aprire l'elencazione dei casi in cui l'intervento del P.M. è obbligatorio, la norma in esame indica, al n. 1, «le cause che egli stesso (ossia il P.M.) *potrebbe proporre*», o, meglio, che *avrebbe potuto proporre, ma che in concreto non ha proposto.*

I casi tassativi di intervento necessario del P.M.;

Il n. 2 indica poi «*le cause matrimoniali comprese quelle di separazione personale dei coniugi*»; e naturalmente, comprese anche le cause di divorzio, ossia di scioglimento del matrimonio o di inefficacia della trascrizione, di cui alla L. 898/1970.

Il n. 3 si riferisce genericamente alle «*cause riguardanti lo stato e la capacità delle persone*»; il n. 4, che faceva riferimento alle «*cause di lavoro*» in secondo grado, è stato abrogato dall'art. 2 della L. 533/1973, in occasione dell'introduzione della nuova disciplina del processo del lavoro.

Infine, il n. 5 compie un generico riferimento agli «*altri casi previsti dalla legge*». Tra questi casi, ad es., quello previsto dall'art. 221 c.p.c. per la querela di falso (v. vol. II, § 43) o quelli nei quali la legge si limita a dire genericamente che deve essere sentito il P.M.

Il 2° comma dell'art. 70 contempla poi una figura di intervento obbligatorio del P.M. con forme e funzioni del tutto particolari: quello nei giudizi davanti alla Corte di cassazione. Per effetto delle modifiche ad esso apportate dall'art. 75 del D.L. 69/2013 (conv. dalla L. 98/2013) egli «*deve intervenire* ... [soltanto] *nei casi stabiliti dalla legge*». Ed infatti, ai sensi dell'art. 76 dell'ordinamento giudiziario, nei giudizi civili il P.M. presso la Cassazione non è tenuto ad intervenire sempre, ma «*in tutte le udienze dinanzi alle Sezioni unite civili e nelle udienze pubbliche dinanzi alle sezioni semplici della Corte di cassazione, ad eccezione di quelle che si svolgono dinanzi alla sezione di cui all'art. 376, 1° comma, primo periodo, c.p.c.* [vale a dire la c.d. «sezione filtro»: v. vol. II, § 80]».

In questi casi, comunque, l'intervento avverrà solo con le forme della «esposizione orale delle sue conclusioni motivate» (art. 379, 3° comma), ove il giudizio si svolga in pubblica udienza, o con il deposito di conclusioni scritte, in caso di procedimento in camera di consiglio (artt. 380 bis.1 e 380 ter) (v. vol. II, § 80).

È opportuno segnalare fin da ora che – come meglio vedremo quando ci occuperemo della decisione della causa (vol. II, § 55) – le cause nelle quali è necessario l'intervento del P.M. (ovviamente comprese quelle che il P.M. ha proposto o avrebbe potuto proporre) sono tra quelle per le quali l'art. 50 bis prevede la decisione da parte del tribunale in composizione collegiale (v. vol. II, § 29).

3. il P.M. interveniente facoltativo, in ogni caso in cui ravvisa un interesse pubblico.

La terza, ed ultima, delle posizioni che in concreto il P.M. può assumere nel processo civile, può essere definita del P.M. *interveniente facoltativo*. Essa emerge dall'ultimo comma dell'art. 70, secondo cui il P.M. «*può infine intervenire in ogni altra causa in cui ravvisa un pubblico interesse*».

La differenza, rispetto alla figura esaminata in precedenza, sta soltanto in ciò che qui l'intervento del P.M. è lasciato alla sua facoltà, senza limitazioni a particolari materie, ma con un generico affidamento allo stesso P.M. nella valutazione della sussistenza o meno dell'interesse pubblico. Se, poi, questa valutazione è affermativa, ed il P.M. decide di intervenire, la sua posizione finirà col coincidere con quella esaminata sopra.

62. *I poteri del P.M. nell'assolvimento delle sue funzioni.*

Rimane ora da vedere quali siano in concreto i poteri che la legge attribuisce al P.M. per l'assolvimento delle funzioni proprie di ciascuna delle sue tre diverse posizioni o figure.

Al riguardo, occorre, peraltro, premettere che, mentre, da un lato, non c'è motivo di distinguere, sotto questo profilo, tra P.M. interveniente necessario e P.M. interveniente facoltativo, dall'altro lato, a proposito dei casi in cui il P.M. può proporre l'azione, non c'è motivo di attribuire rilievo al fatto contingente che l'azione sia stata in concreto proposta dal P.M. o che invece sia stata proposta dal titolare del diritto col conseguente intervento obbligatorio del P.M., ai sensi dell'art. 70, 1° comma, n. 1.

Il P.M. che ha esercitato o avrebbe potuto esercitare l'azione ha tutti i poteri della parte, …

E da tutto ciò discende che, sotto il profilo delle diverse attribuzioni di poteri, le posizioni del P.M. sono in sostanza due: 1) *quella del P.M. che ha proposto o che avrebbe potuto proporre l'azione* e 2) *quella del P.M. interveniente in ogni altro caso.*

Nella prima di queste due ipotesi, il P.M., *in quanto investito, dalla legge, della titolarità di un'azione*, – l'abbia o non l'abbia concretamente proposta – *non può non ricevere, coerentemente, dalla legge stessa, tutti i poteri inerenti all'esercizio di tale azione, vale a dire tutti i poteri della parte, nessuno escluso*; in particolare i suoi poteri non incontrano alcun limite nella disponibilità delle parti, sicché il P.M., oltre a poter prendere tutte le iniziative inerenti alla tecnica del processo (offrire mezzi di prova, produrre documenti, ecc.), può *formulare domande in maniera del tutto autonoma da quella delle parti ed anche proseguire il processo in contrasto con la volontà delle parti, e proporre impugnazioni anche nell'inerzia delle parti* (art. 72, 1° comma).

… compresi quelli di proseguire autonomamente il processo e proporre impugnazioni.

Nel caso, invece, in cui il P.M. sia soltanto interveniente senza essere titolare di un'azione autonoma, è logico che l'ambito dei suoi poteri sia influenzato da questa mancanza di autonomia. Per le stesse ragioni, cioè, per le quali il P.M. non può introdurre il processo, ma, col suo intervento, solo sorvegliare il modo col quale esso è condotto dalle parti, è logico che il P.M., pur potendo, da un lato, compiere senza limiti tutti gli atti inerenti alla tecnica del processo, dall'altro lato, trovi invece un limite ai suoi poteri nell'iniziativa delle parti, ogni qual volta si tratti di poteri rilevanti per il «se» del processo o della sua prosecuzione o per il suo ambito oggettivo.

I *poteri del P.M. interveniente* sono invece limitati dalle domande proposte dalle parti.

Perciò l'art. 72, 2° comma, dopo aver affermato che il P.M. interveniente può produrre documenti e dedurre prove, aggiunge che egli «*può prendere conclusioni nei limiti delle domande proposte dalle parti*». In pratica, questo significa che, in questi casi, il P.M. non potrà che concludere per l'accoglimento (totale o parziale) o il rigetto delle domande proposte dalle parti.

Tra i più evidenti corollari di questa regola sta il divieto, per il P.M., di proporre impugnazioni non proposte dalle parti. Tuttavia, a questo divieto il 3° e il 4° comma dell'art. 72 pongono un'eccezione, stabilendo che «*il P.M. può proporre impugnazioni contro le sentenze relative a cause matrimoniali*», comprese «*quelle che dichiarano l'efficacia o l'inefficacia di sentenze straniere relative a cause matrimoniali*», *salvo che* – ecco l'eccezione nell'eccezione – «*per quelle di separazione personale dei coniugi*».

Con specifico riferimento, poi, alle cause di scioglimento del matrimonio (divorzio) il P.M. può proporre impugnazioni limitatamente alla tutela degli interessi patrimoniali dei figli minori o legalmente incapaci (art. 5, 3° comma, L. 898/1970).

Nel 5° comma dell'art. 72 si stabilisce, inoltre, che in queste cause il potere di impugnare spetta in concreto «*sia al P.M. presso il giudice che ha pronunciato la sentenza e sia a quello presso il giudice competente a decidere sull'impugnazione*», mentre nelle altre cause, il potere di impugnare spetta solo al P.M. presso il giudice che ha pronunciato la sentenza. Infine, nel 6° comma si stabilisce che, sempre nelle sole suddette cause matrimoniali, «il termine [per impugnare] decorre dalla comunicazione della sentenza a norma dell'art. 133» (v. oltre, § 68 e § 70).

Può anche proporre la revocazione della sentenza nei casi di cui all'art. 397 c.p.c.

Il P.M. interveniente necessario è, d'altra parte, titolare di un potere di impugnazione suo proprio ed esclusivo: ossia il potere di proporre la revocazione della sentenza quando questa sia stata pronunciata senza che egli sia stato sentito o quando la sentenza è l'effetto della collusione posta in essere dalle parti per frodare la legge (art. 397); sull'argomento v. il vol. II, § 82 in fine.

L'art. 73 contempla da ultimo l'estensione ai magistrati del P.M. delle disposizioni (per le quali, v. retro, § 42) in materia di astensione (ma non di ricusazione) dei giudici.

Così visto, in concreto, quali siano i poteri nei quali si estrinsecano i diversi ruoli che il P.M. può svolgere nel processo civile, non è il caso di attribuire troppa importanza al problema, fin troppo discusso, del se e fino a che punto il P.M. debba essere considerato parte nel processo. Il P.M. attore – o che tale avrebbe potuto essere – si trova in una posizione in tutto assimilabile a quella della parte, salvo, naturalmente, l'agganciamento agli interessi pubblici che qualifica le finalità della sua azione.

Parzialmente diversa è, invece, la posizione del P.M. interveniente, in quanto, in questo caso, i poteri del P.M., mentre sono, da un lato, limitati proprio dai poteri delle parti, dall'altro lato, sono indipendenti da essi, nel senso che il P.M. non è mai vincolato ad appoggiare o a contrastare le domande dell'una o dell'altra parte.

Gli uffici del P.M. in sede civile sono istituiti presso i giudici collegiali (tribunali, corti d'appello, Corte di cassazione) e si impersonano nei Procuratori della Repubblica per i tribunali e nei Procuratori generali per le Corti: gli uni e gli altri possono agire, oltre che personalmente, per mezzo dei magistrati addetti ai relativi uffici (art. 70 ord. giud.). Si tratta, però, di una ripartizione interna tra uffici in collegamento gerarchico, la cui mancata osservanza non dà luogo a inesistenza, ma solo a nullità, con possibilità di sanatoria.

Infine, l'art. 2 del D.Lgs. 116/2017, di riforma organica della magistratura onoraria, ha istituito nelle Procure della Repubblica presso i tribunali l'«ufficio di collaborazione del Procuratore della Repubblica», che si avvale dei vice procuratori onorari, con la funzione di coadiuvare il magistrato professionale e compiere, sotto la sua direzione e coordinamento, tutti gli atti preparatori utili (art. 16).

Bibliografia di orientamento

E. ALLORIO, *Il Pubblico Ministero nel nuovo processo civile*, in *Riv. dir. proc. civ.*, 1941, I; M. VELLANI, *Il Pubblico Ministero nel processo*, I, *Profilo storico*; II, *Il diritto italiano vigente*, Bologna, 1965-70; M. VELLANI, *Del Pubblico Ministero*, in *Commentario del cod. di proc. civ., diretto da E. Allorio*, I, Torino, 1973; V. VIGORITI, *Il Pubblico Ministero nel processo civile italiano*, in *Riv. dir. proc.*, 1974; M. VELLANI, *Pubblico Ministero (nel diritto processuale civile)*, in *Dig. disc. priv., sez. civ.*, XVI, Torino, 1997; E. GRASSO, *Pubblico Ministero (dir. proc. civ.)*, in *Enc. Giur. Treccani*, XXV, Roma, 1991; S. PANIZZA, *La posizione del Pubblico Ministero sotto il profilo dell'indipendenza esterna*, in *Foro it.*, 2011, V; G. CAMPANELLI, *La posizione del Pubblico Ministero sotto il profilo dell'indipendenza interna*, *ibidem*; F.S. DAMIANI, *Riflessioni sul ruolo del P.M. nel processo civile*, in *Giusto proc. civ.*, 2019.

CAPITOLO X

GLI ATTI PROCESSUALI

Sezione prima

LA DISCIPLINA DEGLI ATTI PROCESSUALI IN GENERALE

63. *La dettagliata disciplina delle forme degli atti processuali.*

Abbiamo visto a suo tempo (cap. 2°, § 8) che la dinamica giuridica nella quale si sostanzia il processo si attua attraverso l'esercizio dei poteri processuali. E abbiamo visto pure che l'esercizio dei poteri si identifica con gli atti processuali, sicché il processo, sotto il profilo giuridico, è una serie di poteri (oltre che di doveri, facoltà, spesso poteri-oneri) che introducono atti, i quali, a loro volta, danno luogo ad altri poteri. Finché questa reciproca concatenazione di poteri e di atti – che si suole evidenziare parlando di *procedimento* o nesso procedimentale – sfocia nell'atto finale in funzione del quale si è svolto l'intero procedimento e che in certo senso include e riassume tutti i precedenti atti della serie.

Se dunque il processo, nel suo momento dinamico, ossia in quanto attività giuridica, non è che una serie di atti, la disciplina del processo non è che la disciplina degli *atti del processo*. E sotto questo profilo tutto il codice di procedura civile non è che la disciplina di una serie di atti, anche se la nozione di *atto processuale* va riservata a quegli atti che svolgono un ruolo nella dinamica del processo.

Premesso ciò, il compito che ora ci poniamo è quello di ricercare se esistano, e quali siano, le caratteristiche, i principî, le norme, che concernano gli atti processuali nella loro generalità.

Procedendo in questa direzione, possiamo incominciare col constatare che il primo libro del codice, dedicato alle disposizioni generali, si chiude con un titolo VI, intitolato, appunto, agli «atti processuali». Atti processuali, palesemente considerati nella loro generalità, anche se non sempre il legislatore è stato coerente in questo suo proposito, in quanto ha incongruamente incluso nel titolo in discorso, accanto ad alcune norme di effettiva portata generale, la disciplina specifica di alcuni atti (come, ad es., le comunicazioni, le notificazioni, i provvedimenti del giudice) che avrebbe potuto trovare altrove migliore collocazione.

Il capo I di questo titolo è intitolato: «*delle forme degli atti e dei provvedimenti*». A questo riguardo, occorre incominciare col precisare che nell'impiego di questi due termini non va vista una contrapposizione tra atti e provvedimenti, poiché i provvedimenti non sono, in realtà – e come tra poco vedremo (§ 67) – che gli atti decisorî del giudice.

Ma, a parte questa imprecisione, che si aggiunge alle incongruenze rilevate poc'anzi, ciò che soprattutto va sottolineato, rispetto a questa disciplina generale degli atti del processo, è il dato che essa si sostanzia nella disciplina *delle forme* degli atti e dei provvedimenti del processo. E poiché si tratta di una constatazione di estrema importanza sistematica, occorre coglierne le ragioni profonde, sul piano logico, prima ancora che su quello giuridico.

Forma dell'atto giuridico è la sua estrinsecazione in un comportamento esteriore. *Contenuto* è l'oggetto di tale estrinsecazione.

Quando si parla di *forma* dell'atto giuridico in generale, si intende l'estrinsecazione dell'atto, il suo manifestarsi in un comportamento esteriore oggettivamente individuabile ed apprezzabile.

A questa nozione della forma si suole poi contrapporre quella del *contenuto*, come ciò che costituisce oggetto dell'estrinsecazione, l'intrinseco dell'atto, la sua materia. Ma si tratta di una contrapposizione meno drastica di quanto potrebbe sembrare, poiché la disciplina delle forme, quando raggiunge un certo livello di dettaglio, non può non riferirsi al contenuto, sia pure in termini generali. Tipico esempio è l'art. 132, che, nel dettare minutamente gli elementi formali della sentenza, specifica che cosa essa deve contenere, ossia qual è il suo contenuto. Lo stesso rilievo può compiersi a proposito dell'art. 163 con riguardo all'atto di citazione. Esiste, insomma, una disciplina formale del contenuto o, come si dice da taluno, una *forma-contenuto* degli atti processuali.

La dettagliata specificazione dei dati formali implica già l'indicazione del contenuto; perciò si parla di *forma-contenuto*.

Al di fuori della disciplina formale, rimane invece tutto ciò che, da un lato, *precede* la formazione dell'atto (ossia il suo formarsi nella volontà del soggetto che lo compie ed i fattori che lo determinano); e, dall'altro lato, ciò che *segue* l'atto, ossia la produzione degli effetti giuridici. In questo senso si parla di sostanza dell'atto.

Nel campo del diritto sostanziale, il legislatore disciplina non solo la forma degli atti giuridici, compreso il loro contenuto, ma anche l'incidenza della c.d. sostanza sull'efficacia giuridica degli atti.

Più precisamente, la legge *sostanziale* configura l'efficacia degli atti in dipendenza e correlazione con l'osservanza di una disciplina organica della regolare formazione della volontà (disciplina dei c.d. vizî della volontà: artt. 1427 e ss. c.c.) e della sua manifestazione (art. 1433 c.c.), ed altresì in correlazione con l'incidenza di eventuali elementi accidentali (condizione, termine, modo), o della c.d. causa dell'atto (artt. 1343 e ss. c.c.), o dell'eventuale manifestazione della volontà degli effetti, ecc. Secondo un'accreditata opinione, anzi, la presenza o meno di quest'ultimo elemento fonderebbe la distinzione tra negozi giuridici e atti giuridici in senso stretto.

Restano fuori dalla disciplina formale gli elementi che attengono alla *sostanza*, come la formazione della volontà e la produzione degli effetti.

Orbene, la disciplina degli atti del processo presenta una duplice caratteristica che la distingue rispetto alla disciplina degli atti di diritto sostanziale: da un lato, le forme degli atti processuali sono disciplinate molto più minuziosamente e rigorosamente; mentre, dall'altro lato, la legge processuale non si occupa minimamente né della formazione, né della manifestazione della volontà del soggetto che compie l'atto, né configura elementi accidentali, né si occupa dalla causa degli atti, se non sotto il particolare profilo – che esamineremo nel § seguente – dello scopo obbiettivo dell'atto, e solo in quanto criterio ispiratore della disciplina delle forme degli atti. Dal che si desume che *la validità e l'efficacia degli atti processuali, mentre dipende dall'osservanza delle forme, non dipende da alcun controllo sulla formazione o la manifestazione della volontà, o sulla volontà degli effetti, ecc.*, controllo che non è neppure ammissibile.

La legge processuale non si occupa degli stati soggettivi che precedono la formazione dell'atto.

Solo in via del tutto eccezionale, il legislatore attribuisce rilievo alla volontà (o addirittura a sue deviazioni) con riguardo ad atti processuali: ad es., in materia di revocazione o di opposizione di terzo revocatoria (art. 395 n. 1 e n. 6; art. 397 n. 2; art. 404, 2° comma, ecc.), nonché in materia di revoca della confessione (art. 2732 c.c.).

Questa particolarità è dovuta al fatto che la reciproca concatenazione degli atti processuali e la presenza di diversi soggetti che debbono poter contare sulla validità ed efficacia dei singoli atti propri e altrui, esige il riscontro della validità dell'atto sulla base di dati verificabili, quali sono appunto gli elementi formali.

Per venire incontro a queste esigenze, il codice ha dunque eliminato, nella disciplina generale e particolare degli atti del processo, ogni riferimento ad elementi accidentali, nonché alla volontà, sia nella sua formazione, sia nella sua estrinsecazione e sia nel suo orientamento finalistico individuale (c.d. scopo soggettivo dell'atto), così implicitamente negando ogni possibilità di contestare la validità degli atti del processo sotto questi profili.

Ma *proprio per queste ragioni* e quasi, in certo senso, per compensare il difetto di questa disciplina, il codice ha esteso in profondità e in dettagli la disciplina delle forme, e soprattutto ha compiuto questa disciplina in modo che proprio in essa venga trasfuso ed obbiettivato l'orientamento finalistico dei singoli atti processuali. *Ha insomma disciplinato le forme in modo tale che il loro rispetto abbia necessariamente a realizzare, con uniformità ed obbiettività, quell'orientamento dell'atto verso il conseguimento del suo scopo obbiettivo, rispetto al quale è impedita ogni verifica di carattere soggettivo-individuale.* In altri termini, la verifica della rispondenza dell'atto alla volontà che lo ha determinato e al suo scopo, esclusa sul piano soggettivo-individuale, si è come obbiettivata nella disciplina delle forme.

64. *Il principio della strumentalità delle forme e quello della libertà delle forme.*

La constatazione compiuta da ultimo apre la via alla migliore comprensione del principio fondamentale che ispira la disciplina delle forme degli atti processuali e quindi – se si tiene conto di quanto detto in precedenza – dell'aspetto più importante dell'intera disciplina del processo.

Con riferimento alle forme degli atti processuali vige il *principio della congruità delle forme allo scopo.*

Il principio che ha ispirato il legislatore nel determinare le forme degli atti processuali è quello di scegliere tali forme non a caso, ma *con riguardo allo scopo obbiettivo dell'atto*, ossia alla funzione alla quale quell'atto deve assolvere nell'ambito della serie coordinata degli atti del processo, così come lo stesso legislatore l'ha disegnata. Il che si risolve in un richiamo alla logica del sistema, essendo chiaro che, se il legislatore ispira il suo disegno alla logica, non può non scegliere, per i singoli atti, appunto quelle forme che sono le più idonee al conseguimento dello scopo obbiettivo di ciascun atto. Ed è appena il caso di aggiungere che lo scopo obbiettivo prescinde dalle personali intenzioni che in concreto possono avere indotto il soggetto a compiere l'atto.

Per esprimersi con un esempio, Tizio, notificando un atto di citazione contro Cajo, potrà anche augurarsi in cuor suo che Cajo non ne venga a conoscenza o ne fraintenda la portata, così astenendosi dal difendersi; ma ciò non impedisce che lo scopo obbiettivo dell'atto di citazione e della sua notificazione (v. retro, § 22 e vol. II, §§ 3 e 5) sia quello di mettere il convenuto nella condizione di conoscere l'atto di citazione e di svolgere le sue difese: per il quale scopo, appunto, il legislatore esige il rispetto delle forme previste per l'atto di citazione dall'art. 163.

Il principio in argomento è detto *della congruità delle forme allo scopo o della strumentalità delle forme* e può enunciarsi in questi termini: *gli atti del processo sono disciplinati dal legislatore con le forme più idonee al conseguimento del loro scopo obbiettivo.*

L'importanza di questo principio – ed il suo valore, oltre che giuridico, anche politico e sociale – non ha bisogno di essere sottolineata. In forza di questo principio, le forme cessano di essere un rituale complicato da considerarsi quasi fine a se stesso. Quando accade ciò, quando cioè le forme non si giustificano in base a ragioni obbiettive, si verifica quel fenomeno degenerativo che prende il nome di *formalismo* e che è appunto il fenomeno contro il quale opera il principio in discorso.

Questo principio è enunciato indirettamente dall'art. 121 con riguardo agli atti di cui non siano disciplinate le forme ...

Il nostro codice, pur non contenendo una formulazione esplicita del principio in discorso, non ha tuttavia mancato di far risultare indirettamente, ma chiaramente, di essersi ispirato appunto a questo principio, nel disciplinare le forme degli atti processuali. Ciò ha fatto nell'enunciare la regola detta della *libertà delle forme*, ossia con le parole con le quali è rubricato l'art. 121, il quale recita testualmente: «*gli atti del processo, per i quali la legge non richiede forme determinate, possono essere compiuti nelle forme più idonee al raggiungimento del loro scopo*».

In realtà, è difficile immaginare atti del processo per i quali la legge non predetermini le forme. E pertanto, la norma in esame potrebbe apparire superflua, e probabilmente lo è, nella sua portata letterale. Ma è tutt'altro che superflua nella sua portata sistematica, in relazione alla sua tipica funzione di cosiddetta *chiusura del sistema*. Col dire, in sostanza, a quale criterio ci si deve ispirare nello scegliere le forme di quei pochissimi atti dei quali il legislatore non avesse predeterminato le forme, la norma in discorso *assolve alla ben più importante funzione di palesare all'interprete di tutte le norme che comunque concernono le forme degli atti processuali, che a quel medesimo criterio – quello per cui le forme debbono essere le più idonee per il conseguimento dello scopo – si è ispirato anche il legislatore quando non ha omesso di disciplinare le forme degli atti*, ma le ha effettivamente disciplinate.

... e dall'art. 131 con riguardo ai provvedimenti.

Del tutto identico è poi il criterio che ispira l'art. 131, ossia una norma più particolarmente dedicata ai provvedimenti, vale a dire agli atti decisorî del giudice (v. oltre, § 67).

In pratica, negli artt. 121 e 131, la regola della libertà delle forme funge da sfondo alla regola della congruità delle forme allo scopo, tendenzialmente identificandosi con quest'ultima.

65. *Alcune regole generali: lingua italiana, oralità (le udienze), contenuto di alcuni atti.*

Abbiamo visto (retro, § 63) che il titolo VI («*Degli atti processuali*») del libro primo del codice, si apre con un capo intitolato alle «forme degli atti e dei provvedimenti». Ed abbiamo pure accennato che le norme contenute in questo capo – come anche quelle contenute nel successivo capo secondo, intitolato ai «termini» – sono aggruppate in maniera frammentaria e disorganica.

Così, alla prima di queste norme, che è l'art. 121, di cui abbiamo visto l'ampia portata sistematica, seguono alcune regole spicciole in tema di forma degli atti, nel senso più modesto dell'espressione (artt. 122, 123, 124) e poi ancora alcune regole di più ampia portata in tema di aspetto formale del contenuto degli atti (artt. 125, 126) e più particolarmente dei provvedimenti (artt. 131-135); quindi la disciplina completa delle comunicazioni e delle notificazioni (artt. 136-152), mentre la disciplina dei termini è fatta oggetto di un autonomo capo secondo.

Per parte nostra, lasciando alla sezione seconda di questo capitolo l'esame delle norme dedicate ai provvedimenti del giudice, a quegli atti del cancelliere e dell'ufficiale giudiziario che sono le comunicazioni e le notificazioni e all'obbligatorio deposito per via telematica degli atti processuali, condensiamo qui il sintetico esame delle altre norme alle quali abbiamo fatto cenno.

In tutto il processo – recita l'art. 122 – è prescritto l'*uso della lingua italiana*. Quando deve essere sentito chi non conosce la lingua italiana, il giudice può nominare un interprete, così come nominare un traduttore, quando occorre procedere all'esame di documenti che non sono scritti in lingua italiana (art. 123). Un interprete può essere nominato anche per interrogare un sordo o un sordomuto, nel qual caso, comunque, le interrogazioni possono avvenire per iscritto (art. 124).

Come risulta indirettamente anche dalla disposizione menzionata da ultimo, vi è tutta una serie di atti del processo che debbono essere *compiuti oralmente*, anche se, per converso, sono moltissimi gli atti del processo per i quali è, invece, prevista la forma scritta.

L'estrinsecazione degli atti può essere orale o scritta.

In linea di massima, si può dire che sono tipicamente orali tutti quegli atti che si svolgono con la contemporanea presenza fisica delle parti (per lo più rappresentate dai loro difensori) innanzi al giudice.

Ma anche degli atti che si compiono in forma orale la legge prescrive che sia redatta una documentazione scritta, ossia il c.d. *processo verbale*, del quale l'art. 126 disciplina il contenuto, stabilendo anche che esso «*è sottoscritto dal cancelliere*» e, se vi sono altri intervenuti, lo stesso cancelliere ne dà loro lettura, senza che ci sia bisogno della loro sottoscrizione, salvo che la legge non disponga altrimenti.

Una «variante» (se così si può dire) del documento scritto è il *documento informatico* che la legge (art. 1 D.P.R. 445/2000) qualifica «*rappresentazione informatica di atti, fatti o dati giuridicamente rilevanti*», con la stessa efficacia delle scritture, previa sottoscrizione digitale (v. vol. II, § 41 in fine).

Quanto alla realizzazione del c.d. processo civile telematico, il D.M. 44/2011 ha fornito la definizione delle regole tecniche per l'utilizzazione della posta elettronica certificata (p.e.c.) nelle comunicazioni e notificazioni degli atti e dei provvedimenti del processo civile (v. oltre, il § 70).

I momenti del tempo in cui avvengono i contatti tra il giudice e le parti e/o i loro difensori in apposite sale dell'ufficio giudiziario si chiamano *udienze*. L'udienza è diretta dal giudice singolo o, se si tratta di un giudice collegiale, dal presidente, il quale regola opportunamente la discussione (art. 127) che è privata quando si tratti di udienze del giudice istruttore ed è invece pubblica, quando si tratti di udienza in cui si discute la causa (art. 128). Chi interviene non può portare armi o bastoni, deve restare in silenzio né può disturbare in alcun modo il regolare svolgimento dell'udienza (art. 129). Con più specifico riguardo all'attività che si svolge all'udienza, l'art. 130, ad integrazione del disposto dell'art. 126, precisa che il relativo processo verbale è redatto dal cancelliere sotto la direzione del giudice.

Così come l'art. 126 configura (come si è visto) la forma-contenuto del processo verbale, l'art. 125, 1° comma, indica la forma-contenuto degli atti di parte. Si tratta di una norma dettata con riferimento generico e globale ai più importanti atti scritti di parte nel processo (citazione, ricorso, comparsa, controricorso, precetto) e che ha in sostanza la portata di indicare qual è il contenuto minimo proprio di tutti i suddetti atti (ed in generale degli atti scritti di parte); contenuto che si concreta nella necessaria indicazione dell'ufficio giudiziario, delle parti, dell'oggetto, delle ragioni della domanda, delle conclusioni, ecc.

L'art. 125 c.p.c. enuncia i requisiti di forma-contenuto minimi dei diversi atti di parte.

Lo stesso 1° comma dell'art. 125 prevede anche che il difensore indichi il proprio numero di fax (mentre non vi compare più la precedente previsione dell'obbligo di indicare anche il proprio indirizzo p.e.c., in considerazione del fatto che tale indirizzo è comunque ricavabile dai pubblici elenchi).

È stato anche previsto (dal comma 3° bis dell'art. 13 D.P.R. 115/2002) che, ove il difensore non indichi il proprio numero di fax, il contributo unificato, nei termini stabiliti dallo stesso D.P.R. 115/2002, è aumentato della metà. La medesima conseguenza (aumento della metà del contributo unificato) si ha anche, ai sensi dello stesso art. 13, comma 3° bis, in caso di omessa indicazione del codice fiscale della parte nell'atto introduttivo del giudizio.

Inoltre, l'atto, tanto nell'originale quanto nella copia da notificare, deve essere sottoscritto dalla parte, se essa sta in giudizio personalmente (quando ciò sia consentito) oppure dal difensore.

Questi requisiti di contenuto vanno poi integrati con quelli più dettagliatamente indicati dalle norme dedicate ai singoli atti (ad es., l'art. 163 per la citazione, l'art. 167 per la comparsa di risposta, ecc.).

66. *Segue. I termini. La decadenza, le preclusioni e la possibilità di rimessione in termini.*

Infine, a conclusione dell'esame di questo gruppo di norme genericamente e non senza disordine dedicate alle forme degli atti, e salva la trattazione specifica che, nella prossima sezione di questo capitolo, dedicheremo ai *provvedimenti*, vanno esaminate le norme dedicate ai termini, ed aggruppate nel capo secondo del titolo in discorso, intitolato, appunto, ai *termini*.

I termini sono i periodi di tempo ...

Il termine è, come noto, un periodo di tempo al cui decorso il diritto attribuisce un determinato rilievo. Nel processo, che – come ampiamente vedemmo a suo tempo: §§ 8 e 9 – è un fenomeno giuridico dinamico in quanto si svolge nel tempo, l'elemento temporale assume un aspetto particolarmente rilevante nella disciplina dei singoli atti. In linea di massima, si può dire che *i termini sono i periodi di tempo che la legge stabilisce per il valido compimento dei singoli atti del processo.*

... stabiliti dalla legge per il compimento degli atti.

È evidente che nel disporre per ciascun atto il periodo di tempo per il suo compimento, il legislatore si è ispirato a criteri di opportunità, servendosi di questo strumento, con la necessaria *ragionevolezza*, come di una leva per influire sulla maggiore o minore rapidità dell'evoluzione del processo.

Con riguardo alla funzione i termini sono ...

È chiaro, infatti, che mentre, da un lato, con lo stabilire che un determinato atto va compiuto *entro* un determinato tempo, il legislatore tende ad *accelerare* il cammino del processo; con lo stabilire invece che un atto va compiuto *dopo* e *non prima* di un certo termine (*terminus post quem* o *ne ante quem*), il legislatore tende a *ritardare* il cammino processuale. E pertanto, sotto questo profilo funzionale, o dell'orientamento di politica legislativa, si suole distinguere tra *termini acceleratorî* (così, ad es., i termini per proporre le impugnazioni), e *termini dilatorî* (ad es., il termine c.d. a comparire, di cui all'art. 163 bis, su cui v. vol. II, § 4, e il termine per proporre l'istanza di assegnazione o di vendita dei beni pignorati di cui all'art. 501, su cui v. vol. III, § 19).

... acceleratorî o dilatorî.

Con riguardo alla struttura, i termini sono *perentorî* se la loro inosservanza determina la decadenza *automaticamente.*

Sotto il profilo strutturale, i termini acceleratorî sono detti *finali* e si distinguono anche con riguardo alle conseguenze della loro eventuale inosservanza. In base a questa distinzione – che riguarda soltanto i termini acceleratorî – vengono in rilievo in primo luogo i *termini perentorî*, che sono quelli la cui decorrenza dà luogo automaticamente alla decadenza dal potere di compiere l'atto e dei quali l'art. 153 dice che non possono essere abbreviati o prorogati nemmeno sull'accordo delle parti.

L'art. 153, 2° comma, prevede la regola della *rimessione in termini* quando la parte sia incorsa in decadenze per causa a lei non imputabile.

Il 2° comma dell'art. 153, poi, disciplina l'istituto della rimessione in termini, disponendo che «*la parte che dimostra di essere incorsa in decadenze per causa ad essa non imputabile può chiedere al giudice di essere rimessa in termini. Il giudice provvede a norma dell'art. 294, 2° comma*», cioè con le modalità della rimessione in termini della parte già contumace che decida di costituirsi.

Va aggiunto che la Cassazione riconosce comunque alla parte il diritto ad essere rimessa in termini, anche in assenza di apposita istanza, laddove abbia fatto affidamento, nel compiere una determinata attività processuale, su un consolidato orientamento della giurisprudenza di legittimità, poi mutato (c.d. *overruling*). Ma questo sempre che emerga un *affidamento incolpevole* della parte (Cass. sez. un. 12 febbraio 2019 n. 4135; Cass. sez. un. 8 novembre 2018 n. 28575).

Ai termini perentorî si contrappongono i *termini ordinatorî*, che sono quelli la cui inosservanza non produce decadenza dal potere di compiere l'atto se non a seguito di una valutazione discrezionale del giudice. Per essi, l'art. 154 prevede la possibilità di un'abbreviazione o di una proroga da parte del giudice, proroga che può anche essere rinnovata in presenza di motivi particolarmente gravi. Rispetto a questa distinzione, la presunzione è nel senso della *natura ordinatoria*: vale a dire nel senso che un termine non può essere considerato perentorio se non quando la legge lo qualifichi espressamente tale (art. 152, 2° comma).

Se non sono espressamente qualificati come perentorî, ...

... i termini sono *ordinatorî*, nel senso che la loro inosservanza *non dà luogo automaticamente a decadenza.*

Naturalmente, i termini sono di regola disposti dalla legge. È tuttavia possibile che essi siano stabiliti dal giudice, anche a pena di decadenza, purché la legge lo permetta espressamente (art. 152, 1° comma).

Quanto al computo dei termini, mentre, se si tratta di termini a mesi o ad anni, va osservato il calendario comune (art. 155, 2° comma), qualora si tratti invece di termini a giorni (o anche ad ore), vige la regola secondo cui il *dies a quo non computatur in termino* (art. 155, 1° comma), mentre si computa il *dies ad quem*. Non si tiene conto del fatto che uno o più giorni compresi nel termine siano *festivi*, salvo che sia festivo il giorno di scadenza, nel qual caso la scadenza è prorogata di diritto al primo giorno seguente non festivo (art. 155, 3° e 4° comma).

Dies a quo non computatur in termino; dies ad quem computatur; ...

Quest'ultima proroga si applica altresì ai termini per il compimento degli atti processuali svolti fuori dell'udienza che scadono *nella giornata di sabato*. Resta però fermo il regolare svolgimento delle udienze e di ogni altra attività giudiziaria, anche svolta da ausiliari, nella *giornata del sabato*, che ad ogni effetto è considerata lavorativa (art. 155, 5° e 6° comma).

Talora la legge indica il termine riferendosi ad un certo numero di *giorni liberi* (ad es., il termine di comparizione di cui all'art. 163 bis; v. vol. II, § 4). In tal caso, il suddetto numero di giorni deve escludere tanto il *dies a quo* quanto il *dies ad quem*.

... ma se si tratta di giorni liberi, sono esclusi l'uno e l'altro.

Occorre, infine, tener presente che tutti i termini processuali – tra i quali la giurisprudenza più recente include, a questi effetti, quelli per la proposizione delle azioni che costituiscono l'unica tutela – subiscono una sospensione di diritto dal 1° al 31 agosto di ciascun anno. Se il decorso ha inizio durante il periodo di sospensione, tale ini-

I termini processuali sono *sospesi, di diritto, dal 1° al 31 agosto di ogni anno.*

zio è differito alla fine di detto periodo. Così dispone l'art. 1 della L. 742/1969.

L'art. 3 di questa stessa legge precisa, peraltro, che l'art. 1 non si applica alle cause ed ai procedimenti indicati nell'art. 92 del R.D. 12/1941 sull'ordinamento giudiziario, ossia, con elencazione tassativa, alle materie alimentari, ai procedimenti cautelari, a quelli per convalida di sfratto, alle opposizioni all'esecuzione, alla dichiarazione e revoca del fallimento e in genere a quelle materie rispetto alle quali la ritardata trattazione potrebbe produrre grave pregiudizio alle parti, nonché alle controversie previste dagli artt. 409 e 442 (materie di lavoro e previdenziale, su cui v. vol. III).

La decadenza dà luogo alla *preclusione* («perdita, estinzione o consumazione di una facoltà processuale»).

Come si è accennato, la conseguenza del mancato compimento dell'atto nel termine finale che per esso prevede la legge è la *decadenza* dal potere di compiere quel determinato atto o, più in generale, da un diritto o da una facoltà; come pure si è accennato, la decadenza si verifica automaticamente o previa valutazione del giudice a seconda che il termine non osservato sia perentorio oppure ordinatorio, ma va comunque rilevata d'ufficio.

La decadenza è, d'altra parte, fenomeno che consegue, più in generale, al fatto che l'atto non sia stato compiuto nel momento previsto per esso dalla legge.

Ciò può accadere, oltre che (come si è visto) quando non sia stato osservato il termine finale, anche quando sia mancata l'osservanza della preordinata sequenza degli atti. Così, ad es., quando la legge dispone che un atto debba compiersi in concomitanza o comunque non oltre il compimento di un altro atto (ad es., per l'art. 167 la proposizione della domanda riconvenzionale va compiuta con la comparsa di risposta: v. vol. II, § 8) o nell'ambito di un grado o di una fase del processo o comunque nell'ambito dell'*iter* processuale; in questi casi si suole parlare di *preclusione*, di solito definita come «perdita, estinzione o consumazione di una facoltà processuale».

La decadenza dà luogo alla *preclusione*, salva solo la possibilità della *rimessione in termini*.

La decadenza è un fenomeno a conseguenze tendenzialmente irreversibili. Infatti, il solo strumento tecnicamente idoneo a rimuovere tali conseguenze è la c.d. *restituzione* o *rimessione in termini*, di cui al già richiamato 2° comma dell'art. 153.

D'altro canto, il meccanismo della rimessione in termini, stante la sua generalizzazione, è da ritenere applicabile anche all'esercizio del potere di impugnazione, sebbene emerga in questo caso anche la necessità di colmare alcune carenze di disciplina.

Bibliografia di orientamento

E. REDENTI, *Atti processuali civili*, in *Enciclopedia del diritto*, IV, Milano, 1969; B. CORMIO, *Degli atti in generale*, in *Commentario del cod. di proc.*

civ., diretto da E. Allorio, I, Torino, 1973; N. PICARDI, *Per una sistemazione dei termini processuali*, in *Jus*, 1963; N. PICARDI, *Dei termini*, in *Commentario del cod. di proc. civ., diretto da E. Allorio*, I, Torino, 1973; R. ORIANI, *Atti processuali: I) Dir. proc. civ.*, in *Enc. Giur. Treccani*, III, Roma, 1988; R. POLI, *Atti processuali (dir. proc. civ.)*, in *Diritto on line Treccani*, 2015; C.E. BALBI, *La decadenza nel processo civile*, Milano, 1989; R. CAPONI, *La rimessione in termini nel processo civile*, Milano, 1996; F. DE SANTIS, *La rimessione in termini nel processo civile*, Torino, 1997; A. PANZAROLA, *Sulla rimessione in termini* ex *art. 153 c.p.c.*, in *Riv. dir. proc.*, 2009; D. D'ADAMO, *Prime riflessioni sulla nuova rimessione in termini*, in *Riv. dir. proc.*, 2010; A. CARRATTA, *Il fondamento del principio di preclusione nel processo civile*, in *Il principio di preclusione nel processo penale*, a cura di L. MARAFIOTI e R. DEL COCO, Torino, 2012; S. MENCHINI, *Principio di preclusione e autoresponsabilità processuale*, in *Giusto proc. civ.*, 2013; A. MENGALI, *Preclusioni e verità nel processo civile*, Torino, 2018; C. BESSO-M. LUPANO, *Atti processuali*, in *Comm. del c.p.c.*, diretto da S. CHIARLONI, Torino, 2016; A. BONAFINE, *L'atto processuale telematico*, Napoli, 2017; L. QUERZOLA, *Contributo allo studio degli atti processuali tra forma e linguaggio giuridico*, Torino, 2018; F. DE VITA, *Efficienza del processo civile e formazione degli atti*, Napoli, 2018; A. VILLA, Overruling *processuale e tutela delle parti*, Torino, 2018; G. BASILICO, *Le sanzioni endoprocessuali: contributo allo studio dei meccanismi sanzionatori nel sistema giuridico-processuale italiano*, in *Riv. trim. dir. e proc. civ.*, 2019.

Sezione seconda

PROVVEDIMENTI DEL GIUDICE, COMUNICAZIONI E NOTIFICAZIONI

67. *I provvedimenti del giudice in generale.*

I provvedimenti sono gli atti con i quali il giudice assolve alle sue funzioni.

Gli atti giuridici processuali con i quali il giudice tipicamente assolve alle sue funzioni si chiamano *provvedimenti*. Vi sono, in realtà, taluni atti del giudice che, in quanto non assolvono ad alcuna funzione decisoria, neppure in via indiretta, non sono provvedimenti, ma si tratta di atti, per lo più a carattere materiale e con funzione puramente preparatoria o complementare: si pensi, ad es., all'attività con la quale il giudice istruttore ordina materialmente e dirige lo svolgimento delle udienze del processo di cognizione (art. 175) o ascolta le parti nell'espletazione dell'interrogatorio libero (art. 117).

L'art. 131 prevede tre tipi di provvedimenti: la *sentenza*, l'*ordinanza* e il *decreto*, precisando che la legge prescrive in quali casi ci si deve servire dell'uno piuttosto che dell'altro; ed aggiunge, nel 2° comma – con una disposizione di cui ci siamo già occupati al § 64 – che, in mancanza di tale prescrizione, il provvedimento va pronunciato nella forma più idonea al raggiungimento del suo scopo; una disposizione con funzione di chiusura del sistema, alla cui importanza sistematica fa riscontro lo scarso rilievo pratico diretto, ma che, comunque, nella sua eventuale applicazione diretta, concernerebbe soltanto la scelta tra l'uno e l'altro dei tre tipi di provvedimenti.

Di solito, la sentenza assolve alla funzione decisoria; l'ordinanza e il decreto alla funzione ordinatoria.

Di regola, la forma della sentenza è prescritta per i provvedimenti che assolvono alla tipica funzione decisoria del giudizio, mentre le forme dell'ordinanza e del decreto sono per lo più previste per i provvedimenti con funzione ordinatoria interna al processo; e, più precisamente, quelle dell'ordinanza quando il provvedimento presuppone lo svolgimento di un contraddittorio tra le parti e quelle del decreto nel caso opposto.

Ma, vi sono dei casi nei quali il legislatore, trascurando questi criteri di massima, per lo più con riguardo ad esigenze particolari proprie di procedimenti speciali, configura provvedimenti decisorî sul merito da pronunciarsi con le forme dell'ordinanza (v., ad es., l'ordinanza di cui all'art. 663; v. vol. III, § 50) o del decreto (v., ad es., il decreto ingiuntivo di cui all'art. 641; v. vol. III, § 42), oppure provvedimenti decisori sul rito con ordinanza (come accade per la pronuncia sulla competenza, ai sensi dell'art. 279, 1° comma: v. retro, § 39, o per la pronuncia di inammissibilità dell'appello per mancanza di *ragionevole probabilità di essere accolto*, ai sensi dell'art. 348 bis: v. oltre, § 75 del vol. II). In questi casi non c'è dubbio che i provvedimenti, pronunciati con le forme che per essi prescrive la legge, sono assoggettati al regime di impugnazione espressamente previsto per essi.

Agli effetti dell'assoggettamento alle impugnazioni si ha riguardo alla forma del provvedimento.

Quando, invece, accade che il giudice pronunci per errore un provvedimento con una forma diversa da quella che la legge prescrive con riguardo al suo contenuto e alla sua sostanza, sorgono alcuni problemi assai delicati, specialmente intorno al regime di impugnabilità del provvedimento. Al riguardo, qui basterà rilevare che la giurisprudenza prevalente è orientata nel senso che, al fine di stabilire il regime di impugnabilità, la sostanza deve prevalere sulla forma.

Va, inoltre, tenuto presente che, ai termini dell'art. 111, 6° comma, Cost., «*tutti i provvedimenti giurisdizionali devono essere motivati*». Sebbene questa norma costituzionale non distingua tra i diversi provvedimenti, è chiaro che l'esigenza della motivazione si manifesta con intensità diversa rispetto ai diversi tipi di provvedimento, nel senso che essa opera inderogabilmente soltanto con riguardo ai provvedimenti decisori.

68. *La sentenza.*

La sentenza è il provvedimento col quale il giudice assolve alla sua funzione decisoria.

La *sentenza* è il provvedimento col quale il giudice assolve alla sua funzione giurisdizionale decisoria (fuori dei casi, visti al § precedente, nei quali il codice lo autorizza ad adottare ordinanza o decreto).

Poiché l'attuale nostro esame dei provvedimenti del giudice riguarda i provvedimenti stessi sotto il profilo formale, possiamo limitare ai cenni che seguono i riferimenti alla sostanza decisoria della sentenza.

Al riguardo, abbiamo già visto ampiamente a suo tempo (retro, §§ 15, 17, 18) qual è, in se stessa, la funzione decisoria alla quale assolve la sentenza quando non si ferma ad una pronuncia sul processo per il rilievo di un ostacolo (v. retro, §§ 10, 14 e vol. II, § 56), corrispondendo all'esigenza di tutela prospettata nella domanda attraverso l'esercizio dell'azione; e come, in relazione a ciò, si distingua, da un lato, tra sentenza di *accoglimento* e di *rigetto* della domanda e, dall'altro lato, tra *sentenza di accertamento mero, di condanna* e *costitutiva*; ed abbiamo anche messo in rilievo come il criterio distintivo tra questi diversi tipi di sentenza si riconduca al criterio distintivo tra i diversi tipi di azione in concreto esercitata. Pertanto, qui basterà ricordare che la sentenza è *di mero accertamento*, quando accerta il diritto assolvendo ad un'esigenza di certezza determinata dalla contestazione (o dal vanto); è di *condanna*, quando, oltre ad accertare il diritto, accerta l'esigenza della sua ulteriore tutela mediante esecuzione forzata, nonché la sussistenza dei presupposti per far luogo a tale esecuzione forzata; è *costitutiva* quando, dopo aver accertato un diritto ad una modificazione giuridica, assolve interamente alla relativa esigenza di tutela mediante modificazione giuridica, facendo luogo senz'altro a tale modificazione.

La forma della sentenza è, come si diceva poc'anzi, prescritta dalla legge per l'atto conclusivo o finale del procedimento giurisdizionale di cognizione o di un suo grado, ossia per l'atto col quale il giudice assolve, almeno in parte, alla sua funzione decisoria.

Può essere *definitiva* del processo (sul merito o sul processo) …

Quando la sentenza assolve *interamente* alla sua funzione decisoria sul merito del giudizio, l'organo giudicante, col pronunciarla, *conclude* o *definisce* il giudizio (art. 277, 1° comma); il che, tuttavia, accade anche quando il giudice si arresta alla pronuncia sul processo *prima* di pervenire alla pronuncia sul merito, poiché riscontra il difetto di presupposti processuali o di condizioni dell'azione (risolvendo in senso negativo questioni di giurisdizione o altre «*questioni pregiudiziali di rito*», attinenti, cioè, al processo: ad es., risolve una questione di giurisdizione *negando* la propria giurisdizione o *negando* la legittimazione processuale della parte; ma ad esclusione delle questioni di competenza che, come detto, vanno decise, ai sensi dell'art. 279, 1° comma, con ordinanza) o quando, incominciato il giudizio sul merito, risolve talune questioni «*preliminari di merito*» in senso impeditivo dell'accoglimento della domanda (ad es., la prescrizione del diritto). In tutti questi casi, che il codice contempla espressamente là dove dispone in quali casi il giudice deve pronunciare sentenza (art. 279), la sentenza si chiama *definitiva*, appunto perché definisce, chiude il giudizio (v. art. 279, 2° comma, nn. 1, 2, e 3).

… oppure *non definitiva*.

Essa, viceversa, è *non definitiva* quando non definisce il giudizio perché il giudice risolve una questione pregiudiziale di rito o preliminare di merito in modo tale da consentire la prosecuzione del giudizio (ad es., risolve una questione di giurisdizione, *affermando* la propria giurisdizione; *nega* che sia intervenuta la prescrizione del diritto, eccepita dal convenuto) o perché decide il merito solo parzialmente (art. 279, 2° comma, nn. 4, 5 e art. 277, 2° comma) (ad es., decide solo su alcune delle domande cumulate) (v. vol. II, § 56).

Nella sede di disciplina generale della quale ci stiamo occupando, il codice si limita, da un lato, ad indicare quali sono i requisiti di contenuto (sotto il profilo formale, o di forma-contenuto: retro, § 63) proprî della sentenza, e, dall'altro lato, a precisare l'*iter* (pubblicazione e comunicazione) attraverso il quale la sentenza viene giuridicamente in essere con la sua tipica autorità regolatrice dei rapporti di diritto sostanziale.

L'art. 132 elenca i requisiti di forma-contenuto della sentenza.

Con riguardo alla forma-contenuto, l'art. 132, dopo aver detto che la sentenza deve essere pronunciata in nome del popolo italiano, dispone che essa deve contenere:

1. l'*indicazione del giudice* che l'ha pronunciata;
2. l'*indicazione delle parti e dei loro difensori*;
3. le *conclusioni del Pubblico Ministero e quelle delle parti*;
4. la *concisa esposizione dei motivi in fatto e in diritto della decisione* (motivazione);
5. il *dispositivo*, la *data della deliberazione* e la *sottoscrizione del giudice*, la cui mancanza rende la sentenza «inesistente» (art. 161, 2° comma: v. oltre, § 74). Nel dispositivo si concreta l'essenza volitiva della sentenza. Ciò però non significa che la portata precettiva della sentenza debba restare limitata a quanto risulta dal dispositivo; al contrario, è pacifico che tale portata precettiva va rinvenuta «nel dispositivo in relazione alla motivazione».

La sentenza emessa da un organo collegiale è sottoscritta soltanto dal presidente e dal giudice estensore; la mancanza di queste sottoscrizioni dà luogo a nullità assoluta e insanabile. Se il presidente non può sottoscrivere per morte o per altro impedimento, la sentenza viene sottoscritta dal componente più anziano del collegio purché prima della sottoscrizione sia menzionato l'impedimento; se l'estensore non può sottoscrivere per morte o per altro impedimento, è sufficiente la sottoscrizione del solo presidente, purché prima della sottoscrizione sia menzionato l'impedimento. Così dispone l'ultimo comma dell'art. 132.

Le conseguenze della mancanza dei requisiti ...

Naturalmente – in applicazione delle regole connesse al principio della congruità delle forme allo scopo e, più specificamente, di quelle dedicate alla validità o nullità degli atti (su cui, v. oltre, § 72) – il codice non esige che i summenzionati elementi di contenuto seguano un ordine rigoroso o siano espressi con formule sacramentali; ciò che è necessario e sufficiente è che ciascuno di essi possa essere desunto senza incertezze dal contesto della sentenza. Ad eventuali omissioni che non diano luogo ad assoluta incertezza si potrà anche ovviare col particolare procedimento di correzione degli errori materiali (art. 287; v. vol. II, § 59).

... nel quadro del principio di congruità delle forme allo scopo.

Le ragioni per le quali il codice (in applicazione del principio della congruità delle forme allo scopo) esige i summenzionati requisiti di forma-contenuto stanno in evidente correlazione con lo scopo obbiettivo dell'atto.

Il difetto di un requisito essenziale per il conseguimento dello scopo dà luogo ad un vizio che, come si vedrà più avanti (§ 74) può essere fatto valere soltanto con le modalità e nei termini dei mezzi di impugnazione, secondo il disposto dell'art. 161, che, peraltro, nel suo 2° comma, e come si vedrà nel § 75, configura un'eccezione espressa per la sentenza priva di sottoscrizione del giudice. Se però il vizio formale determina solo l'inammissibilità della domanda (ad es., per difetto dei requisiti di cui all'art. 163, 3° comma) senza pronuncia sul merito, nulla impedisce la riproposizione della domanda.

La sentenza, stesa e sottoscritta, viene depositata in cancelleria, così ponendo in essere la sua *pubblicazione*.

La sentenza, una volta stesa e sottoscritta, viene depositata nella cancelleria del giudice che l'ha pronunciata (art. 133, 1° comma); di questo deposito il cancelliere dà atto in calce alla sentenza apponendovi la firma e la data (art. 133, 2° comma). È questa la *pubblicazione della sentenza*, cioè l'atto attraverso il quale la sentenza acquista la sua efficacia autoritativa di *dictum* del giudice, idoneo a divenire immutabile se non fatto oggetto dell'impugnazione prevista dalla legge.

Il cancelliere provvede alla *comunicazione alle parti* nel testo integrale.

Entro cinque giorni dalla pubblicazione – stabilisce sempre il 2° comma dell'art. 133 – il cancelliere ne dà notizia alle parti costituite, mediante *biglietto* contenente il *testo integrale della sentenza* (ma tale comunicazione, ovviamente, non è idonea a far decorrere i termini brevi per la proposizione delle impugnazioni di cui all'art. 325: su questo v. il § 71 del vol. II). Quest'avviso va comunicato con le modalità indicate dall'art. 136, e quindi o con consegna al destinatario o con trasmissione a mezzo p.e.c. all'indirizzo del difensore; laddove ciò non sia possibile, il biglietto è inviato a mezzo fax (al numero indicato dallo stesso difensore a norma dell'art. 125, 1° comma) (v. retro, § 65) o rimesso all'ufficiale giudiziario per la notifica. È questa la *comunicazione della sentenza* (art. 133, 2° comma).

Mentre la data della pubblicazione costituisce il *dies a quo* per la decorrenza del termine semestrale d'impugnazione in mancanza di notificazione (art. 327; v. vol. II, § 71), la data della comunicazione (su cui v. il § 70) della sentenza costituisce il *dies a quo* per il decorso del termine agli effetti della proposizione del regolamento di competenza (art. 47, 2° comma; v. retro, § 39).

Agli effetti, invece, del decorso del termine per la proposizione di tutte le impugnazioni (salvo il termine semestrale di cui si è fatto cenno), il *dies a quo* è quello della *notificazione della sentenza* (art. 326; vol. II, § 71), ossia di quell'atto (sulla cui disciplina generale v. § 70) col quale l'ufficiale giudiziario – a richiesta della parte vittoriosa o comunque della parte interessata al passaggio in giudicato – fa consegna ufficiale di copia autentica della sentenza alla parte che sarebbe eventualmente interessata all'impugnazione.

L'efficacia di accertamento presuppone il giudicato, mentre quella esecutiva è connessa anche alla sentenza di primo grado.

Quanto al momento nel quale la sentenza acquista efficacia, occorre distinguere tra *efficacia di accertamento*, che (come anche quella *costitutiva*) presuppone la sua definitività e quindi il passaggio in giudicato (formale) (art. 324), ed *efficacia esecutiva* (se si tratta di condanna), che consegue già dalla sentenza di primo grado (art. 282).

D'altra parte ed infine, va tenuto presente che la sentenza, ove pubblicizzata sui mezzi di informazione, potrebbe contribuire a riparare il danno causato dalla vicenda per la quale è stata pronunciata, ma anche a prevenire l'ulteriore propagazione degli effetti dannosi. Di ciò ha preso atto il legislatore che, all'art. 120, ha previsto il potere del giudice (su istanza di parte, di disporre, appunto, la pubblicazione (mediante inserzione per estratto o mediante comunicazione) su qualificati mezzi di informazione ed in siti internet, a cura e spese del soccombente.

69. *L'ordinanza e il decreto.*

L'*ordinanza* è il provvedimento che tipicamente assolve alla funzione c.d. *ordinatoria* del processo, ossia quella di regolarne l'*iter* procedimentale eventualmente risolvendo le questioni che possono insorgere in proposito tra le parti; perciò di solito l'ordinanza presuppone il contraddittorio tra le parti e, in relazione a ciò, il codice (art. 134) dispone che essa sia *succintamente motivata.*

L'ordinanza assolve, di regola, alla funzione ordinatoria.

Soltanto in casi eccezionali ed espressamente previsti dalla legge, come detto, l'ordinanza assolve ad una funzione direttamente decisoria (v., ad es., l'art. 279, 1° comma, o gli artt. 663 e 665, nel procedimento speciale per convalida di licenza o sfratto, oppure l'ordinanza di cui agli artt. 348 bis e ter, di inammissibilità dell'appello che non presenti ragionevoli probabilità di essere accolto).

Eccezionalmente, può assolvere alla funzione decisoria.

La succinta disciplina contenuta nell'art. 134 prosegue disponendo che l'ordinanza, se pronunciata in udienza, è inserita nel processo verbale; mentre, se è pronunciata fuori dell'udienza, è scritta in calce al processo verbale oppure in foglio separato, munito della data e della sottoscrizione del giudice, o, quando questo è collegiale, del presidente.

Anche l'ordinanza – quando non è pronunciata in udienza – va comunicata dal cancelliere alle parti, salvo che la legge ne prescriva la notificazione. Ed anche con riguardo all'ordinanza vale quanto detto a proposito della comunicazione della sentenza, e cioè l'applicazione delle regole fissate dall'art. 136.

Se non è pronunciata in udienza, va comunicata dal cancelliere.

L'ordinanza è provvedimento di solito revocabile (ma non senza eccezioni: v., ad es., per le ordinanze del giudice istruttore, l'art. 177, 3° comma).

Il *decreto* assolve, anch'esso, di solito, ad una funzione interna al processo, non sempre ordinatoria e che, di solito, non presuppone l'insorgere di questioni e pertanto neppure il contraddittorio tra le parti. In relazione a ciò il codice (art. 135, 4° comma) dispone che il decreto *non è motivato*, salvo che la motivazione sia richiesta espressamente dalla legge.

Il *decreto* assolve, di regola, a funzione ordinatoria senza contraddittorio e perciò non è motivato.

Il decreto può essere pronunciato d'ufficio o su istanza di parte, verbale oppure su ricorso: nel quale ultimo caso, il decreto è steso in calce al ricorso. Va anch'esso datato e sottoscritto, come l'ordinanza.

È, infine, opportuno, per affinità di argomento, far menzione qui degli atti dell'organo esecutivo nel processo di esecuzione forzata, sebbene, non trattandosi di atti del giudice, essi non rientrino nella categoria dei provvedimenti. In quanto si tratta di atti per lo più materiali, si suole parlare, rispetto ad essi, di «operazioni».

70. *Le comunicazioni, le notificazioni e l'obbligatorio deposito telematico degli atti processuali.*

Il capo del codice intitolato alle forme degli atti e dei provvedimenti termina con la sezione quarta, intitolata «delle comunicazioni e delle notificazioni», e contenente gli artt. da 136 a 151; di questi articoli, soltanto il primo è dedicato alle comunicazioni, e tutti gli altri alle notificazioni.

Comunicazioni e notificazioni hanno in comune – oltre che la generica funzione di trasmettere una notizia a determinati destinatari – il fatto che nella disciplina del processo civile sono configurati come atti di quegli organi complementari che stanno a fianco del giudice, e di cui ci occupammo al § 43, vale a dire il cancelliere e l'ufficiale giudiziario.

La *comunicazione* è l'atto col quale, *il cancelliere*, per dovere d'ufficio, informa i soggetti del processo che si sono verificati determinati fatti.

Come appunto abbiamo osservato al § 43, tra gli atti proprî del cancelliere sono comprese anche *le comunicazioni* che sono atti con i quali il cancelliere, per suo dovere d'ufficio e quindi senza specifica richiesta, informa le parti, o altri soggetti che operano nel processo (Pubblico Ministero, consulente tecnico o altri ausiliari, testimoni) che si sono verificati determinati fatti rilevanti per il processo, tra i quali, in primo luogo, la pronuncia dei provvedimenti del giudice.

La comunicazione avviene a mezzo di biglietto di cancelleria.

La *comunicazione* – così dispone l'art. 136, nel suo 1° comma – avviene a mezzo di biglietto di cancelleria, che può essere redatto su supporto cartaceo oppure trasmesso a mezzo p.e.c. Nel primo caso, il biglietto si compone di due parti uguali, delle quali una è consegnata al destinatario e l'altra è conservata nel fascicolo d'ufficio. Nel secondo caso esso è costituito dal messaggio di p.e.c. (art. 45 disp. att.).

Il 2° comma dell'art. 136 dispone che «*Il biglietto è consegnato dal cancelliere al destinatario che ne rilascia ricevuta, ovvero trasmesso a mezzo posta elettronica certificata, nel rispetto della normativa, anche regolamentare, concernente la sottoscrizione, la trasmissione e la ricezione dei documenti informatici*».

L'obbligo delle comunicazioni e notificazioni per via telematica.

Sennonché, l'art. 16, 4° comma, del già citato D.L. 179/2012 (conv. dalla L. 221/2012), ha previsto che «*nei procedimenti civili le comunicazioni e le notificazioni a cura della cancelleria sono effettuate esclusivamente per via telematica all'indirizzo di posta elettronica certificata risultante da pubblici elenchi o comunque accessibili alle pubbliche amministrazioni*». Soltanto quando ciò non sia possibile per causa non imputabile al destinatario si applicherà l'art. 136, 3° comma, c.p.c., e dunque il biglietto viene trasmesso dalla cancelleria a mezzo fax o rimesso all'ufficiale giudiziario perché provveda alla notifica.

La notificazione ad opera dell'ufficiale giudiziario.

La *notificazione*, invece, normalmente è atto dell'ufficiale giudiziario. Quanto alla competenza notificatoria dell'ufficiale giudiziario, essa è disciplinata da una legge speciale, ossia dal D.P.R. 15 dicembre 1959 n. 1229. Per il combinato disposto degli artt. 106 e 107, 2° comma di questo decreto la potestà notificatoria spetta in via concorrente sia all'ufficiale giudiziario del luogo dove deve essere eseguita la notificazione e sia a quello addetto all'ufficio giudiziario competente a conoscere della causa alla quale attiene la notificazione. Quest'ultimo può operare anche fuori della circoscrizione territoriale, ma solo a mezzo del servizio postale. Quanto al vizio conseguente all'incompetenza dell'ufficiale giudiziario, la Cassazione ha riconosciuto che si tratti di mera irregolarità (Cass. sez. un. 4 luglio 2018 n. 17533).

La notificazione da parte dell'ufficiale giudiziario non avviene d'ufficio, ma è provocata dall'istanza di una parte o del Pubblico Ministero o del cancelliere (art. 137, 1° comma) ed ha sempre la funzione di portare a conoscenza del destinatario *un atto* che è sempre redatto per iscritto e del quale viene consegnata al destinatario una copia che è conforme all'originale, come lo stesso ufficiale giudiziario riscontra e dichiara (art. 137, 2° comma). Quest'attestazione di conformità è contenuta in una relazione che l'ufficiale giudiziario redige in calce all'originale ed alla copia, prima di consegnarla; relazione che egli stesso data e sottoscrive e nella quale dà atto di avere eseguito la notificazione, precisandone i modi ed indicando la persona istante nonché il luogo ed il giorno in cui è avvenuta e la persona che ha ricevuto la copia dell'atto.

La già vista strumentalità della notificazione rispetto all'atto notificato, si evidenzia nel senso che ne condiziona determinati effetti (ad es., rispetto alla sentenza, la decorrenza del termine di impugnazione) o addirittura – in taluni casi: tipico quello dell'atto di citazione, art. 163, ultimo comma (v. vol. II, § 5) – ne condiziona ogni efficacia giuridica.

La notificazione è disciplinata con forme ispirate al principio della congruità al suo scopo.

Come è regola generale per gli atti del processo (retro, § 63), il rispetto delle forme proprie dell'atto di notificazione è condizione necessaria e sufficiente per la sua efficacia, che nella specie è la legale conoscenza dell'atto da notificarsi, da parte del destinatario; se quelle forme sono rispettate, ne deriva una sorta di presunzione assoluta di conoscenza in capo a quest'ultimo, indipendentemente dalla conoscenza effettiva: il che è perfettamente logico, poiché le forme che la legge prescrive sono precisamente tali che, se rispettate, non possono non mettere il destinatario in condizione di conoscere l'atto, sempre che lo voglia. Per converso, la notificazione non ha, di solito, equipollenti: l'effettiva conoscenza dell'atto da parte del destinatario, al di fuori della notificazione, non produce gli effetti proprî di quest'ultima, salvi solo i casi nei quali risulti raggiunto lo scopo dell'atto (v. oltre, § 72) e la notificazione non sia richiesta (come nel caso dell'atto di citazione) per l'esistenza stessa dell'atto.

Può accadere che il rispetto delle forme da parte del richiedente non sia sufficiente perché l'atto venga tempestivamente fatto entrare nella sfera di disponibilità del destinatario. Questa eventualità – che si verifica quando, per negligenza di terzi (dell'ufficiale giudiziario, ma non solo) si determinano ritardi non imputabili al richiedente – è stata tenuta presente dalla Corte costituzionale per affermare che la notificazione debba intendersi perfezionata per il richiedente nel momento in cui egli ha consegnato l'atto da notificare all'ufficiale giudiziario (C. Cost. 26 novembre 2002 n. 477; C. Cost. 23 gennaio 2004 n. 28), sebbene per il destinatario essa si perfezioni solo con l'avvenuta notificazione dell'atto. Con la conseguenza che risulta inevitabilmente scisso – rispetto al richiedente e al destinatario – il momento perfezionativo della notificazione, anche (e soprattutto) agli effetti della decorrenza dei termini per il compimento delle attività successive.

Gli effetti della notifica possono verificarsi, per il richiedente e per il destinatario, in momenti diversi.

Prima di esaminare le diverse forme nelle quali può avvenire la notificazione, occorre tener conto che, ai sensi dell'art. 147, la notificazione non può comunque effettuarsi prima delle ore 7 e dopo le ore 21. Quest'ultima disposizione si applica anche laddove la notificazione avvenga con modalità telematiche e determina che, quando sia eseguita dopo le ore 21, si considera perfezionata solo alle ore 7 del giorno successivo (così l'art. 16 septies del già citato D.L. 179/2012). Ma tale disposizione è stata ritenuta costituzionalmente illegittima nel suo riferirsi anche al notificante, per il quale, invece, la notificazione con modalità telematiche deve ritenersi perfezionata nel momento di generazione della ricevuta di accettazione (C. Cost. 9 aprile 2019 n. 75).

Se possibile, la consegna è effettuata *in mani proprie* del destinatario …

Quanto alle modalità di notificazione, l'art. 138 prende in considerazione, in primo luogo, la notificazione c.d. *in mani proprie*, ossia mediante consegna personale al destinatario, consegna che l'ufficiale giudiziario può effettuare presso l'abitazione dello stesso o, se ciò non sia possibile, in un luogo qualunque compreso nella circoscrizione dell'ufficio giudiziario al quale appartiene. Se il destinatario rifiuta di ricevere la copia, l'ufficiale giudiziario ne dà atto nella relazione e la notificazione si considera fatta in mani proprie (art. 138, 2° comma).

Se non avviene con consegna a mani proprie del destinatario, la notificazione avviene mediante consegna della copia dell'atto ad altre persone ed in determinati luoghi individuati dallo stesso legislatore.

Stabilisce, infatti, l'art. 139 che, se il destinatario non viene trovato presso la sua abitazione o dove ha l'ufficio o esercita l'industria o il commercio, l'ufficiale giudiziario consegna copia dell'atto a una persona di famiglia o addetta alla casa, all'ufficio o all'azienda, purché non minore di quattordici anni e non palesemente incapace. In assenza delle persone suddette, la copia è consegnata al portiere dello stabile dove è l'abitazione, l'ufficio o l'azienda e, quando anche il portiere manca, a un vicino di casa, i quali debbono sottoscrivere una ricevuta; in questo caso, l'ufficiale giudiziario deve poi dare notizia al destinatario, con lettera raccomandata, dell'avvenuta notificazione dell'atto.

... o altrimenti ad altre persone, presso l'abitazione del destinatario o dove questi ha l'ufficio o esercita l'industria o il commercio (art. 139 c.p.c.).

In caso di irreperibilità del destinatario o di rifiuto o incapacità di ricevere la copia da parte delle persone summenzionate, l'art. 140 dispone che l'ufficiale giudiziario – che nella sua relazione deve dare atto delle ragioni dell'impossibilità della consegna – deposita la copia nella casa del comune dove la notificazione deve eseguirsi, affiggendo poi avviso di ciò in busta chiusa e sigillata alla porta dell'abitazione o dell'ufficio del destinatario, che viene anche avvertito con lettera raccomandata con avviso di ricevimento.

Per il caso *di irreperibilità del destinatario* o inesistenza di persone che diano tale affidamento o di loro rifiuto, l'art. 140 c.p.c. prevede il deposito nella casa comunale, con affissione e avvisi.

La Corte costituzionale (con la sent. 14 gennaio 2010 n. 3) ha dichiarato illegittimo costituzionalmente l'art. 140 nella parte in cui, secondo il «diritto vivente», fa decorrere gli effetti della notifica, per il destinatario, dal momento della spedizione della raccomandata informativa, anziché dal ricevimento della stessa o, comunque, decorsi dieci giorni dalla relativa spedizione, così come previsto, per la notificazione a mezzo posta, dall'art. 8 L. 890/1982, il quale aggiunge anche che, decorsi sei mesi dalla data di deposito, l'atto sarà restituito al mittente (v. oltre, in questo §).

Se, poi, del destinatario non si conosce la residenza né la dimora né il domicilio, il deposito va fatto in una copia nella casa comunale dell'ultima residenza (o, se questa è ignota, in quella del luogo di nascita) (art. 143). Se neppure questi luoghi sono noti, la copia va consegnata al P.M. In tutti questi casi, la notificazione si ha per eseguita – così l'art. 143, 3° comma – nel ventesimo giorno successivo a quello in cui sono compiute le formalità prescritte.

La notificazione a chi ha eletto domicilio presso una persona o ufficio – che, se inclusa in un contratto, può essere prevista come obbligatoria (art. 141, 2° comma) – avviene con la consegna della copia alla persona o al capo dell'ufficio domiciliatario, nel qual caso equivale alla consegna a mani del destinatario (art. 141, 1° e 3° comma). In caso di assenza del destinatario operano le regole di cui all'art. 139.

Per il caso che il destinatario non abbia residenza né dimora né domicilio in Italia, l'art. 142 contempla la spedizione di una copia dell'atto a mezzo di plico raccomandato, accompagnata dalla trasmissione di altra copia al P.M. che, per il tramite del Ministero degli esteri, ne cura la consegna alla persona alla quale è diretta.

Va, tuttavia, precisato che l'articolo in esame inizia con la premessa «*salvo quanto disposto nel secondo comma*», il quale 2° comma dispone che «le disposizioni di cui ai commi precedenti si applicano soltanto nei casi in cui risulta impossibile eseguire la notificazione in uno dei modi consentiti dalle Convenzioni internazionali e dagli artt. 30 e 75 D.P.R. 5 gennaio 1967 n. 200». Ciò che, per gli Stati dell'Unione europea, è superato dal Reg. 1393/2007. Di conseguenza, il procedimento notificatorio di cui all'art. 142 ha assunto un ruolo del tutto residuale.

Per le notifiche all'estero del sequestro, è sufficiente il compimento delle formalità a carico del notificante.

Va aggiunto che la Corte costituzionale (con la sent. 3 marzo 1994 n. 69) ha dichiarato incostituzionali gli artt. 142, 3° comma, 143, 3° comma, 680, 1° comma, là dove non prevedono che la notificazione all'estero del sequestro si perfezioni, ai fini dell'osservanza del prescritto termine, *col tempestivo compimento delle formalità imposte al notificante*, così estendendo alle notifiche all'estero il principio del riferimento del termine al compimento delle prescritte formalità.

Per le *notifiche alle persone giuridiche* dispone l'art. 145 c.p.c.

Alle persone giuridiche le notificazioni si eseguono nella loro sede legale o anche solo effettiva mediante consegna di copia dell'atto al rappresentante o a persona incaricata di riceverla (art. 145, 1° comma) o ad altra persona addetta; alle società prive di personalità, alle associazioni non riconosciute e ai comitati, nei luoghi in cui svolgono la loro attività (art. 145, 2° comma). In tutti questi casi, la notificazione stessa potrà essere effettuata alla persona fisica che rappresenta l'ente (art. 145, 1° e 2° comma). D'altra parte, la notifica alla persona fisica che rappresenta l'ente e indicata nell'atto può essere effettuata ai sensi degli artt. 140 o 143 solo nel caso di impossibilità che avvenga nei modi suindicati (art. 145, 3° comma).

Alle Amministrazioni dello Stato le notificazioni debbono essere effettuate in conformità alle leggi speciali (art. 144) e cioè in persona del Ministro in carica e presso gli uffici dell'Avvocatura dello Stato nel cui distretto ha sede l'autorità giudiziaria innanzi alla quale si procede (R.D. 30 ottobre 1933 n. 1611, come modificato dalla L. 25 marzo 1958 n. 260).

L'art. 146, poi, detta particolari disposizioni per la notificazione a destinatario militare in attività di servizio (notificazione che va effettuata, se non a mani proprie, tramite il P.M.).

La notificazione può essere effettuata a mezzo del servizio postale secondo le regole di cui alla L. 890/1982.

Ai sensi dell'art. 149, la notificazione può essere eseguita dall'ufficiale giudiziario anche *a mezzo del servizio postale*, se non è fatto espresso divieto dalla legge. In tal caso l'ufficiale giudiziario scrive la relazione di notifica sull'originale e sulla copia dell'atto, indicando l'ufficio postale dal quale spedisce la copia al destinatario mediante plico raccomandato con avviso di ricevimento. In questo modo l'ufficiale giudiziario può eseguire le notificazioni anche al di fuori dell'ambito territoriale di sua competenza (art. 149 c.p.c. e art. 1 L. 890/1982).

Va tenuto presente, peraltro, che diverse modifiche sono state apportate alla L. 890/1982 dalla L. 205/2017 e poi dalla L. 145/2018, proprio con riferimento a tale procedimento notificatorio. In particolare, è stato previsto che, se la notificazione a mezzo posta non riesce (perché, ad es., il destinatario è temporaneamente assente), l'atto sia depositato presso il punto di deposito più vicino al destinatario e di tale deposito «*è data notizia al destinatario, a cura dell'operatore postale, mediante avviso in busta chiusa a mezzo lettera raccomandata con avviso di ricevimento*» (art. 8, 4° comma, L. 890/1982). Nell'avviso vi deve essere l'espresso invito al destinatario a provvedere al ritiro del piego «*entro il termine massimo di sei mesi, con l'avvertimento che la notificazione si ha comunque per eseguita trascorsi dieci giorni dalla data di spedizione della lettera raccomandata ... e che, decorso inutilmente anche il predetto termine di sei mesi, l'atto sarà restituito al mittente*».

In particolari circostanze, la notificazione può avvenire con forme particolari (ad es., quella telegrafica), che il giudice può prescrivere caso per caso (art. 151).

La notificazione può anche avvenire con particolari modalità, individuate dal giudice.

Infine, per il caso in cui la notificazione debba essere effettuata nei confronti di un numero rilevante di destinatari o di soggetti difficilmente identificabili, può essere autorizzata dal capo dell'ufficio giudiziario davanti al quale si procede, escluso il giudice di pace, la notificazione per pubblici proclami con le modalità e le forme più dettagliatamente indicate nell'art. 150 e dalle quali emerge anche la possibilità di instaurare il contraddittorio nei confronti di persone non specificamente individuate.

Quali che siano le modalità di notificazione utilizzate, la Cassazione ha affermato anche che in ogni caso in cui il procedimento notificatorio non si concluda tempestivamente per causa non imputabile al richiedente, quest'ultimo ha la possibilità e l'onere di riprendere tale procedimento entro un termine ragionevole.

Le Sezioni unite hanno puntualizzato che la ripresa del procedimento notificatorio può considerarsi tempestiva se avviene entro la metà dei termini indicati dall'art. 325 c.p.c., salvo circostanze eccezionali (Cass. sez. un. 15 luglio 2016 n. 14594); ciò anche laddove si tratti di notificazione effettuata a mezzo p.e.c. (Cass. 24 agosto 2017 n. 20381).

A conclusione di questi rilievi in tema di notificazione e per completare il quadro normativo delle comunicazioni e notificazioni degli atti processuali, è opportuno dedicare qualche cenno ad alcune disposizioni sulle notificazioni con modalità telematiche.

Abbiamo già visto le novità introdotte dal D.L. 179/2012 per le comunicazioni della cancelleria.

Notificazioni e comunicazioni per via telematica mediante utilizzazione della p.e.c.

Le regole tecniche per l'adozione delle modalità telematiche nel processo sono state fissate con il D.M. del Ministro della giustizia 44/2011 (successivamente integrato dal D.M. 48/2013) e con il provvedimento dirigenziale 16 aprile 2014 del Responsabile per i sistemi informatici automatizzati (successivamente modificato con provvedimento 28 dicembre 2015). Ai sensi dell'art. 7 del D.M. 44/2011, è stato anche istituito il nuovo *ReGIndE* (*Registro generale degli indirizzi elettronici*), gestito direttamente dal Ministero della giustizia, che contiene gli indirizzi di posta elettronica certificata dei soggetti abilitati esterni, e cioè di difensori, consulenti e altri ausiliari del giudice.

L'art. 149 bis fissa le regole sulla notificazione a mezzo p.e.c.

Inoltre, occorre anche richiamare in questa sede l'art. 149 bis c.p.c., il quale proprio a proposito delle notificazioni a mezzo posta elettronica, stabilisce che «*se non è fatto espresso divieto dalla legge, la notificazione può eseguirsi a mezzo posta elettronica certificata, anche previa estrazione di copia informatica del documento cartaceo*». A tal fine l'ufficiale giudiziario redige la relazione di notificazione di cui all'art. 148 c.p.c. su documento informatico separato, sottoscritto con firma digitale e congiunto all'atto cui si riferisce mediante strumenti informatici.

In tal caso, la notifica si intende perfezionata nel momento in cui il gestore rende disponibile il documento informatico nella casella di posta elettronica certificata del destinatario.

Una volta eseguita la notificazione con modalità telematiche, l'ufficiale giudiziario restituisce all'istante o al richiedente, anche per via telematica, l'atto notificato, unitamente alla relazione di notificazione e agli allegati.

Per consentire la funzionalità di questo nuovo modo di procedere alle notificazioni e comunicazioni mediante p.e.c., è stato stabilito anche che nell'albo degli avvocati tenuto dal Consiglio dell'ordine sia indicato, oltre al codice fiscale, l'indirizzo di posta elettronica certificata e che tali indirizzi sono resi disponibili per via telematica al Consiglio nazionale forense ed al Ministero della giustizia.

La notificazione ad opera dell'avvocato, ai sensi della L. 53/1994.

Va tenuto presente, infine, che la L. 53/1994 (successivamente modificata nel 2012 e nel 2015) consente che, in presenza di particolari condizioni, la notificazione sia effettuata direttamente dal difensore, munito di procura. In sintesi, l'avvocato può effettuare, previa autorizzazione del Consiglio dell'ordine di appartenenza, le notificazioni sia a mezzo del servizio postale (salvo che la notificazione debba essere eseguita personalmente) e sia direttamente «a mani proprie» mediante consegna di copia dell'atto al domicilio del destinatario che sia avvocato, se questi ed il notificante sono iscritti nello stesso albo, previa vidimazione e datazione dell'originale e della copia da parte del Consiglio dell'ordine di appartenenza (artt. 4, 5, 6 della L. 53/1994).

Invece, senza alcuna preventiva autorizzazione del Consiglio dell'ordine di appartenenza, lo stesso avvocato può procedere alla notificazione a mezzo p.e.c., all'indirizzo del destinatario risultante da pubblici elenchi.

L'obbligo di deposito telematico ...

Sempre nell'ottica di incrementare l'utilizzo delle modalità telematiche nel processo, l'art. 16 bis del citato D.L. 179/2012, più volte modificato, ha imposto – in termini generali – l'obbligo di deposito telematico degli atti di parte, ma scaglionandone nel tempo l'entrata in vigore a seconda degli uffici giudiziari.

Anzitutto, ha stabilito che «gli atti di parte e i provvedimenti del giudice depositati con modalità telematiche sono redatti in maniera sintetica» (comma 9° octies dell'art. 16 bis, cit.).

... per gli atti nei procedimenti civili davanti al tribunale, ...

Ha previsto, quindi, che nei procedimenti di competenza del tribunale «il deposito degli atti e dei documenti da parte dei difensori delle parti *precedentemente costituite* ha luogo esclusivamente con modalità telematiche». Invece, nei processi esecutivi di cui al libro III del c.p.c. (v. vol. III, capp. 3° e 4°) il medesimo deposito obbligatorio con modalità telematiche si applica successivamente al deposito dell'atto con cui inizia l'esecuzione (2° comma).

... davanti alla corte d'appello, alla Cassazione ...

Lo stesso obbligo è stato previsto, a partire dal 2015, anche *per i procedimenti civili innanzi alla corte d'appello*. Mentre, quanto ai procedimenti civili in cassazione, il D.M. del Ministro della giustizia del 27 gennaio 2021 ne ha previsto l'attivazione a decorrere dal 31 marzo 2021.

... e davanti al giudice di pace.

Invece, con riferimento agli uffici di giudice di pace, il D.Lgs. 116/2017, che ha riformato la magistratura onoraria, ha previsto che tali disposizioni si applicheranno a partire dal 31 ottobre 2025.

Il momento determinativo dell'avvenuto deposito telematico.

Il *deposito telematico* si ha per avvenuto – ai sensi del 7° comma del citato art. 16 bis – «*al momento in cui viene generata la ricevuta di avvenuta consegna da parte del gestore di p.e.c. del Ministero della giustizia*». Di conseguenza, tale deposito si considera tempestivamente eseguito «quando la ricevuta di avvenuta consegna è generata entro la fine del giorno di scadenza e si applicano le disposizioni di cui all'art. 155, 4° e 5° comma, c.p.c. [a proposito della scadenza del termine in un giorno festivo: v. retro, § 66]». E tuttavia, laddove i sistemi informatici del dominio giustizia non fossero funzionanti, il giudice potrebbe autorizzare il deposito degli atti processuali e dei documenti con modalità non telematiche (8° comma dell'art. 16 bis, cit.).

Il potere del difensore di certificare la conformità all'originale delle copie depositate.

Sempre al fine di favorire il deposito con le nuove modalità, il legislatore ha anche previsto che il difensore, quando deposita con modalità telematiche la copia informatica di un atto processuale o di un provvedimento formato su supporto analogico e detenuto in originale o in copia conforme, deve attestare in qualità di pubblico ufficiale la conformità della copia al predetto atto (art. 16 undecies D.L. 179/2012).

Infine, una volta avvenuto il deposito con modalità telematiche, le copie informatiche degli atti e dei provvedimenti, presenti nei fascicoli informatici o allegate a comunicazioni telematiche, «equivalgono all'originale anche se prive della firma digitale del cancelliere di attestazione di conformità all'originale» ed il difensore può estrarre duplicati e copie analogiche o informatiche e attestare la conformità delle copie estratte ai corrispondenti atti contenuti nel fascicolo informatico.

Bibliografia di orientamento

E. FAZZALARI, *Provvedimenti del giudice (dir. proc. civ.)*, in *Enciclopedia del diritto*, XXXVII, Milano, 1988; A. CHIZZINI, *Provvedimenti del giudice*, in *Dig. disc. priv., sez. civ.*, XVI, Torino, 1997; E. FAZZALARI, *Sentenza civile*, in *Enciclopedia del diritto*, XLI, Milano, 1989; V. ANDRIOLI, *Ordinanza (dir. proc. civ.)*, in *Enciclopedia del diritto*, XXX, Milano, 1980; F. LANCELLOTTI, *Decreto (dir. proc. civ.)*, in *Novissimo Dig. it.*, V, Torino, 1960; B. CAVALLONE, *A proposito dell'imperfezione delle sentenze*, in *Riv. dir. proc.*, 2011; C. RASIA, *La crisi della motivazione nel processo civile*, Bologna, 2016; V. COLESANTI, *Note in tema di crisi e «rinascenza» della motivazione*, in *Riv. dir. proc.*, 2017; A. CARRATTA, *Sub art. 120*, in *Comm. del c.p.c.*, a cura di S. CHIARLONI, Bologna, 2011; G. BASILICO, *Provvedimenti del giudice*, in *Diritto on line Treccani*, 2012; A. D'ALESSIO, *Notificazioni (dir. proc. civ.)*, in *Novissimo Dig. it.* (Appendice), V, Torino, 1984; C. PUNZI, *Delle comunicazioni e delle notificazioni*, in *Commentario del cod. di proc. civ., diretto da E. Allorio*, I, Torino, 1973; S. LA CHINA, *Notificazione: I) Dir. proc. civ.*, in *Enc. Giur. Treccani*, XXI, Roma, 2000, con Postilla di aggiornamento, 2006; A. FRASSINETTI, *La notificazione nel processo civile*, Milano, 2012; E. CONSOLANDI, *Atti telematici*, in *Il libro dell'anno del diritto Treccani*, Roma, 2013; A.D. DE SANTIS, *Processo telematico (dir. proc. civ.)*, in *Diritto on line Treccani*, 2015; R. CAPONI, *Il processo civile telematico tra scrittura e oralità*, in *Riv. trim. dir. e proc. civ.*, 2015; E. CONSOLANDI, *Deposito telematico degli atti processuali*, in *Il libro dell'anno del diritto Treccani*, Roma, 2016; A.D. DE SANTIS, *Notificazioni e comunicazioni (dir. proc. civ.)*, in *Diritto on line Treccani*, 2016; E. CONSOLANDI, *La Cassazione e il processo telematico*, in *Il libro dell'anno del diritto Treccani*, Roma, 2017; F. COSSIGNANI, *Processo civile telematico: deposito, notificazioni e comunicazioni*, in *Giur. it.*, 2017; A. BONAFINE, *L'atto processuale telematico*, Napoli, 2017; B. BRUNELLI, *Contributo allo studio della notificazione telematica*, in *Riv. trim. dir. e proc. civ.*, 2019; G. RUFFINI (a cura di), *Il processo civile telematico nel sistema del diritto processuale civile*, Milano, 2019; V. AMENDOLAGINE, *Il processo civile telematico a cinque anni dalla sua introduzione*, in *Giur. it.*, 2020; A. CARRATTA, *Decisione robotica e valori del processo*, in *Riv. dir. proc.*, 2020.

Sezione terza

LA NULLITÀ DEGLI ATTI PROCESSUALI

SOMMARIO: 71. La nullità degli atti processuali civili in generale. – 72. Le ragioni che fondano la pronuncia della nullità: i vizi dell'atto. – 73. Nullità relative e assolute, sanabili e insanabili. – 74. La nullità della sentenza e la regola della conversione dei vizi di nullità della sentenza in motivi di impugnazione. – 75. La c.d. inesistenza e l'irregolarità. La rinnovazione. La nullità delle notificazioni.

71. *La nullità degli atti processuali civili in generale.*

L'invalidità degli atti del processo, in quanto affetti da un vizio, rientra nell'unica figura della nullità ...

Il fenomeno dell'invalidità degli atti processuali è disciplinato, nel codice, nel capo intitolato «*della nullità degli atti processuali*», ciò che rivela l'orientamento del legislatore nel senso di ricondurre alla sola nullità ogni altro aspetto del fenomeno dell'invalidità. In realtà, il legislatore processuale, in primo luogo – e come stiamo per vedere – non ha affatto richiamato né utilizzato la contrapposizione concettuale, propria del diritto sostanziale, tra nullità e annullabilità, preferendo, invece, configurare una particolare nozione della nullità specificamente propria del diritto processuale civile, e cioè una nozione di nullità che ricomprende anche alcuni caratteri proprî dell'annullabilità. D'altra parte, il legislatore ha pure evitato di servirsi esplicitamente di quelle diverse nozioni che stanno per così dire ai confini della nullità; da un lato, quella della c.d. semplice irregolarità e, dall'altro lato, quello della c.d. inesistenza, lasciando alla dottrina il compito di indicare in queste due nozioni i fenomeni di ciò che è meno della nullità, e, rispettivamente, di ciò che è più della nullità, o che ne costituisce l'aspetto più intenso (v. oltre, § 75).

... come inidoneità dell'atto viziato a produrre i suoi effetti.

Negli articoli (da 156 a 162) dedicati alla disciplina della nullità, la nullità stessa è presentata subito come *oggetto di una pronuncia da parte del giudice*; e, più precisamente, di *una pronuncia, in mancanza della quale l'atto processuale produce egualmente i suoi effetti*. Pertanto, sotto questo profilo, la tecnica di cui il legislatore si serve parrebbe vicina a quella figura che, nel campo del diritto sostanziale, prende il nome di annullabilità e che, come è noto, si contrappone alla nullità nel senso che, mentre quest'ultima opera di diritto e può essere oggetto soltanto di una pronuncia di accertamento mero, l'annullabilità invece rimane priva di conseguenze fino a quando non interviene la pronuncia del giudice, che ha portata costitutiva ed in relazione a ciò, è detta, appunto, di annullamento.

Questa figura ha caratteristiche proprie nel senso che *presuppone sempre una pronuncia del giudice*, ...

Sennonché, mentre nel diritto sostanziale la pronuncia di annullamento opera, come si suol dire, *ex nunc*, così contrapponendosi alla pronuncia dichiarativa della nullità, che invece opera *ex tunc*, in quanto riscontra che l'atto non ha mai prodotto effetti; nella disciplina degli atti processuali, la pronuncia con la quale il giudice dà atto della nullità opera con efficacia retroattiva, ossia *ex tunc*, per l'appunto come un'autentica dichiarazione di nullità. Si tratta, insomma, di *una pronuncia che, da un lato, come quella di annullamento, è essenziale per l'inefficacia dell'atto, mentre, dall'altro lato, dichiara che l'atto non ha mai avuto efficacia, come è proprio della dichiarazione di nullità*.

... che però ha effetto «*ex tunc*».

In pratica tutto questo significa che gli atti processuali, nonostante i vizi dai quali possono essere afflitti, sono comunque efficaci, sia pure in via precaria, fino a quando una pronuncia del giudice che, rilevato il vizio, ne dichiari la nullità, sottrae loro – e fin dal momento in cui sono stati compiuti – quell'efficacia precaria che aveva consentito il compimento degli atti successivi nella serie procedimentale. Quella pronuncia determina *a posteriori* il crollo dell'intera serie, così come in una costruzione alla quale vengano sottratte tutte le fondamenta o una parte di esse, oppure un pilastro posto ad un determinato livello, crolla per l'intero o per tutto quel settore che poggia su quelle fondamenta o su quel pilastro, mentre rimane in piedi quella parte di costruzione che non poggia su di esso. Con quest'immagine, si evidenzia la portata dell'art. 159, 1° e 2° comma, che, sotto la rubrica «estensione della nullità», dispone che «*la nullità di un atto non importa quella degli atti precedenti, né di quelli successivi che ne sono indipendenti*», aggiungendo che «*la nullità di una parte dell'atto non colpisce le altre parti che ne sono indipendenti*» ed ancora precisando, nel 3° comma, che «*se il vizio impedisce un determinato effetto, l'atto può tuttavia produrre gli altri effetti ai quali è idoneo*».

La pronuncia del giudice che dichiara la nullità travolge soltanto l'atto viziato e quelli successivi che dipendono da esso.

Non è difficile rendersi conto delle ragioni che hanno indotto il legislatore ad attribuire alla pronuncia della nullità la portata che abbiamo ora visto. Si tratta, in sostanza, delle medesime ragioni che, come abbiamo visto al § 63, hanno indotto il legislatore ad ancorare la validità degli atti alla sola loro disciplina formale, senza dar luogo ad indagini sulla formazione e sulla manifestazione della volontà. Disponendo che l'efficacia esiste fino a quando una pronuncia del giudice abbia dichiarato il contrario, l'ordinamento elimina, appunto, ogni possibilità di equivoci; mentre, d'altro canto, stabilendo che la nullità, una volta pronunciata, travolge gli atti che dipendono dall'atto nullo e soltanto quelli, l'ordinamento non fa che trarre le più logiche deduzioni dalla strutturazione del processo come serie di atti reciprocamente coordinati nel senso che gli effetti prodotti da un atto entrano a comporre la fattispecie che consente il valido compimento dell'atto successivo e così via fino all'atto finale, ossia la sentenza.

72. *Le ragioni che fondano la pronuncia della nullità: i vizi dell'atto.*

Come in ogni settore del diritto, anche nel diritto processuale il fenomeno della nullità è determinato da un vizio, ossia dalla mancanza di un requisito nella fattispecie dell'atto di cui si tratta. Perciò, il problema, nei suoi termini concreti, consiste nel determinare quali sono i requisiti la cui mancanza è considerata, dall'ordinamento, sufficientemente grave per dar luogo – come si è visto accadere per la nullità, una volta che sia pronunciata – ad un'autentica paralisi del processo. A questo riguardo, conviene incominciare con l'osservare che il codice, nell'indicare i criteri per la risoluzione di questo problema – nel 1° e nel 2° comma dell'art. 156 c.p.c., sotto la rubrica «rilevanza della nullità» – si riferisce esplicitamente all'ipotesi della mancanza di requisiti «*di forma*» o «*formali*». Ciò che sembra autorizzare il rilievo che il codice abbia voluto contrapporre i requisiti formali ai requisiti non formali, escludendo questi ultimi dalla sua disciplina. In realtà, se teniamo presente quanto dicemmo al § 62 circa l'ambito della nozione di «forma» degli atti processuali, nel senso che essa concerne l'estrinsecazione degli atti stessi e, pur ricomprendendo l'aspetto formale del contenuto (c.d. forma-contenuto), lascia fuori tutto ciò che concerne la c.d. «sostanza»; se teniamo presente tutto ciò, dobbiamo senz'altro riconoscere che esistono dei requisiti che, in quanto non riguardano l'estrinsecazione, neppure sotto il profilo del contenuto, possono senz'altro dirsi requisiti non formali. Basti pensare ai requisiti generali del processo, come i presupposti processuali (retro, § 10), e cioè, più precisamente, la competenza del giudice, la capacità processuale, il potere rappresentativo, la legittimazione processuale; oppure alle condizioni dell'azione (retro, § 13) come la legittimazione ad agire o l'interesse ad agire.

I vizi dell'atto consistono nella mancanza di determinati requisiti che l'ordinamento ritiene necessari.

Secondo alcuni, il riferimento del codice ai requisiti formali va inteso come esclusione dei requisiti non formali dalla disciplina generale delle nullità; secondo altri, tale disciplina generale si deve invece applicare in via analogica. Ma, forse la soluzione migliore è tenere presente che anche i requisiti che inizialmente hanno natura non formale, finiscono col divenire formali anch'essi, poiché quando un atto si compie senza che quello precedente abbia posseduto tutti i requisiti, si estrinseca in condizioni diverse da quelle volute dalla legge. Perciò è forse più corretto ritenere che questa disciplina delle nullità riguarda tutti i requisiti degli atti, considerati nel loro aspetto formale.

Premesso ciò, si può passare senz'altro a constatare che il criterio in base al quale la legge risponde al fondamentale interrogativo di cui trattasi – criterio enunciato nel 2° comma dell'art. 156 – è un

Il criterio al quale la legge si ispira è il principio della congruità delle forme allo scopo.

evidente corollario del principio della strumentalità delle forme o della congruità delle forme allo scopo, ossia del principio – sul quale ci siamo intrattenuti al § 64 – che trova il suo fondamento positivo negli artt. 121 e 131. Il principio per il quale la disciplina delle forme di ciascun atto va posta in relazione con la funzione obiettiva di tale atto, nel senso che i requisiti formali ai quali la legge attribuisce rilievo determinante sono quelli e solo quelli che sono necessari per il conseguimento della funzione o scopo obbiettivo dei singoli atti. In applicazione, appunto, di quel criterio o principio, l'art. 156, 2° comma, dispone che *la nullità può essere pronunciata quando l'atto manca dei requisiti formali indispensabili per il raggiungimento dello scopo.* Naturalmente, accade molte volte che la legge stessa, quando dispone in concreto quali sono i requisiti degli atti, stabilisca anche, espressamente, che la loro mancanza dà luogo a nullità; ed è perciò che l'art. 156 prende in considerazione, anzitutto (ossia nel suo 1° comma), quest'ipotesi, stabilendo che *la pronuncia della nullità presuppone di regola che per il requisito mancante la legge abbia espressamente comminato la nullità.* A ben guardare questa regola, enunciata per prima, per la semplicità della sua applicazione, si risolve in un richiamo alla constatazione che il legislatore, col comminare espressamente la nullità per il difetto di un requisito, ha già compiuto egli stesso, una volta per tutte, quella valutazione circa l'indispensabilità del requisito per il raggiungimento dello scopo dell'atto, che, negli altri casi, affida invece al giudice. Ciò che non smentisce, ma conferma, che il perno della disciplina dei vizi rilevanti per la pronuncia della nullità, è la regola enunciata dal 2° comma dell'art. 156.

Quest'ultima constatazione può essere ribadita anche con riferimento alla regola che l'articolo in esame detta nel suo 3° comma e secondo la quale «*la nullità non può mai essere pronunciata se l'atto ha raggiunto lo scopo a cui è destinato*». Questa disposizione presuppone ovviamente che sussista un vizio che, ai termini di uno dei primi due commi dell'articolo in esame, dovrebbe fondare la pronuncia della nullità; altrimenti la disposizione stessa non avrebbe ragion d'essere, mancando ogni motivo per una pronuncia di nullità. Ed allora parrebbe contraddittorio, almeno a prima vista, il fatto stesso di ipotizzare un atto che, da un lato, sia privo di un requisito indispensabile per il raggiungimento dello scopo, mentre, dall'altro lato, abbia raggiunto tale scopo. Ma che la contraddizione sia solo apparente risulta evidente non appena si pensi che la valutazione di indispensabilità per il raggiungimento dello scopo è compiuta dalla legge *a priori* in base al *quod plerumque accidit*, mentre, d'altra parte, la constatazione che lo scopo è stato raggiunto avviene *a posteriori*, e cioè può tener conto di una serie di circostanze, obbiettivamente imprevedibili, ma di cui la realtà concreta è sempre feconda, che abbiano portato al raggiungimento dello scopo, nonostante l'inidoneità intrinseca dell'atto. Se, ad es., un atto di citazione manca, nella copia notificata, dell'indicazione della data della prima udienza, è chiaro che non può essere obiettivamente idoneo all'instaurazione del contraddittorio, quale finalità principale dell'atto di citazione, poiché sulla base di quell'atto il convenuto non può sapere quando deve comparire: ed infatti, in relazione a ciò, l'art. 164, 1° comma (nel quadro della regola di cui all'art. 156, 1° comma) commina espressamente la nullità per l'atto di citazione privo del suddetto requisito (v. vol. II, § 6). Sennonché, nulla impedisce al convenuto che, in ipotesi, avesse interesse a coltivare il giudizio, di assumere spontanee informazioni presso la cancelleria in modo da poter comparire all'udienza stabilita, previa costituzione. Se ciò accadesse, l'atto, nonostante la sua obiettiva inidoneità, raggiungerebbe il suo scopo e la nullità resterebbe sanata, in applicazione dell'art. 156, 3° comma, quand'anche una specifica disposizione – l'art. 164, 3° comma – non contemplasse espressamente tale sanatoria sia pure a certe condizioni ed entro certi limiti.

73. *Nullità relative e assolute, sanabili e insanabili.*

Abbiamo visto, al § 71, che l'atto processuale viziato continua a produrre i suoi effetti, sia pure in via precaria, fino a quando non sia sopravvenuta la pronuncia della nullità. Pronuncia da compiersi, ovviamente, da parte di un giudice: nel processo di cognizione, il giudice stesso davanti al quale pende il processo. Ed è appena il caso di precisare che qui si dice «giudice» nel senso ampio di ufficio giudiziario davanti al quale pende il giudizio, e che compirà questa, come ogni altra pronuncia di portata decisoria, a mezzo del suo organo decidente. Nel processo di esecuzione, che non è strutturalmente idoneo ad una pronuncia, la pronuncia in discorso è di solito compiuta a seguito di un'autonoma apposita iniziativa della parte interessata, volta all'instaurazione di un giudizio con le caratteristiche della cognizione, denominato «opposizione agli atti esecutivi» (artt. 617 e 618) e del quale ci occuperemo in sede di studio della disciplina del processo di esecuzione (v. vol. III, § 37).

Restando al processo di cognizione, la pronuncia della nullità non richiederebbe necessariamente alcuna apposita iniziativa di parte, e potrebbe pertanto essere compiuta d'ufficio ad opera del giudice. Sennonché, il legislatore, giustamente preoccupato di evitare, quanto più possibile, le gravi conseguenze della nullità, ha preferito una soluzione diversa; ha, cioè, dettato una disciplina che, almeno di regola, fa dipendere la pronuncia della nullità da un'iniziativa della parte che sarebbe interessata al rilievo del vizio, e la cui eventuale acquiescenza è segno indubbio che il difetto del requisito non ha pregiudi-

L'iniziativa per la pronuncia della nullità è di solito riservata alla parte interessata (in questi casi si parla di nullità relative), salvi i casi in cui la legge prevede la rilevabilità d'ufficio (c.d. nullità assolute).

cato lo scopo dell'atto: si tratta in sostanza di un ulteriore corollario del *principio della strumentalità delle forme.* Questa è la soluzione di principio, che peraltro non esclude la soluzione opposta – vale a dire quella della pronuncia della nullità anche d'ufficio – ma la consente soltanto per quei casi nei quali, per l'essenzialità del requisito mancante e per la conseguente gravità del pregiudizio, che investe non solo interessi di parte, ma anche l'obiettiva regolarità del processo, il legislatore stesso ha espressamente attribuito al giudice il potere di pronunciare la nullità anche d'ufficio.

I rilievi che precedono si sono espressi nella disciplina dettata nel 1° comma dell'art. 157, secondo cui «*non può pronunciarsi la nullità senza istanza di parte se la legge non dispone che sia pronunciata d'ufficio*». In relazione a ciò, se, seguendo la terminologia di uso più frequente, chiamiamo *relative* le nullità che possono essere pronunciate soltanto a seguito di istanza di parte, e *assolute* le nullità che possono essere pronunciate anche d'ufficio, possiamo dire che le nullità degli atti processuali civili sono di regola relative, salvo che la legge attribuisca loro espressamente i caratteri dell'assolutezza. Con riguardo alle nullità relative, il codice si è, d'altra parte, preoccupato di dettare regole precise per stabilire quale sia la parte legittimata a chiedere (mediante la formulazione di un'eccezione) la pronuncia della nullità; e si è preoccupata anche di stabilire delle precise modalità temporali (con conseguente preclusione) per assumere tale iniziativa: ciò allo scopo evidente di indurre la parte suddetta a compiere subito la sua scelta in modo da eliminare il più rapidamente possibile la stessa possibilità della pronuncia della nullità, con i suoi effetti distruttivi.

Nelle nullità relative, se il rilievo della nullità non avviene nei suddetti limiti e modi, si verifica la *sanatoria del vizio.*

Il 2° comma dell'art. 157 dispone, dunque, che «*soltanto la parte nel cui interesse è stabilito un requisito* può opporre la nullità dell'atto per la mancanza del requisito stesso, e deve farlo *nella prima istanza o difesa successiva all'atto o alla notizia di esso*». Né basta ancora, poiché, ad ulteriore limitazione dell'ambito delle persone che possono far valere la nullità, e in applicazione di evidenti criteri di logica e di equità, il 3° comma del medesimo articolo soggiunge che «*la nullità non può essere opposta dalla parte che vi ha dato causa, né da quella che vi ha rinunciato anche tacitamente*».

Naturalmente, queste regole riguardano solo le nullità relative, mentre per quelle assolute la rilevabilità d'ufficio non tollera, almeno in linea di principio, limitazioni neppure d'ordine temporale, sicché, per lo più, tali nullità sono rilevabili in ogni stato e grado del giudizio; soltanto eccezionalmente la legge prevede dei limiti di stato o di grado per la loro pronuncia.

Il fatto che il codice configuri dei limiti temporali o di modalità o di legittimazione, nel far valere la nullità, ha un implicito, ma chiarissimo sottinteso nella nozione della *sanatoria.* È, infatti, chiaro che, quando si è creata una situazione per la quale la nullità non può, o non può più, essere fatta valere, tanto vale riconoscere che essa è come se non esistesse, e che pertanto il vizio che sta alla sua base va considerato eliminato o sanato; più precisamente: come se non fosse mai esistito (c.d. efficacia *ex tunc*, o retroattiva, della sanatoria). Se questo è vero, è facile desumere dalle medesime regole dettate dall'art. 157 il corollario che *le nullità relative sono sanabili e quelle assolute di solito insanabili, salvo che la legge ne preveda espressamente la sanatoria.*

Perciò le nullità relative sono di solito sanabili, mentre quelle assolute sono di solito insanabili.

Alla figura della sanatoria si richiamano indirettamente due norme appartenenti alla disciplina ora in esame.

La prima di queste norme è l'art. 158, che *dichiara espressamente insanabile la nullità derivante da vizi relativi alla costituzione del giudice o all'intervento del Pubblico Ministero.* Tutto ciò, «*salva la disposizione dell'art. 161*», e cioè – come vedremo nel prossimo § – salva la possibilità che il vizio in questione si sani per mancata proposizione dell'impugnazione e per conseguente passaggio in giudicato della sentenza. Tipico esempio di nullità ex art. 158 è quella del giudice non presente alla discussione della causa e che, tuttavia, partecipa alla deliberazione della sentenza; così anche il caso del collegio del quale faccia parte un giudice già trasferito ad altro ufficio giudiziario. Esempio di nullità insanabile per vizio relativo all'intervento del P.M. è il suo mancato intervento in uno dei casi di cui all'art. 70, o il fatto che, pur essendo intervenuto, non abbia formulato conclusioni.
L'altra norma è, appunto, il suddetto art. 161 dedicato alla nullità delle sentenze e che stiamo per esaminare nel § che segue.

74. *La nullità della sentenza e la regola della conversione dei vizi di nullità della sentenza in motivi di impugnazione.*

Ricordiamo ancora una volta che i vizi di nullità restano privi di rilievo fino a quando non sia intervenuta una pronuncia su di essi, da parte del giudice, davanti al quale pende il processo di cognizione. Ciò rende evidente che, per poter costituire oggetto di pronuncia da parte del giudice davanti al quale pende il processo, occorre che la nullità, se relativa, sia fatta valere nei termini dell'art. 157, 2° comma, e comunque prima della pronuncia della sentenza; o, se assoluta, sia rilevata dal giudice al più tardi al momento della pronuncia stessa. Quando accade ciò, il giudice pronuncia la nullità – naturalmente in quanto ne ravvisi i presupposti ed escluda che si sia verificata la sanatoria – con la sua sentenza, che, poi, naturalmente, potrà costituire oggetto della normale serie delle impugnazioni.

Sennonché, può accadere che: – la nullità che investe un qualsiasi atto del processo anteriore alla sentenza non sia stata fatta valere o non sia stata rilevata dal giudice prima della pronuncia della sentenza; in tal caso, è possibile che, qualora si tratti di nullità relativa, si verifichi la sanatoria ai termini dell'art. 157; ma è possibile anche che, o perché la parte interessata non avesse avuto tempestiva conoscenza del vizio, o perché si tratti di nullità assoluta, non si verifichi alcuna sanatoria. Accade allora inevitabilmente che, in applicazione della regola di cui all'art. 159, il vizio investe tutti gli atti successivi dipendenti, compresa la sentenza, che pertanto è da considerarsi nulla; – la nullità riguardi direttamente e senz'altro la sentenza, in quanto dipenda dal difetto di un requisito, appunto, della sentenza.

In entrambi i casi si verifica il fenomeno della *nullità della sentenza* e si pone il problema di come e da chi possa effettuarsi la relativa pronuncia, dal momento che, col pronunciare la sentenza, il giudice si è spogliato dei suoi poteri decisorî, almeno sul punto che ha costituito oggetto della sua pronuncia.

Nel diritto intermedio, esisteva un apposito rimedio per far valere le nullità delle sentenze: la c.d. *querela nullitatis*. Ma questo istituto venne gradualmente assorbito, rispetto alle sentenze di primo grado, nell'appello e, rispetto alle sentenze di appello nell'impugnazione alla quale sono assoggettate queste sentenze, ossia il ricorso per cassazione (che, tra l'altro, è strutturato proprio con le caratteristiche di un rimedio per far valere dei vizi); incominciò, cioè, ad affermarsi il principio secondo il quale *i vizi di nullità si convertono in motivi di impugnazione o gravame* (v. anche, in argomento, vol. II, § 70, *sub* B).

La *nullità delle sentenze* per vizi propri o derivati si fa valere *soltanto col mezzo di impugnazione al quale la sentenza è assoggettata.*

In pratica, questo significa che i vizi di nullità che affliggono la sentenza – sia che investano direttamente la sentenza stessa e sia che investano atti precedenti, ripercuotendosi poi fino alla sentenza in applicazione dell'art. 159 – possono essere fatti valere col mezzo di impugnazione che è consentito contro quella sentenza, nel senso che si convertono in un motivo di impugnazione.

Ed è appunto questa «conversione» che mette in evidenza come da questa regola discendano alcuni importanti corollari: 1) che non c'è altro mezzo per far valere la nullità delle sentenze, all'infuori del mezzo di impugnazione; 2) che le modalità proprie della proposizione del mezzo di impugnazione, con i relativi limiti, termini e preclusioni, si ripercuotono sulla stessa possibilità di far valere la nullità della sentenza; 3) che l'eventuale decadenza dal mezzo di impugnazione dà luogo alla decadenza dalla stessa rilevabilità del vizio, e quindi, in definitiva, alla sua sanatoria. Né potrebbe essere altrimenti, dal momento che la decadenza dall'impugnazione (ordinaria) dà luogo al passaggio in giudicato della sentenza. Questa e soltanto questa è la ragione per la quale i vizi di un provvedimento idoneo al giudicato non possono essere fatti valere con un'autonoma azione di cognizione che sarebbe, ovviamente, di accertamento mero, ossia con la c.d. *actio nullitatis*, che è viceversa ammissibile contro i provvedimenti non idonei al giudicato (v. vol. III, § 64). La sanatoria in questione opera, dunque, come una sorta di copertura di tutti i vizi comunque non fatti valere con i mezzi di impugnazione, *compresi quelli insanabili*, alla sola condizione che sia applicabile l'art. 161, 1° comma. La regola della conversione è enunciata nell'art. 161, 1° comma, secondo cui «*la nullità delle sentenze soggette ad appello o a ricorso per cassazione può essere fatta valere soltanto nei limiti e secondo le regole proprie di questi mezzi di impugnazione*». È appena il caso di sottolineare il ruolo essenziale che, nella suddetta proposizione normativa, spetta alla parola «soltanto», ad indicare, appunto, come la decadenza dall'impugnazione per il mancato rispetto delle regole proprie dei singoli mezzi di impugnazione, esaurisce, nella conseguente instaurazione del giudicato, ogni altra possibilità di far valere il vizio compreso, ovviamente, il mezzo di impugnazione successivo.

75. *La c.d. inesistenza e l'irregolarità. La rinnovazione. La nullità delle notificazioni.*

I casi di inapplicabilità della regola della conversione.

Nel suo 2° comma, il medesimo art. 161, ora in esame, aggiunge che «*questa disposizione non si applica quando la sentenza manca della sottoscrizione del giudice*». Rispetto a questa proposizione – la cui grande importanza sistematica sta nel fatto che la dottrina suole ravvisare in essa il fondamento positivo per la figura della c.d. «*inesistenza*» – occorre, in primo luogo, precisare che cosa si intende col dire «questa disposizione non si applica». La risposta è abbastanza evidente: non si applica la regola di cui al 1° comma, ossia la regola detta della conversione o dell'assorbimento; non si applica nel senso che il vizio di nullità può essere fatto valere anche al di fuori e oltre le modalità e i termini proprî del mezzo di impugnazione (e cioè specialmente con un'autonoma azione di accertamento mero: ossia con l'*actio nullitatis*). Con l'ulteriore conseguenza che la decadenza dal mezzo di impugnazione non implica sanatoria del vizio, il quale dunque è tanto grave ed essenziale da privare dell'efficacia sanante perfino il passaggio in giudicato della sentenza. Ed a questo punto, ben si comprende come la dottrina, per spiegare il fenomeno, ricorra alla nozione, appunto, della c.d. «*inesistenza*», per indicare una fattispecie priva delle basi essenziali perché possa mai verificarsi una sanatoria. Si tratta di una nozione certamente inaccettabile nel suo significato logico e letterale (essendo evidente che, per quanto grave sia il vizio, un «qualcosa» esiste); ma utilizzabile nel suo significato convenzionale di *vizio insanabile in modo assoluto*, ossia *non sanabile neppure attraverso l'applicazione della regola della conversione dei vizi di nullità in motivi di gravame.*

Rimane ora da vedere se il vizio al quale si riferisce la disposizione in esame – ossia il difetto di sottoscrizione del giudice – sia il solo che produce le conseguenze ora viste o se siano configurabili altri vizi ai quali si possano ricondurre le medesime conseguenze. La dottrina e la giurisprudenza non hanno dubbi nel riconoscere quest'ultima possibilità, così implicitamente attribuendo alla disposizione in esame portata esemplificativa, ossia la portata – essenzialmente sistematica – di fare emergere la possibilità che in taluni casi il vizio sia talmente grave da poter essere fatto valere anche dopo il passaggio in giudicato della sentenza. Ed è appunto in questo senso che si suole utilizzare la nozione della c.d. «inesistenza» come parametro della gravità del vizio di tutti gli atti del processo (e quindi non solo della sentenza), per intendere che, quando esiste quel vizio, il «qualcosa» che è stato posto in essere *non è l'atto* di cui si tratta. Così, ad es. e per restare alla sentenza, può essere considerata inesistente una sentenza pronunciata da chi non è un giudice, o una sentenza non redatta per iscritto o carente di dispositivo o con dispositivo assurdo o impossibile. Quanto poi alla concreta individuazione di questi vizi, non sembra infondato il rilievo che, per questa individuazione, operano, sullo sfondo, autentici giudizi di valore.

Mentre l'inesistenza è, in certo senso, «di più» della nullità, l'*irregolarità* è, in qualche modo, un «di meno».

La c.d. inesistenza è l'aspetto più intenso della nullità o se, si vuole, il limite superiore, nel senso che sta ad indicare *ciò che è di più* della nullità. Al limite opposto – ossia al limite di *ciò che è di meno* della nullità – si suole parlare di semplice *irregolarità*. Con questa nozione-limite si indicano, di solito, semplicemente i casi in cui il difetto del requisito, in quanto non pregiudica l'idoneità dell'atto a conseguire il suo scopo, non dà luogo a nullità; tuttavia, in taluni casi, la legge si serve di questa espressione proprio per assimilare al regime della nullità – sia pure soltanto sotto certi profili – alcune delle suddette meno gravi disformità dal modello legale. Ciò accade tipicamente nell'art. 617, ove il codice, nell'indicare le ragioni che possono fondare l'opposizione agli atti esecutivi, si riferisce non alle sole nullità, ma, più ampiamente, alle irregolarità dei singoli atti (v. vol. III, § 37). Ma accade anche negli artt. 182, 1° comma, 350, 2° comma, 421, 1° comma, 650, 1° comma, ecc.

Il giudice che pronuncia la nullità deve disporre, quando possibile, *la rinnovazione* dell'atto nullo ...

Quando il giudice pronuncia la nullità, è automaticamente investito, dal codice (art. 162), di un ulteriore dovere, ancorché subordinato alla presenza di obiettive condizioni di possibilità. «*Il giudice che pronuncia la nullità* – enuncia, infatti, l'art. 162, 1° comma – *deve disporre, quando sia possibile, la rinnovazione degli atti ai quali la nullità si estende*». Si tratta – com'è facile intendere – di un'ulteriore manifestazione del c.d. principio dell'economia processuale, ossia della propensione del legislatore a limitare il più possibile i danni della nullità. Per la stessa ragione per la quale, nel disciplinare l'estensione della nullità, si era preoccupato di far salvi gli atti successivi indipendenti da quello viziato, il legislatore si preoccupa qui di imporre, solo che sia possibile, la rinnovazione dell'atto nullo e di quelli successivi, vale a dire il compimento di un nuovo atto destinato a produrre i medesimi effetti che avrebbe prodotto l'atto colpito dall'estensione della nullità, col conseguente recupero degli atti successivi. Naturalmente, la rinnovazione può essere compiuta spontaneamente dalla parte interessata (si pensi al caso di un appello proposto con un atto di citazione nullo: il codice contempla, sia pure indirettamente, la possibilità della sua riproposizione fino a quando non sia decorso il termine o non sia dichiarata l'inammissibilità o l'improcedibilità; v., ad es., l'art. 358). Ma, in aggiunta a questa possibilità, il codice ha configurato l'obbligo del giudice di ordinare la rinnovazione; qui in via generale, ma anche – in taluni casi: v., ad es., l'art. 291, 1° comma – con disposizioni specifiche.

... ossia il compimento di nuovi atti destinati a produrre i medesimi effetti.

Da ultimo, si deve qui far cenno di una norma la cui collocazione nell'ambito della disciplina generale delle nullità è alquanto discutibile, ossia l'art. 160 dedicato alla nullità della notificazione (su cui v. retro, § 70). In applicazione del principio della strumentalità delle forme, questa norma dispone che «*la notificazione è nulla se non sono osservate le disposizioni circa la persona alla quale deve essere consegnata la copia o se vi è incertezza assoluta sulla persona a cui è fatta o sulla data*». È questo, in sostanza, uno di quei casi in cui, secondo la previsione generale dell'art. 156, 1° comma, la legge commina senz'altro e direttamente la nullità. Ed è, perciò, perfettamente logico che l'articolo in esame si chiuda con una generale salvezza per l'applicazione delle regole degli artt. 156 e 157, compresa quella della sanatoria per raggiungimento dello scopo.

L'art. 160 c.p.c. disciplina *la nullità della notificazione, ...*

Peraltro, le Sezioni unite hanno puntualizzato che, se la notifica non dovesse andare a buon fine per colpa del notificante, questi deve provvedere immediatamente al rinnovo della stessa, in modo da rispettare i termini previsti dal codice; se invece ciò dovesse avvenire per causa non imputabile al notificante, il rinnovo della notificazione deve avvenire entro la metà del tempo indicato per ciascun atto dal codice, salve circostanze eccezionali di cui sia data rigorosa prova (Cass. sez. un. 15 luglio 2016 n. 14594).

Infine, per quanto riguarda il vizio di *inesistenza della stessa notificazione* le Sezioni unite hanno chiarito che esso è configurabile – in base ai principi di strumentalità delle forme degli atti processuali – oltre che in caso di totale mancanza materiale dell'atto, nelle sole ipotesi in cui venga posta in essere un'attività priva degli elementi costitutivi essenziali idonei alla notificazione, ricadendo ogni altra ipotesi di vizio nella categoria della nullità (Cass. sez. un. 20 luglio 2016 n. 14916 e n. 14917).

... ma la notificazione può anche essere affetta da inesistenza.

Bibliografia di orientamento

G. CONSO, *Il concetto e le specie d'invalidità*, Milano, 1955; G. CONSO, *Prospettive per un inquadramento delle nullità processuali civili*, in *Riv. trim. dir. e proc. civ.*, 1965; V. DENTI, *Nullità degli atti processuali civili*, in *Novissimo Dig. it.*, XI, Torino, 1965; G. MARTINETTO, *Della nullità degli atti*, in *Commentario del cod. di proc. civ., diretto da E. Allorio*, I, Torino, 1973; C. MANDRIOLI, *L'assorbimento dell'azione civile di nullità e l'art. 111 della Costituzione*, Milano, 1967; V. DENTI, *Inesistenza degli atti processuali civili*, in *Novissimo Dig. it.*, VIII, Torino, 1962; C. MANDRIOLI, *Sulla nozione di «irregolarità» nel processo civile*, in *Riv. dir. civ.*, 1977; B. CIACCIA CAVALLARI, *La rinnovazione nel processo di cognizione*, Milano, 1981; R. ORIANI, *Nullità degli atti processuali: I) Dir. proc. civ.*, in *Enc. Giur. Treccani*, XXI, Roma, 1990; C. BESSO, *La sentenza civile inesistente*, Torino, 1996; F. AULETTA, *Nullità e «inesistenza» degli atti processuali civili*, Padova, 1999; F. MARELLI, *La conservazione degli atti invalidi nel processo civile*, Padova, 2000; A. PROTO PISANI, *Note sulle sanatorie retroattive nel processo civile*, in *Foro it.*, 2011, V; R. POLI, *Invalidità ed equipollenza degli atti processuali*, Torino, 2012; R. POLI, *Nullità degli atti processuali (dir. proc. civ.)*, in *Diritto on line Treccani*, 2016; C. BESSO-M. LUPANO, *Atti processuali*, in *Comm. del c.p.c.*, diretto da S. CHIARLONI, Torino, 2016; R. DONZELLI, *Pregiudizio effettivo e nullità degli atti processuali*, Napoli, 2020.

CAPITOLO XI

IL CODICE VIGENTE ED I PRINCIPI AI QUALI È ISPIRATO

76. *Il codice vigente e le successive modificazioni.*

Giunti al termine dell'esame delle norme contenute nel libro primo del codice, intitolato alle «disposizioni generali», conviene dedicare uno sguardo sintetico ai testi di legge nei quali si concreta e si articola la disciplina che, per il processo civile, è vigente in Italia.

Il codice vigente e la sua struttura.

Abbiamo già avuto più di un'occasione per notare che il codice tuttora vigente, sebbene più volte modificato, come stiamo per vedere – approvato con R.D. 28 ottobre 1940 n. 1443 ed entrato in vigore il 21 aprile 1942 – consta di quattro libri, e che il primo di essi, di cui abbiamo compiuto l'esame nei capitoli che precedono, contiene norme dedicate, in linea di principio, ad ogni tipo di attività giurisdizionale civile, ma dettate il più delle volte con riferimento più specifico al processo di cognizione. Abbiamo pure visto (§§ 4 e 5) che il secondo libro è dedicato al processo di cognizione, il terzo al processo di esecuzione forzata, ed infine il quarto, intitolato «dei procedimenti speciali», contiene, in modo alquanto disordinato, accanto alla disciplina di alcuni provvedimenti di cognizione che sono speciali per talune divergenze dal modello ordinario che costituisce materia del libro secondo, la disciplina della maggior parte dei procedimenti cautelari, del procedimento arbitrale ed uno schema di disciplina del procedimento di giurisdizione volontaria (disposizioni comuni ai procedimenti in camera di consiglio) accanto alla disciplina specifica di alcuni procedimenti di giurisdizione volontaria. Infine, la disciplina di altri procedimenti è collocata al di fuori del codice di procedura civile: a parte le disposizioni di attuazione (approvate con R.D. 18

dicembre 1941 n. 1368), che costituiscono un'appendice del codice, ed a parte le numerose disposizioni di natura e contenuto tipicamente processuale contenute in altri codici (come nel codice civile, ad es., le norme sull'efficacia e l'ammissibilità delle prove: artt. 2697 e ss.), sono molte le leggi speciali che contengono la disciplina di istituti processuali. Tra queste hanno particolare importanza il c.d. *ordinamento giudiziario* (R.D. 30 gennaio 1941 n. 12) e la c.d. *legge fallimentare* (R.D. 16 marzo 1942 n. 267), destinata ad essere sostituita dal codice della crisi d'impresa e dell'insolvenza (D.Lgs. 12 gennaio 2019 n. 14), e la legge di riforma del sistema italiano di diritto internazionale (L. 31 maggio 1995 n. 218).

Il codice di procedura civile, approvato nel 1940, costituì il frutto di alcuni decenni di studi approfonditi e di elevati dibattiti ai quali parteciparono gli studiosi più qualificati e le personalità più incisive della scuola processualcivilistica italiana che, proprio in quel periodo, viveva il suo momento più felice, impegnata in una feconda ed originale rielaborazione dei risultati acquisiti dai maestri germanici di alcuni decenni prima. Un'elaborazione ad alto livello scientifico che fu in grado di additare con consapevolezza e decisione i criteri ai quali la riforma doveva ispirarsi e che, tra l'altro, non fu per nulla influenzata dall'ideologia dominante nel periodo tra le due guerre. Chi, più di ogni altro, diede all'opera della riforma (sia pure in un momento anteriore) le sue illuminate energie fu Giuseppe Chiovenda, indubbiamente il maggior processualista italiano; dopo di lui (Chiovenda morì nel 1937) processualisti della statura di Francesco Carnelutti, di Piero Calamandrei, di Enrico Redenti, per citare solo i maggiori.

In realtà, il codice non utilizzò in pieno i risultati di questi studi, perché all'ultimo momento mancò la convergenza di opinioni necessaria per l'applicazione integrale e rigorosa dei principî detti dell'*oralità*, *concentrazione* e *immediatezza* che, come vedremo meglio nel prossimo §, costituivano i cardini del tipo di processo che Giuseppe Chiovenda aveva vagheggiato, con l'occhio rivolto alle soddisfacenti esperienze della Germania e soprattutto dell'Austria. Quei principî vennero attuati con una certa timidezza, mentre sulla maggior parte dei problemi che oggi si direbbero qualificanti, vennero scelte soluzioni di compromesso. Ma si trattò pur sempre di un rinnovamento profondo e sostanzialmente avveduto, anche nelle sue soluzioni di compromesso, come avremo ampiamente occasione di riscontrare. Purtroppo, però, questo codice entrò in vigore nel momento meno propizio, per la grave crisi di uomini e di mezzi che accompagnò e seguì le tragiche vicende del conflitto mondiale. Un codice molto esigente sul piano dell'impegno dei magistrati e degli avvocati, e che perciò richiedeva adesione convinta e disponibilità di mezzi, ebbe la sua prima applicazione in un'atmosfera di sfiducia e di rassegnazione e in un'estrema carenza di mezzi. Le conseguenti, inevitabili, disfunzioni vennero ingiustamente imputate al sistema, mentre – come tanto spesso accade – si cedeva all'umana illusione di ovviare al difetto di impegno e di coordinazione degli uomini con la modificazione delle leggi. Nacque così la c.d. «novella», imposta dai meno illuminati esponenti dei c.d. «pratici», contro l'opinione quasi unanime della dottrina; e concretatasi nella L. 14 luglio 1950 n. 581 (poi coordinata dal D.P.R. 18 ottobre 1950 n. 657) che, con la modifica di alcune delle norme-chiave del codice, ne attenuò e ne snaturò i caratteri più salienti.

La «novella» del 1950.

Gli effetti negativi di questa «controriforma» (come venne da qualcuno definita) non tardarono a rivelarsi, mentre il passare degli anni e l'invecchiamento delle strutture sociali, insieme con la sempre maggiore accentuazione dei cronici difetti di mezzi e dell'irrazionale utilizzazione degli uomini, finirono col rendere sempre più drammatica quella «crisi della giustizia» di cui da tanto tempo si parla.

Nel periodo tra gli anni '50 e gli anni '70 giunsero a maturazione soltanto alcune riforme limitate a settori nei quali avevano potuto agire, da un lato, la spinta del mutamento dei costumi e della conseguente pressione dell'opinione pubblica, nonché, dall'altro lato, la pressione di ben organizzate e consapevoli forze sindacali. Ci riferiamo, sotto il primo profilo, all'introduzione della legge sul divorzio (L. 1° dicembre 1970 n. 898, poi modificata dalla L. 6 marzo 1987 n. 74) e, per quanto qui interessa, alla disciplina del relativo processo, che ricalca le linee del processo speciale di separazione dei coniugi. Sotto il secondo profilo, ci riferiamo alle disposizioni processuali del c.d. «statuto dei diritti dei lavoratori» (L. 20 maggio 1970 n. 300) e, soprattutto al c.d. nuovo processo del lavoro, disciplinato dalla L. 11 agosto 1973 n. 533. Quest'ultima legge, operando prevalentemente col sistema della novellazione, modificò interamente il codice in quella parte (titolo quarto) del libro secondo («del processo di cognizione») che già in precedenza era dedicata alle controversie in materia di lavoro e previdenziale, compiendo un deciso passo verso il processo orale e concentrato. Ciò che qualificò il processo del lavoro (sul quale v. vol. III, cap. 13°) – ancorché tutt'altro che immune da difetti e ragioni di perplessità – come un modello (sia pure con molti adattamenti e cambiamenti) per la successiva riforma organica del processo ordinario di cognizione. In un secondo momento, la graduale acquisizione della consapevolezza delle difficoltà e della dubbia utilità di affrontare subito una riforma organica del codice di procedura civile determinò un deciso e più realistico orientamento a conseguire uno strumento di più limitate ambizioni, ma più idoneo a venire incontro in tempi brevi a talune esigenze sulle quali si era già delineato un largo consenso. E pertanto, prevalse la tendenza verso la predisposizione di «provvedimenti urgenti» con la limitata ambi-

Il nuovo processo del lavoro.

zione di anticipare solo in qualche settore la futura e forse non ancora attuale riforma organica.

In questa direzione si mosse la L. 26 novembre 1990 n. 353, la quale aggiunse alla rielaborazione dell'intero processo cautelare alcuni ulteriori incisivi interventi sul processo di cognizione in più forte accentuazione dell'avvicinamento al modello del processo del lavoro, fino all'avvio della più drastica innovazione che caratterizza quel tipo di processo, ossia il «giudice unico». Successivamente, la L. 21 novembre 1991 n. 374 introdusse il giudice di pace in luogo del conciliatore. Il D.Lgs. 19 febbraio 1998 n. 51, invece, soppresse l'ufficio del pretore rielaborando la disciplina del procedimento davanti al tribunale in composizione monocratica.

Le riforme degli anni '90.

L'introduzione del c.d. rito societario e la sua successiva soppressione.

Notevole importanza venne poi attribuita all'elaborazione di un rito differenziato per le materie societarie, introdotto dal D.Lgs. 17 gennaio 2003 n. 5, in correlazione con la nuova disciplina sostanziale delle suddette materie ad opera del D.Lgs. 17 gennaio 2003 n. 6. Importanza alimentata anche dal fatto che questo nuovo rito societario anticipava le linee direttrici di un progetto di legge delega di riforma del codice, poi decaduto per la fine della legislatura e lasciato privo di seguito anche per l'esito sostanzialmente deludente delle prime applicazioni del rito societario e i ripetuti interventi della Corte costituzionale (sentt. 321/2007; 340/2007 e 71/2008) sulla disciplina di questo rito, fino a determinarne l'abolizione con la L. 69/2009.

Il mutamento del quadro legislativo ha poi concitatamente subito, nel periodo a cavallo tra la fine del 2005 e l'inizio del 2006, una serie di ulteriori interventi che, in parte, riguardano completamenti e rettifiche in diversi settori (come la L. 28 dicembre 2005 n. 263) e specificamente in materia di esecuzione forzata ma non solo (come la L. 24 febbraio 2006 n. 52) o in settori della disciplina della separazione e del divorzio (come la L. 8 febbraio 2006 n. 54); mentre, in altra parte, ripresentano e riscrivono la disciplina di interi settori del processo civile, come la disciplina del giudizio di cassazione e quella dell'arbitrato, entrambe riscritte con il D.Lgs. 2 febbraio 2006 n. 40.

Le riforme introdotte con la L. 69/2009.

Gli interventi legislativi successivi sono stati inaugurati dalla L. 18 giugno 2009 n. 69, alla quale ha fatto seguito il D.Lgs. 4 marzo 2010 n. 28 in materia di procedura di mediazione con finalità conciliative (v. cap. 16° del vol. III) e il D.Lgs. 1° settembre 2011 n. 150 in materia di c.d. semplificazione dei riti civili (v. cap. 14° del vol. III). Sono seguiti i ripetuti interventi inseriti nei numerosi provvedimenti economici di decretazione d'urgenza succedutisi negli anni 2011-2012 e che hanno portato, con riferimento al processo civile, all'introduzione di importanti modifiche al giudizio di appello, a quello di Cassazione e al processo di esecuzione forzata.

Non possiamo neanche tralasciare, in questa sede, le importanti novità relative all'operatività del c.d. processo civile telematico, che abbiamo esaminato retro, nel § 70, e quelle derivanti dal D.L. 12 settembre 2014 n. 132 (conv. dalla L. 162/2014), con l'introduzione della c.d. negoziazione assistita dagli avvocati (v. § 105 del vol. III).

I disorganici interventi normativi succedutisi negli ultimi anni.

Così come non possiamo non richiamare la riforma organica della magistratura onoraria adottata con il D.Lgs. 13 luglio 2017 n. 116, alla quale abbiamo già fatto cenno a proposito dell'ampliamento delle competenze del giudice di pace (v. retro, § 36) e che entrerà in vigore solo a partire dal 31 ottobre 2025, e la riforma dei procedimenti collettivi attuata con la L. 12 aprile 2019 n. 31, che ha introdotto nel codice gli artt. 840 bis-840 sexiesdecies (v. retro, § 11) ed è entrata in vigore il 19 maggio 2021.

La riforma della magistratura onoraria e della tutela collettiva.

77. *I principî ispiratori del sistema vigente in Italia. a) I principî fondati direttamente sulla Costituzione.*

Nel corso della trattazione che precede, ci siamo più volte riferiti a taluni criteri ispiratori della disciplina del processo civile, costituenti il fondamento della tipica sistematicità della disciplina (§ 1). E ciò abbiamo fatto, talora riscontrandone l'incondizionato operare nel sistema del codice (come, ad es., il principio del contraddittorio; v. retro, § 22); o, al contrario, rilevandone l'attuazione soltanto parziale (come, ad es., il principio della disponibilità delle prove; v. retro, § 20); talora constatandone la reciproca correlazione (come, ad es., tra il principio della disponibilità dei diritti, il principio della disponibilità della tutela giurisdizionale ed il principio della disponibilità dell'oggetto del processo; v. retro, § 18); o al contrario, negandone la necessaria correlazione logica con altri principî (come, ad es., per il principio della disponibilità delle prove rispetto al principio della disponibilità della tutela giurisdizionale; v. retro, § 20). Da ultimo (ossia nel § precedente), abbiamo accennato anche ai criteri che hanno orientato, sia pure con qualche esitazione, la riforma del 1940 (ossia i principî chiovendiani dell'oralità, della concentrazione e dell'immediatezza) e alle vicende che hanno fatto sì che questi criteri, praticamente rinnegati con la «novella» del 1950, siano stati invece ripresi e applicati in maniera rigorosa dapprima nel nuovo processo del lavoro e, successivamente, anche nel processo ordinario configurato dalle successive modifiche.

Se, a questo punto, si cerca di stabilire quali di questi principî possano dirsi operanti nell'attuale sistema, ed in che misura, occorre incominciare col domandarsi – a monte di tale quesito – come può accadere che taluni principî trovino rispondenza rigorosa nel sistema, mentre altri appaiano più annebbiati; ciò a sua volta postula una più chiara individuazione del fondamento dei singoli principî o criteri ispiratori. Poiché – trattandosi di principî orientativi per il legislatore – tale fondamento non può stare che a monte delle singole norme, è chiaro che quando esso non dipende da imprescindibili esigenze logiche, può rinvenirsi soltanto in quelle norme che possono vincolare il legislatore, ossia le norme della Costituzione. Al di fuori di questi due ordini di vincoli, rimane un largo spazio per la discrezionalità del legislatore, con riguardo alla quale gli orientamenti prescelti in concreto possono essere riscontrati soltanto *a posteriori*. Ne discende che i principî orientatori in discorso, stanno inevitabilmente su piani diversi.

I principi fondati sulla Carta costituzionale.

Il primo di questi piani è quello sul quale si pongono *i principî fondati, più o meno direttamente, sulla Carta costituzionale*. Nella misura in cui questi principî risultano espressi nelle norme che disciplinano il processo, l'interprete non ha che da prenderne atto, eventualmente orientando verso di essi l'applicazione delle norme stesse, ancorché preesistenti alla Costituzione. Così, ad es., si ebbe già a rilevare (retro, § 22) come *il principio del contraddittorio* (e, più a monte, *il principio dell'uguaglianza non solo formale tra le parti* ed il conseguente *principio delle pari opportunità*, salvi i limiti nell'ambito della *ragionevolezza*) trovino la loro rispondenza, oltre che nella regola di uguaglianza di cui all'art. 3, 1° comma, Cost., nel diritto alla difesa, che l'art. 24, 2° comma, Cost. definisce «inviolabile»; e come ciò debba essere inteso sia nel senso che la portata di quest'ultimo diritto trascende gli aspetti tecnici della difesa per assurgere ad imprescindibile necessità di consentire ai destinatari del provvedimento del giudice di influire sul contenuto di tale provvedimento, e sia nel senso che la regola del contraddittorio, enunciata dall'art. 101 c.p.c. va intesa come espressione concreta della suddetta ampia portata con riguardo al meccanismo introduttivo ed all'ulteriore svolgimento di ogni tipo di procedimento. Né vanno trascurati i nuovi profili di quei principi, suggeriti dai nuovi primi due commi dell'art. 111 Cost.; va in particolare sottolineato il rilievo di sintesi che, con riferimento all'enunciato costituzionale che vuole il giusto processo «regolato dalla legge», ravvisa il confine tra cognizione piena (imprescindibile per la tutela dei diritti) e cognizione sommaria o superficiale nella sottrazione al giudice di ogni discrezionalità circa le modalità di realizzazione del principio del contraddittorio.

Il principio del contraddittorio e dell'uguaglianza tra le parti (*c.d. parità delle armi*).

I principi della disponibilità dell'oggetto del processo e della tutela giurisdizionale.

Così, ancora, *il principio della disponibilità della tutela giurisdizionale*, nonché *il principio della domanda e il principio della disponibilità dell'oggetto del processo*, in quanto discendono, come necessità logica, dal principio della disponibilità dei diritti (v. retro, § 18), sono imprescindibili nei limiti in cui la disponibilità dei diritti è tutelata dalla Costituzione. Perciò, in questo senso e con questi limiti va intesa l'enunciazione di cui all'art. 24, 1° comma, della Costituzione, nonché vanno interpretate le ulteriori specificazioni contenute nell'art. 2907 c.c. (v. retro, § 2) e negli artt. 81, 99 e 112 c.p.c. (v. retro, § 18) rispetto alle quali già si vide che esse possono trovare un limite costituzionale, ad es., nel diritto di associazione e nella conseguente tutela degli interessi di gruppi o della collettività (v. retro, § 13). Ugualmente sono fondati sulla Carta costituzionale e sostanzialmente operanti nel nostro sistema, i principî dell'*imparzialità e indipendenza dei giudici* (artt. 101, 107, 108 e 111 Cost.) (v. retro, § 4), nonché quello per il quale *ogni provvedimento di giudice deve essere motivato e conforme a diritto* (art. 111 e art. 113 Cost.; art. 113 c.p.c.) e deve poter essere assoggettato a controlli idonei a garantire questa conformità (art. 111, 7° comma, Cost.; v. vol. II, § 78).

I principi dell'imparzialità e dell'indipendenza del giudice.

Nella misura in cui, viceversa, i dettami costituzionali risultano non attuati, o non sufficientemente attuati nel sistema positivo, essi costituiscono, oltre che fonte di autentici doveri del legislatore e criteri per l'eventuale intervento della Corte costituzionale (v. vol. II, § 62), criteri orientatori per l'interpretazione delle norme vigenti nel senso più rispondente possibile ai suddetti dettami costituzionali. Ciò può dirsi, ad es., degli *istituti intesi ad assicurare ai non abbienti i mezzi per agire e difendersi*, che sono stati integrati dalla disciplina sul patrocinio a spese dello Stato; o della legge (L. 89/2001) per il risarcimento del danno per mancato rispetto della *ragionevole durata del processo* di cui all'art. 6 della Convenzione europea dei diritti dell'uomo e all'art. 111 Cost.

Peraltro, nell'ottica dell'accelerazione nella definizione delle controversie s'inserisce l'art. 37 del D.L. 6 luglio 2011 n. 98 (conv. dalla L. 111/2011), ai sensi del quale i capi degli uffici giudiziari, entro il 31 gennaio di ogni anno, debbono redigere un «programma per la gestione dei procedimenti civili, amministrativi e tributari pendenti» e determinare gli obiettivi di riduzione della durata dei procedimenti concretamente raggiungibili nel corso dell'anno e gli obiettivi di rendimento dell'ufficio.

L'istituzione del c.d. ufficio per il processo ed il suo potenziamento con il D.L. 80/2021.

Allo stesso obiettivo risponde anche l'istituzione, presso le corti d'appello e i tribunali ordinari, del c.d. *ufficio per il processo*, di cui all'art. 16 octies del D.L. 179/2012, introdotto dal D.L. 90/2014 (conv. dalla L. 114/2014). Si tratta, infatti, di strutture organizzative di ausilio per l'attività giudiziale, che sono costituite presso i tribunali e le corti d'appello mediante l'impiego del personale di cancelleria, degli studenti che svolgono il tirocinio formativo presso gli uffici giudiziari o dei laureati che svolgono la formazione professionale e, per le corti d'appello, anche dei «giudici ausiliari». Strutture destinate ad essere ulteriormente potenziate ed estese anche alla Cassazione per effetto del reclutamento straordinario di nuovi addetti all'ufficio per il processo, disposto con il D.L. 9 giugno 2021, n. 80.

78. *Segue. b) I principî riconducibili alla Costituzione solo indirettamente o non riconducibili ad essa.*

I principi indirettamente riconducibili alla Costituzione.

Su un piano diverso si pongono, invece, i principî per i quali non può ravvisarsi un fondamento diretto nella Carta costituzionale neppure come imprescindibile conseguenza logica dei suoi dettami; essi pertanto costituiscono soprattutto criteri tecnici, in attuazione di un determinato orientamento di politica legislativa, anche se, per molti di essi, è possibile individuare un collegamento o quanto meno una correlazione con gli orientamenti costituzionali.

Il principio della congruità delle forme allo scopo.

Tipico, tra questi ultimi, è il *principio della congruità delle forme allo scopo o della strumentalità delle forme* (v. retro, § 64), che, pur costituendo un orientamento di tecnica legislativa privo di fondamento diretto nella Costituzione, costituisce, tuttavia, la manifestazione tipica di una politica legislativa facilmente riconducibile all'esigenza di una giustizia rapida e non formalistica, che è genericamente alla base di molte disposizioni della Costituzione. La stessa cosa può sostanzialmente dirsi del *principio della libera valutazione delle prove*, del quale al § 20 abbiamo visto la limitata misura di effettiva attuazione nel nostro sistema.

Il principio della libera valutazione delle prove.

Il principio della disponibilità delle prove.

Pure al § 20 ci siamo soffermati sul *principio della disponibilità delle prove*, che invece costituisce un tipico esempio di criterio orientativo di tecnica legislativa privo di correlazione con orientamenti costituzionali, se non addirittura in qualche contrasto con essi. Ne è prova – come si è visto ampiamente – il superamento di tale principio nella disciplina del nuovo processo del lavoro.

Alcuni accenni abbiamo poi dedicato ad altri principî operanti nel nostro sistema come criteri tecnici, come il *principio dell'economia processuale* (retro, § 26), il *principio della conservazione degli atti* (retro, § 71) ed il *principio del doppio grado di giurisdizione* (retro, § 4).

I principi chiovendiani dell'*oralità*, *concentrazione* e *immediatezza* ...

Un discorso ancora diverso va, infine, compiuto con riguardo ai principî orientatori che abbiamo chiamato dell'*oralità, concentrazione e immediatezza*, con riguardo ai quali nel § 76 ci siamo limitati ad accennare che essi costituirono gli orientamenti di massima ispirati da Giuseppe Chiovenda e dalla sua scuola, ed attuati soltanto in parte nella riforma del 1940. Un'applicazione integrale di questi principî avrebbe condotto a configurare il processo di cognizione come un processo svolto prevalentemente (ancorché non esclusivamente) in forma orale, con svolgimento concentrato in tempi estremamente ravvicinati (pochissime udienze, a distanza brevissima l'una dall'altra) e con contatti immediati tra il giudice e le parti; un processo, insomma, con caratteristiche non molto dissimili da quelle del processo penale, e che, come quest'ultimo, si svolgesse integralmente innanzi ad un organo collegiale.

... e la loro attuazione nei limiti delle attuali concrete possibilità.

Rimane, ora, da domandarsi se ed in che misura questi principî dell'oralità, concentrazione ed immediatezza – alle cui caratteristiche e misure di attuazione nel sistema si è appena potuto accennare, ma sui quali torneremo ampiamente nella trattazione che seguirà – siano da ricondurre alle norme della Costituzione repubblicana oppure da ritenere puramente fondati su orientamenti di politica legislativa suggeriti soltanto dalla tecnica processuale.

La risposta è assai semplice: se, da un lato, è chiaro che i principî in discorso costituiscono un orientamento di politica legislativa che risale addirittura ad alcuni decenni prima della Costituzione repubblicana e che si traduce in una serie di criteri di tecnica processuale, dall'altro lato, è ugualmente chiaro che l'idea centrale che sta alla base di quell'orientamento – ossia l'idea di un processo il più possibile rapido ma al tempo stesso idoneo a consentire concretamente alle parti di difendere i loro diritti in un contraddittorio effettivo e diretto – è precisamente l'idea che ispira l'orientamento della Costituzione repubblicana in tutte le sue disposizioni che, comunque, concernono il processo. Anche questi principî sono dunque riconducibili, ancorché indirettamente (eventualmente per analogia), alla Costituzione.

79. *Cenni sugli orientamenti dell'Unione Europea nell'elaborazione di un nucleo comune di diritto processuale civile europeo.*

L'esame dei principî costituzionali, che ispirano il sistema processuale civile italiano, con i conseguenti limiti all'autonomia del legislatore ordinario, non può chiudersi senza un cenno ai pur diversi limiti alla suddetta autonomia legislativa determinati dalla normativa della Unione europea, nella quale assumono sempre maggiore rilievo i regolamenti della stessa Unione.

L'elaborazione di un nucleo comune di *diritto processuale europeo.*

Questi regolamenti, infatti, con la loro immediata efficacia prevalente sulle norme dei singoli Stati membri, costituiscono lo strumento attraverso il quale l'Unione ha ormai avviato l'attuazione del suo programma di elaborazione di un nucleo comune di diritto processuale europeo, coesistente e da coordinarsi con i singoli ordinamenti. Questi orientamenti hanno trovato la loro emersione dapprima nell'art. 65 del Trattato CE e poi nell'art. 81 del Trattato di Lisbona, assai esplicito nell'enunciare i criteri ispiratori di quest'ampio programma.

In questa sede è solo possibile, da un lato, il richiamo ai già compiuti riferimenti a quei settori di disciplina processuale che hanno già trovato la loro concreta espressione in alcuni Regolamenti (come, ad es., il Reg. 1215/2012), in parte sostitutivi di precedenti Convenzioni internazionali (v. retro, § 32 *sub* a) e, dall'altro lato, prendere consapevolezza del percorso in atto e delle inevitabili incidenze che esso ha sugli ordinamenti processuali nazionali.

Bibliografia di orientamento

N. Picardi, *Il bicentenario del c.p.c. in Italia*, in *Studi in onore di M. Acone*, I, Napoli, 2010; I. Andolina-G. Vignera, *Il modello costituzionale del processo civile italiano*, Torino, 1990; L.P. Comoglio, *Etica e tecnica del "giusto processo"*, Torino, 2004; L. Lanfranchi, *La roccia non incrinata*, Torino, 2011; R. Donzelli, *Sul «giusto processo» civile «regolato dalla legge»*, in *Riv. dir. proc.*, 2015; N. Trocker, *La formazione del diritto processuale europeo. Studi*, Torino, 2011; AA.VV., *Manuale di diritto processuale civile europeo*, a cura di M. Taruffo e V. Varano, Torino, 2011; G. Costantino, *Riflessioni sulla giustizia (in)civile (1995-2010)*, Torino, 2011; A. Proto Pisani, *I processi a cognizione piena in Italia dal 1940 al 2012*, in *Foro it.*, 2012, V; A. Dondi-V. Ansanelli-P. Comoglio, *Processi civili in evoluzione. Una prospettiva comparata*, Milano, 2015; L.P. Comoglio, *L'economia dei giudizi come principio "ad assetto variabile" (aggiornamenti e prospettive)*, in *Riv. dir. proc.*, 2017; A. Carratta, *Le più recenti riforme del processo civile*, Torino, 2017; P. Nappi, *La riforma del processo civile, Trilussa e la durata media dei procedimenti*, in *Foro it.*, 2019, V; C. Cavallini, *Riflessioni sulla giustizia civile*, Milano, 2019; S. Chiarloni, *Riflessioni minime sui paradossi della giustizia civile*, in *Riv. trim. dir. e proc. civ.*, 2019; M. Taruffo, *Verso la decisione giusta*, Torino, 2020; G. Ferri-E. Lorenzetto (a cura di), *Il giusto processo a vent'anni dalla legge costituzionale n. 2 del 1999*, Napoli, 2020.

Finito di stampare nel mese di luglio 2021
nella Stampatre s.r.l. di Torino
Via Bologna, 220

Giappichelli
dal 1921

Giappichelli compie 100 anni e celebra l'evento con le persone che hanno fatto parte della sua storia: studenti, professori, ricercatori e professionisti nel mondo del diritto e dell'economia.

Con voi collaboriamo da sempre con il metodo dell'*Editoria in Prima Persona*, fatto di volti, storie, competenze e innovazione. Per voi diamo il via al nuovo progetto Ventuno, una finestra editoriale sul nostro mondo e su un futuro da scrivere e studiare insieme.

Visita **giappichelli.it/ventuno**

€ 28,00

ISBN/EAN
9 788892 139893